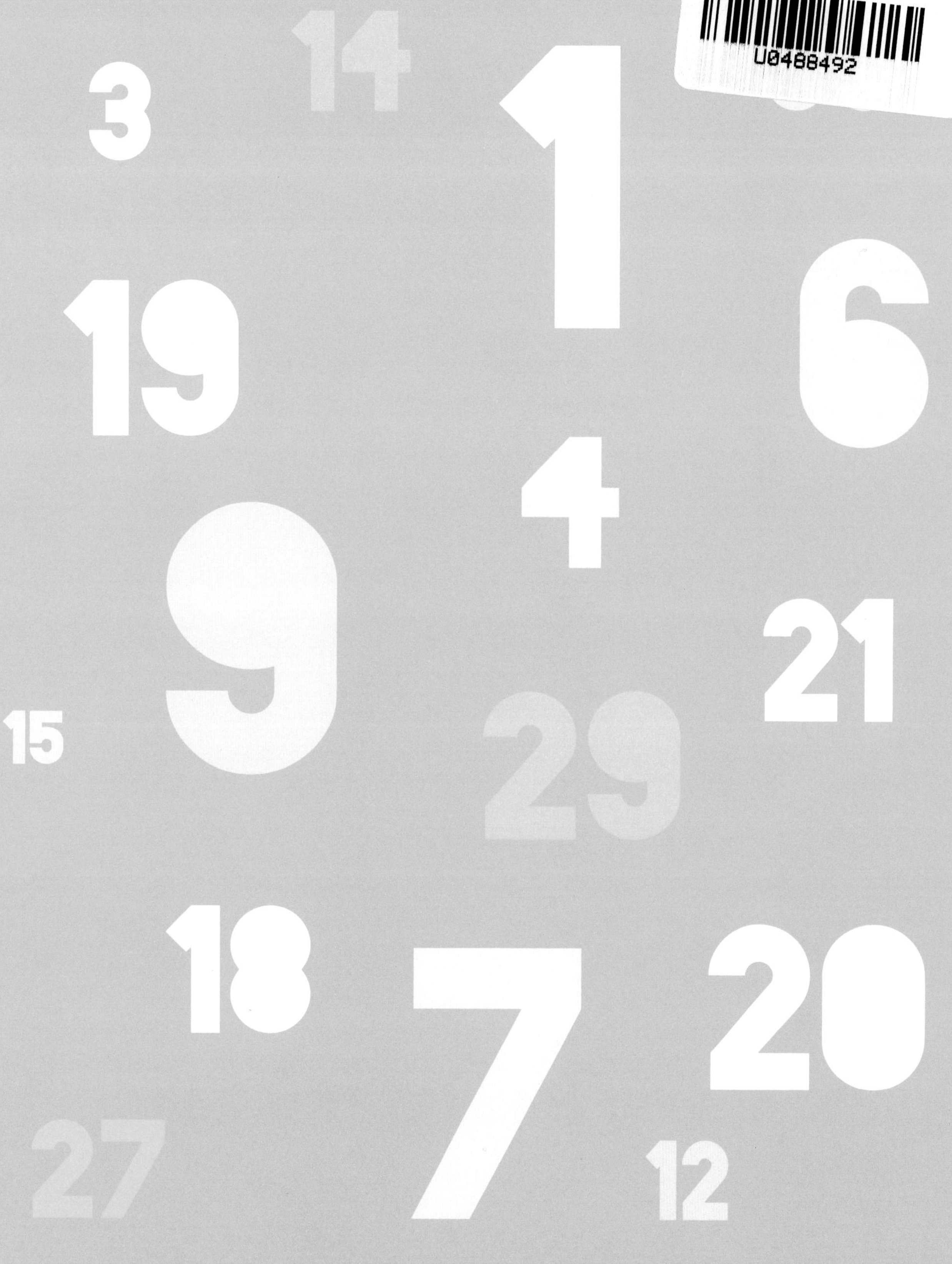
3
14
1
19
6
4
9
21
15
29
18
7
20
27
12

DK 365天
一天一页
世界史

英国DK公司——编著　张旭　吕红丽——译

中信出版集团｜北京

图书在版编目（CIP）数据

DK365天：一天一页世界史 / 英国DK公司编著；张旭，吕红丽译. -- 北京：中信出版社，2024.3（2024.4重印）
书名原文：ON THIS DAY
ISBN 978-7-5217-6267-9

Ⅰ.①D… Ⅱ.①英…②张…③吕… Ⅲ.①世界史—历史事件—儿童读物 Ⅳ.①K105-49

中国国家版本馆CIP数据核字（2023）第248731号

On this Day: A History of the World in 366 Days
First published in Great Britain in 2021 by Dorling Kindersley Limited
DK, One Embassy Gardens, 8 Viaduct Gardens, London, SW11 7BW
Copyright © Dorling Kindersley Limited, 2021
A Penguin Random House Company
Simplified Chinese translation copyright © 2024 by CITIC Press Corporation
ALL RIGHTS RESERVED
本书仅限中国大陆地区发行销售

DK365天：一天一页世界史

编　著　者：英国DK公司
译　　　者：张　旭　吕红丽
出版发行：中信出版集团股份有限公司
　　　　　（北京市朝阳区东三环北路27号嘉铭中心　邮编　100020）
承　印　者：北京顶佳世纪印刷有限公司

开　　本：787mm×1092mm　1/16
印　　张：23.5　　　　　　字　　数：560千字
版　　次：2024年3月第1版　印　　次：2024年4月第2次印刷
京权图字：01-2023-5868
书　　号：ISBN 978-7-5217-6267-9
定　　价：148.00元

版权所有·侵权必究
如有印刷、装订问题，本公司负责调换。
服务热线：400-600-8099
投稿邮箱：author@citicpub.com

出品　中信儿童书店
策划　红披风
策划编辑　陈　瑜
责任编辑　王　琳
营销编辑　周　惟　高铭霞
装帧设计　姜　婷

出版发行　中信出版集团股份有限公司
服务热线：400-600-8099　网上订购：zxcbs.tmall.com
官方微博：weibo.com/citicpub　官方微信：中信出版集团
官方网站：www.press.citic

www.dk.com

目录

引言　4

一月　6

二月　37

三月　66

四月　97

五月　127

六月　158

七月　188

八月　219

九月　250

十月　280

十一月　311

十二月　341

索引　372

致谢　376

引言

世界各地不同的文明采用什么历法计算时间？最常见的两种历法是太阴历（也称阴历）和太阳历（也称阳历）。太阴历基于月球围绕地球的公转规律制定，以月球绕地球一周为1个朔望月，约30天，12个朔望月累积为1年。太阳历基于地球围绕太阳的公转规律制定，以地球绕太阳一周为1个回归年，约365天，并在这个基础上将一年划分为12个月。

国际通行历法

现在，世界上绝大多数国家都采用同一种太阳历历法——公历。不过，许多宗教节日和民族传统节日仍沿用太阴历计算，例如印度的排灯节、基督教的复活节、伊斯兰教的开斋节、犹太人的植树节等，这就是为什么有些节日每年的公历日期都不一样。

我们今天所使用的公历起源于古罗马。公元前46年，古罗马统帅恺撒下令制定一部新历法，以取代旧的太阴历。新历法的一年有365天，每四年增加1天（每一年增加0.25天，即一年的平均长度为365.25天）。这部名为儒略历的新历法于公元前45年1月1日正式启用。此后，儒略历在罗马帝国横跨欧、亚、非的广袤疆域内传播开来。

儒略历将原罗马历中的一个月份以恺撒的名字尤利乌斯（Julius）命名，这就是今天的"七月"（July）。

这块阿兹特克太阳石的具体用途尚不清楚，石上刻有中美洲的历法图案，例如代表不同月份的符号等。

2月29日原本不是闰日——儒略历中，原本的闰日是在2月24日后增加的一天。2月29日是在欧洲中世纪时变成闰日的。

格列高利历法改革

到了16世纪，儒略历中1年的天数与回归年的天数差值越来越大，已经积累到10天左右。造成这一现象的原因在于回归年的长度并不是365.25天，而是更接近365.24天。于是，罗马天主教教皇格列高利十三世在1582年颁行了格里历。除了其他一些调整，格里历对儒略历最主要的修订是将这10天的差值从日历中删去，因此在1582年，10月4日星期四的次日是10月15日星期五。

接下来的几个世纪里，大部分使用儒略历的国家都逐渐采用了格里历，只有俄国和希腊直到20世纪才开始使用格里历。格里历和儒略历之间的差异意味着，一个国家日历中的某一天在另一个国家的日历中可能是10天以后，或者更久。因此，为了叙述方便，本书中所写日期，依据的是相关国家在事发当时正在使用的历法——无论是儒略历还是格里历。

被遗忘的历史

从日历中追寻过往历史的踪迹当然不容易，但这不是编写一本"每日历史"所面临的唯一问题。一般而言，史书多为官方主持编修，一些群体的故事没能被好好讲述。然而近年来，人们对重新发掘这些逸事抱有日益高涨的热情，妇女、非洲裔群体以及某些族群的故事得以被呈现给更多的读者。在这本书里，我们也尽可能多地收录了这些群体的故事。

"非洲裔历史月"聚焦人类历史中非洲裔族群的故事，比如民权活动家索杰纳·特鲁斯。

"阿达·洛芙莱斯日"设立于2009年，以纪念阿达·洛芙莱斯在计算机领域所做出的开创性贡献，也是为了表彰在科学、技术、工程、数学领域工作的所有女性。

一月 1

公元前 45
儒略历启用

公元前 45 年 1 月 1 日，罗马共和国开始执行新历法——儒略历。该历法以罗马统帅尤利乌斯·恺撒（一译儒略·恺撒）的名字命名，将 1 年的长度修订为现在的 365 天，每隔四年增加 1 天至 366 天。

生于今天

1894 年 1 月 1 日，数学家、物理学家萨特延德拉·纳特·玻色在英属印度出生。他与德裔美国物理学家阿尔伯特·爱因斯坦是好友，爱因斯坦的一些研究正是建立在玻色的理论基础上。

1959
古巴革命胜利

经过近 6 年的武装斗争，古巴革命武装力量与古巴巴蒂斯塔政府之间的内战于 1959 年 1 月 1 日结束。古巴革命领导人卡斯特罗推翻了巴蒂斯塔的独裁统治，后者于次日凌晨逃往国外。之后，卡斯特罗出任古巴共产党中央委员会第一书记，直到 2011 年正式卸任。

其他发生于今天的历史事件

1801 年 1 月 1 日，意大利天文学家皮亚齐发现了矮行星"谷神星"，这是迄今为止在小行星带发现的最大天体。

1863 年 1 月 1 日，美国总统林肯颁布的《解放宣言》正式生效。当时正处于美国南北战争期间，数百万的黑奴因此获得自由。

1892 年 1 月 1 日，位于美国纽约湾的埃利斯岛移民站开始接收欧洲移民。爱尔兰女孩安妮·摩尔是第一个登上埃利斯岛的移民。

2002
欧元正式流通

2002 年 1 月 1 日，欧元现金正式进入货币流通流域，当时欧盟有 12 个成员国开始使用欧元，以取代本国原有货币。

一月 2

2004
"星尘号"采样成功

2004年1月2日，美国国家航空航天局的"星尘号"空间探测器飞临"怀尔德2号"彗星，从彗尾中成功捕获彗星尘埃样本。"星尘号"成为第一个采集到彗星物质样本并将其带回地球的航天器。

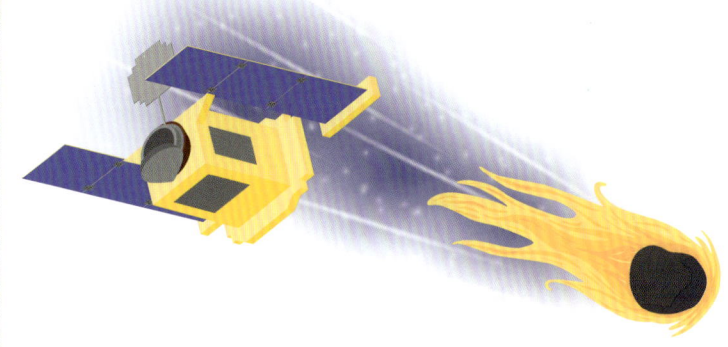

1975
帝王蝶越冬地被发现

1975年1月2日，美国生物学家肯尼斯·C.布鲁格证实了帝王蝶的越冬地就在墨西哥的大山中。他在树木丛生的山坡上，发现了数以百万的帝王蝶，它们从美国和加拿大一路向南飞行约4 800千米，迁徙到墨西哥越冬。

1879
第一次板球帽子戏法诞生

1879年1月2日，在澳大利亚墨尔本板球场举行的板球对抗赛中，外号"魔鬼投手"的澳大利亚板球运动员弗莱德·斯波福斯接连把3名英国击球手投杀出局。这是板球对抗赛历史上的第一次帽子戏法。

其他发生于今天的历史事件

1492年1月2日，西班牙城市格拉纳达向基督教军队投降，这标志着阿拉伯人对西班牙700多年的统治结束了。

1929年1月2日，美国和加拿大达成协议对尼亚加拉河进行改道，以减少该河对两岸的冲蚀，保护尼亚加拉大瀑布。

1963年1月2日，越南南方军民在北村战役中，赢得了越南战争以来的首次重大胜利。

生于今天

1920年1月2日，美国科普作家、科幻小说作家艾萨克·阿西莫夫出生。他一生著述近500部，题材涉及宇宙、科学、机器人等，"基地系列"和"机器人系列"是其最著名的作品。

一月 3

1868
日本幕府统治终结

日本在经历了近7个世纪的幕府统治后，1868年1月3日，幕府还政于天皇，幕府统治结束。

1888
吸管被发明

美国发明家马尔文·斯通不愿使用天然麦秆制成的吸管，因为麦秆吸管会影响饮品的味道。他把纸卷成管状，制成了一种人工吸管，并于1888年1月3日获得吸管发明的专利。

1792
女性主义代表作完成

1792年1月3日，英国作家、妇女解放运动的先驱玛丽·沃斯通克拉夫特完成了著作《为女权辩护》。在这本书里，她提出女性与男性地位平等，女性应享有同男性平等的受教育权。

生于今天

1892年1月3日，英国作家J.R.R.托尔金出生。在其广受欢迎的作品《霍比特人》《魔戒》中，他创造了一个奇幻的中土世界。

其他发生于今天的历史事件

1925年1月3日，意大利法西斯党党魁贝尼托·墨索里尼成为意大利的独裁者，并公开宣称实行法西斯极权统治。

1957年1月3日，第一款电子手表"汉密尔顿500"系列在美国推出。这款电子表性能并不稳定，需要时常更换电池。

2019年1月3日，作为中国探月工程的重要一步，"嫦娥4号"探测器在月球背面成功着陆。

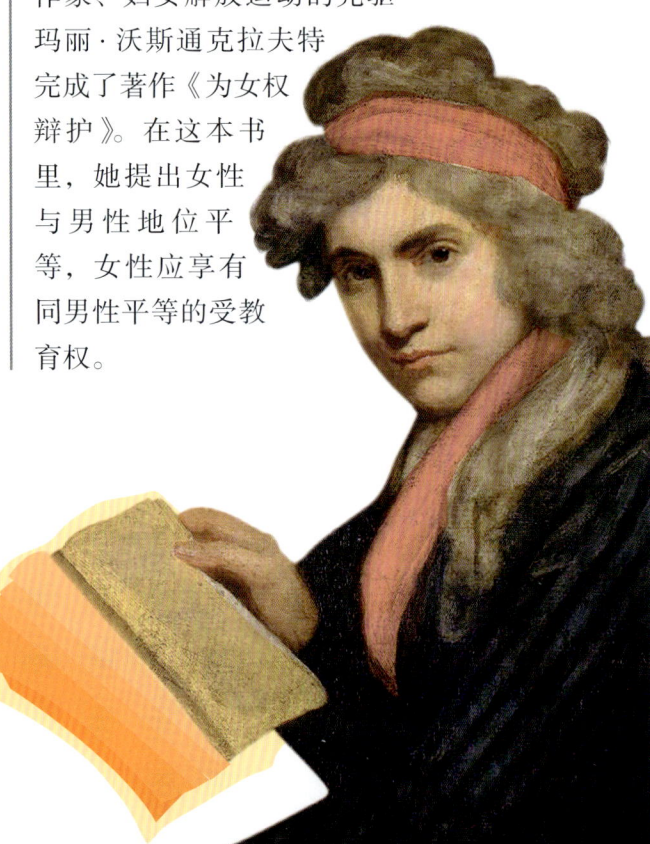

一月 4

1944
"地毯搬运工行动"开始

1944年1月4日，第二次世界大战期间，盟军实施了第一次"地毯搬运工行动"，向欧洲的抵抗组织投放物资。之后，盟军先后实施3 000多次飞行任务，向被纳粹占领的广大欧洲地区空投补给品和武器，这些物资借助降落伞最终被运送至抵抗战士手中。

1936
高居榜首——《公告牌》榜单发布

1936年1月4日，美国杂志《公告牌》发布了它的第一个流行音乐排行榜，榜单上罗列了近一周最畅销的歌曲。80多年后的今天，《公告牌》仍然每周更新一次榜单，公布最热门的歌曲、音乐专辑，并按照不同的音乐类型对榜单加以细分。

生于今天

1809年1月4日，法国人路易·布莱尔出生。他童年时期因意外事故导致双目完全失明。后来，他发明了一套以自己名字命名的盲文体系。布莱叶盲文的原理是在纸张上制作出不同组合的凸点，使视觉障碍人士可以通过触觉感知来阅读。现在，路易·布莱尔的诞辰被定为"世界盲文日"。

2010
沙漠中的摩天大楼竣工

2010年1月4日，哈利法塔在阿联酋迪拜正式落成。哈利法塔高约828米，共有160多层。

其他发生于今天的历史事件

1853年1月4日，被诱拐为奴隶的所罗门·诺瑟普终于从美国路易斯安那州逃脱，重获自由。后来，他根据自己的亲身经历撰写了回忆录《为奴十二年》。2013年根据该小说改编的同名电影上映，获奖无数。

1906年1月4日，南非板球队在一场为期四天的国际板球对抗赛中，战胜对手英格兰队。这是他们第一次在国际板球对抗赛中获胜。

1948年1月4日，缅甸脱离英联邦宣布独立。

一月 5

1709

大霜冻

1709年1月5日，整个欧洲一夜之间气温骤降，极寒天气持续了三个月。这个冬天成为500年来欧洲最寒冷的冬天，河流、湖泊都结了冰，数千人被冻死。

其他发生于今天的历史事件

英国发明家詹姆斯·瓦特改进了当时的蒸汽机，并于1769年1月5日申请了专利。这项技术革新开启了工业革命时代。

1941年1月5日，第二次世界大战期间，英国和澳大利亚的军队在利比亚巴迪亚战役中击败了意大利军队。

2005年1月5日，美国科学家重新分析发现了在太阳系边缘的一个新天体——阅神星。阅神星比月球小，现在被归类为矮行星。

生于今天

1941年1月5日，日本动画片导演宫崎骏出生。他与人合作创立了吉卜力动画工作室，并创作、导演了多部动画电影，如《千与千寻》《龙猫》等。

1886

"杰科与海德"诞生

英国作家罗伯特·路易斯·史蒂文森创作的小说《化身博士》于1886年1月5日出版发行。小说围绕一位受人尊敬却有双重人格的医生展开。

1985

第一届哈尔滨冰雪节开幕

1985年1月5日，中国第一届哈尔滨冰雪节开幕。冰雪节一般持续一个月，每年都会吸引数百万游客来到哈尔滨观赏大型冰雕。

一月 6

1942 "太平洋飞剪号"完成环球飞行

水上飞机"太平洋飞剪号"历时一个多月，飞越了 32 000 千米，于 1942 年 1 月 6 日在美国纽约着陆，完成了它的首次环球商业飞行。

生于今天

1967 年 1 月 6 日，印度电影作曲家 A. R. 拉曼出生。他的音乐专辑在全球范围销量已超过 2 亿张。

1681 管家对阵屠夫

1681 年 1 月 6 日，有文字记载的第一次现代拳击赛在英国开赛，对阵双方是阿尔伯马尔公爵的管家和屠夫。比赛没有太多规则。最终，身体结实的屠夫赢得了比赛。

2018 最大杯热饮诞生

2018 年 1 月 6 日，为庆祝三王节，墨西哥人制作了有史以来最大的一杯热巧克力。这个巨型杯子里盛有 4 817 升热可可，全部采用当地产的可可豆制作。

其他发生于今天的历史事件

1863 年 1 月 6 日，美国人詹姆斯·普林顿发明了双排轮滑鞋，并申请了专利。这项发明引领了轮滑的新风潮。

1929 年 1 月 6 日，特蕾莎修女抵达印度加尔各答。在那里，她始终致力于救助贫苦的人们。

1987 年 1 月 6 日，美国天文学家报告他们观测到了一个新的遥远星系，这个星系距离地球约 120 亿光年。

一月 7

1990
比萨斜塔"纠偏"工程开始

1990年，意大利比萨斜塔的塔身又倾斜了5米，面临倒塌。为了开展紧急修护工程，1月7日，已有800多年历史的比萨斜塔首次对公众关闭。

1785
飞向远方！

法国发明家让-皮埃尔·布朗夏尔和美国科学家约翰·杰弗里斯乘坐热气球从英国出发，于1785年1月7日飞抵法国，完成了第一次热气球跨国飞行。

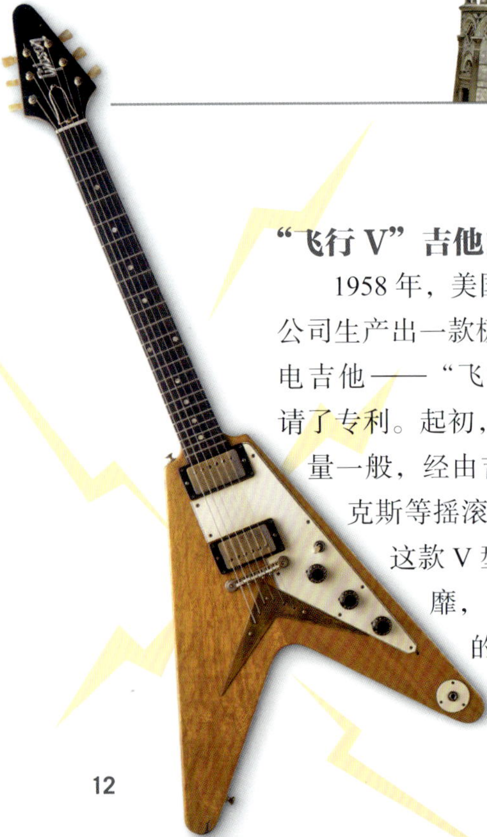

1958
"飞行V"吉他问世

1958年，美国吉普森吉他公司生产出一款极具未来感的电吉他——"飞行V"，并申请了专利。起初，这款吉他销量一般，经由吉米·亨德里克斯等摇滚明星使用后，这款V型吉他日渐风靡，成为摇滚乐的经典乐器。

其他发生于今天的历史事件

巴拿马运河是一条连接太平洋和大西洋的船闸式运河。1914年1月7日，法国的"亚历山大峡谷号"成为第一艘通过巴拿马运河的船只。

1939年1月7日，在巴黎的一间实验室内，法国科学家玛格丽特·佩雷发现了元素钫，这是一种在自然界中含量极少的放射性元素。

1985年1月7日，日本首次发射空间探测器——"先驱号"。

生于今天

1985年1月7日，一级方程式赛车世界锦标赛（简称F1）车手刘易斯·汉密尔顿在英国出生。他是目前F1历史上获胜场次最多的车手。

一月 8

1297
摩纳哥修道士

1297年1月8日，弗朗索瓦·格里马尔迪假扮成一名修道士，得以进入摩纳哥岩石城堡，之后他率部攻占了城堡。今天摩纳哥国徽上的图案就是为了纪念这一事件。

其他发生于今天的历史事件

1493年1月8日，意大利探险家克里斯托弗·哥伦布声称发现了美人鱼，发现地点就在今天的多米尼加沿岸。后来证实，他看到的可能是一种海牛科哺乳动物。

1877年1月8日，美洲拉科塔族印第安部落首领勇士"疯马"在美国蒙大拿州的沃尔夫山与美军进行了最后一场战斗。后来，由于恶劣的天气，"疯马"被迫向美军投降。

2007
那是什么味道？

2007年1月8日，一股刺鼻的臭鸡蛋味儿充斥美国纽约的大街小巷，这令当地居民十分担忧。消防部门迅速行动，但没能探测到气味来源。幸运的是，这股奇怪的味道在当天就自行消失了。

1912
南非土著人国民大会成立

南非土著人国民大会（SANNC）于1912年1月8日在南非成立，它是南非非洲人国民大会（ANC，简称"非国大"）的前身，主张建立统一、民主和种族平等的南非。

生于今天

1935年1月8日，美国摇滚巨星埃尔维斯·普雷斯利出生，其更为人熟知的名字是"猫王"。他凭借独特的舞步、迷人的嗓音，使摇滚乐这种新的音乐形式广受欢迎。

1947年1月8日，英国歌手、唱作人大卫·鲍伊出生。作为一名大师级的表演者、形象百变的天才，鲍伊被视为华丽摇滚的代表人物。

一月 9

1768
快来，快来，马戏团表演开始了！

1768年1月9日，世界上第一家现代马戏团在英国伦敦诞生，它由马术表演家菲力浦·阿斯特利创立。最初，马戏团的演出主要是马术表演，表演者环绕圆形场地驰马，并在马背上做出各种动作。后来，演出中逐渐增加了杂技和魔术。

其他发生于今天的历史事件

1918年1月9日，熊谷之战爆发。这是雅基人与一支美国陆军连队之间的冲突，也被视为美国政府与印第安人之间的最后一场战斗。

1960年1月9日，横跨尼罗河两岸的阿斯旺大坝开工建设，它是当时世界上最大的防洪堤坝。

1992年1月9日，波兰天文学家亚历山大·沃尔兹森与加拿大天文学家戴尔·弗雷合作，首次发现太阳系外行星。太阳系外行星是指位于太阳系以外、围绕其他恒星公转的行星。

2007
第一款苹果手机面世

2007年1月9日，美国企业家史蒂夫·乔布斯发布了第一款苹果手机（iPhone）。手机内置摄像头和网络浏览器，被美国《时代》杂志评为"年度最佳发明"。

生于今天

1908年1月9日，法国女作家西蒙娜·德·波伏瓦出生。她主张女性应该与男性拥有同等的机会。

1816
戴维灯问世

1816年1月9日，英国化学家汉弗里·戴维发明的新型矿井用灯试验成功。此前使用的明火矿灯极易引燃矿井中的可燃气体，发生爆炸。而戴维灯的火焰被隔离在封闭空间内，避免点燃易燃气体，从而保护矿工的生命安全。

一月 10

1863 第一条地铁通车

1863 年 1 月 10 日,世界上第一条地铁——伦敦地铁大都会线开通。列车采用蒸汽机车牵引,运营第一天的乘客数就达到 30 000 人。

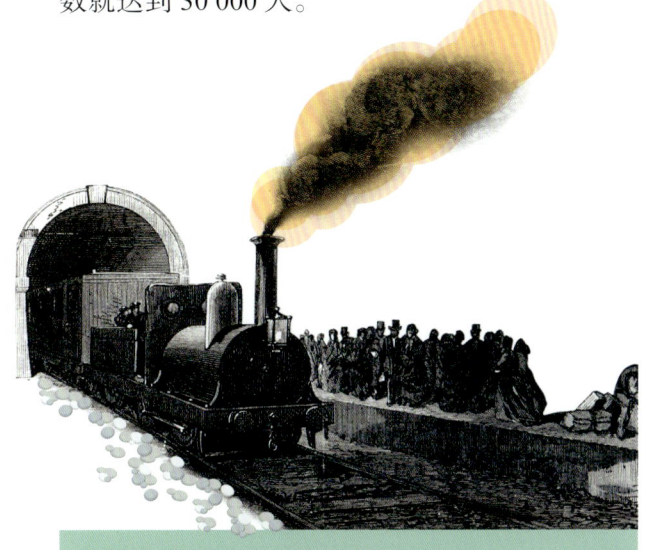

1901 引人注目的油井

1901 年 1 月 10 日,美国得克萨斯州的纺锤顶油田发生井喷,这标志着美国现代石油工业正式起步。该油田日产原油达 100 000 桶,直到 9 天之后,井口装置才安装好。

1985 辛克莱 C5 电动汽车亮相

1985 年 1 月 10 日,英国发明家克莱夫·辛克莱发布了一款电池电动汽车——辛克莱 C5。虽然这款踏板电动车因不实用、不安全而广受批评,但其环保的设计理念是领先于那个时代的。

其他发生于今天的历史事件

1929 年 1 月 10 日,比利时漫画家埃尔热创作的著名漫画《丁丁历险记》在报纸上首次发表。

1946 年 1 月 10 日,第一届联合国大会在英国伦敦召开,共有 51 个国家派代表出席。

1946 年 1 月 10 日,为了测试雷达波功率强度,美国陆军通信兵向月球发射雷达信号,并成功捕捉到了反射信号。该实验项目被称为"狄安娜计划"。

生于今天

1924 年 1 月 10 日,美国非洲裔爵士乐演奏家、作曲家麦克斯·罗奇出生。他是历史上最具影响力的爵士乐鼓手之一。

一月 11

其他发生于今天的历史事件

532年1月11日，在拜占庭帝国首都君士坦丁堡，一场战车比赛期间发生了持续一周的暴动。君士坦丁堡近一半城区被毁。

1851年1月11日，中国爆发了太平天国运动，这场反抗清政府的农民起义共持续了14年。

1964年1月11日，美国公共卫生局局长卢瑟·特里发表了一份报告，第一次将吸烟和肺癌发生率联系起来。

1922 胰岛素注射临床应用

1922年1月11日，胰岛素首次被用于治疗糖尿病。第一个接受胰岛素注射的人是14岁的加拿大男孩莱昂纳德·汤普森。

生于今天

1885年1月11日，美国妇女解放运动领袖爱丽丝·保罗出生。她最为人熟知的事迹是促使美国通过了《宪法第十九条修正案》。根据该法案，无论性别，每个美国公民都享有平等的选举权。

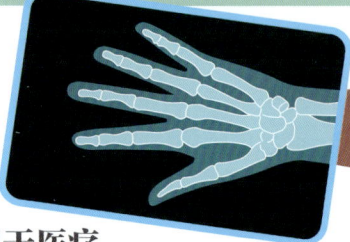

1896 X射线首次用于医疗

1896年1月11日，英国医生约翰·霍尔-爱德华兹首次将X射线用于临床诊断。一位手掌插进了一根针的患者接受了X射线检查。现在，X射线检查已成为医生常用的检查手段。

2020 象龟功臣"退休"

通过一个种群繁衍项目，象龟迭戈挽救了它的种群免于灭绝。2020年1月11日，它在太平洋的科隆群岛正式"退休"。多亏了迭戈和其他两只雄龟，象龟的种群数量得以从15只增加到2 000多只。

一月 12

1995
"狼来了！"
1995年1月12日，为了恢复北美灰狼的种群数量，美国黄石国家公园从加拿大贾斯珀国家公园引进了8只北美灰狼。70年前，因过度捕猎，北美灰狼曾一度在美国灭绝。

2014
创纪录的说唱
2014年1月12日，美国说唱组合"KJ-52"在佛罗里达州进行的即兴说唱表演，演出时长达到创纪录的12小时2分钟。

其他发生于今天的历史事件
1528年1月12日，古斯塔夫·瓦萨被拥立为瑞典国王，他在位37年，是现代瑞典的奠基人。

1980年1月12日，中国科学院地理研究所助理研究员张青松和海洋物理学家董兆乾登上南极大陆。这是中国科学工作者首次登上南极大陆，揭开了中国南极考察事业的序幕。

2010年1月12日，海地发生强烈地震，死亡人数超过22万人。

生于今天
1863年1月12日，印度哲学家维韦卡南达出生。他积极宣传宗教宽容与世界和平，尤其注重对年轻人的影响，因此印度将他出生这一天定为"国家青年节"。

1967
人体冷冻技术首次实施
1967年1月12日，死于癌症的美国心理学教授詹姆斯·贝德福德，成为首例使用人体冷冻技术保存遗体的人，他生前希望未来能从深度冷冻中复活。

一月 13

1871
牙钻问世

1871 年 1 月 13 日，美国牙医、发明家乔治·布朗为他发明的电动牙钻申请了专利。这项重大技术使牙医得以持续、高效地开展工作。

1942
快速逃生成功

第二次世界大战期间，飞机弹射座椅被首次使用。1942 年 1 月 13 日，德国喷气式战斗机飞行员赫尔穆特·申克启动弹射系统，成功从故障飞机中脱险。

生于今天

1596 年 1 月 13 日，荷兰画家扬·范·霍延出生。他一生创作了 1 200 多幅油画、1 000 多幅手稿，其作品大多表现荷兰的秀美风光。

2008
皮艇渡海壮举完成

澳大利亚人詹姆斯·卡斯特里森和贾斯廷·琼斯从澳大利亚出发，乘皮艇在海上划行了 3 200 千米，共用时 62 天，于 2008 年 1 月 13 日到达新西兰，创造了最长的海上双人皮艇航行里程纪录。

其他发生于今天的历史事件

1910 年 1 月 13 日，美国一家公司对纽约大都会歌剧院的一场歌剧演出进行了实况转播，这是第一次面向公众的无线电广播。

2018 年 1 月 13 日，一条错误的空袭警报被发出。警报称美国夏威夷群岛即将遭受弹道导弹袭击，这引发了当地民众的恐慌。

2020 年 1 月 13 日，默奇森陨石被证实是地球上最古老的物质。它有 70 亿年的历史，于 1969 年在澳大利亚被发现。

一月 14

1967
"爱之夏"运动

"人类大聚会"是1967年1月14日在美国旧金山市金门公园举行的一场集会。诗人、音乐人、社会活动人士、学生聚集此处,寻找主流之外的生活方式,这成为"爱之夏"运动的先声。

1897
人类登顶阿空加瓜峰

1897年1月14日,瑞士登山家楚尔布里根成功登上阿空加瓜山6 960米的顶峰。这是人类第一次成功登顶这座位于阿根廷的南美洲最高峰。

1997
吕克昂学园遗址被发现

1997年1月14日,希腊考古学家在雅典发现了一处古代遗址,他们认为这处遗址就是亚里士多德讲学的"吕克昂学园"。吕克昂学园由亚里士多德创立,他在这里教授哲学、科学和诗歌。

生于今天

1943年1月14日,美国航天员珊农·露茜德出生。她在俄罗斯的"和平号"空间站上度过了188天,以研究太空旅行对人类身体的影响。

其他发生于今天的历史事件

1761年1月14日,在一个名叫帕尼帕特的地方(位于现在的印度北部),阿富汗杜兰尼王朝与印度马拉塔人之间爆发了第三次帕尼帕特战役,数千名士兵战死。

"惠更斯号"是第一个降落在土星卫星上的空间探测器。2005年1月14日,它借助降落伞着陆土星最大的卫星土卫六,开始拍摄照片,执行探测任务。

一月 15

1797
希瑟林顿"戴高帽"
据事后的传闻说，1797年1月15日，制帽商约翰·希瑟林顿戴着他新设计的高顶丝质礼帽，大摇大摆地走在伦敦的街道上，引起一片混乱。人们互相推挤着，争着要瞧一瞧这款新式礼帽，甚至有人晕了过去。

生于今天
1929年1月15日，美国非洲裔牧师、社会活动家马丁·路德·金出生。他曾因领导美国的民权运动而被授予诺贝尔和平奖。

哈得孙河奇迹
2009年1月15日，美国飞行员切斯利·萨伦伯格驾驶的飞机在刚起飞不久就发生了发动机故障。他设法将飞机迫降至哈得孙河上，挽救了机上155个人的生命。

1559
"英明女王"登基
1559年1月15日，伊丽莎白一世在伦敦威斯敏斯特教堂加冕成为英国女王，时年25岁。在她统治英国的45年间，英国发展迅速，经济繁荣，被称为"黄金时代"。

其他发生于今天的历史事件
1919年1月15日，在美国波士顿，灾难突然袭来。一个装有糖浆的巨型储存罐突然爆炸，糖浆像洪水一般席卷道路，21人因此丧生。

1962年1月15日，德尔维尼草纸文献在希腊被发现。后来经测定，它大约完成于公元前340年，是欧洲迄今为止发现的最古老的文字手稿。

1967年1月15日，第一届"超级碗"比赛在洛杉矶举行。这项美式橄榄球冠军赛逐渐成为美国一年一度最盛大的体育赛事。

一月 16

2006
非洲第一位女总统就职

2006年1月16日，埃伦·约翰逊-瑟利夫宣誓就职为利比里亚总统，成为非洲首位民选女总统。

1547
恐怖伊凡

1547年1月16日，尚未成年的伊凡四世加冕为第一任俄国沙皇。他采用恐怖手段统治国家，且性格残暴，被后世称为"恐怖伊凡"。

生于今天

1932年1月16日，美国动物学家戴安·弗西出生。她在卢旺达的森林中花费近20年时间研究山地大猩猩。后来，她根据自己的经历创作了《迷雾中的大猩猩》一书。

其他发生于今天的历史事件

1913年1月16日，印度数学家斯里尼瓦瑟·拉马努金写信给英国剑桥大学，信中列出了许多他自己研究得出的数学定理及猜想，其中有一些就连当时知名的数学家也不大明白。之后，他受邀前往剑桥大学工作，在那里他对数学发展做出了重大贡献。

1979年，伊朗爆发伊斯兰革命，大批民众举行示威游行和抗议活动。1月16日，伊朗国王穆罕默德·礼萨·巴列维被迫流亡海外。

378
蒂卡尔王权更迭

根据玛雅石碑的记载，378年1月16日，将领西亚赫卡克（意为"火焰诞生"）率部进军玛雅城市蒂卡尔（位于现在的危地马拉境内）。就在同一天，蒂卡尔的统治者查克头克（意为"美洲虎之爪"）去世，西亚赫卡克掌握了蒂卡尔的实际统治权。

一月 17

"人体切割"魔术诞生

1921

1921年1月17日,英国魔术师P. T. 塞尔比特在伦敦的一场演出中,首次表演了"人体切割"魔术。他的助手贝蒂·巴克在魔术表演结束后安然无恙,令在场观众长舒了一口气。

生于今天

1964年1月17日,美国非洲裔律师米歇尔·奥巴马出生。她的丈夫贝拉克·奥巴马就任美国总统后,她成为美国历史上首位非洲裔第一夫人。

腔棘鱼首次被拍到真容

1987

1987年1月17日,在非洲东部印度洋沿岸,人们首次拍摄到腔棘鱼的影像。这种罕见的硬骨鱼是在1938年被发现的。

夏威夷女王退位

1893

1893年1月17日,一场由美国主导的政变迫使夏威夷王国最后一任君主利留卡拉尼女王退位。1959年,夏威夷成为美国第50个州。后来,美国政府曾为参与这场政变道歉。

其他发生于今天的历史事件

1920年1月17日,美国《宪法第十八条修正案》生效,规定美国境内禁止售卖酒类饮料。13年后,该法案被废除。

1990年,伊拉克军队入侵科威特。1991年1月17日,以美国为首的多国部队对伊拉克军队发起行动,海湾战争爆发。

1997年1月17日,挪威探险家博尔格·奥斯兰成为第一个独自徒步穿越南极洲的人,历时64天。

一月 18

其他发生于今天的历史事件

普法战争期间，随着德国各邦的统一，德意志帝国于 1871 年 1 月 18 日宣告成立。

1912 年 1 月 18 日，英国探险家罗伯特·福尔肯·斯科特抵达南极点，却发现挪威探险家罗阿尔·阿蒙森已于 1 个多月前先期抵达了南极点。更不幸的是，斯科特一行人在返回大本营的途中全部遇难。

2002 年 1 月 18 日，历经 11 年的冲突后，塞拉利昂内战正式结束。

1593
侬沙莱战役

1593 年 1 月 18 日，在侬沙莱战役中，暹罗国王纳黎萱与缅甸王储摩诃·乌巴罗阁之间进行了一场战象决斗，纳黎萱击杀了摩诃·乌巴罗阁。1 月 18 日也被定为泰国的建军节。

1943
切片面包禁令

为了减少对人员和设备的额外占用，1943 年 1 月 18 日，美国政府下令在第二次世界大战期间禁止生产切片面包。不过，这项禁令仅施行了 2 个月即告结束。

生于今天

1884 年 1 月 18 日，墨西哥妇女运动人士埃琳娜·阿里兹门迪·梅贾出生。在墨西哥革命期间，她创办了"中立白十字会"以救助战争中的伤员。

1911
飞机成功着舰

1911 年 1 月 18 日，人类历史上首次实现飞机甲板降落。进行这次惊险操作的是飞行员尤金·伊利，他驾驶飞机成功降落在停泊于美国旧金山的"宾夕法尼亚号"军舰上。

一月 19

其他发生于今天的历史事件

为了实现国家独立，1817年1月19日，智利的爱国军联合阿根廷军队翻越安第斯山脉，向智利的西班牙殖民者进军。

1981年1月19日，美国与伊朗签署了《阿尔及尔协议》，伊朗人质危机结束。之前被伊朗扣留的52名美国公民在协议签署的第二天返回美国。

1991年1月19日，入侵科威特的伊拉克军队破坏了当地许多油井和石油管线，造成大面积环境污染。

1915 齐柏林飞艇空袭

1915年1月19日，德国第一次使用"齐柏林L3号"飞艇执行轰炸任务。这次针对英国大雅茅斯的空袭造成2人死亡。在整个第一次世界大战期间，齐柏林飞艇的突袭在英国造成约500人死亡。

1966 "印度铁娘子"

1966年1月19日，英迪拉·甘地在议会两院获得多数选票，5天后被任命为印度首位女总理。她通过增加农作物产量，减少了印度对其他国家的粮食依赖。在1984年遇刺身亡前，她已担任两届印度总理。

1986 电脑首次"中毒"

1986年1月19日，一款名为"大脑"（BRAIN）的计算机病毒诞生，它由一对巴基斯坦兄弟巴斯特和阿姆捷特编写。这款病毒的设计初衷，是为了防止他们的软件被任意盗版复制。

生于今天

1839年1月19日，法国画家保罗·塞尚出生。他创作了200多幅静物画，900多幅油画，以及400多幅水彩画。

1946年1月19日，美国歌手多利·帕顿出生。她以演唱乡村音乐闻名，并且创作了3 000多首歌曲。

一月 20

2009
奥巴马就任美国总统

2009年1月20日，贝拉克·奥巴马宣誓就职第44任美国总统。他是历史上第一个当选美国总统的非洲裔美国人。奥巴马曾是一名律师，他的总统任期持续了八年。

1892
第一场篮球比赛开赛

1892年1月20日，在美国马萨诸塞州斯普林菲尔德的一所基督教青年会学校，两支队伍进行了历史上第一次正式篮球比赛。这项新运动是该校的体育老师发明的。

1885
过山车诞生

1885年1月20日，科尼岛的拉马库斯·汤普森获得了美国第一个过山车设计专利。那时的过山车，时速只能达到9千米。

其他发生于今天的历史事件

1788年1月20日，第一批736名英国罪犯和他们的看守，乘船来到了澳大利亚的植物湾，并在那里建立起第一个刑事殖民地。

1942年1月20日，纳粹德国高官开会讨论并通过了"最终解决方案"。他们计划把欧洲的犹太人送往位于波兰的灭绝营，实施种族屠杀。

2014年1月20日，近一半韩国人成为黑客攻击的受害者，大约2 000万人的信用卡信息被窃取。

生于今天

1910年1月20日，奥地利生物学家乔伊·亚当森出生。她在肯尼亚从事野生动物保护工作，还抚养了一头失去母亲的雌性幼狮，取名"爱尔莎"。后来，这只狮子被放归大自然。

一月 21

1793 路易十六被处死

被法国国民公会认定犯有叛国罪后，1793 年 1 月 21 日，法国国王路易十六被推上了断头台。数千法国人聚集在巴黎革命广场，目睹了这名前国王被处死的过程。

1976 超声速航班正式商用

首飞七年后，"协和"超声速大型客机开始商业运营，主要在伦敦和巴黎的机场执行航班任务。协和超声速客机最高时速可达 2 179 千米，这一速度几乎是声速的两倍。

1911 蒙特卡洛拉力赛开赛

1911 年 1 月 21 日，第一届蒙特卡洛汽车拉力赛开赛，共有 23 辆汽车分别从 11 个不同的地点出发，穿越欧洲，抵达终点摩纳哥。这项赛事为汽车新科技提供了一个展示的舞台。

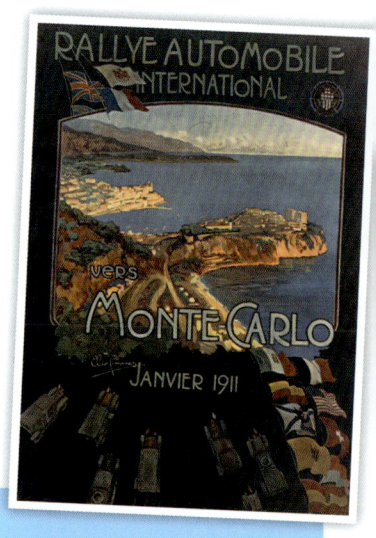

生于今天

1920 年 1 月 21 日，巴巴多斯第一任总理埃罗尔·巴罗出生。1966 年，他领导这个加勒比岛国脱离英联邦，宣布独立。他的生日现在是巴巴多斯的法定假日。

其他发生于今天的历史事件

1924 年 1 月 21 日，苏联领导人列宁逝世。他的遗体在经过防腐处理后，被安放在莫斯科红场的列宁墓，供公众瞻仰凭吊。

2017 年 1 月 21 日，来自美国 160 多座城市的 400 万人参加了"女性大游行"，抗议特朗普就任美国总统。

2020 年 1 月 21 日，经科学家测定，澳大利亚亚拉布巴陨石坑的历史可追溯到 22 亿年前，是迄今为止地球上发现的最古老的陨石坑。

一月 22

生于今天

1849年1月22日，瑞典戏剧家奥古斯特·斯特林堡出生。他以戏剧创作闻名，一生创作了60多部戏剧作品。

其他发生于今天的历史事件

1517年1月22日，在瑞达利亚战役中，苏里曼一世率军打败了马穆鲁克王朝的军队，取得埃及的统治权。

1824年1月22日，在非洲的黄金海岸（今加纳），阿散蒂人大败英国殖民军。在非洲人民反抗殖民者的斗争中，这样的胜利十分难得。

1997年1月22日，一枚火箭在美国俄克拉何马州上空解体，火箭残骸从天而降，砸到了洛蒂·威廉姆斯。好在洛蒂没有受伤，她也成了唯一一个被太空碎片击中过的人。

2006 玻利维亚总统就职

2006年1月22日，埃沃·莫拉莱斯就任玻利维亚总统，成为该国历史上首位印第安人总统。莫拉莱斯是艾马拉人，这是一个主要居住在安第斯山脉中部的南美洲印第安族群。

1506 教皇的"保镖"

1506年1月22日，瑞士向梵蒂冈的罗马教廷派遣了150名士兵，以保卫教皇尤利乌斯二世的安全。现在，瑞士仍然向梵蒂冈教廷派遣士兵。这些士兵身着颜色鲜艳的制服在梵蒂冈巡逻，被称为"瑞士卫队"。

1879 英祖战争打响

英国为了扩张其在非洲南部的控制范围，发动了针对祖鲁王国的战争。1879年1月22日，祖鲁军队取得了伊桑德尔瓦纳战役的胜利，而同一天晚些时候，英国军队在罗克渡口战役中获胜。

一月 23

生于今天

1910年1月23日，具有罗姆人血统的爵士乐演奏家强哥·莱恩哈特出生。尽管在火灾中失去两根手指，强哥仍然成为著名的吉他演奏家、作曲家，在整个欧洲地区享有盛名。

1939年1月23日，美国社会活动家埃德·罗伯茨出生。他因感染脊髓灰质炎病毒而身体瘫痪，但他没有就此沉沦，最终被美国加州大学伯克利分校录取，成为该校录取的第一位残障学生。此外，他还不断地为残障权利运动发声、出力。

极限深潜 · 1960

1960年1月23日，已知的海洋最深点"挑战者深渊"迎来人类第一次探访。瑞士人雅克·皮卡德和美国人唐·沃什乘坐"的里雅斯特号"潜水器，历经近5个小时，下潜了10 916米，终于抵达这个世界上最深的地方。

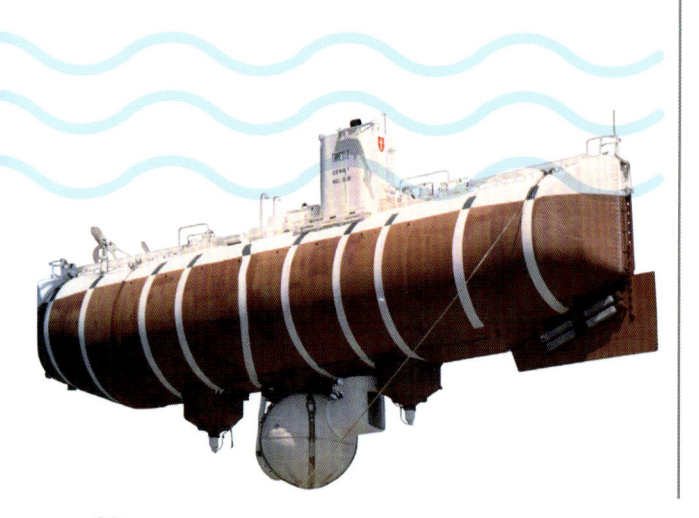

飞盘游戏 · 1957

美国人沃尔特·弗雷德里克·莫里斯发明了一款新玩具——飞行圆盘。1957年1月23日，他把这项新发明的专卖权转让给了威猛奥玩具公司，后者将其改名为"飞盘"。现在，飞盘已经成为世界上最流行的玩具之一。

其他发生于今天的历史事件

1556年1月23日，中国明朝陕西地区发生大地震，这是历史上中国有记载的伤亡人数最多的一次地震，造成约830 000人死亡。

1719年1月23日，神圣罗马帝国皇帝查理六世把两块领地合并，建立了独立的列支敦士登公国。

2020年1月23日，英国科学家使用3D（三维）打印技术复原了一名祭司木乃伊的声带，人们第一次听到了古埃及人的声音。

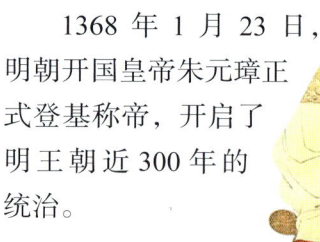

明朝建立 · 1368

1368年1月23日，明朝开国皇帝朱元璋正式登基称帝，开启了明王朝近300年的统治。

一月 24

41 克劳狄乌斯皇帝即位

41年1月24日，因无法忍受罗马皇帝卡利古拉的暴政，近卫军首领刺杀了卡利古拉，并推举他的叔叔克劳狄乌斯为新的罗马皇帝。克劳狄乌斯治国有方，在他的领导下，罗马帝国最终征服了不列颠。

生于今天

1864年1月24日，法国妇女活动家玛格丽特·杜朗出生。她创办了一份报纸，该报的所有工作全部由女性完成；她还参与创建了职业妇女帮扶组织。

1984 苹果电脑上市

1984年1月24日，第一代苹果个人电脑麦金塔在美国上市销售，标价2 500美元（大约相当于现在的5 000美元）。

1848 加利福尼亚淘金潮

1848年1月24日，萨特锯木厂的工人詹姆斯·W.马歇尔在美国加州萨克拉门托河沿岸发现了黄金碎片。这一发现吸引大批淘金者蜂拥而至，来到加利福尼亚寻找黄金。

其他发生于今天的历史事件

1859年1月24日，亚历山德鲁·约安·库扎将位于欧洲中部的摩尔多瓦公国、瓦拉几亚公国合并，后称罗马尼亚。

1986年1月24日，"旅行者2号"探测器以81 500千米的高度飞越天王星，并且在天王星轨道上发现了11颗新卫星。

2006年1月24日，迪士尼公司收购了皮克斯动画工作室，后者是电脑动画行业的领军者，曾拍摄了热门电影《玩具总动员》。

一月 25

1995
导弹惊魂
1995 年 1 月 25 日,挪威发射"黑色布兰特 12 号"火箭,俄罗斯误将其认作美国"三叉戟"导弹,一度准备启动核反击程序,幸好该行动被叫停。之后俄罗斯着手审查内部工作流程,以避免此类事件再次发生。

生于今天
1759 年 1 月 25 日,苏格兰诗人罗伯特·彭斯出生。他写了大约 300 首诗歌,代表作为《友谊地久天长》。每年在他生日这一天,苏格兰都会举行"彭斯之夜"纪念活动。

2004
火星上的生活
2004 年 1 月 25 日,美国"机遇号"火星探测车着陆火星。它在火星上工作了近 15 年,进行相关科学探测。此次任务中最激动人心的一项发现是找到了火星上曾存在液态水的证据,这使得火星上曾经有生命存在成为可能。

1921
欢迎来到机器人世界
"机器人"(robot)一词,最早出现在剧本《罗姆素的万能机器人》中。这是一部由捷克作家卡雷尔·恰佩克创作的科幻戏剧,主角是一个人形机器人。"robot"这个词源自捷克语"robota",意思是"无偿劳动力"。

其他发生于今天的历史事件
1890 年 1 月 25 日,美国记者娜丽·布莱用时 72 天完成世界环游,打破了当时的世界纪录。

1971 年 1 月 25 日,伊迪·阿明夺取了乌干达的政权。他执政乌干达的 8 年时间,是该国历史上统治最残暴的时期。

2010 年,"阿拉伯之春"席卷阿拉伯国家,造成一系列政治、社会动荡。随着"阿拉伯之春"的蔓延,2011 年 1 月 25 日,埃及也爆发了以反贪污、反压迫为诉求的大规模民众抗议活动。

一月 26

1926
电视试验成功

1926年1月26日，英国发明家约翰·洛吉·贝尔德在他位于英国伦敦的实验室里，向50名科学家首次展示了他的新发明——电视。不久之后，电视就成为全世界亿万家庭的娱乐中心。

生于今天

1944年1月26日，美国非洲裔社会活动家、作家安吉拉·戴维斯出生。她曾是美国共产党的主要负责人之一，积极支持民权运动、种族平等和妇女解放。

1924
冬奥会历史上第一枚金牌诞生

1924年1月26日，在法国夏蒙尼举办的首届冬奥会上，美国运动员查尔斯·朱特劳夺得500米速度滑冰比赛冠军，这是冬奥会历史上的第一枚金牌。这枚奖牌至今还陈列在美国华盛顿的史密森学会。

1905
库里南钻石现世

1905年1月26日，在南非的一座矿山发现了世界上最大的宝石级钻石，该钻石原石净重竟然达到了3 106.75克拉。后来，它被磨成了9粒大钻石，其中最大的一颗被称为"非洲之星"，镶嵌在英国国王的权杖上。

其他发生于今天的历史事件

1950年1月26日，印度宪法正式生效，印度成立共和国，这一天被定为"共和国日"。

1972年1月26日，南斯拉夫空乘人员维斯娜·乌洛维奇所乘的飞机发生爆炸，她从10 160米的高空坠下，竟然奇迹生还。

1983年1月26日，海关合作理事会成立30周年之际，这一天被确定为国际海关日。

一月 27

1945

奥斯威辛集中营解放

1945年1月27日，苏联军队解放了奥斯威辛集中营。在集中营内，他们发现了7 000多名幸存者和数百具遗体。这一天后来被定为"国际大屠杀纪念日"。

其他发生于今天的历史事件

1868年1月27日，日本爆发了鸟羽—伏见之战，导致德川幕府的统治落幕和明治维新时代的开始。

1967年1月27日，《外层空间条约》分别在美国、英国和苏联签订。该条约规定，禁止在外层空间部署核武器或进行军事活动。

1973年1月27日，越南民主共和国、美国、越南南方共和临时革命政府、越南共和国政府四方在巴黎签订了《越南问题的巴黎协定》，结束了为时已久的越南战争。

2010

苹果 iPad 面世

2010年1月27日，苹果公司的史蒂夫·乔布斯在美国旧金山的新闻发布会上，向公众展示了苹果第一代平板电脑。它的屏幕比手机屏幕大得多，更适合玩游戏、阅读电子书、追剧、看视频等。

生于今天

1756年1月27日，奥地利作曲家沃尔夫冈·阿玛多伊斯·莫扎特出生。他一生创作了600多部音乐作品，是世界上最具影响力的作曲家之一。

列宁格勒保卫战胜利

1944

1944年1月27日，苏联军队成功迫使德国纳粹军队撤离列宁格勒，结束了德军对列宁格勒900多天的封锁。列宁格勒保卫战是第二次世界大战中持续时间最长的围城战，其间约有100万苏联平民因饥饿或疾病死亡。

一月 28

1896
"超速狂飙"

英国肯特郡的沃尔特·阿诺德是第一个因为超速驾驶受到处罚的人。1896年1月28日，他驾车以13千米的时速行驶，超过了当时限定的最高时速3.2千米。一名警察骑着自行车一路追赶，追上后对他处以1先令的罚款（约合今天的4英镑）。

其他发生于今天的历史事件

1671年1月28日，海盗亨利·摩根带领1 500名部众侵袭巴拿马，攻占了首都巴拿马城，并把城中的珍宝洗劫一空。

1871年1月28日，德意志帝国击败了法国，普法战争结束。

1986年1月28日，因火箭助推器故障，在升空73秒后"挑战者号"航天飞机爆炸，机上7名航天员全部罹难。

1951
百慕大圆尾鹱再度现身

1951年1月28日，人类重新发现一度被认定灭绝的百慕大圆尾鹱。发现者之一是百慕大当地的年轻人戴维·温盖特，他后来致力于动物保护工作。

1958
用积木搭建世界

1958年1月28日，丹麦乐高集团为旗下的积木玩具产品申请了专利。这种拼插积木现在仍然沿用最初的设计，每年可售出大约750亿块。

生于今天

1608年1月28日，意大利科学家乔瓦尼·阿方索·博雷利出生。他是生物力学领域的先驱，一直致力于研究生物体的运动、结构和功能。

1912年1月28日，美国抽象派表现主义画家杰克逊·波洛克出生。他通过泼洒、甩滴颜料的方式作画，风格独树一帜。

一月 29

1845 诗歌《乌鸦》问世

1845年1月29日，美国作家爱伦·坡的代表作《乌鸦》首次在纽约《明镜晚报》发表。这首神秘叙事诗刊出后，爱伦·坡声名鹊起。

1886 汽车诞生日

1886年1月29日，德国工程师卡尔·本茨在德国柏林为他发明的三轮汽车申请了专利，专利号为37435。这标志着汽车工业的开端。

1978 气溶胶禁令生效

1978年1月29日，瑞典成为世界上第一个禁止使用含氯氟烃（CFCs）的气溶胶喷雾剂的国家。地球大气层中的臭氧，可以保护我们免受太阳紫外线辐射的伤害，而氯氟烃却会破坏臭氧层。

生于今天

1881年1月29日，美国科学家爱丽丝·伊文斯出生。她对牛奶和奶酪中所含细菌的研究有助于推广巴氏消毒法。巴氏消毒法能杀灭乳制品里的致病性微生物。

1954年1月29日，美国非洲裔主持人奥普拉·温弗瑞出生。她出身贫困，但是凭借其广受欢迎的脱口秀节目成为亿万富豪。她已为慈善事业捐款数百万美元。

其他发生于今天的历史事件

1892年1月29日，可口可乐公司在美国成立。它生产出了世界上最畅销的软饮料之一。

1967年1月29日，一艘"阿波罗号"飞船在美国肯尼迪航天中心进行地面试验时失火。

2018年1月29日，电影《黑豹》在洛杉矶首映。它是第一部主要由非洲裔演员参演、由非洲裔导演执导的科幻电影。

一月 30

新春攻势 | 1968

1968年1月30日（越南农历春节），越南民主共和国和越南南方民族解放阵线武装发动"新春攻势"，扭转战局，迫使美国与越南进行和平谈判。

生于今天

1913年1月30日，印度画家阿姆丽塔·谢尔－吉尔在匈牙利出生。她曾在法国巴黎学习艺术，之后返回印度。她的印度现代派绘画很好地融合了东方和西方的艺术风格。

"不沉之船" | 1959

丹麦的"汉斯·赫德托夫特号"轮船曾被认为不会沉没，非常安全。然而1959年1月30日，在首次航行中，它撞上了冰山并沉没，船上95人无一人生还。唯一被发现的残骸是一个救生圈。

其他发生于今天的历史事件

1649年1月30日，在伦敦白厅前，英国国王查理一世以叛国罪在众人的围观中被公开处决。

1933年1月30日，阿道夫·希特勒被任命为德国总理，开启了他的独裁统治。

1948年1月30日，印度民族运动领袖"圣雄"甘地在新德里遇刺身亡，终年78岁。凶手是一名印度教极端分子。

第一座现代化悬索桥通车 | 1826

1826年1月30日，连接英国的安格尔西岛和威尔士西北海岸的梅奈悬索桥通车，这是世界上第一座现代化的悬索桥。

一月 31

2015 高尔夫神童

2015年1月31日，在美国佛罗里达州举办的科茨高尔夫锦标赛上，17岁的新西兰选手高宝璟获得并列第二名，这场比赛收获的积分足以把她推上世界排名第一的宝座，她也因此成为高尔夫球界最年轻的世界第一。

其他发生于今天的历史事件

1865年1月31日，《美国宪法第十三条修正案》在国会获得通过。该法案规定，在全美范围内废除奴隶制。

1990年1月31日，苏联第一家麦当劳在莫斯科普希金广场开门营业，吸引了大批食客前来就餐。

2020年1月31日，英国正式脱离欧盟，其47年的欧盟成员国身份终止。

生于今天

1797年1月31日，奥地利作曲家弗朗茨·舒伯特出生。他一生共创作了约1 500首乐曲。

1981年1月31日，美国歌手贾斯汀·汀布莱克出生。他以童星出道，后来成为一名流行音乐人。

阿拉伯羚羊回归 1982

数十年的生态保护和人工繁育，挽救了阿拉伯羚羊免于野外灭绝。1982年1月31日，有10只阿拉伯羚羊被重新引入阿曼的沙漠地区。

二月 1

1985 寻找外星人

1985年2月1日，搜寻地外文明（SETI）研究所开始在宇宙中寻找外星生物。至今，它仍然是美国唯一一家致力于搜寻地外文明活动证据的研究机构。

生于今天

1878年2月1日，匈牙利游泳运动员阿尔弗雷德·哈约斯出生。他是第一位现代奥运会游泳冠军，职业生涯共赢得2枚奥运会金牌、1枚奥运会银牌。

1902年2月1日，美国非洲裔作家兰斯顿·休斯出生。作为哈莱姆文艺复兴运动的创始人之一，他的作品多反映美国非洲裔劳工阶层的生活。

1960 格林斯伯勒抗议

1960年2月1日，在美国北卡罗来纳州的格林斯伯勒市，伍尔沃斯百货公司午餐店拒绝接待4名非洲裔学生。随后，这4名学生停留在商场门口，抗议美国的种族隔离制度，由此开启了一系列格林斯伯勒反不平等抗议活动。

其他发生于今天的历史事件

1895年2月1日，德兰士瓦共和国总统保罗·克留格尔宣布，非洲大陆第一个自然保护区在比勒陀利亚的喷泉谷建成。

1986年2月1日，"东方红2号"实用通信广播卫星进入预设轨道，标志着卫星通信由试验阶段进入实用阶段。

2003年2月1日，"哥伦比亚号"航天飞机即将着陆时，在美国得克萨斯州上空突然解体，机上7名航天员全部罹难。

二月 2

其他发生于今天的历史事件

1887年2月2日，美国宾夕法尼亚州首次举行"土拨鼠日"，一只名为旁苏托尼·菲尔的土拨鼠预测接下来的日子里，冬天仍将持续还是早春即将到来。

1943年2月2日，第二次世界大战中最残酷的战役——斯大林格勒会战在苏联结束。

1971年2月2日，《湿地公约》在伊朗拉姆萨尔签订。其作用是提高人们保护湿地的意识。

1709 荒岛漂流记

1709年2月2日，苏格兰水手亚历山大·赛尔柯克独自一人滞留荒岛4年多后，终于获救。

生于今天

1977年2月2日，哥伦比亚歌手、歌曲创作人夏奇拉出生。她的歌曲朗朗上口，具有独特的拉美风格，曾斩获众多音乐奖项。

1925 英雄哈士奇

1925年2月2日，几支哈士奇犬雪橇队冒着寒冬的风雪，接力跨越1 000多千米，将救命药白喉血清运抵偏远的阿拉斯加诺姆镇，成功阻止这种致命性疾病在当地暴发。

1912 令人惊叹的特技表演

1912年2月2日，美国冒险家弗雷德里克·罗德曼·劳为一部电影进行了首次特技表演：他利用降落伞，从纽约自由女神像的火炬上伞降落地。

二月 3

1982 直升机"大力士"

1982年2月3日，一架苏联重型运输直升机米-26，将56 770千克的重物，吊起提升至距地面2 000米的莫斯科高空，这是有史以来直升机吊起的最大重量。

其他发生于今天的历史事件

1870年2月3日，《美国宪法第十五条修正案》正式获批通过，该法案确保了非洲裔群体平等享有选举权。

1966年2月3日，苏联的"月球9号"探测器着陆月球，这是第一个在月球表面成功软着陆的月球探测器。

1972年2月3日，伊朗发生了有史以来最严重的暴风雪灾害。暴风雪摧毁了大约200座村庄，造成4 000人死亡。

1931 霍克湾大地震

1931年2月3日，新西兰发生历史上最惨重的自然灾难——霍克湾地震，北岛东岸震动强烈，共造成258人丧生。

生于今天

1790年2月3日，英国古生物学家吉迪恩·曼特尔出生。他在重新组装一具动物化石时，推测这些骨骼化石属于一种已灭绝的大型生物，他将其命名为禽龙。

1970年2月3日，英国演员沃维克·戴维斯出生。他在"星球大战"系列影片中出演了多个角色。他天生患有罕见的侏儒症，与别人联合成立了"英国袖珍人"慈善机构。

1995 女机长巡航宇宙

美国航天员艾琳·柯林斯成为首位航天飞机女指令长。1995年2月3日，她驾驶"发现号"航天飞机，实现与俄罗斯"和平号"空间站的对接。此次太空飞行任务共持续8天。

39

二月 4

1945
雅尔塔会议举行
英国首相温斯顿·丘吉尔、美国总统富兰克林·D.罗斯福、苏联领导人约瑟夫·斯大林于1945年2月4日，在苏联举行了雅尔塔会议，商讨第二次世界大战后的欧洲秩序问题。

1993
"旗帜号"卫星
1993年2月4日，俄罗斯科学家利用"旗帜号"卫星上特制的镜子，向欧洲夜空短暂反射了一束太阳光。这项测试是为了验证人们是否可以通过这个方法增加地球上的日照时间。

其他发生于今天的历史事件
960年2月4日，宋太祖赵匡胤登基，建立宋朝，定都开封。

1938年2月4日，迪士尼公司制作的电影《白雪公主和七个小矮人》再次公映。这是世界上第一部动画长片电影，在票房上获得了巨大成功。

2004年2月4日，马克·扎克伯格为哈佛大学的学生开发了一个社交网站——"脸书"。现在，脸书已经成为社交媒体巨头。

生于今天
1868年2月4日，爱尔兰人康斯坦丝·乔治娜·马基维茨伯爵夫人出生。她是第一位当选英国下议院议员的女性。

1918年2月4日，英国电影演员艾达·卢皮诺出生。她在好莱坞电影中扮演过许多精彩角色，后来，她转型成为最早的女性电影导演之一。

1936
人工合成镭同位素
镭是一种在矿物中发现的放射性金属元素。1936年2月4日，美国科学家约翰·J.利文古德使用人工方法制造出镭元素的同位素，这是第一次人工合成自然元素。

二月 5

1869
令人叹为观止的金块

有人在澳大利亚的莫利亚古尔镇发现了世界上最大的天然金块。1869年2月5日，两名英国矿工在发掘金矿时，挖出了这个后来被称为"欢迎陌生人"的金块，它的重量达到了惊人的72千克。

1661
清朝新皇登基

1661年2月5日，清朝的康熙皇帝开启了他对中国的统治。他在位时间长达61年，是中国历史上在位时间最长的皇帝。

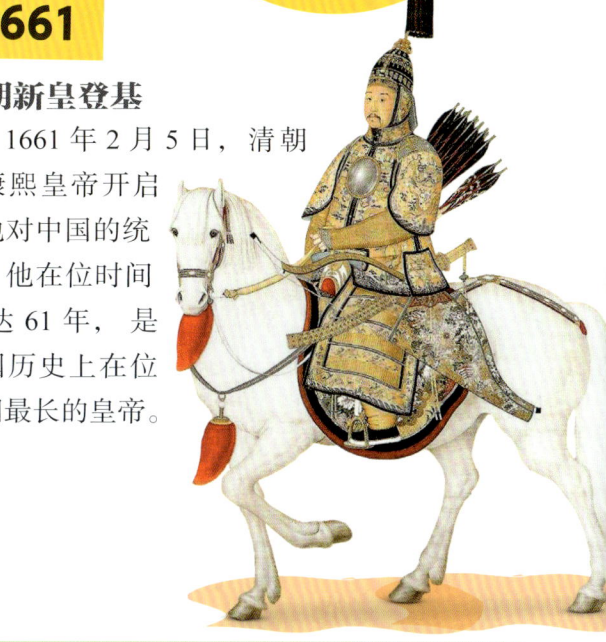

其他发生于今天的历史事件

1885年2月5日，比利时国王利奥波德二世以个人名义霸占刚果大片土地，称"刚果自由国"。他以开发荒地为名种植橡胶，所得收入全部归其个人所有。

1953年2月5日，第二次世界大战结束8年后，英国终止食品配给制。

1852
著名艺术博物馆开放

1852年2月5日，位于俄国圣彼得堡的艾尔米塔什博物馆向公众开放。它里面存放有叶卡捷琳娜二世私人购置的一批绘画藏品。如今，这里仍是世界上最壮观的艺术品博物馆之一。

生于今天

1985年2月5日，葡萄牙足球运动员克里斯蒂亚诺·罗纳尔多出生。他在30多项重要赛事中捧杯，5次获得金球奖，迄今已打进700多粒进球。

二月 6

1921 卓别林首次执导电影

1921年2月6日，查理·卓别林执导并出演的无声喜剧电影《寻子遇仙记》首映。卓别林在片中饰演一个好心的流浪汉，他捡回一个被遗弃的婴儿并将其抚养成人。这也是卓别林首次执导故事类影片。

"太空跑车" 2018

2018年2月6日，美国太空探索技术公司用"猎鹰重型"火箭把一辆汽车运至太空。汽车的驾驶座上有一个身着航天服的假人，储物箱中还装有一些杂物。目前，这辆汽车还在继续绕行太阳。

2019 聪明的蜜蜂

2019年2月6日，澳大利亚皇家墨尔本理工大学公布了一项研究成果，证实蜜蜂能够做基础的数学运算。尽管蜜蜂的大脑很小，但在研究人员设计的迷宫实验中，它们似乎知道如何进行加减运算。

生于今天

1945年2月6日，牙买加唱作歌手鲍勃·马利出生。这位传奇巨星把雷鬼音乐带到了大众面前。他的歌曲呼唤社会公正、平等，鼓舞人心，颇具影响力。

其他发生于今天的历史事件

1778年2月6日，美国独立战争期间，美国与法国在巴黎签订了《美法同盟条约》。这标志着美国第一次被承认为一个独立国家。

1840年2月6日，英国官员和新西兰土著毛利人部落酋长在新西兰北岛的村镇怀唐伊签订了《怀唐伊条约》。随后，根据这一条约，英国宣示了对新西兰的统治，后者沦为其殖民地。

1993年2月6日，斯堪的纳维亚半岛的土著萨米人第一次庆祝他们的民族日。

二月 7

1959
打破纪录的飞行

两名年轻的飞行员罗伯特·蒂姆和约翰·库克驾驶一架飞机，飞越了美国内华达州的大盆地沙漠，经过64天22小时19分钟的不间断飞行，于1959年2月7日降落，创下持续飞行时间最长的世界纪录。其间，飞机的燃油补给都是在空中完成的。

1984
自由太空行走

美国航天员布鲁斯·麦坎德利斯实现了人类历史上第一次无系绳太空行走。1984年2月7日，他离开位于地球轨道上的"挑战者号"航天飞机，在太空自由漫步了90分钟，得以从273千米的高空饱览地球美景。

生于今天

1978年2月7日，尼日利亚演员、歌手奥马托拉·杰莱德－艾克尼德出生。她共主演了近300部电影。

1812年2月7日，英国作家狄更斯出生。他是19世纪英国现实主义文学的杰出代表，代表作有《雾都孤儿》《远大前程》等。

1845
珍品粉碎

1845年2月7日，制作于公元前1世纪的古罗马波特兰花瓶，被一名来不列颠博物馆游览的游客故意毁坏。20世纪80年代末，这件被打碎的宝石玻璃花瓶才得以修复完毕，恢复原貌。

其他发生于今天的历史事件

1992年2月7日，12个西欧国家签署了《马斯特里赫特条约》，为欧盟的成立奠定基础。

2008年2月7日，南非人拉姆·巴凯创下了一项纪录，他成为在地球最南端——南极洲毛德皇后地附近的海面上进行冰泳的第一人。

2014年2月7日，有科学家宣布，他们在英国诺福克郡黑斯堡发现的人类足迹，据测定距今至少有80万年的历史，这是在非洲之外发现的最古老的人类足迹。

二月 8

1974
太空驻留实验
1974年2月8日，3名美国航天员完成了在空间站"天空实验室"长达84天的驻留任务，这是美国国家航空航天局有记载的、时间最长的一次太空任务，证明人类可以在太空长期生活工作。

1865
遗传学取得突破
1865年2月8日，奥地利遗传学家格雷戈尔·孟德尔在布吕恩自然科学协会宣读了他关于豌豆遗传特征的研究成果。孟德尔的研究后来成为近代遗传学的基础。

其他发生于今天的历史事件
1587年2月8日，在被囚禁19年后，苏格兰女王玛丽·斯图亚特被斩首，罪名是策划谋杀英女王伊丽莎白一世。

1841年2月8日，英国人亨利·福克斯·塔尔博特为他发明的卡罗式摄影法申请了专利。这种摄影工艺是最早的"负片－正片"成像技术。

1904年2月8日，日本向驻中国旅顺口的俄国海军发动鱼雷攻击，引发日俄战争。

生于今天
1828年2月8日，法国作家儒勒·凡尔纳出生。他创作了许多畅销小说，如《海底两万里》《八十天环游地球》等。

1672
光学实验
1672年2月8日，英国科学家艾萨克·牛顿在英国皇家学会做了一个光学实验，演示如何利用三棱镜把太阳光分解成彩色光带。这个实验引领了现代光学的发展。

二月 9

其他发生于今天的历史事件

1969年2月9日，波音747在美国华盛顿州埃弗里特佩恩机场首飞。这款宽体民用客机彻底改变了航空业。

2009年2月9日，埃及考古学家在塞加拉墓地的一间墓室内，发现了约30具距今已有2 600多年历史的木乃伊。

2019年2月9日，奉俊昊执导的韩国电影《寄生虫》成为第一部获得奥斯卡奖最佳影片的非英语电影。

一代棒球明星 — 1971

1971年2月9日，美国棒球投手李洛伊·萨奇·佩吉，被提名入选棒球名人堂。他是首位被提名的非洲裔棒球运动员，辉煌的职业生涯持续了将近50年。

纳瓦霍人 — 1995

1995年2月9日，美国航天员伯纳德·哈里斯进行了太空行走，还检测了0℃以下低温环境中航天服的性能，他也由此成为第一位进行太空行走的非洲裔航天员。他把这次太空行走献给纳瓦霍人（美国最大的印第安族群），并在行走过程中携带了纳瓦霍人的旗帜。

生于今天

1854年2月9日，荷兰医生阿莱塔·亨利埃特·雅各布斯出生。她是荷兰第一位被正式录取的女大学生，后来成为荷兰首批女医生之一。

1932年2月9日，德国艺术家格哈德·里希特出生。他在绘画和摄影中融合了多元的风格和主题。

"披头士狂热"席卷全美 — 1964

1964年2月9日，英国披头士乐队登上美国电视节目《埃德·沙利文秀》，吸引了7 300万观众收看。这支又名"甲壳虫乐队"的英国摇滚乐队掀起了一股"披头士狂热"。这股热潮席卷全美，也在美国唱片市场上带火了更多的英国明星。

二月 10

1942 第一张金唱片

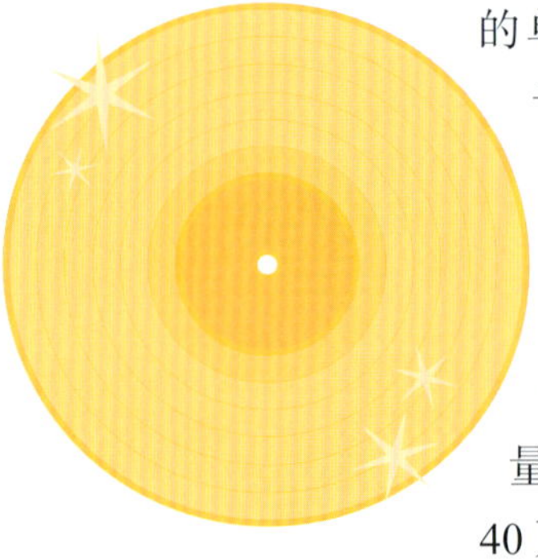

美国大型乐队的领队格伦·米勒的单曲 Chattanooga Choo Choo 被授予第一张"金唱片"认证。唱片公司给格伦·米勒特别制作了一张镀金的唱片，以庆祝这首歌曲销量超过 120 万张。今天，"金唱片"认证会授予那些在美国销量超过 50 万张或在英国销量超过 40 万张的专辑。

1996 人机大战

1996 年 2 月 10 日，在美国费城举行了一场国际象棋人机对战。第一局比赛中，国际商业机器公司（IBM）的"深蓝"计算机输给了国际象棋世界冠军加里·卡斯帕罗夫。但次年"深蓝"战胜了对手，成为第一台在国际象棋比赛中战胜人类的计算机。

生于今天

1835 年 2 月 10 日，德国动物学家维克多·亨森出生。他发现那些悬浮在水层中的微小生物在海洋食物链中起着重要作用。后来，他把这些生物命名为浮游生物。

1842 年 2 月 10 日，爱尔兰天文学家艾格妮斯·玛丽·克莱克出生。她的著作《19 世纪天文学趣史》为英国维多利亚时代的读者简要介绍了当时天文学的发展。

其他发生于今天的历史事件

1763 年 2 月 10 日，《巴黎和约》的签订结束了七年战争。这场战争波及欧洲和美洲各地，是第一次真正意义上的全球冲突。

1863 年 2 月 10 日，美国人杜布瓦·D. 帕米利为他制造的第一个人工假肢申请了专利。

1722 传奇海盗身亡

1722 年 2 月 10 日，绰号"黑色准男爵"的海盗巴沙洛缪·罗伯茨在一次战斗中身亡。他在加勒比海、美洲及非洲沿岸地区先后劫掠了 400 多艘船只。在被英国海军击毙后，他的尸体被葬入海中，后来一直没有被找到。

二月 11

2014
首开先河

2014年2月11日，德国运动员卡莉娜·沃格特在俄罗斯索契冬奥会上赢得女子跳台滑雪金牌，成为有史以来第一位女子跳台滑雪奥运冠军。

生于今天

1930年2月11日，英国时装设计师芭芭拉·玛丽·奎恩特出生。她设计的迷你裙和热裤成为20世纪60年代欧美女性的必备时尚单品。

1972年2月11日，美国冲浪运动员凯里·斯雷特出生。他创纪录地先后赢得了11项世界冲浪冠军。

公元前660
日本建国纪念日

传说第一任日本天皇神武天皇在公元前660年2月11日建立了日本国，因此日本将这一天定为"建国纪念日"。

1990
曼德拉获释

南非反种族隔离制度领袖纳尔逊·曼德拉在被监禁近28年后，于1990年2月11日终获自由。1962年，他以"密谋推翻政府"的罪名被捕。

其他发生于今天的历史事件

1929年2月11日，随着《拉特兰条约》的签订，位于罗马的梵蒂冈城正式成为一个国家。梵蒂冈是世界上最小的国家。

1829年2月11日，法国作家大仲马的作品《亨利三世和他的宫廷》，在法兰西喜剧院上演。

2011年2月11日，在执掌政权30年后，埃及总统胡斯尼·穆巴拉克辞职。

二月 12

其他发生于今天的历史事件

1818 年 2 月 12 日，智利正式宣布独立，结束了西班牙在智利近 300 年的殖民统治。

为了消除美国国内的种族歧视，1909 年 2 月 12 日，美国成立了全国有色人种协进会。

2001 年 2 月 12 日，"会合－舒梅克号"成为第一个环绕并登陆小行星爱神星的空间探测器。

1947 迪奥"新风貌"推出

1947 年 2 月 12 日，法国时装设计师克里斯汀·迪奥在巴黎举行了"新风貌"新品发布会。发布会上，模特身着优雅的短外套、剪裁合体的长裙，立即在全球时装界引起轰动。

1994 世界名画《呐喊》被盗

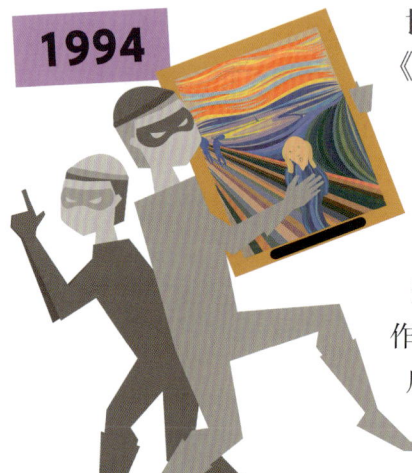

1994 年 2 月 12 日，两个窃贼闯入位于奥斯陆的挪威国家美术馆，盗走了挪威画家爱德华·蒙克最著名的作品《呐喊》。大约 3 个月后，这幅画被找到并安全送回美术馆。

1912 末代皇帝退位

1912 年 2 月 12 日，在登基 3 年后，6 岁的清帝溥仪退位，2 000 多年的帝制统治在中国终结。

生于今天

1809 年 2 月 12 日，英国博物学家查理·达尔文出生。他提出的以自然选择为基础的进化学说，改变了人类科学发展的进程以及人们的历史观。

1881 年 2 月 12 日，俄国女舞蹈家巴甫洛娃出生。她是第一位进行世界巡演的芭蕾舞者，独舞《天鹅之死》是其代表作。

二月 13

1258 巴格达之战结束

在被围困 13 天后，即 1258 年 2 月 13 日，巴格达向旭烈兀率领的蒙古大军投降。但随后的屠杀导致数十万人死亡，阿拉伯帝国的黄金时代被毁灭性地终结。

1866 光天化日之下的抢劫

1866 年 2 月 13 日，不法之徒杰西·詹姆斯实施了他的第一起银行抢劫案。他从位于美国密苏里州的克莱县储蓄所抢走了 15 000 美元。这是美国历史上第一起发生在白天的银行抢劫案。后来，杰西·詹姆斯又陆续实施了多起类似抢劫。

1988 雪车英雄

牙买加没有冬季运动的历史，冬季项目运动员也缺乏系统训练，但还是有 4 名牙买加选手参加了 1988 年加拿大卡尔加里冬奥会的四人雪车比赛。虽然位列最后一名，但他们因体育风度、团队精神被人们视为"雪车英雄"。

生于今天

1879 年 2 月 13 日，印度诗人、社会活动家萨罗吉尼·奈杜出生。她是印度国民大会党首位女性党主席。

1908 年 2 月 13 日，美国记者宝琳·弗雷德里克出生。作为最早的女性新闻记者，她的经历鼓舞更多女性从事新闻媒体工作。

其他发生于今天的历史事件

1945 年 2 月 13 日，第二次世界大战期间，英、美对德国德累斯顿实施了为期 3 天的空袭。轰炸引发了一场"火焰风暴"，超过 6.5 平方千米的城区被烧毁。

2004 年 2 月 13 日，天文学家发现了宇宙中目前已知最大的"钻石星球"——一颗完全结晶化的白矮星。天文学家根据披头士乐队的歌曲《露西在缀满钻石的天空中》，把它命名为"露西"。

2008 年 2 月 13 日，澳大利亚总理陆克文就澳大利亚历届政府给澳大利亚土著所造成的苦难正式道歉。

二月 14

1946 "埃尼阿克"问世

第一代通用电子计算机于1946年2月14日在美国宾夕法尼亚大学问世,全称叫作电子数字积分计算机,简称"埃尼阿克"(ENIAC)。为这款计算机编写代码的是一支女性团队。

其他发生于今天的历史事件

1779年2月14日,英国探险家詹姆斯·库克在其第三次远航途中,与夏威夷群岛当地居民发生冲突并因此殒命。

1949年2月14日,随着全国选举结束,以色列选举产生了第一届议会。

269 情人节的缘起

269年2月14日,基督教徒瓦伦丁在罗马被处死。千年后,人们把他去世的日子与情书和爱情联系在了一起。

2016 革命性的机器人

2016年2月14日,第一个人工智能人形机器人索菲娅在美国奥斯汀首次亮相。她可以做演讲、讲笑话,还能表现出同情等情绪。

1556 阿克巴大帝即位

1556年2月14日,印度莫卧儿帝国第三任皇帝阿克巴大帝登基,当时他只有14岁。在接下来的50年里,他把莫卧儿帝国的疆域扩张到了南亚次大陆的大部分地区。

生于今天

1914年2月14日,美国发明家玛格丽特·E.奈特出生。她的名下有27项专利,其中最为人所熟知的是她发明的平底纸袋。

二月 15

1932 向金牌冲刺

1932 年 2 月 15 日，在美国普莱西德湖冬奥会上，美国运动员埃迪·伊根与队友一起赢得了四人雪车比赛的冠军。之前，他已经在 1920 年的夏季奥运会上夺得拳击比赛冠军，因此他也成为唯一一位在冬季奥运会和夏季奥运会不同项目中都获得金牌的运动员。

1943 战时女性

1943 年 2 月 15 日，第二次世界大战期间，美国西屋工厂的厂区墙壁上贴了一张画有女工形象的海报，并配文"我们能做到！"。起初，海报只是为了号召工人们努力工作，后来它逐渐变成赋予女性权利的一个象征。

其他发生于今天的历史事件

1942 年 2 月 15 日，第二次世界大战期间，新加坡被日军攻陷，上万名盟军士兵沦为战俘。

2001 年 2 月 15 日，科学家公布了第一版完整的人类基因组图谱（即包含人类遗传密码的一系列基因信息）。

2013 年 2 月 15 日，一颗陨石在俄罗斯车里雅宾斯克上空爆炸解体，爆炸威力相当于一次核爆炸。该事件造成许多建筑受损，约 1 500 人受伤。

生于今天

1820 年 2 月 15 日，美国妇女解放运动著名领袖苏珊·B. 安东尼出生。她是一名极具影响力的社会改革家，曾担任美国"全国妇女选举权协会"的主席。

1965 加拿大国旗正式确定

1965 年 2 月 15 日，在渥太华国会山，加拿大官方正式确定的国旗首次升起。国旗中央的枫叶图案几个世纪以来一直是加拿大的国家象征。

二月 16

2003
臭名昭著的钻石盗窃案
2003年2月16日，几个窃贼闯入比利时安特卫普世界钻石中心，躲过10种不同的安保措施，偷走了价值约一亿美元的钻石、黄金和珠宝。

1946
S-51 直升机首飞
1946年2月16日，西科斯基S-51直升机进行了首次测试飞行。美国空军主要将S-51用于通信联络、搜救撤离伤员，同时它也是第一种进入商业领域的直升机。

生于今天
1973年2月16日，澳大利亚土著短跑选手凯西·弗里曼出生。她是第一位在英联邦运动会及奥运会个人项目中赢得金牌的澳大利亚土著。

其他发生于今天的历史事件
1857年2月16日，美国国会批准建立哥伦比亚盲聋哑教育学院，这是第一所为视障、听障或言语障碍的学生设立的学校。

1933年2月16日，美国天文学家弗里茨·兹威基提出，宇宙间存在一种不发光的物质，这种物质被称为"暗物质"。

1945年2月16日，美国通过了《阿拉斯加平等权利法案》，该法案旨在消除针对阿拉斯加土著的歧视。

1922
古埃及陵墓被发现
1922年2月16日，在埃及底比斯地区，英国考古学家霍华德·卡特进入古埃及法老图坦卡蒙的陵墓。他发现这座墓葬自公元前1324年建成以来，从未被人劫掠，里面有大量的珍贵文物。除了躺在金棺内的少年法老的木乃伊，墓室里还有许多衣物、珠宝、游戏器具、食物，以供法老在来世享用。

二月 17

1454 别具一格的宴会

1454年2月17日，一场名为"雉鸡之宴"的奢靡宴会在法国里尔举行。宴会上，宾客们受到前所未有的款待，比如宴会中端上来一只巨大的馅饼，里面竟然有音乐家在演奏。

生于今天

1917年2月17日，菲律宾传统文身师旺得（Whang-od）出生。她是最年长的，也是最后一位从事这项古老文身术的人。

1963年2月17日，美国篮球运动员迈克尔·乔丹出生。他曾带领芝加哥公牛队6次夺得美国职业篮球联赛总冠军，被视为有史以来最伟大的篮球运动员之一。

1972 第1 500 703辆甲壳虫汽车下线

1972年2月17日，德国大众汽车公司生产的第1 500 703辆甲壳虫汽车从生产线上下线，这标志着甲壳虫汽车超越了福特公司的T型轿车，成为世界上最畅销的汽车。甲壳虫汽车紧凑的设计、亲民的价格，令它成为风靡全球的热门车型。

红十字会成立 1863

为了救助战争和冲突中的受害者，1863年2月17日，几个瑞士人在日内瓦成立了"伤兵救护国际委员会"，后来改名为"红十字国际委员会"。

其他发生于今天的历史事件

1936年2月17日，美国作家李·福克创造的卡通人物"幻影侠"首次在他的连载漫画中登场。幻影侠没有任何特殊能力，但是他打击犯罪的英雄行为、有趣的紧身衣和神秘的面罩，令他成为美国漫画史上第一个"超级英雄"。

1869年2月17日，俄国化学家门捷列夫编制出第一张化学元素周期表。

2008年2月17日，科索沃单方面宣布从塞尔维亚独立。（科索沃独立一直没有得到塞尔维亚的承认，目前也仍未加入联合国。——译者注）此前，科索沃的阿尔巴尼亚族人与塞尔维亚族人之间的冲突持续了多年。

二月 18

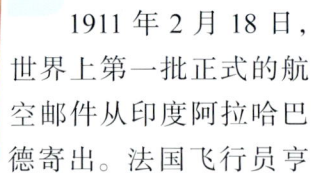

1911
第一批航空邮件

1911年2月18日，世界上第一批正式的航空邮件从印度阿拉哈巴德寄出。法国飞行员亨利·佩盖驾驶飞机将6 500封贴着航空专用邮票的信件，送至距阿拉哈巴德10千米的奈尼。

其他发生于今天的历史事件

1852年2月18日，伦敦动物园订购了一只巨大的玻璃鱼缸。一年之后，这所"鱼屋"面向公众开放，这是世界上第一个公众水族馆。

1930年2月18日，美国天文学家克莱德·汤博在一张星空照片中，发现了太阳系边缘的行星冥王星（2006年，冥王星被排除出行星行列，划定为矮行星）。

体育爱好者们一直在争论跑步、游泳、自行车三个项目中，哪一个项目的运动员体质最强？为了解决这一争论，1978年2月18日，世界上第一届铁人三项赛在夏威夷举行。

2015
海龙新品种现身

2015年2月18日，英国《皇家学会开放科学》期刊刊发了一篇文章，宣布发现了一种罕见的红色海龙。这是近150年来首次发现的海龙新品种，身长约25厘米，生活在澳大利亚西部海域。科学家根据它的颜色将其命名为"红宝石海龙"。

生于今天

1898年2月18日，意大利赛车手恩佐·法拉利出生。他创立了著名的法拉利汽车公司，该公司是世界闻名的豪华跑车生产商。

1930
飞行的奶牛

美国榆树农场的"奥利"是第一头在空中"飞行"的奶牛，也是第一头在飞机上挤奶的奶牛。1930年2月18日，它乘坐一架飞机，在美国密苏里州上空飞行了115千米。科学家们这样做，是为了研究海拔高度是否会影响奶牛的产奶量。

二月 19

1914
特殊邮递

1914年2月19日，利用美国便宜的邮政系统，四岁女孩夏洛特·梅·皮尔斯多夫的父母竟然把她通过铁路邮寄到了117千米之外的祖父母家。《邮寄小梅》这本书中记载了她的故事。

2002
为火星绘制地图

2002年2月19日，美国国家航空航天局的"奥德赛号"火星探测器开始为这颗红色星球绘制地图。从那时起，它已陆续传回上千张火星地面影像，还在火星表面发现了冰。截至目前，除了环绕地球的航天器，"奥德赛号"是在行星轨道上工作时间最长的空间探测器。

生于今天

1473年2月19日，波兰天文学家尼古拉·哥白尼出生。他不仅在天文研究方面卓有成就，还是数学家、物理学家、经济学家、翻译家和外交家。

其他发生于今天的历史事件

1600年2月19日，秘鲁安第斯山脉的埃纳普蒂纳火山开始喷发，造成约1500人死亡，周边村庄毁损殆尽。

1942年2月19日，美国总统富兰克林·D.罗斯福签署9066号行政令，该法令为此后在第二次世界大战期间，把日裔美国人遣送进"集中营"的政策铺平了道路。

2008年2月19日，当时世界上执政时间最长的国家元首——古巴国务委员会主席菲德尔·卡斯特罗，在执掌政权32年后退居二线。

1977
海底新发现

1977年2月19日，美国科学家乘坐"阿尔文号"深海潜水器，进入太平洋的科隆群岛裂谷。在这里，人类第一次看到了坐落于海床上的深海热液喷口。这种海底热泉的周围富含矿物质，为贝类、蟹类等生物提供了独特的栖息地。

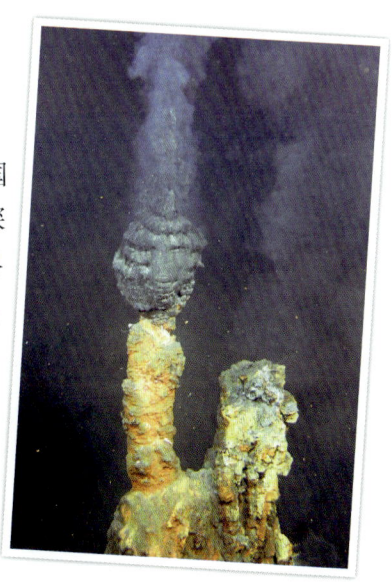

二月 20

1877 芭蕾舞剧《天鹅湖》首演

1877年2月20日,彼得·伊里奇·柴可夫斯基创作的芭蕾舞剧《天鹅湖》在莫斯科大剧院首次公演,它讲述了一位公主被恶魔变成白天鹅的故事。尽管当时反响不佳,但如今《天鹅湖》已经成为世界上最受欢迎的芭蕾舞剧之一。

生于今天

1927年2月20日,巴哈马裔美国演员、电影导演西德尼·波蒂埃出生。他是第一位获得奥斯卡最佳男主角奖的非洲裔美国人。

1988年2月20日,巴巴多斯籍歌手、唱作人蕾哈娜出生。她在做歌手的同时还创办了多家全球公司。

1986 在太空安家

1986年2月20日,苏联发射了"和平号"空间站主站,又在之后的十年时间里陆续发射了6个模块。1996年,"和平号"空间站组建完毕。

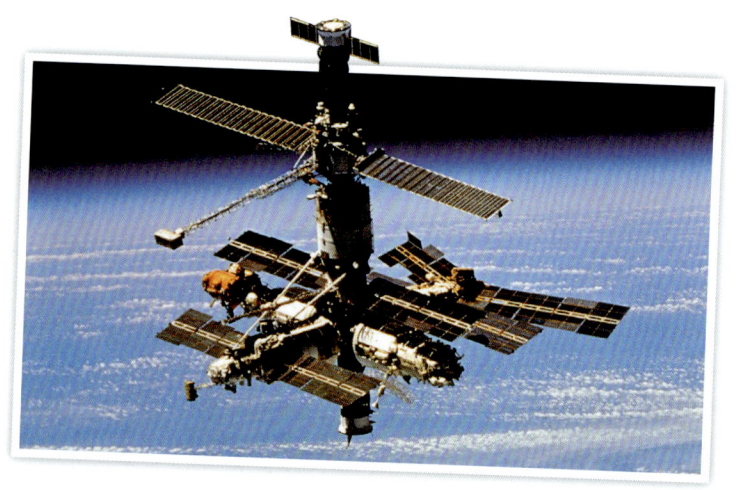

其他发生于今天的历史事件

1913年2月20日,澳大利亚开始规划建设新首都堪培拉。

1965年2月20日,美国国家航空航天局的"徘徊者8号"月球探测器,第一次近距离拍摄到月球表面的图像。

2012年2月20日,俄罗斯科学家利用3万年前松鼠埋藏在土里的种子,成功培育出一株草本植物。

1707

王朝衰落

在位49年后,印度莫卧儿帝国皇帝奥朗则布于1707年2月20日去世。在他统治时期,莫卧儿帝国的疆域扩展到最大,包括南亚次大陆的大部分地区。

二月 21

1858 防盗报警器问世

美国人埃德温·福尔摩斯于 1858 年 2 月 21 日在其波士顿的家中，安装了世界上第一个电子防盗报警器。此后几年，他向关注家庭安全的客户售出了 1 200 多件防盗报警器。

1804 蒸汽机车首次上轨试车

1804 年 2 月 21 日，英国工程师理查德·特里维西克发明的蒸汽机车开启了它的第一次行程。这辆蒸汽机车牵引着 5 节车厢，共搭载了 10 吨铁和 70 个人，在 4 小时内行驶了近 16 千米。

生于今天

1933 年 2 月 21 日，非洲裔美国歌手、歌曲创作人妮娜·西蒙出生。她积极投身种族平等活动。

其他发生于今天的历史事件

1848 年 2 月 21 日，《共产党宣言》在伦敦发表。德国思想家卡尔·马克思和弗里德里希·恩格斯在书中首次阐述了他们的政治思想。《共产党宣言》的诞生对人类社会进程产生了深远影响。

1974 年 2 月 21 日，南斯拉夫新宪法宣布约瑟普·布罗兹·铁托为终身总统。

1995 年 2 月 21 日，经过四天的单人飞行，美国探险家史蒂夫·福塞特乘热气球飞越太平洋，着陆加拿大。

1965 马尔科姆·X 遭枪击身亡

非洲裔美国政治活动家马尔科姆·X 于 1965 年 2 月 21 日在纽约遇刺身亡。他生前一直为非洲裔美国人实现种族正义而斗争。

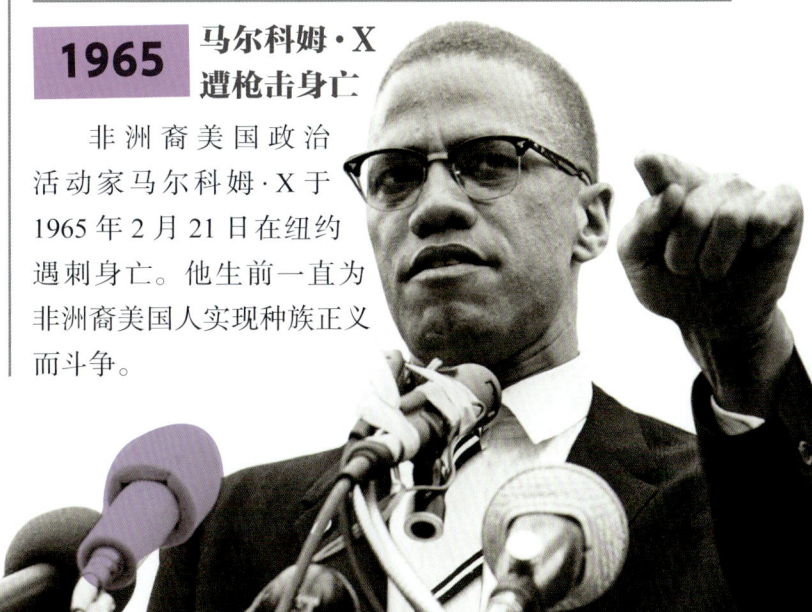

二月 22

1997
克隆羊"多利"亮相

1997年2月22日，英国科学家向世界宣布了克隆羊的存在。"多利"是世界上第一只克隆成功并存活的哺乳动物。它由从一只成年绵羊身上取出的细胞培育而成，在基因、外貌上与那只成年绵羊完全相同。

1935
不同肤色的双人踢踏舞

1935年2月22日，美国喜剧电影《小上校》公映。电影中有一个场景，童星秀兰·邓波儿和踢踏舞大师比尔·罗宾森扮演的角色在屋内楼梯上欢快起舞，这是在好莱坞电影中第一次出现不同肤色的演员合作表演舞蹈。

生于今天
1876年2月22日，社会活动家齐特卡拉-萨出生，她是北美苏族印第安人中的扬克顿达科塔人。她成立了"美洲印第安人全国委员会"，该组织致力于保障印第安土著的权利、保护印第安文化。

2011
球场斗殴

2011年2月22日，阿根廷的克雷普尔队与阿雷纳斯胜利队之间进行了一场足球赛。比赛中，双方球员情绪失控，在球场上大打出手。裁判创纪录地出示了36张红牌，两队的场上球员、替补队员和教练组全部被罚出场。

其他发生于今天的历史事件

1848年2月22日，法国一八四八年革命爆发，大批革命民众聚集在巴黎，武装起义推翻七月王朝。

1924年2月22日，美国俄勒冈州西弗顿镇的当地报纸，刊登了一则名为《神奇小狗鲍比》的报道。报道记述了走失的小狗从4 800千米之外找到回家的路的真实故事。

1959年2月22日，美国传奇赛车手李·佩蒂首次在佛罗里达州举行的代托纳500汽车赛中赢得冠军。

二月 23

其他发生于今天的历史事件

1807 年 2 月 23 日，由威廉·威尔伯福斯提交的《废除奴隶贸易法案》在英国议会获得批准。该法案旨在消除英帝国内部的奴隶贸易。

1987 年 2 月 23 日，天文学家观测到一颗正在爆发的超新星——超新星 1987A，这是第一颗被人类深入研究的超新星。

2019 年 2 月 23 日，在西班牙足球甲级联赛巴塞罗那队对阵塞维利亚队的比赛中，阿根廷球星利昂内尔·梅西完成了他的第 50 个帽子戏法。

1945 美军攻占折钵山

第二次世界大战期间，美日之间爆发硫黄岛战役。1945 年 2 月 23 日，美国海军陆战队攻占岛上的折钵山后，在山顶竖起美国国旗。随后，美军完全攻占了这个原为日军所驻守的太平洋岛屿。

1954 脊髓灰质炎疫苗首次接种

1954 年 2 月 23 日，美国匹兹堡市阿森纳小学的学生第一批接种了脊髓灰质炎疫苗。该疫苗由美国医生乔纳斯·索尔克研发，保护了数百万儿童免于感染脊髓灰质炎。

生于今天

1868 年 2 月 23 日，非洲裔美国人、民权活动家 W.E.B. 杜波依斯出生。他是美国全国有色人种协进会的创始人之一。

532 圣索菲亚大教堂开工建设

532 年 2 月 23 日，东罗马帝国皇帝查士丁尼下令兴建一座宏伟的教堂——圣索菲亚大教堂。在此后的 1 000 年时光中，这座教堂一直是东正教的中心。如今，圣索菲亚大教堂依然矗立在土耳其的伊斯坦布尔。

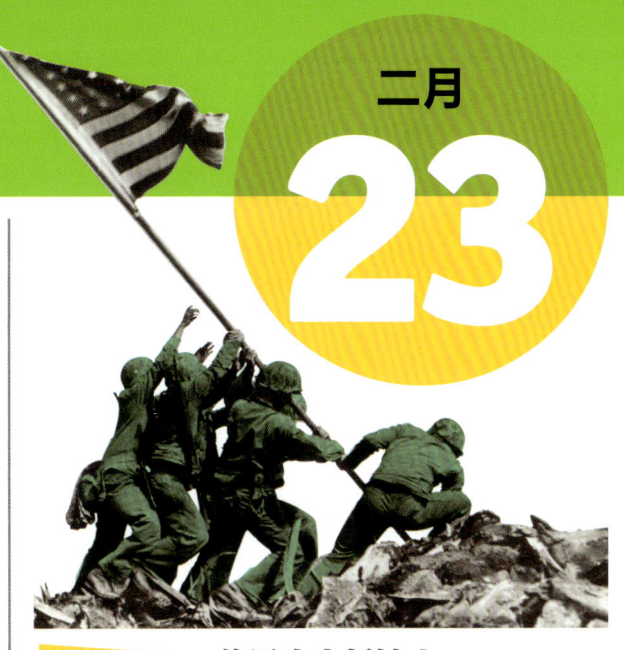

二月 24

1739
卡尔纳尔之战

1739年，波斯国王纳狄尔沙远征印度的军队，在卡尔纳尔与莫卧儿帝国皇帝穆罕默德·沙的军队展开战斗。纳狄尔沙取得战争胜利，莫卧儿帝国由此走向衰落。

其他发生于今天的历史事件

1848年2月24日，法国一八四八年革命期间，国王路易·菲力浦被推翻。随后，他扮成平民，化名"史密斯先生"，搭乘一辆马车逃出巴黎。

1920年2月24日，纳粹党在德国慕尼黑举行了一场约2 000人参加的大会。会上，阿道夫·希特勒宣布了纳粹党的政治纲领，纳粹党正式建立，这为他下一步控制德国铺平了道路。

1923
"苏格兰飞人号"开通运营

1923年2月24日，英国伦敦和东北铁路公司旗下的"苏格兰飞人号"蒸汽火车正式上轨运营，搭载乘客从伦敦开往苏格兰爱丁堡。在一次试运行中，它的时速曾达到创纪录的160千米，是第一列达到这一时速的蒸汽火车。

生于今天

1304年2月24日，阿拉伯旅行家伊本·拔图塔出生。他周游亚洲、非洲多地，行程约120 000千米。他在一本游记中口述记录了自己的传奇旅程。

2018
人数最多的美术课

2018年2月24日，一年一度的面具节在菲律宾巴科洛德市举行。16 692名艺术爱好者齐聚一堂，参加了一节世界上规模最大的美术课。课程时长45分钟，参加者在课上学习了如何绘制嘉年华面具。

二月 25

1986
菲律宾新任领导人就职

1986年2月的"人民力量革命"运动推翻独裁统治后,菲律宾进入民主新时期。2月25日,菲律宾第一位女总统科拉松·阿基诺宣誓就职。她任职的6年间,政府加强了对公民权利的保障。

1951
最早的洲际运动会

1951年2月25日,第一届泛美运动会在阿根廷举行,布宜诺斯艾利斯承办了开幕式。来自美洲各国的2 500多名运动员参加了这一综合性体育赛事。

生于今天

1841年2月25日,法国画家皮埃尔-奥古斯特·雷诺阿出生。他是印象画派重要成员,该画派主张利用光线、色彩、肌理来表现对世界的"瞬间印象"。

1964
重量级新拳王诞生

1964年2月25日,非洲裔美国拳击运动员卡修斯·克雷与索尼·利斯顿在迈阿密海滩进行了一场拳王争霸赛。6轮比赛过后,利斯顿在第7回合退出比赛,卡修斯·克雷赢得世界重量级拳王头衔——后来他更为人熟知的名字是穆罕默德·阿里。阿里也是第一位3次获得世界重量级拳王称号的拳击运动员。

其他发生于今天的历史事件

英国女王伊丽莎白一世在英国重新建立起独立的英国国教会。作为回应,1570年2月25日,教皇庇护五世把伊丽莎白一世逐出天主教会。

1870年2月25日,战胜激烈的反对意见后,海勒姆·罗兹·雷维尔斯成为美国第一位非洲裔参议员。

1992年2月25日,俄罗斯国家太空机构俄罗斯航空航天局(现为俄罗斯航天国家集团公司)成立,并承继苏联的太空计划。

二月 26

1909 双色加色法

双色加色法是一种早期的彩色电影拍摄技术，由英国电影制作人乔治·阿尔伯特·史密斯发明。1909年2月26日，第一次使用这种技术摄制的彩色电影在伦敦皇宫剧院首映。

其他发生于今天的历史事件

1606年2月26日，荷兰航海探险家威廉·扬松成为第一个登上澳大利亚大陆的欧洲人。

1935年2月26日，为了有效侦测飞机的位置，英国物理学家罗伯特·亚历山大·沃特森-瓦特首次演示了雷达的功用。

2008年2月26日，斯瓦尔巴全球种子库建成启用，主要用于备份储存来自世界各地的粮食作物种子。它坐落于挪威斯匹次卑尔根岛人迹罕至的大山深处。

1616 伽利略被"禁言"

1616年2月26日，罗马天主教会禁止意大利天文学家伽利略讲授、传播日心说理论。日心说认为太阳在宇宙中心，地球围绕太阳运动；而在当时，人们普遍相信地球才是宇宙的中心。

生于今天

1829年2月26日，美国企业家李维·斯特劳斯在德国出生。他创立了世界上第一家牛仔裤公司，批量生产由牛仔布制成的休闲裤，还为这种蓝色牛仔裤的设计申请了专利。

1919 大峡谷国家公园

1919年2月26日，美国总统伍德罗·威尔逊签署了一项国会法案，批准将亚利桑那州的大峡谷开辟为国家公园。今天，这个由科罗拉多河冲刷形成的大峡谷，每年接待约600万游客来此观光游览。

二月 27

1594
波旁家族的亨利即位

1594年2月27日，亨利四世成为第一位加冕成为法兰西国王的波旁家族成员。他的即位开启了波旁王朝的统治——这是欧洲历史上最具影响力的王朝之一。亨利四世为法国带来了久违的和平与繁荣，赢得了"贤明王亨利"的美名。

生于今天

1956年2月27日，阿富汗社会活动家米娜·克什瓦·卡马尔出生。她成立了阿富汗妇女革命协会，旨在促进保障妇女权利，提升妇女受教育水平。她还创办学校，帮助女性难民和她们的孩子接受教育。

1998
昂贵的蛋糕

1998年2月27日，一块结婚蛋糕在纽约苏富比拍卖会上，拍出了29 900美元的高价。此时，距离这块蛋糕烘焙完成已过去了60余年——它是为英国的温莎公爵和公爵夫人在1937年的婚礼准备的。此次拍卖筹集到的款项，被用于慈善事业。

其他发生于今天的历史事件

1844年2月27日，在加勒比地区的伊斯帕尼奥拉岛，多米尼加宣布摆脱海地统治独立。此后12年的时间里，多米尼加不断遭受海地的侵袭。

1947年2月27日，英国天文学家詹姆斯·斯坦利·海伊发现太阳会发射无线电波。

1999年2月27日，成千上万的尼日利亚人来到选举投票站前排队投票，期望选举出一位民选总统，以取代之前长达15年的军政府统治。

1933
国会纵火案

1933年2月27日，德国柏林国会大厦，被人蓄意纵火。纳粹党党魁阿道夫·希特勒将此案归咎于他在议会中的主要对手——德国共产党，并借机进一步强化他在德国的权力。

二月 28

生于今天
1893年2月28日，苏联电影导演、电影理论家普多夫金出生。他导演过《圣彼得堡的末日》《苏沃洛夫》《收获》等影片。

汉朝建立　公元前202
公元前202年2月28日，汉高祖刘邦登基称帝，开启了汉朝400多年的统治。刘邦出身农家，是一位对中国历史做出重要贡献的帝王。在他的统治下，中国社会逐渐从秦末战乱中走出，恢复了安定繁荣。

DNA 结构被解密　1953
利用英国科学家罗莎琳德·富兰克林拍摄的脱氧核糖核酸（DNA）图片，詹姆斯·沃森和弗朗西斯·克里克揭示了 DNA 的双螺旋结构，并于1953年2月28日公布了这一研究成果。他们构建的 DNA 分子模型，帮助科学家更好地理解了基因是如何实现代际遗传的。

2012　史前巨型企鹅被发现
2012年2月28日，在新西兰出土的化石最终被证实属于一种已灭绝的大企鹅——格氏凯鲁库企鹅。这种企鹅几乎和人一样高，生活在2 700万年以前，那时大部分的陆地都处于海平面以下。

其他发生于今天的历史事件
1897年2月28日，法国军队迫使马达加斯加最后一任君主腊纳瓦洛娜三世女王退位，随后，法军占领了这个印度洋岛国。

1935年2月28日，美国化学家华莱士·卡罗瑟斯发明了尼龙。这种质地强韧的合成物被用来制作长袜、缆绳以及战争中使用的降落伞。

在伊拉克从科威特撤军后，1991年2月28日，美国总统乔治·布什宣布海湾战争停火。

二月 29

1964
"黑鸟"揭去面纱

1964年2月29日，美国总统林登·B.约翰逊公开宣布了SR-71"黑鸟"侦察机的存在。这款由洛克希德公司研制的侦察机，最高时速可以达到创纪录的3 200千米，飞行高度达21 000米。

生于今天
挪威人亨里克森家的三个孩子海蒂、奥拉夫、莱夫-马丁，分别在1960年、1964年、1968年的2月29日出生，成为闰日三姐弟。他们只能每隔四年过一次生日。

其他发生于今天的历史事件
1692年2月29日，在美国塞勒姆镇，三名妇女被指控实施了巫术，随后整个小镇陷入了无理性的相互指控，这就是著名的塞勒姆女巫审判案。

1940年2月29日，哈蒂·麦克丹尼尔凭借其在电影《乱世佳人》中的表演，赢得奥斯卡最佳女配角奖，成为第一位获得奥斯卡奖项的非洲裔演员。

1996年2月29日，在经过近4年的战乱后，波黑战争中对波黑首都萨拉热窝的围城战结束。这场围城战役共造成约14 000人死亡。

1912
"摇摆石"滚落

1912年2月29日，位于阿根廷坦迪尔市的"摇摆石"不知怎么回事突然滚落，摔成了几块。这块古代巨石原本在一座山顶的边缘，看起来摇摇欲坠，却保持精妙的平衡不至于滚落。它自1823年被发现以来，一直是坦迪尔市的标志性景观。

2012
世界最高塔

2012年2月29日，经过近4年的建设，日本的东京晴空塔完工。这座塔耸入云天，高达634米，至今仍是世界上最高的塔式建筑。（吉尼斯世界纪录认定东京晴空塔为"世界最高塔"，而总高828米的迪拜哈利法塔被认定为"世界最高建筑"。——译者注）

三月 1

1896 阿杜瓦战役

在第一次意大利-埃塞俄比亚战争期间，一支装备精良的埃塞俄比亚军队于1896年3月1日在阿杜瓦城附近，击败了人数少于自己的意大利入侵者。这场里程碑式的胜利证明了非洲国家能够战胜欧洲殖民者。

1954 氢弹爆炸

1954年3月1日，美国在太平洋马绍尔群岛实施了有史以来最大当量的一次核试验——一颗代号为"喝彩城堡"的氢弹被试爆，爆炸威力达到1 500万吨级。爆炸在地面留下一个巨大的弹坑。爆炸所形成的辐射严重损害了周边居民的健康。

其他发生于今天的历史事件

据说，威尔士教士大卫在589年3月1日去世。他被视为威尔士的守护神，威尔士每年都会在3月1日这一天举行活动纪念他。

1872年3月1日，美国黄石国家公园成为世界上第一个国家公园。它的建立旨在保护该地区的自然景观和野生动物资源，造福子孙后代。

1896年3月1日，法国科学家亨利·贝可勒尔偶然间发现了放射性现象，即某些物质内部的原子可以自发地发出射线。

1873 新式打字机面世

1873年3月1日，美国纽约的打字机生产商雷明顿与桑斯公司开始生产第一款现代打字机。这款打字机使用了QWERTY键盘——一种由克里斯托夫·肖尔斯设计的键盘布局方式。

生于今天

1868年3月1日，美国执法部门官员阿拉斯加·帕克德·戴维森出生。她是美国联邦调查局（FBI）第一位女特工。

1994年3月1日，加拿大流行歌手贾斯汀·比伯出生。他曾将自己的演唱视频上传到网络，由此步入歌坛，逐渐成为国际明星。

三月 2

2014 《为奴十二年》获得奥斯卡奖

2014年3月2日，广受好评的电影《为奴十二年》获得奥斯卡最佳影片奖，这是非洲裔导演执导的影片首次获此奖项。这部电影根据所罗门·诺瑟普创作于1853年的回忆录改编而成。该回忆录记述了诺瑟普被诱拐为黑人奴隶的亲身经历。

生于今天

1904年3月2日，美国作家、插画家西奥多尔·苏斯·盖泽尔出生。他以"苏斯博士"为笔名，创作了许多畅销儿童读物，如《戴高帽的猫》。

2018 新的企鹅栖息地被发现

2018年3月2日，在南极洲西海岸附近的"危险群岛"，人们发现了一个超大规模的企鹅栖息地。大约150万只阿德利企鹅一直"隐匿"在这座岛上，但从不为人所知。经卫星图像和一次实地考察，这群企鹅才被发现。

1791 旗语系统被发明

1791年3月2日，法国发明家克劳德·夏佩发明了一套视觉符号通信系统——旗语系统，即便距离相隔很远也可以传递信息。他利用安装在塔楼顶部的两个可移动机械臂发出了第一批信息。不过手持式旗帜更为常见，目前仍在使用。

L（左）

其他发生于今天的历史事件

1657年3月2日，日本江户（今东京）发生大规模火灾，造成数千人死亡，大部分城区被毁，史称"明历大火"。

1955年3月2日，美国非洲裔少女克劳德特·科尔文在一辆公交车上，拒绝遵守种族隔离法给一名白人女性让座。几个月后，罗莎·帕克斯也以同样的方式抗议种族隔离政策。

1972年3月2日，美国的空间探测器"先驱者10号"携带着一个刻有地球位置信息的金属板发射升空。

三月 3

1875 冰上激战

1875年3月3日，世界上第一场室内冰球赛在加拿大蒙特利尔的维多利亚冰场举行。两支各由9名运动员组成的队伍穿着冰刀鞋，手持球杆，使用一个木制的冰球进行了比赛。现在，这项以"快"闻名的运动已成为加拿大的国家冬季运动。

2017 任天堂 Switch 面世

2017年3月3日，日本任天堂公司发布的这款 Switch 游戏机在游戏迷中获得强烈反响。它采用家用机、掌机一体化设计，仅4年时间就在全球卖出了 8 000 万台。

生于今天

1882年3月3日，德国教师伊丽莎白·阿贝格出生。在第二次世界大战期间，她曾帮助许多犹太人躲藏或逃离纳粹德国，以躲避德国纳粹政权的屠杀。

1917年3月3日，埃及第一位女性核物理学家萨米拉·穆萨出生。她把一生都奉献给了和平利用核能事业。

其他发生于今天的历史事件

2005年3月3日，美国人史蒂夫·福赛特成为完成不加油、不间断单人环球飞行的第一人，共用时67小时。

2014年3月3日，科学家宣布发现了一种超大型病毒——西伯利亚阔口罐病毒。这种病毒深埋于西伯利亚冰原下，已有 30 000 年的历史。

2014年的3月3日是首个世界野生动植物日。设立这一节日，是为了增强人们对世界野生动植物的认识，促进对地球生物多样性的保护。

1887 创造奇迹的教师

海伦·凯勒因疾病失去了视力和听力。1887年3月3日，6岁的海伦·凯勒遇到了她的老师安妮·莎莉文。她教会了凯勒如何借助触觉与人交流。日后她一直在凯勒身边，帮助凯勒成为一位著名作家、社会活动家。

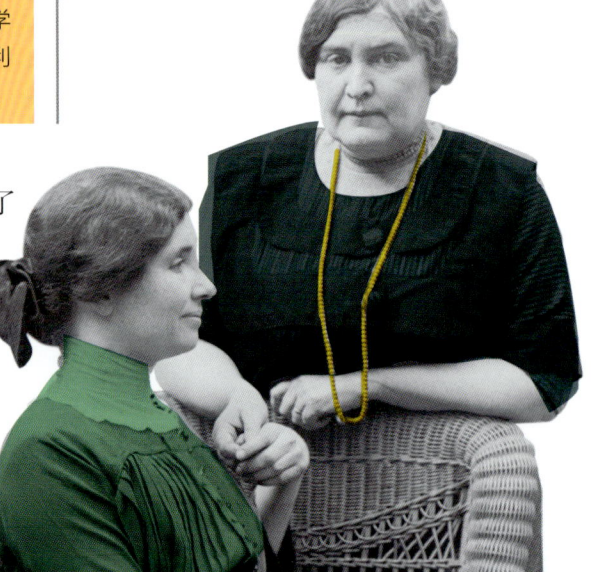

三月 4

1351 乌通王登基

1351 年 3 月 4 日，拉玛铁菩提一世（又称乌通王），在昭披耶河流域建立阿瑜陀耶王朝，这个国家位于今天的泰国境内。他在位期间，扩大贸易，制定法律，还兴建了新的都城。

生于今天

1877 年 3 月 4 日，美国非洲裔企业家加勒特·摩根出生。尽管只上过几年学，但摩根发明出一种呼吸过滤装置，研究出了把头发拉直的理发方法，还改进了交通信号灯。

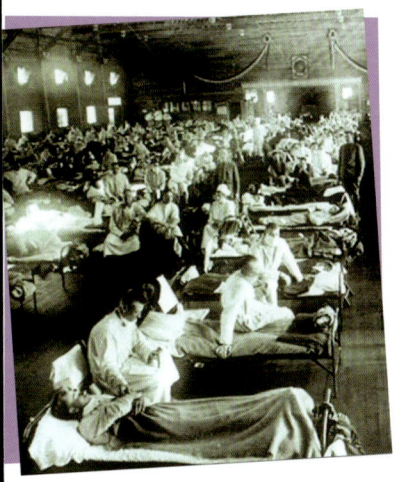

1918 "西班牙流感"爆发

1918 年 3 月 4 日，美国堪萨斯州的军营中有 100 名士兵出现类似感冒的病症，这是最早有记录的西班牙流感病例。这种传染性极强的疾病在全世界范围内夺走了上千万人的生命。

2020 走钢索特技表演

2020 年 3 月 4 日，美国冒险家尼克·瓦伦达以走钢索的方式跨越尼加拉瓜马萨亚火山口，成为第一个跨越活火山的人。在进行这场紧张刺激的特技表演时，尼克佩戴了防毒面具以防吸入烟雾。电视台对整场表演进行了直播。

其他发生于今天的历史事件

1789 年 3 月 4 日，《美利坚合众国宪法》生效，这是美国的最高法律。

1951 年 3 月 4 日，第一届亚洲运动会在印度新德里举行，共有 11 个国家参加了此次亚运会。

1980 年 3 月 4 日，罗伯特·穆加贝赢得津巴布韦大选，成为该国第一位黑人总理。

三月 5

1977
"酋长日"设立

设立于1977年的"酋长日",是太平洋岛国瓦努阿图一年一度的公共节假日。在每年的3月5日这一天,瓦努阿图都会通过宴会、庆典、嘉年华等各种活动承继当地的文化传统,并向酋长致敬。

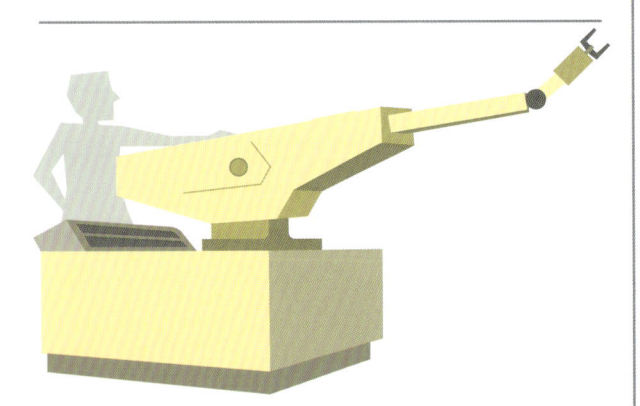

1965
自动化机械臂获得专利

1965年3月5日,美国万能自动化公司为世界上第一个工业用机器人申请了专利。这款自动化机械臂由美国发明家乔治·德沃尔设计,可以从事重复性的劳动且不会疲倦。此后,工厂生产线开始逐渐使用机器人进行生产。

1936
喷火式战斗机首飞

1936年3月5日,喷火式战斗机飞越英国伊斯特利机场,完成首次试飞。这款飞机造型优美,机翼呈椭圆形,在7 000米的高空仍可达到很快的飞行速度,是第二次世界大战中的明星战机。

生于今天

1885年3月5日,美国科学家路易丝·皮尔斯出生。她为一种致命性疾病"非洲昏睡病"(又称非洲锥虫病)找到了治疗方法,并在刚果自由邦首先进行了新药测试。

其他发生于今天的历史事件

1616年3月5日,波兰天文学家尼古拉·哥白尼的著作《天体运行论》被罗马教皇列为禁书,因为书中"地球围绕太阳运转"的观点与当时的宗教思想相悖。

1770年3月5日,一些北美殖民地民众走上波士顿的街头抗议英军驻扎,英国士兵向抗议民众开枪,造成5人死亡,史称"波士顿惨案"。

1946年3月5日,当时刚卸任不久的英国前首相温斯顿·丘吉尔在美国一所大学发表了著名的"铁幕"演说,拉开了美苏冷战的序幕。

三月 6

2018 最古老的漂流瓶
2018年3月6日，世界上最古老的漂流瓶在澳大利亚韦奇岛海滩被发现。瓶中信息显示，为了追踪洋流，一艘德国船只"宝拉号"在1886年6月12日将它抛入印度洋。

加纳独立 1957
1957年3月6日，加纳全国各地都在庆祝摆脱英国殖民统治。加纳是最早从殖民统治下独立的非洲国家之一。

生于今天
1475年3月6日，意大利文艺复兴时期画家、雕塑家米开朗琪罗出生。他的杰出代表作包括大理石雕塑《大卫》和梵蒂冈西斯廷教堂的天顶画。

阿拉莫之战结束 1836
阿拉莫是一个由传教站扩建成的要塞，位于今天美国得克萨斯州圣安东尼奥市附近。得克萨斯原属墨西哥，1936年在美国策动下建立得克萨斯共和国。1836年墨西哥派遣数千人的军队围攻此地。一群得克萨斯人在阿拉莫坚守了13天后于3月6日被墨西哥军队击败。

其他发生于今天的历史事件
1204年3月6日，法国的盖拉德城堡之围结束。这一天，法国士兵攀爬上城堡外侧的陡壁，沿着厕所甬道潜入盖拉德城堡，一举攻下了这处原属于英国的要塞。

英国作家托马斯·卡莱尔所著的《法国革命史》是一部十分畅销的史书。1835年3月6日，这部书的手稿被他的女佣不小心烧了，他凭借记忆将这本书又重新写了一遍。

Birds Eye食品公司是最早的冷冻食品生产商。1930年3月6日，该品牌的冷冻食品在美国马萨诸塞州的斯普林菲尔德市上架销售。

三月 7

2010
里程碑式的胜利
2010年3月7日，凭借影片《拆弹部队》，美国电影导演凯瑟琳·毕格罗成为首位获得奥斯卡最佳导演奖的女性。

生于今天
1938年3月7日，美国赛车手珍妮特·格思里出生。她是第一位参加印第安纳波利斯500英里大奖赛和代托纳500汽车赛的女车手。

1944年3月7日，英国探险家拉努夫·费因斯出生。他是第一位徒步穿越南极洲的人，还曾登顶珠穆朗玛峰。

1936
德军重占莱茵区
1936年3月7日，在没有事先警告的情况下，纳粹德国的军队进入莱茵非军事区，重新占领了这片德法边界的狭长地带。这一军事行动违反了《洛迦诺公约》和《凡尔赛和约》，使欧洲局势在第二次世界大战爆发前那几年日趋紧张。

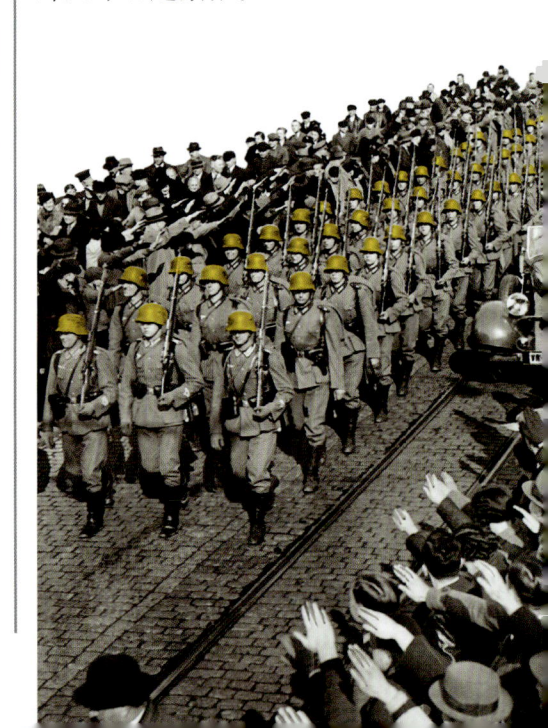

其他发生于今天的历史事件
1848年3月7日，夏威夷国王卡美哈梅哈三世签署《土地大分配法令》，结束了夏威夷传统的土地分封制度，引入私人土地所有权。许多夏威夷土著因此失去土地。

1902年3月7日，非洲南部的荷兰移民后裔（阿非利卡人）在特威博斯战役中击败英军，第二次英布战争结束。

1971年3月7日，孟加拉政治领袖谢赫·穆吉布·拉赫曼发表了著名的"班加班杜演讲"，号召孟加拉人为一触即发的独立战争做好准备。

321
"休息日"诞生
321年3月7日，罗马皇帝君士坦丁一世宣布Dies Solis Invicti（意为"无敌太阳神日"，即星期日）这一天为罗马帝国的休息日。在此之前，早期的基督教徒已经把星期日当作礼拜日来休息。

三月 8

1910
第一位女飞行员

演员出身的法国人雷蒙德·德·拉罗什是历史上第一位取得飞行执照的女性。1910年3月8日，她获得了由法国航空俱乐部颁发的飞行员执照，这是当时唯一一个可以颁发飞行许可的组织。

1010　波斯史诗完成

1010年3月8日，波斯诗人菲尔多西完成了诗作《列王纪》。这首民族史诗长12万行，是世界上单人创作完成的最长史诗之一。

国际妇女节　1975

1975年3月8日这一天，联合国首次举行了国际妇女节庆祝活动。现在，每年国际妇女节，联合国都会举行主题活动，庆祝女性在历史上取得的巨大成就，宣传她们的杰出事迹，以影响、激励更多的女性。

其他发生于今天的历史事件

1736年3月8日，纳狄尔沙成为波斯国王。他是波斯历史上最为重要的君主之一。

1817年3月8日，一群美国股票经纪人在华尔街租下几间办公室，成立了纽约证券交易所。后来，它逐渐成为世界上最大的证券交易所。

2014年3月8日，马来西亚航空公司370航班在飞往北京的途中从雷达上消失。航空史上费用最高的一次搜寻行动随之展开。

生于今天

1714年3月8日，德意志作曲家巴赫出生，他是近代奏鸣曲式创始人，对海顿、贝多芬等有直接影响。

1866年3月8日，俄国物理学家列别捷夫出生。他对物理学的主要贡献是研究光对于固体和气体的压力。

73

三月 9

少年天子 　　公元前 141

公元前 141 年 3 月 9 日，16 岁的刘彻成为汉朝皇帝，即历史上的汉武帝，在位 54 年。他统治期间，汉朝在政治、军事、文化上取得巨大发展，为此后汉朝的兴盛奠定了重要基础。

1842
金色的梦

据传说，有一天（1842 年 3 月 9 日）弗朗西斯科·洛佩兹在普拉赛利达峡谷的一棵树下睡着了，梦见自己漂浮在一个金色的池塘上。醒来后，他从地上拔出几棵野洋葱，果然在葱根上发现了一些金片。这是加利福尼亚地区第一次有记载的黄金发现。

生于今天

1979 年 3 月 9 日，美国演员奥斯卡·伊萨克在危地马拉出生。他在"星球大战"系列影片中出演波·达梅隆，还在电影《X 战警：天启》中饰演天启。

1959
芭比娃娃问世

1959 年 3 月 9 日，芭比娃娃在纽约玩具展览会上亮相，"芭比"取自玩具发明人女儿的名字。最初的芭比娃娃基于德国玩偶"比尔德·丽莉"而设计。此后，芭比娃娃一直根据变换的时尚潮流，不断推出新产品。

其他发生于今天的历史事件

1009 年 3 月 9 日，德国奎德林堡修道院所编写的书中，第一次提及立陶宛。

1932 年 3 月 9 日，伪满洲国在长春成立，已废黜的清朝末代皇帝溥仪为伪执政。它是日本帝国主义侵占中国东北后建立的傀儡政权，1945 年随着中国抗日战争的胜利而覆灭。

1945 年 3 月 9 日，美军战机开始对东京实施 48 小时的战略轰炸。空袭中，东京建筑严重损毁，超过 80 000 人丧生。

三月 10

1876
第一通电话
1876年3月10日，英国发明家亚历山大·格雷厄姆·贝尔拨出了世界上第一通电话。他用自己新发明的这个电学装置，呼叫在隔壁房间的助手托马斯·沃特森："沃特森先生，过来一下，我有事找你。"

其他发生于今天的历史事件
1098年3月10日，十字军建立爱德莎伯国。这是十字军东征时建立的第一个基督教国家，位于今天的土耳其和叙利亚。

为了保卫和扩大法国七月王朝的统治，1831年3月10日，国王路易·菲力浦下令组建法国外籍军团。

2006年3月10日，美国国家航空航天局的火星勘测轨道飞行器进入火星轨道，准备对这颗红色星球开展科学观测。

1535
有客来访
1535年3月10日，巴拿马主教托马斯·德·贝兰加发现了科隆群岛（又名加拉帕戈斯群岛），当时他的船在太平洋上被吹离了航道。"加拉帕戈斯"是古西班牙语，意为"龟"——因为贝兰加在岛上发现了巨龟和海鬣蜥。

生于今天
1981年3月10日，喀麦隆足球运动员萨穆埃尔·埃托奥出生。他司职前锋，以18粒进球保持着非洲杯历史最多进球纪录。

公元前241
埃加迪群岛海战
为了争夺地中海西部的控制权，古罗马和迦太基之间爆发了埃加迪群岛海战。公元前241年3月10日，50艘迦太基船只沉没，埃加迪群岛海战以罗马人获胜告终，第一次布匿战争结束。两国后来又爆发了第二次、第三次布匿战争。

三月 11

新冠肺炎大流行 — 2020

随着确诊病例在全球范围内快速增加，2020 年 3 月 11 日，世界卫生组织正式宣布当时的新冠肺炎全球大流行，并呼吁各国迅速采取应对措施。在接下来的时间里，这种高传染性疾病继续感染数亿人口。

其他发生于今天的历史事件

1888 年 3 月 11 日，被称为"白色大飓风"的暴风雪侵袭纽约，造成交通系统一度瘫痪，纽约市内和周边的通信中断。

1985 年 3 月 11 日，米哈伊尔·戈尔巴乔夫当选苏联新一任领导人。

2004 年 3 月 11 日，西班牙马德里的铁路系统被恐怖分子列为攻击目标，他们在 4 辆火车上引爆 10 枚炸弹，造成 191 人死亡。

濒危动物名录 — 1967

1967 年 3 月 11 日，为了保护美国的稀有野生动物，美国内政部公布了第一批濒危物种名录。名录列出了 78 种在美国濒临灭绝的生物，包括灰熊、美洲海牛、美国短吻鳄、白头海雕等。

生于今天

1926 年 3 月 11 日，美国非洲裔民权运动领袖拉尔夫·大卫·艾伯纳西出生。他与马丁·路德·金共同发起组织了蒙哥马利巴士抵制运动，结束了美国公共交通系统的种族隔离。

福岛核电站事故 — 2011

2011 年 3 月 11 日，日本附近海域发生特大地震并引发巨大海啸，许多建筑被摧毁，约 20 000 人死亡或失踪。地震还导致日本福岛第一核电站核反应堆内的放射性物质泄漏进入大气和海洋。这是自 1986 年苏联切尔诺贝利核电站事故发生以来最严重的核灾难。

三月 12

SARS 警报
2003

2003 年 3 月 12 日，世界卫生组织发布了一则全球健康警报，警示一种新疾病在中国内地、中国香港地区及越南流行。这种通过空气传播的疾病后来被命名为"严重急性呼吸综合征"（SARS）。

1881
苏格兰球星

1881 年 3 月 12 日，从英属圭亚那移居英国的安德鲁·沃特森（下图居中）作为第一位非洲裔国际足球运动员、第一位非洲裔队长，首次代表苏格兰出场比赛。

生于今天

1929 年 3 月 12 日，美国墨西哥裔民权活动家卢佩·安吉亚诺出生。她一直致力于妇女权利保障，并为妇女提供就业培训，还在社会福利改革方面向政府建言献策。

1954 年 3 月 12 日，英国印度裔艺术家安尼施·卡普尔出生。他是第一位在伦敦皇家美术学院举办个展的在世艺术家。

1930 食盐进军

1930 年 3 月 12 日，印度民族运动领袖"圣雄"甘地带领追随者，开始了一场为期 24 天、跨越 386 千米的徒步游行，他们要前往海滨渔村丹地煮盐。这场和平抗议活动是为了反对英属印度殖民当局的食盐专卖法。

其他发生于今天的历史事件

1913 年 3 月 12 日，堪培拉被定为澳大利亚首都。它是一座新建城市，位于悉尼和墨尔本之间。

1938 年 3 月 12 日，纳粹德国的军队通过德奥边界，入侵并吞并奥地利。

2017 年 3 月 12 日，50 岁的三浦知良为日本横滨 FC 足球俱乐部攻入一球，成为在职业足球联赛中进球得分的最年长球员。

三月 13

其他发生于今天的历史事件

1925 年 3 月 13 日,这一天被选定为特诺奇蒂特兰建城纪念日,以庆祝这座阿兹特克帝国的古都在特斯科科湖畔建成 600 周年。

1954 年 3 月 13 日,苏联国家安全机构克格勃成立。它很快成为世界上最具实力的情报机关之一。

1988 年 3 月 13 日,连接日本本州岛和北海道岛的青函海底隧道通车。这条隧道全长 54 千米,它的海底部分位于海床下 100 米深处。

1848 奥地利一八四八年革命

1848 年革命浪潮席卷欧洲。3 月 13 日,奥地利维也纳也爆发了要求政治改革的抗议活动。为了平息民众情绪,稳定局势,奥地利政府不得不让失去民心的宰相梅特涅亲王下台。

1781 天王星被发现

1781 年 3 月 13 日,英国天文学家威廉·赫歇尔在观测星空时发现了天王星。虽然之前也有其他人发现过这个星体,但赫歇尔首次确认它是一颗新行星。这是自远古先民观测到太阳系五大行星后,人类首次发现新行星。

生于今天

1733 年 3 月 13 日,英国化学家约瑟夫·普里斯特利出生。他通过科学实验发现了氧等多种气体。他还发明了制造碳酸水的方法。

1997 菲尼克斯光点

1997 年 3 月 13 日,美国内华达州和亚利桑那州的许多居民声称,看见不明飞行物以 V 字形飞越夜空。它发射出的神奇光芒引发了热烈讨论,但至今这依然是一个未解之谜。

三月 14

1988 第一个"圆周率日"

3月14日是一年一度的"圆周率日",庆祝数学常数 π 的节日。数学爱好者们通过背诵圆周率、吃派等方式庆祝这一节日。1988年3月14日,第一个"圆周率日"庆祝活动在美国旧金山的一家科学博物馆举行。

π = 3.1415926535…

1889 杰出毕业生

1889年3月14日,美国土著苏珊·拉·弗莱斯·皮科特以班级第一名的成绩从医学院毕业。后来她成为美国首位土著医生,用自己所学的医疗知识回馈奥马哈印第安部族的家乡父老。

其他发生于今天的历史事件

1489年3月14日,塞浦路斯王国最后一个君主凯瑟琳娜·科尔纳罗退位,把这个地中海岛国拱手让给了威尼斯共和国。

1931年3月14日,印度第一部有声电影《阿拉姆·阿拉》上映,吸引了大批观众前来观看。

2020年3月14日,大溪地航空公司旗下的一架航班从塔希提岛起飞,飞往巴黎,航程15 715千米,创下了客运航班的飞行距离纪录。

生于今天

1965年3月14日,印度演员、导演阿米尔·汗出生。他在宝莱坞电影里塑造了形形色色的角色,是亚洲最著名的电影明星之一。

1950 美国联邦调查局通缉令

1950年3月14日,一名新闻记者在采访美国情报机关美国联邦调查局时,询问美国国内最危险的逃犯有哪些人,随即,美国联邦调查局发布了第一个"十大通缉犯名单"。

三月 15

各就位——预备——开赛！

2016

虽然围棋历史悠久、变化复杂，但是 2016 年 3 月 15 日，在韩国首尔举行的围棋人机大战中，谷歌 DeepMind 团队研发的"阿尔法围棋"程序（AlphaGo）以 4-1 的比分战胜了 18 项围棋世界冠军得主李世石。

1879

专家缉凶

1879 年 3 月 15 日，刑侦专家阿方斯·贝蒂荣入职法国警察局。他在刑事科学技术方面做出了重大贡献。他进一步发展了人体测量学，将其应用于刑侦领域。这项技术能根据经精确测量得到的人体数据识别犯罪嫌疑人。

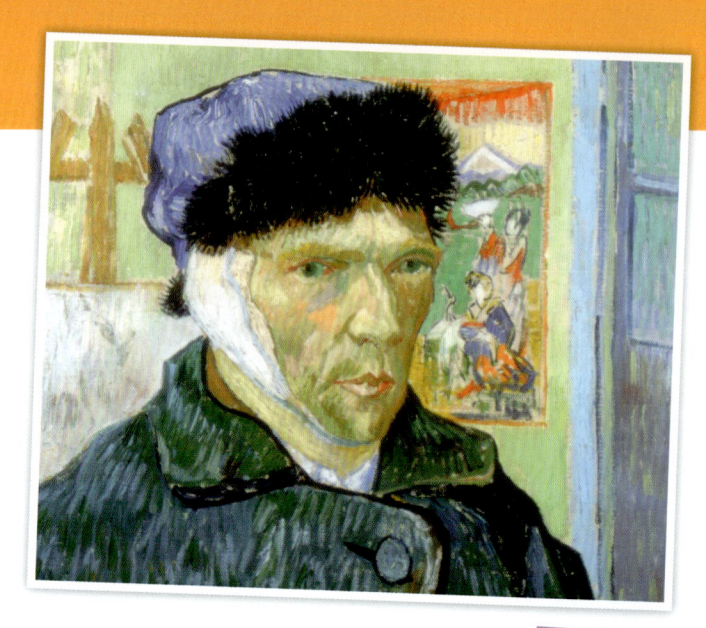

凡·高画展举行

1901

1901 年 3 月 15 日，位于法国巴黎的伯恩海姆-热纳画廊举行了凡·高作品展，展出了他的 71 幅画作，展览赢得广泛赞誉。而这位荷兰画家早已于 11 年前去世，他生前仅卖出了一幅作品。

其他发生于今天的历史事件

公元前 44 年，尤利乌斯·恺撒宣布成为罗马共和国的"终身独裁官"。3 月 15 日，恺撒被一群反对他的元老院成员刺杀。

1937 年 3 月 15 日，美国物理学家伯纳德·范图斯在芝加哥建立了世界上第一家血库。

2002 年 3 月 15 日，挪威运动员拉格希尔德·米克尔布斯特在冬季残奥会上赢得 5 枚金牌，这使得她的冬残奥会金牌总数达到 22 枚。她被视为最成功的冬残奥会运动员。

生于今天

1933 年 3 月 15 日，美国联邦最高法院大法官露丝·巴德·金斯伯格出生。她是美国历史上第二位担任最高法院大法官的女性，也是第一位犹太裔女性大法官。她主张保障妇女权益、维护工人利益。

三月 16

1872
第一场英足总杯决赛

1872年3月16日，第一届英格兰足总杯决赛在肯宁顿椭圆球场举行。流浪者队以1-0的比分战胜了皇家工程师队。现在，一年一度的英足总杯是世界上历史最悠久的足球赛事。

生于今天

1750年3月16日，英国天文学家卡罗琳·赫歇尔在德国出生。她是第一位发现彗星的女科学家，还协助兄长威廉·赫歇尔进行天文观测及计算数据。

1916年3月16日，日本海军工程师山口疆出生。他是唯一一个在广岛、长崎两次原子弹爆炸中幸存下来的人。

2019
耐力环岛泳

2019年3月16日，南非游泳运动员莎拉·弗格森成为第一位环游太平洋复活节岛的人。她耗时19小时，游程62千米，完成了复活节岛环岛泳。

1926
液体燃料火箭发射

1926年3月16日，在美国奥巴恩的一座农场上，火箭推进技术迎来开创性的时刻：美国科学家罗伯特·H.戈达德将世界上第一支液体燃料火箭点火发射升空，它以96千米/时的速度飞行了两秒钟。

其他发生于今天的历史事件

1815年3月16日，奥兰治亲王威廉一世宣布成为尼德兰王国的国王，成为该国第一任君主。

1827年3月16日，美国第一家由非洲裔创办并运营的报纸《自由报》在纽约发行。

1844年3月16日，英国医生约翰·波斯托克发表了一篇关于枯草热（即花粉过敏）的论文，第一次对过敏症进行了医学解释。

三月 17

461 圣帕特里克节

461年3月17日，爱尔兰主教帕特里克逝世。他为人熟知的事迹是用三叶草阐明了圣父、圣子、圣灵三位一体的基督教教义。现在，他被视为爱尔兰守护者，他的忌辰也被定为爱尔兰一年一度的传统文化节日——圣帕特里克节。

1969 以色列"铁娘子"

1969年3月17日，果尔达·梅厄当选以色列总理，成为该国的第一位女性领导人。在执政的5年时间里，她被称为以色列政坛的"铁娘子"。

生于今天

1902年3月17日，艾丽丝·格里诺·奥尔出生。她是美国第一位进行职业牛仔竞技表演的女选手，共赢得过4次世界马术竞技赛冠军。

1969年3月17日，英国服装设计师亚历山大·麦昆出生。麦昆曾担任法国时尚品牌纪梵希的首席设计师，由此步入时装行业，后来他创立了自己的服饰品牌。

其他发生于今天的历史事件

经过近10年的统一革命战争，1861年3月17日，意大利王国在都灵正式宣告成立，埃马努埃莱二世成为意大利王国的首位国王。

1958年3月17日，美国发射了第一颗以太阳能为动力的人造卫星——"先锋1号"。这是迄今仍绕地球轨道运行的时间最长的人造卫星。

1992年3月17日，南非举行白人公决，大部分白人公民投票赞成废除种族隔离制度。

2001 伊甸园工程

2001年3月17日，位于英国康沃尔郡的"伊甸园"面向公众开放。它是一个巨大的温室公园，由8个相互连接的半球形建筑组成，里面汇集了来自世界各地的近5 000种植物。

三月 18

2019 赛鸽冠军
2019年3月18日，一只名叫阿尔曼多的飞行速度超级快的赛鸽，在比利时的一场拍卖会上被以125万欧元的价格售出。大部分赛鸽的拍卖价格在2 500欧元左右，但是阿尔曼多几乎赢下了它参加过的所有比赛，因此身价惊人。

1967 导盲砖
1967年3月18日，日本冈山市一所学校附近的道路上首次铺设了由三宅精一设计的导盲砖。这种地砖颜色鲜艳，其上有凸起，能帮助视障人士更安全方便地出行。

其他发生于今天的历史事件
1662年3月18日，世界上第一批"公交车"在巴黎上路运营。这些四轮公共马车沿规划好的线路运行，在固定站点停车，等待搭载乘客。

1925年3月18日，"三州大龙卷"袭击美国，这是历史上有记录的灾害路径最长的龙卷风，造成近700人死亡。

1965年3月18日，苏联航天员阿列克谢·列昂诺夫成为第一位系绳进行太空行走的航天员。

生于今天
1904年3月18日，澳大利亚土著社会活动家玛格丽特·塔克出生。她是首位入职澳大利亚土著事务部（现已并入社会服务部）的女性，也是土著人福利委员会的第一位女委员。

1970年3月18日，美国非洲裔说唱歌手、演员奎恩·拉提法出生。她曾获得金球奖和格莱美奖。

1966 穿完即扔的时装
1966年3月18日，斯科特纸业公司在《时代》杂志上打广告宣传自家生产的纸制连衣裙。这种一次性的纸裙子仅售价1美元，一年内该公司就卖出了50多万件。但是这股时尚潮流流行的时间很短，只是昙花一现。

三月 19

1279

厓山之战

1279 年 3 月 19 日，南宋军队和元军之间在厓山展开大规模海战，元军击败宋军，南宋灭亡。元朝完成对中国的统一。

其他发生于今天的历史事件

1982 年 3 月 19 日，一群由阿根廷当局雇用的人员登上由英国实际控制的马尔维纳斯群岛（英国称福克兰群岛），升起阿根廷国旗。4 月，英阿之间为期 10 周的马岛战争爆发。

2018 年 3 月 19 日，最后一只雄性北方白犀牛"苏丹"，由于年老体衰，在肯尼亚死亡。

2019 年 3 月 19 日，阿贝尔奖被授予美国数学家凯伦·乌伦贝克，以表彰其在数学领域所做出的开创性贡献。她是第一位获得此奖项的女性数学家。（阿贝尔奖是一项由挪威设立的数学界大奖，每年颁发一次。）

圣家族大教堂开工

1882

1882 年 3 月 19 日，乌可那奥纳主教为圣家族大教堂奠基。圣家族大教堂位于西班牙巴塞罗那，是一座大型天主教教堂，由西班牙著名设计师安东尼奥·高迪设计。这座风格独特的教堂，建造时断时续，持续了近 150 年，至今仍未完工。

1842

空场演出

1842 年 3 月 19 日，戏剧《基诺拉的智谋》在空荡荡的剧场里拉开帷幕。其作者巴尔扎克之前做宣传时为了吸引大众关注，故意声称门票早已售罄，不料这个噱头搞砸了。

生于今天

1848 年 3 月 19 日，怀亚特·厄普出生。他是 19 世纪美国西部地区的传奇人物，做过枪手、赌徒、矿工、警长，还开过酒馆，很多美国西部电影都以他为原型拍摄。

三月 20

相对论发表
1916

1916 年 3 月 20 日，天才科学家阿尔伯特·爱因斯坦正式发表广义相对论。这项突破性的理论解释了时间、空间、质量、重力是如何相互作用的，极大地改变了人们以往的物理学认识。

其他发生于今天的历史事件

1800 年 3 月 20 日，意大利物理学家亚历山德罗·伏打给英国皇家学会寄去一篇论文，专门介绍了自己的新发明——电池。

1995 年 3 月 20 日，早晨上班高峰时段，日本恐怖组织奥姆真理教在东京多个地铁站投放沙林毒气，造成 12 人死亡，5 500 多人受伤。

为了增进全体人类的幸福和福祉，2013 年 3 月 20 日，首个"国际幸福日"设立。

塞得满满当当
1959

1959 年 3 月 20 日，南非德班市的一个公用电话亭内挤进了 25 名学生，他们创下了一项"极不舒服"的世界纪录。这时电话响了，虽然电话亭里有这么多人，却没一个人能腾出手来接电话！

生于今天

1957 年 3 月 20 日，澳大利亚伐木运动员大卫·福斯特出生。童年时，福斯特的父亲就教会他如何伐木。如今，这位明星伐木选手已经夺得 180 多项伐木运动的世界冠军头衔。

失窃的金杯
1966

1966 年 3 月 20 日，正在伦敦展出的世界杯足球赛奖杯"雷米特杯"失窃。一星期后，一只名为"皮克尔斯"的小狗立下大功，它依靠灵敏的嗅觉找到了奖杯，因此下一届世界杯冠军得主英格兰队的捧杯时刻才不至于留下遗憾。

三月 21

1871
德意志宰相就职

1871 年 3 月 21 日，奥托·冯·俾斯麦被任命为德意志帝国第一任宰相。在他的领导下，德国完成统一大业，成为一个强大的国家，并在第一次世界大战之前始终保持着欧洲大陆霸主的地位。

生于今天

1685 年 3 月 21 日，德意志作曲家约翰·塞巴斯蒂安·巴赫出生，他还是一位极具天赋的管风琴演奏家、小提琴演奏家。他的作品以宗教音乐、管弦乐为主，《勃兰登堡协奏曲》是其著名代表作。

1806 年 3 月 21 日，墨西哥政治家贝尼托·巴勃罗·华雷斯·加西亚出生。他于 1858 年成为墨西哥首位土著总统。

1846
"钟情"萨克斯管

1846 年 3 月 21 日，比利时乐器制作家阿道尔夫·萨克斯，以自己发明的第一版萨克斯管为基础，研制出了 8 种不同型号的萨克斯管，并申请了专利。萨克斯管这种乐器后来很受爵士乐演奏家们的喜爱。

其他发生于今天的历史事件

1916 年 3 月 21 日，在华盛顿举行的一场国际象棋锦标赛中，美国国际象棋冠军弗兰克·詹姆斯·马歇尔创纪录地与 105 名棋手同时展开对弈。

1935 年 3 月 21 日，巴列维王朝国王礼萨沙宣布，在外事活动中使用"伊朗"作为本国国名，波斯从此正式更名为伊朗。

2006 年 3 月 21 日，推特的创始人之一杰克·多尔西使用推特发出了世界上第一条推文："刚刚设置好了我的推特。"

1999
热气球飞行纪录

1999 年 3 月 21 日，经过 20 天的飞行后，瑞士人伯特兰·皮卡德和英国人布莱恩·琼斯完成了世界上首次热气球不间断环球飞行，他们乘坐的"百年灵轨道飞行器 3 号"热气球最终在埃及开罗附近着陆。

三月 22

1998 动力三角翼环航地球

英国探险家布莱恩·米尔顿是驾驶动力三角翼完成环球飞行的第一人。1998年3月22日，他驾驶动力三角翼超轻飞机从英国布鲁克兰茨出发，4个月后安全降落，此壮举创造了新的世界纪录。

第一个"世界水日" 1993

根据联合国环境与发展大会的倡议，联合国确定自1993年起，每年的3月22日为"世界水日"。全球有20亿人口生活在缺乏安全饮用水的环境中，设立"世界水日"是为了让世界聚焦他们的生存困境。

生于今天

1923年3月22日，法国哑剧演员马塞尔·马索出生。他在舞台上塑造的经典角色"小丑比普"，唤起了人们观赏哑剧的热情。

1929年3月22日，日本艺术家草间弥生出生。她以风格独特的绘画和雕塑闻名，被誉为"波尔卡圆点女王"。

1635 孔雀宝座

1635年3月22日，在印度德里红堡举行的一场典礼上，历时7年制作、缀满珠宝的孔雀宝座第一次展现在世人面前。莫卧儿帝国皇帝沙·贾汗坐在孔雀宝座上参加了庆祝他即位7周年的典礼。

其他发生于今天的历史事件

1895年3月22日，法国的奥古斯特·卢米埃尔和路易斯·卢米埃尔兄弟使用他们发明的电影放映机，第一次向公众展示了电影拍摄技术。

1945年3月22日，7个阿拉伯国家在埃及开罗举行会议，正式成立阿拉伯国家联盟，联盟宗旨是密切成员国之间的合作关系。

1995年3月22日，在"和平号"国际空间站驻留了近438天后，俄罗斯航天员瓦列里·波利亚科夫回到地球，他是迄今为止在太空中停留时间最长的航天员。

三月 23

生于今天

1882 年 3 月 23 日，德国数学家阿马莉·艾米·诺特出生。她的研究成果对代数和物理学的发展产生了重要影响。

1983 年 3 月 23 日，英国索马里裔长跑运动员莫·法拉赫出生。他在奥运会的男子 5 000 米和 10 000 米的比赛中共获得 4 枚金牌。

其他发生于今天的历史事件

1983 年 3 月 23 日，美国总统罗纳德·里根提出"战略防御计划"，亦称"星球大战计划"。该计划旨在建立包括太空在内的反弹道导弹防御系统。

2003 年 3 月 23 日，日本动画电影《千与千寻》获得奥斯卡最佳动画片奖，成为第一部赢得该奖项的非美国产动画电影。

2014 年 3 月 23 日，世界卫生组织驻几内亚代表处通报了首批埃博拉病例。后来，这场肆虐西非的疫情造成至少 11 000 人死亡。

第一个伊斯兰共和国建立 — 1956

1940 年 3 月 23 日，全印穆斯林联盟通过《巴基斯坦决议》，提出建立一个独立的穆斯林国家。根据该决议，1956 年 3 月 23 日，巴基斯坦宣布建国，成为世界上第一个伊斯兰共和国。3 月 23 日也被其定为国庆日。

乘电梯上楼！— 1857

1857 年 3 月 23 日，纽约哈沃百货公司安装了世界上第一部电梯。这部电梯由发明家伊莱沙·奥的斯设计并安装，它靠蒸汽驱动，可以安全搭载顾客上下楼。

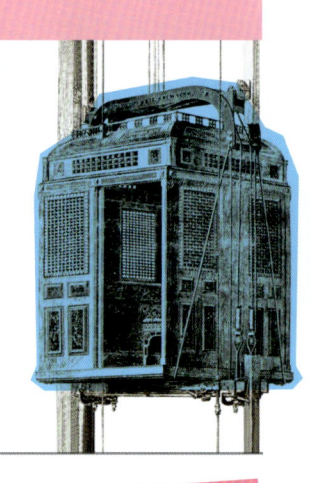

沙尘暴侵袭索契 — 2018

2018 年 3 月 23 日，撒哈拉沙漠的沙尘被狂风卷起，飞越地中海，一直飘到了欧洲。沙尘把俄罗斯索契的雪山染成了橘红色，人们感觉仿佛置身于火星上。

三月 24

江户幕府 — 1603

1603年3月24日，德川家康被日本天皇任命为征夷大将军，开启了德川家族延续260多年的幕府统治。他在名为江户的渔村开设幕府，使其成为当时日本的实际政治中心，江户就是现在的东京。

1921 第一届女子奥运会

1921年3月24日，第一届女子奥运会在摩纳哥蒙特卡洛开幕，这是历史上首届全部由女运动员参加的国际性体育赛事。在为期5天的赛会中，共有100名女运动员在各项田径比赛中一显身手，其中就包括后来的女子铅球世界冠军露西尔·埃勒布·戈德博尔德。

其他发生于今天的历史事件

1882年3月24日，德国细菌学家罗伯特·科赫宣布他发现了导致结核病的病原菌。

1944年3月24日，数百名盟军战俘试图秘密挖掘地道逃离德国卢夫特3号战俘营，遗憾的是最终仅有3人成功逃脱。

2002年3月24日，以一只绿色怪物为主角的美国动画喜剧电影《怪物史瑞克》，获得奥斯卡第一个最佳动画长片奖。

生于今天

1826年3月24日，美国社会活动家玛蒂尔达·乔斯林·盖奇出生。她参与创建了美国"全国妇女选举权协会"，还积极推动惠及广大妇女和美国土著的社会改革。

1874年3月24日，美国匈牙利裔魔术师哈里·胡迪尼出生。他最为出名的魔术是物体消失术和逃脱术，不可思议的表演常令人啧啧称奇。

1989 "埃克森·瓦尔迪兹号"油轮漏油事故

1989年3月24日，美国"埃克森·瓦尔迪兹号"油轮在阿拉斯加湾触礁，大约37 000吨石油泄漏流入海洋。泄漏的石油覆盖了2 400千米的海岸线，造成当地大量野生动物死亡，包括海鸟、水獭、海豹等，严重破坏了阿拉斯加湾的生态环境。

三月 25

1436 佛罗伦萨大教堂

1436 年 3 月 25 日，教皇尤金四世主持了圣母百花大教堂（又名佛罗伦萨大教堂）的献堂典礼。这座宏伟教堂有一个巨大的砖石穹顶，由意大利建筑师菲力浦·布鲁内莱斯基设计并主持建造，至今仍是世界上最大的教堂穹顶。

其他发生于今天的历史事件

1306 年 3 月 25 日，罗伯特·布鲁斯加冕成为苏格兰国王。在他的领导下，苏格兰王国脱离英格兰王国的统治，恢复独立。

1655 年 3 月 25 日，荷兰天文学家克里斯蒂安·惠更斯用望远镜发现了土星最大的卫星——土卫六。

1807 年 3 月 25 日，英国议会通过了《废除奴隶贸易法案》，英国境内的奴隶贸易终结。

生于今天

1869 年 3 月 25 日，意大利指挥家托斯卡尼尼出生。他从事指挥近 70 年，演出曲目包括意、德歌剧近百部，以及贝多芬等人的交响曲等。

1942 年 3 月 25 日，美国非洲裔歌手艾瑞莎·弗兰克林出生。她被誉为"灵魂歌后"，先后获得 18 座格莱美奖，是第一位入选摇滚名人堂的女歌手。

1947 年 3 月 25 日，英国歌手埃尔顿·约翰出生。他至今已售出 3 亿多张唱片。

塞尔玛游行 1965

1965 年 3 月 25 日，当之前的抗议遭警察暴力阻止，美国非洲裔民权运动领袖马丁·路德·金又组织了一次示威游行。游行路线从美国亚拉巴马州的塞尔玛到州首府蒙哥马利，参加者近 25 000 人。这次游行的目的是为非洲裔争取平等选举权。

三月 26

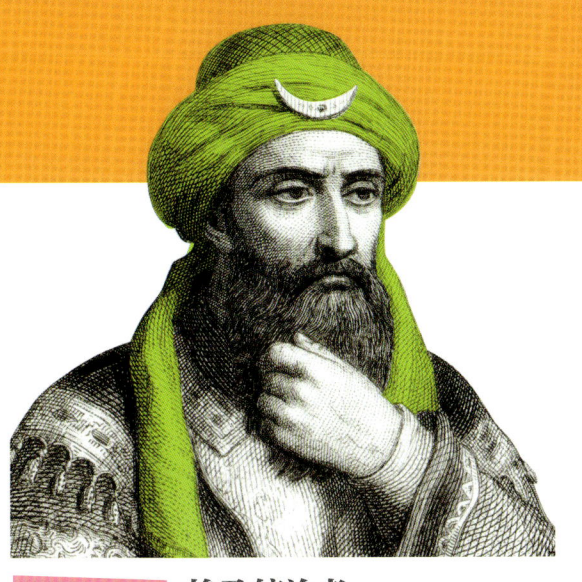

1169 埃及统治者

1169 年 3 月 26 日，撒拉丁成为埃及法蒂玛王朝宰相。后来，他创建了阿尤布王朝。耶路撒冷是犹太教、基督教、伊斯兰教的圣地，在当时一系列围绕耶路撒冷展开的争夺战中，撒拉丁发挥着举足轻重的作用。

2012 滑板绝技

2012 年 3 月 26 日，美国加利福尼亚州的 12 岁滑板少年汤姆·沙尔在极限腾跃台，首次完成空中旋转 1 080 度的动作，创造滑板历史。

1927 耐力赛

1927 年 3 月 26 日，第一届"一千英里耐力赛"在意大利举行。参赛车手驾驶赛车从布雷西亚出发，到达中途站罗马，再沿另一路线返回布雷西亚。获胜者仅用时 21 小时即完成比赛，平均时速达 77 千米。

其他发生于今天的历史事件

1859 年 3 月 26 日，法国医生埃德蒙·莱斯卡布坚称自己发现了一颗新行星，并将它命名为"祝融星"。现在人们普遍认为他发现的是一颗小行星。

1897 年 3 月 26 日，阿皮拉纳·恩加塔被批准进入新西兰最高法院律师名单，成为新西兰第一位毛利人律师。

1979 年 3 月 26 日，埃及和以色列终于在华盛顿签署和平协议，两国领导人握手的画面通过电视转播展现给全世界观众。

生于今天

1931 年 3 月 26 日，美国演员伦纳德·尼莫伊出生。他在科幻系列剧《星际迷航》中饰演听觉敏锐的外星人斯波克。

三月 27

1871
首场国际橄榄球赛

1871年3月27日,世界上第一场国际橄榄球赛在苏格兰爱丁堡的雷伯恩球场举行,苏格兰队以1-0的比分击败英格兰队,约4 000名球迷现场观看了比赛。

1968
乘风破浪

帆板运动是一种新兴水上运动。帆板由板体、桅杆、三角帆和帆杆等组成。1968年3月27日,美国冲浪爱好者吉姆·德雷克和霍伊尔·史威哲最先获得帆板的专利权。

公元前47
埃及艳后重掌政权

公元前47年3月27日,克娄巴特拉七世重新成为埃及统治者。在此之前,她曾与她的弟弟托勒密十三世共同执政。她也是古埃及托勒密王朝的最后一位君主。

生于今天

1963年3月27日,巴西电视节目主持人、演员、歌手舒莎出生。她两次获得拉丁格莱美最佳儿童音乐专辑奖,唱片销量达5 000万张。

2003
发现早期蝾螈化石

研究人员在中国内蒙古的一处火山沉积层中发现了早期蝾螈化石,这些化石的年代可以追溯到1.65亿年前,这是目前人类已知的最早蝾螈化石之一。相关研究成果发表在2003年3月27日的学术刊物《自然》上。

其他发生于今天的历史事件

1867年3月27日,一些美国非洲裔有意违抗相关法律,故意在电车上坐在白人乘客旁边,这是针对美国公交系统种族隔离政策所进行的最早的抗议活动。

1981年3月27日,波兰全国范围内爆发了最大规模的一次罢工。这场由反政府组织团结工会组织的罢工有1 200万人参加。

三月 28

美国大峡谷空中走廊开放 — 2007

2007年3月28日，跨度约21米的美国大峡谷空中走廊首次向游客开放。走在这座马蹄形的玻璃栈道上，人们感觉仿佛是在空中行走，能从不同的角度欣赏大峡谷奇观。

生于今天

1986年3月28日，美国流行乐手、唱作人Lady Gaga出生。她凭借大胆前卫的歌曲、辨识度极高的嗓音、炫目夸张的表演风格，发行了多张热门唱片，至今已获得13座格莱美奖和1座奥斯卡奖。

歌舞伎表演回归 — 2013

2013年3月28日，日本歌舞伎表演专用剧场——东京歌舞伎座重新开张。歌舞伎表演是一种日本传统舞剧，表演者身着华丽戏服，脸上戴着精心绘制的面具或化着醒目的妆容进行表演。

第一届世界举重锦标赛 — 1891

1891年3月28日，第一届世界举重锦标赛在英国伦敦举行，仅有来自6个国家的7名选手参赛。英国选手爱德华·劳伦斯·列维夺得首个世界举重冠军头衔。在其后的职业生涯中，他又陆续创造了14项世界纪录。

其他发生于今天的历史事件

1939年3月28日，西班牙佛朗哥军队进入马德里，西班牙内战结束，弗朗西斯科·佛朗哥开始统治西班牙。

1964年3月28日，美国阿拉斯加州的威廉王子海峡发生巨大地震，这是有记录以来的全球第二大地震。地震还引发了大海啸。

2011年3月28日，被称为"法国蜘蛛侠"的阿兰·罗伯特用时6小时，爬上了828米高的迪拜哈利法塔。

三月 29

基林曲线

1958 年 3 月 29 日，在美国夏威夷的冒纳罗亚观测站，人们开始观测大气二氧化碳浓度数据。此后，每日的测量数据都会被记录在一张曲线图上，人称基林曲线。这张图主要用来监测化石燃料（如煤炭、石油等）燃烧与大气二氧化碳浓度之间的关系——大气中的二氧化碳是引起气候变化的主要原因。

1958

1974 兵马俑出土

1974 年 3 月 29 日，陕西省西安市的农民在地里发现了陶俑碎片，后来考古人员在附近陆续发掘出了 8 000 多个真人大小的陶俑，人称兵马俑。这些兵马俑的埋藏位置距离秦始皇的陵墓很近，被认为是象征守卫陵园的军队。

其他发生于今天的历史事件

1807 年 3 月 29 日，德国天文学家威廉·奥伯斯发现了灶神星，它是从地球可见的最亮的小行星。

1849 年 3 月 29 日，印度旁遮普锡克教国家大君达立普·辛格签署了《拉合尔条约》，将国土割让给了英国东印度公司。

2017 年 3 月 29 日，英国首相特蕾莎·梅签署致欧盟信函，正式触发《里斯本条约》第 50 条，开启了英国的"脱欧"进程。

生于今天

1905 年 3 月 29 日，韩裔美国演员菲力浦·韩出生。他的名字被镌刻在好莱坞星光大道上，以纪念他在长期演艺生涯中所做出的贡献。

1927 极速"鼻涕虫"

1927 年 3 月 29 日，名为"日光 1 000"的赛车在美国代托纳海滩上创造了新的纪录，最高时速突破 320 千米。这款绰号"鼻涕虫"的汽车是为破纪录而专门打造的，车内配备了两台航空发动机。

三月 30

1842 第一次手术麻醉

1842年3月30日，美国医生克劳福德·朗在给患者詹姆斯·维纳布尔做颈背囊肿切除手术时，使用了乙醚作为麻醉剂，以减轻其手术中的痛苦。这是近现代手术中首次使用麻醉剂。

生于今天

1908年3月30日，印度演员德维卡·拉尼出生。她出演过多部女性题材的电影，并创办了自己的电影制作公司。

环游世界的邮轮 1923

1923年3月30日，作为第一艘完成环球航游的远洋客轮，"拉科尼亚号"邮轮回到了美国纽约港。它搭载着400名乘客，用130天的时间完成了世界环游，途中停靠过22个港口。

"二手火箭"发射成功 2017

2017年3月30日，美国太空探索技术公司的"猎鹰9号"运载火箭在美国卡那维拉尔角成功发射升空，标志着人类首次实现可回收式运载火箭的再次发射。前一年，这枚火箭已执行过发射任务并被成功回收。

其他发生于今天的历史事件

公元前240年3月30日，中国古代天文学家观测到哈雷彗星并记录下来。哈雷彗星大约每隔76年就靠近地球一次。

1861年3月30日，英国化学家威廉·克鲁克斯发现了化学元素铊。

1987年3月30日，美国听障演员玛丽·玛特林凭借电影《失宠于上帝的孩子们》赢得奥斯卡最佳女主角奖，成为首位获此奖项的听障人士。

三月 31

"地球一小时" — 2007
2007 年 3 月 31 日，首次"地球一小时"活动在澳大利亚悉尼展开。其间，悉尼有 200 多万个家庭、2 000 多家企业关灯一小时，以此来表明对节约能源的支持。

第一位女性电影导演 — 1896
1896 年 3 月 31 日，法国导演爱丽丝·盖伊-布拉奇执导的无声短片《甘蓝仙子》上映，影片讲述了一位仙女通过施展魔法，使甘蓝中诞出一个又一个婴儿的故事。这是第一部由女性执导的电影，开影史之先河。

生于今天
1971 年 3 月 31 日，英国演员伊旺·麦奎格出生。他在戏剧、音乐剧中饰演过各式各样的角色，并在"星球大战"系列影片中出演了绝地武士欧比旺·克诺比。

埃菲尔铁塔落成 — 1889
1889 年 3 月 31 日，盛大的埃菲尔铁塔落成典礼在法国巴黎举行。这座铁塔以设计师古斯塔夫·埃菲尔的名字命名，由 18 000 个钢铁构件组成，原高 300 米。在 1930 年之前，它一直是世界上最高的建筑。

其他发生于今天的历史事件
1854 年 3 月 31 日，在美国的武力胁迫下，江户幕府与美国签订条约，开放港口，日本锁国体制崩溃。

1870 年 3 月 31 日，托马斯·蒙迪·彼得森成为第一位在美国大选中参与投票的非洲裔。在此之前，美国刚通过一项新法案，允许不同种族的公民享有平等选举权。

1913 年 3 月 31 日，在维也纳由奥地利作曲家勋伯格指挥的一场音乐会上，他向听众展示了自己的无调性音乐。这种全新的音乐风格无法被听众接受，引发了骚乱。这场音乐会也被称为"耳光音乐会"。

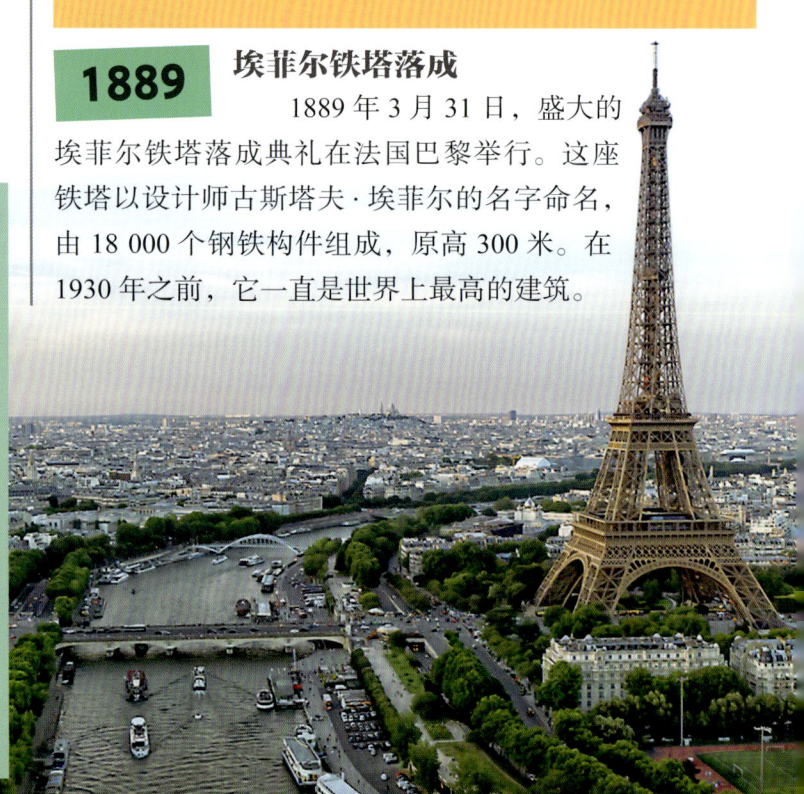

四月 1

努纳武特地区建立

1999

1999年4月1日，加拿大在其西北部为因纽特人划分出一个行政区，作为因纽特人的新家园——努纳武特地区正式成立。在因纽特语中，"努纳武特"意为"我们的地方"。

人墙抗议

1983

1983年4月1日，70 000名女性在美国驻英国空军基地和一家核武器工厂之间，聚集起一道长22千米的人墙，以此来抗议核武器的部署。

其他发生于今天的历史事件

1976年4月1日，史蒂夫·乔布斯与其合作伙伴史蒂夫·沃兹尼亚克在美国加利福尼亚州联合创立了苹果公司。

2001年4月1日，美国军用侦察机在南海空中撞毁中国军用飞机，侵犯中国领空，致使中方飞机坠毁。飞行员王伟跳伞后失踪，被批准为革命烈士。

2013年4月1日，沙特阿拉伯开始动工修建吉达塔，计划将它建成世界上第一个达到1 000米高度的摩天大楼。

生于今天

1776年4月1日，法国数学家苏菲·姬曼出生。她在数学领域做出了巨大贡献，颠覆了18世纪人们对于女性的传统成见。

1940年4月1日，肯尼亚环保人士旺加里·马塔伊出生。她是首位获得诺贝尔和平奖的非洲女性。

印度"老虎保护计划"发布

1973

因过度猎捕和栖息地遭到破坏，印度"国兽"孟加拉虎面临灭绝。1973年4月1日，印度政府发布了一项"老虎保护计划"。该计划致力于保护孟加拉虎栖息地，增加孟加拉虎的野外种群数量。

四月 2

1877 点火！
1877 年 4 月 2 日，在伦敦皇家水族馆，14 岁的英国杂技演员罗莎·玛蒂尔达·里希特（艺名 Zazel）进行了史上首次"人体炮弹"表演。

生于今天
1805 年 4 月 2 日，丹麦作家汉斯·克里斯汀·安徒生出生，童话《小美人鱼》是其代表作。现在，他的诞辰被确定为"国际儿童图书日"。

1939 年 4 月 2 日，美国非洲裔歌手、唱作人马文·盖伊出生。他创作的爵士灵歌音乐和节奏布鲁斯对许多歌手都产生了重要影响。

1930 埃塞俄比亚皇帝海尔·塞拉西一世
1930 年 4 月 2 日，海尔·塞拉西一世宣布即位埃塞俄比亚皇帝。他是一位有远见的统治者，开启了埃塞俄比亚的现代化进程。他在位期间，废除了奴隶制，颁布了第一部成文宪法。

其他发生于今天的历史事件
1513 年 4 月 2 日，西班牙探险家胡安·庞塞·德莱昂率先发现了佛罗里达。

1851 年 4 月 2 日，拉玛四世成为暹罗（今泰国）曼谷王朝国王，他的统治一直持续到 1868 年。

1982 年 4 月 2 日，阿根廷发动军事行动，出兵登陆由英国实际控制的南大西洋马尔维纳斯群岛（英国称福克兰群岛），马岛战争正式爆发。

1931 女投手的弧线球
杰基·米切尔是最早参加职业棒球比赛的女运动员之一。1931 年 4 月 2 日，在美国田纳西州举行的一场棒球赛中，她接连让超级强棒贝比·鲁斯和卢·格里克三振出局，技惊四座。

四月 3

其他发生于今天的历史事件

1864 年 4 月 3 日，美国南北战争期间，联邦军在这一天攻占了美利坚联盟国首府弗吉尼亚州里士满市。

1973 年 4 月 3 日，摩托罗拉公司总设计师马丁·库珀拨通了世界上第一通手机电话，他打给了竞争对手——美国电话电报公司的尤尔·恩格尔，而后者也在主持研发手机。

2009 年 4 月 3 日，澳大利亚宣布支持联合国提出的《土著人民权利宣言》。

驿马快信　1860

1860 年 4 月 3 日，美国密苏里州和加利福尼亚州之间开通了邮寄业务，由吃苦耐劳的骑手骑着一种擅走山路的矮种马投送信件和货物。这样，来往于美国东部地区和西海岸之间的信件，只需 10 天即可送达。

"奥斯本 1" 上市　1981

1981 年 4 月 3 日，在美国旧金山举行的"西海岸电脑节"上，世界上第一台便携式个人计算机"奥斯本 1"成功亮相。它重 10 千克，有一块对角线长 12.7 厘米的屏幕，内存 64 KB，标价 1 795 美元。

斯大林掌权　1922

1922 年 4 月 3 日，约瑟夫·斯大林当选为俄共（布）中央委员会总书记，日后成为苏联共产党和苏联政府的主要领导人。

生于今天

1934 年 4 月 3 日，英国生物学家、动物行为学家珍·古道尔出生。她在坦桑尼亚贡贝国家公园长期从事野生大猩猩的相关研究。

1934 年 4 月 3 日，新西兰儿童作家、插画家帕梅拉·艾伦出生。自 1980 年以来，她已出版了 30 多部儿童绘本作品。

四月 4

微软公司成立 — 1975

1975 年 4 月 4 日，比尔·盖茨（下图右）和童年好友保罗·艾伦（下图左）在美国阿尔伯克基市联合创立了微软公司。微软公司以电脑软件服务为主业，后来发展为全球最大的科技公司之一。

英国养犬俱乐部成立 — 1873

因困扰于犬业发展缺乏严格、系统的规则，1873 年 4 月 4 日，一些英国爱狗人士成立了世界上最早的专业性犬业协会——英国养犬俱乐部。该俱乐部会对纯种犬进行登记注册，并记录下它们的基本特征。

其他发生于今天的历史事件

1949 年 4 月 4 日，北美及欧洲共 12 个国家成立了北大西洋公约组织（简称"北约组织"）。

1968 年 4 月 4 日，美国非洲裔民权运动领袖马丁·路德·金在孟菲斯市洛林汽车旅店遭暗杀身亡。

2002 年 4 月 4 日，安哥拉政府与反政府武装"安盟"签署停火协议，长达 27 年的安哥拉内战结束。

柠檬疗法 — 1932

1932 年 4 月 4 日，美国科学家查尔斯·格兰·金在柠檬汁中发现了维生素 C。他后来证实，这种广泛存在于水果、蔬菜中的维生素可以有效治疗维生素 C 缺乏症。

生于今天

1928 年 4 月 4 日，美国非洲裔作家、诗人玛雅·安吉罗出生。1970 年，随着自传《我知道笼中鸟为何歌唱》的畅销，玛雅一举成名。

四月 5

1943
海难生还

1943年4月5日，巴西渔民在海上搭救了一个名叫潘濂的中国海员。此前，潘濂所在的船只在大西洋沉没，他乘坐一条救生木筏在海上漂流了133天，靠喝雨水和钓鱼活了下来。

1965
熔岩灯走进市场

英国会计师爱德华·克雷文·沃克偶然看到一只新奇有趣的煮蛋计时器，煮蛋器里装满了冒泡的液体。他受此启发，于1965年4月5日设计出一款灯具——熔岩灯。这种灯在20世纪60年代风靡一时。

生于今天

1973年4月5日，美国非洲裔歌手、音乐制作人法瑞尔·威廉姆斯出生。他组建了摇滚乐队 N.E.R.D. 并担任主唱，该乐队已发行了多首热门单曲。

2012
三维打印机械手臂问世

2012年4月5日，美国少年伊斯顿·拉查贝尔带着他设计的3D打印机械手臂来到科学博览会，并遇见了一个装有义肢的女孩，她的义肢价格竟高达80 000美元。此后，他对之前发明的机械手臂加以改进，让普通人也能负担得起。2013年，伊斯顿受邀在白宫举行的科学展会上展示他的新发明。

其他发生于今天的历史事件

1722年4月5日，荷兰航海家雅各布·罗赫芬发现并登上了复活节岛，他在岛上还遇见了当地人。

1818年4月5日，智利在迈普战役中获胜，彻底脱离西班牙殖民统治，赢得民族独立。

1998年4月5日，世界上最长的悬索桥——日本明石海峡大桥通车运营。明石海峡大桥是一座双向六车道悬索桥，横跨明石海峡，将神户市和淡路岛连接起来。

四月 6

1896
第一届现代奥运会举行

1896年4月6日，第一届现代奥运会在雅典举行，希腊国王乔治一世与超过60 000名观众热烈欢迎来自13个国家的运动员参加此次奥运会。这时距古罗马皇帝狄奥多西一世禁止举办古代奥运会已过去了约1 500年。

生于今天

1483年4月6日，意大利画家、建筑师拉斐尔出生。他最重要的代表画作集中陈列在梵蒂冈教皇宫的一组客房内，这里也被称为"拉斐尔房间"。

取消"胡须税"

1772

1772年4月6日，俄国女皇叶卡捷琳娜二世下令取消已经施行70多年但极其不得人心的"胡须税"。后来俄国将4月6日这一天定为"胡须节"。

胜者为王

1974

1974年4月6日，瑞典流行音乐组合ABBA凭借歌曲《滑铁卢》，赢得"欧洲电视歌曲大赛"的冠军，一跃成为国际明星。

其他发生于今天的历史事件

美国探险家罗伯特·皮尔瑞宣称自己曾于1909年4月6日抵达北极点。不过几十年后，一项调查对罗伯特宣称的壮举提出了质疑。

1917年4月6日，美国以德国宣布实施无限制潜艇战为由，对德宣战，正式加入第一次世界大战。

1943年4月6日，由法国飞行员、作家安托万·德·圣－埃克苏佩里创作的经典儿童文学作品《小王子》在美国出版。

四月 7

1913 家用冰箱问世

美国人弗雷德·W. 沃尔夫对工业冰箱进行技术改进，生产出一种物美价廉、可以接入家庭供电线路的冰箱，并于1913年4月7日为这项新设计申请了专利。

1805 大师巨作首演

1805年4月7日，德国作曲家路德维希·凡·贝多芬的《英雄交响曲》在奥地利维也纳进行了首演。这部作品比当时其他的交响乐作品更宏大、更具戏剧冲突性，它标志着音乐史上的浪漫主义时代到来了。

生于今天

1954年4月7日，中国香港电影演员成龙出生。他主演的影片在惊险的电影特技中融入喜剧表演，形成独特风格。成龙主演过多部好莱坞电影，令中国功夫在好莱坞大放异彩。

1795 公制计量制度

1795年4月7日，法国成为世界上第一个采用公制作为官方计量衡制度的国家。当时的公制以通过巴黎的子午线的一段弧长为基准，在此基础上分别确定了长度、质量的基本计量单位。

其他发生于今天的历史事件

1827年4月7日，在发明火柴一年后，英国化学家约翰·沃克开始在自家商店里出售他发明的这种新产品。

1927年4月7日，美国商务部长赫伯特·胡佛进行了历史上首次可视电话通话。此次通话，他将电话打给了发明可视电话的美国电话电报公司。

1987年4月7日，位于美国华盛顿的国际女性艺术博物馆面向公众开放。这座博物馆广泛收藏了由女性艺术家创作的各类艺术作品。

四月 8

1271
骑士堡陷落

骑士堡坐落于今天的叙利亚，由欧洲十字军修建，曾被认为是不可能被攻破的城堡。但是在1271年4月8日，马穆鲁克王朝苏丹拜伯尔斯，率军攻陷了骑士堡。

其他发生于今天的历史事件

1904年4月8日，英国与法国签订《英法协约》，在经历了近千年的争斗后，两国终于达成和解。

1974年4月8日，在现场53 000多名观众的见证下，美国非洲裔棒球明星汉克·艾伦击出了他职业生涯中的第715个本垒打，打破了之前由贝比·鲁斯保持的纪录。

1983年4月8日，美国魔术师大卫·科波菲尔在一场魔术表演中，让自由女神像凭空"消失"了几分钟。电视台对这场表演进行了直播，所有观众都大为震惊。

生于今天

1941年4月8日，英国时装设计师薇薇安·韦斯特伍德出生。她自学成才，凭借大胆、前卫的设计，成为英国时尚界的标志性人物。

1942
前所未有的士兵

1942年4月8日，一队波兰士兵在伊朗收养了一只棕熊幼崽，把它编入部队并授予它列兵军衔。棕熊战士成为这支波兰兵团最有名的成员，不久之后，它还被晋升为下士。

2008
风电双子塔

2008年4月8日，安装在巴林世界贸易中心双子塔之间的三台风力涡轮发电机，首次同时开机运行。在此之前，世界上没有哪座摩天大楼设计有内置风力发电机组。

四月 9

1865 美国南北战争结束

1865年4月9日,在美国弗吉尼亚州的阿波马托克斯法院,美国联盟军将领罗伯特·李向联邦军将领尤利西斯·格兰特投降,美国南北战争实质上结束。此时,这场因奴隶制度存废问题而爆发的内战已进行了4年之久。

其他发生于今天的历史事件

1867年4月9日,美俄签订协议,美国以相当于每英亩两美分的价格从俄国购得阿拉斯加。

1939年4月9日,美国华盛顿最大的音乐厅以美国音乐家玛丽安·安德森是非洲裔为由不允许她在此演出。随后,玛丽安在林肯纪念堂附近的广场上举行了一场露天音乐会,有75 000名观众现场倾听了她的演唱。

1947年4月9日,几个不同族裔的美国人乘坐公交车穿越美国南部4个州,历时2个星期,此举旨在抗议美国州际公交系统中长期存在的种族隔离制度。

1860 最古老的录音

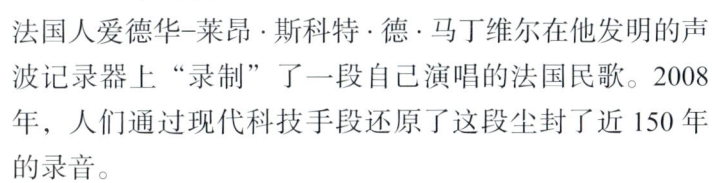

1860年4月9日,法国人爱德华-莱昂·斯科特·德·马丁维尔在他发明的声波记录器上"录制"了一段自己演唱的法国民歌。2008年,人们通过现代科技手段还原了这段尘封了近150年的录音。

生于今天

1822年4月9日,艺术家阿隆出生。他是因纽特人,因患肺结核病常年卧床,而后开始进行绘画和木刻版画创作,成为格陵兰现代艺术的先驱之一。

1288 白藤江之战

1288年4月9日,在一场决定性的水战中,攻打越南的元朝军队在白藤江中伏,被陈国峻(左图)指挥的越南军队打败。经过激烈战斗,越南军队夺取了400艘元军战船,并擒获元军将领乌马儿。

四月 10

1849 不经意间的新发明

1849 年 4 月 10 日,美国机械师沃尔特·亨特获得了一项发明专利——安全别针。此前,他在手指上缠绕一根普通电线时突然想到个新点子,于是发明出这样一件有大用处的小物件。

生于今天

1992 年 4 月 10 日,英国演员黛茜·雷德利出生。她在"星球大战"系列影片中饰演主要角色蕾伊,并凭借此角色跻身国际影星行列。

2017 联合国和平使者

2017 年 4 月 10 日,年仅 19 岁的巴基斯坦社会活动家马拉拉·优素福·扎伊成为历史上最年轻的联合国和平使者。她呼吁人们关注全世界 1.3 亿失学女童的困境。

1833 第一位非洲裔国际明星

1833 年 4 月 10 日,作为第一位主演莎士比亚名剧《奥赛罗》的非洲裔戏剧演员,艾拉·奥尔德里奇仅用在伦敦皇家剧院的首场演出就征服了现场观众。随后,他开启了全球巡演。

其他发生于今天的历史事件

1815 年 4 月 10 日,印度尼西亚的坦博拉火山喷发。这是有记录以来最猛烈的一次火山喷发,造成至少 10 000 人死亡。

1998 年 4 月 10 日,英国、爱尔兰政府签署《贝尔法斯特协议》,解决了北爱尔兰地区长达 30 年的主权争端。

2019 年 4 月 10 日,事件视界望远镜拍摄到有史以来第一张超大黑洞的照片。

四月 11

1831 "刘易斯棋子"

1831年4月11日，一组中世纪的手工国际象棋棋子在英国爱丁堡首次向公众展出。这些棋子是在英国刘易斯岛上被发现的，由海象牙和抹香鲸齿雕刻而成，制作时间可追溯至12世纪。

其他发生于今天的历史事件

1814年4月11日，《枫丹白露条约》在法国签署。根据该条约，拿破仑·波拿巴退位，并被迫离开法国。

1941年4月11日，法国军人阿兰·勒雷成为第二次世界大战期间首个从德国安全级别最高的监狱——科尔迪茨堡监狱越狱的战俘。

1931 举世瞩目的摩天大楼

经过3 400名工人410天的辛勤建设，1931年4月11日，美国纽约帝国大厦竣工。在1972年之前，它一直是世界上最高的建筑。

2010 气球飞行

2010年4月11日，美国探险家乔纳森·特拉普利用57个巨型氢气球飞越美国加利福尼亚州南部，耗时13小时36分57秒。在夜间飞行时，他的飞行距离超过175千米，飞行高度达到2 278米。

生于今天

1991年4月11日，西班牙足球运动员蒂亚戈·阿尔坎塔拉出生。他曾为多家足球俱乐部效力，还曾代表西班牙国家队出战。

四月 12

生于今天

1913 年 4 月 12 日，美国日裔柔道家福田敬子出生。她是柔道历史上段位最高的女子柔道家。

1925 年 4 月 12 日，美国电脑工程师艾芙琳·贝瑞森出生。她开发了世界上最早的航空订票系统。

人类首次进入太空

1961

1961 年 4 月 12 日，苏联航天员尤里·加加林乘坐"东方 1 号"飞船在太空中环绕地球飞行了 108 分钟，成为进入太空的第一人。飞船不需要人工操控，而是由地球上的计算机程序远程操控完成飞行。

惠特尔的喷气发动机测试成功

1937

1937 年 4 月 12 日，英国工程师弗兰克·惠特尔成功测试了他的新发明——世界上第一台可用于飞机的喷气发动机，消除了此前科学界的疑虑。第二次世界大战期间，英国政府对他的这项研究工作进行了资助。

萨姆特要塞战役

1861

19 世纪前期，美国北部联邦政府与南部联盟之间的紧张态势积蓄日久、一触即发。1861 年 4 月 12 日，由联邦军控制的萨姆特要塞遭到联盟军的猛烈炮击，美国南北战争的第一场主要战斗就此打响。

其他发生于今天的历史事件

1919 年 4 月 12 日，建筑师瓦尔特·格罗皮乌斯在德国魏玛创办了包豪斯学校。这所工艺美术学院集中了当时欧洲最有才华的一批艺术家和设计师。

1964 年 4 月 12 日，美国非洲裔民权社会活动家马尔科姆·艾克斯在底特律发表了题为《选票还是子弹》的演讲。

1992 年 4 月 12 日，欧洲第一家迪士尼乐园在巴黎近郊开园，最初命名为"欧洲迪士尼乐园"。

四月 13

2019 "平流层发射"巨型双身飞机首飞

最初作为火箭空中发射台设计的"平流层发射"巨型双身飞机，于2019年4月13日在美国加利福尼亚州莫哈维沙漠完成首飞。这架双身飞机是世界上翼展最大的飞机，它的翼展甚至超过足球场的宽度。

1953 "邦德，詹姆斯·邦德。"

英国作家伊恩·弗莱明笔下的虚构人物——英国特工詹姆斯·邦德，在其小说《皇家赌场》中首次登场亮相。《皇家赌场》发表于1953年4月13日，是12部"邦德"系列小说中的第一部。这些作品后来被改编成"007"系列电影。

2017 终极挑战

2017年4月13日，20岁的日本探险家南谷真铃抵达北极点，成为完成"探险大满贯"的最年轻的探险家。此前，她已经登顶世界七大洲最高峰，还曾滑雪抵达南极点。

其他发生于今天的历史事件

第四次十字军东征期间，十字军改变了既定路线，转而攻打拜占庭帝国首都君士坦丁堡。1204年4月13日，十字军攻陷君士坦丁堡后，将这座城池洗劫一空。

1964年4月13日，美国、巴哈马双国籍演员西德尼·波蒂埃凭借影片《原野百合花》赢得奥斯卡最佳男主角奖，成为首位获此奖项的非洲裔演员。

1997年4月13日，21岁的美国高尔夫球运动员泰格·伍兹赢得了其职业生涯中极为重要的一场胜利，凭借此次获胜，他成为高尔夫美国大师赛历史上最年轻的冠军得主。

生于今天

1519年4月13日，意大利女贵族凯特琳·德·美第奇出生。她后来嫁给了法国国王亨利二世。作为日后三位法国国王的母亲，她在当时法国政坛的作用举足轻重。

四月 14

沙尘暴来袭 — 1935

1935年4月14日，饱受干旱困扰的美国南部大平原出现巨大的沙尘"黑云"，突然间白昼变得一片漆黑，南部大平原也因此得名"灰碗"。

生于今天

1932年4月14日，美国乡村音乐歌手、词曲创作人洛丽塔·琳恩出生。在她60年的职业生涯中，她的许多歌曲的创作灵感都来源于亲身经历。

火山灰云团 — 2010

2010年4月14日，位于冰岛南部冰盖的艾雅法拉火山剧烈喷发，向大气中释放出大量火山灰。在此后一个星期的时间里，这些火山灰使欧洲大部分地区的空中交通乱作一团。

纽伦堡不明飞行物事件 — 1561

1561年4月14日，德国纽伦堡的居民报告说，当天清晨曾看见成百上千个不明飞行物在空中"激战"。现在普遍认为，当时人们看到的是幻日现象——一种形成原理类似于彩虹的自然现象。

其他发生于今天的历史事件

1865年4月14日，美国总统亚伯拉罕·林肯在华盛顿的福特剧院遭到暗杀，凶手名叫约翰·威尔克斯·布斯。

1986年4月14日，有记录以来最严重的冰雹侵袭了孟加拉国的戈巴尔甘杰地区，造成92人死亡，其中有些冰雹竟重达1千克。

1990年4月14日，格鲁吉亚设立"格鲁吉亚母语日"。

四月 15

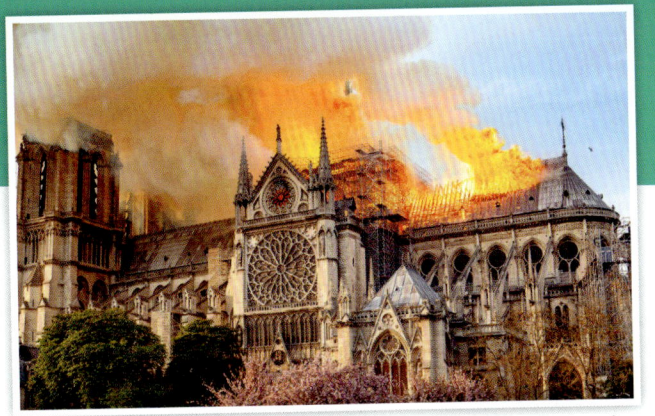

巴黎圣母院大火 — 2019

2019 年 4 月 15 日，一场大火吞噬了已有数百年历史的法国巴黎圣母院，起火原因可能是电力系统故障。大火烧毁了教堂的屋顶，导致其 96 米高的尖塔坍塌。

生于今天

1452 年 4 月 15 日，意大利画家、工程师列奥纳多·达·芬奇出生。他最为人所熟知的成就是创作了油画《蒙娜丽莎》，还设计了各式各样的飞行机械。

1469 年 4 月 15 日，印度的宗教领袖古鲁·那纳克出生。古鲁·那纳克出身印度教徒家庭，一生广泛游历各地，一直探寻精神真谛，最终创立了锡克教。

其他发生于今天的历史事件

新西兰《毛利人代表法案》通过后，1868 年 4 月 15 日，新西兰首次有毛利人当选国会议员。

1945 年 4 月 15 日，英国军队解放了德国贝尔根·贝尔森集中营，纳粹德国在这里所犯下的可怕战争罪行被公之于世。

1955 年 4 月 15 日，美国企业家雷蒙·克洛克在伊利诺伊州开了第一家麦当劳连锁店，后来这家快餐连锁企业逐渐成长为全球商业巨擘。

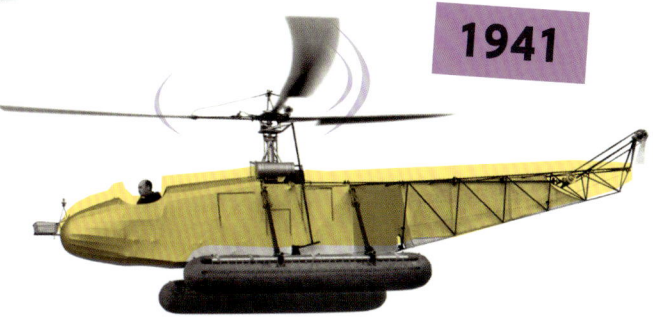

VS-300 直升机 — 1941

1941 年 4 月 15 日，美国俄裔飞机设计师伊戈尔·西科斯基设计的 VS-300 直升机在美国创下了一项新纪录——它在空中悬停了 1 小时 5 分钟 14.5 秒。这款直升机后来成为现代直升机的雏形。

大西洋上的悲剧 — 1912

1912 年 4 月 15 日，当时世界上最大、最豪华的蒸汽轮船"泰坦尼克号"在首航途中不幸撞上冰山，在北大西洋冰冷的海水中沉没，共有 1 500 多名乘客及船员遇难。

四月 16

1346
强者杜尚加冕
1346 年 4 月 16 日，塞尔维亚国王斯特凡·杜尚自己加冕塞尔维亚帝国皇帝。在他统治期间，塞尔维亚帝国的版图囊括了东南欧大部分地区。

生于今天
1755 年 4 月 16 日，法国画家伊丽莎白·维热·勒布伦出生。她是那个时代最成功的女画家之一，曾为许多著名女性画像，如法国王后玛丽·安托瓦内特。

其他发生于今天的历史事件
1746 年 4 月 16 日，得到法国支持的英国詹姆斯党军队，在卡洛登战役中被英国皇家军队彻底击败，詹姆斯党人对英国王位的争夺就此结束。

1847 年 4 月 16 日，在新西兰，一名英国军官开枪击中一名毛利酋长，引发了毛利人与英国殖民者之间的冲突。

1853 年 4 月 16 日，印度鸣放 21 响礼炮，庆祝本国第一趟客运列车通行。这列火车从孟买驶往塔那，行程近 34 千米。

2020
生日行走
2020 年 4 月 16 日，英国退役陆军上尉汤姆·穆尔在 100 岁生日前夕，完成了在自家花园步行 100 圈的募捐挑战。他将此举募集到的 3 000 多万英镑善款，全部用于资助英国医疗系统抗击新冠肺炎疫情。

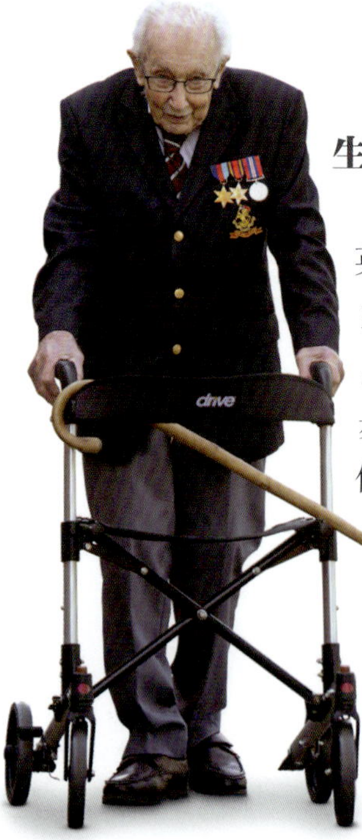

1972
国礼大熊猫
1972 年 4 月 16 日，美国总统理查德·尼克松和第一夫人帕特·尼克松热烈欢迎两只幼龄大熊猫"玲玲"和"兴兴"入住华盛顿史密森学会国家动物园。这对招人喜爱的大熊猫是中国政府总理周恩来赠送给美国的国礼。

四月 17

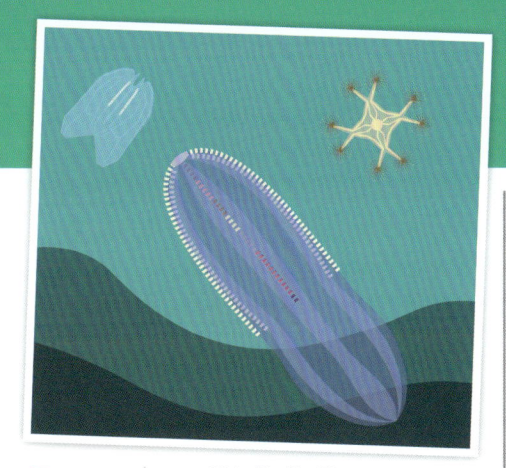

2017 海底奇观

2017年4月17日，在格陵兰岛塔西拉克，奥地利水下摄影师亚历山大·贝内迪克在冰盖下0℃以下的海水中，拍摄到一个生机勃勃的海洋生物世界。他在这里发现了颜色鲜艳的水母，还有在黑暗中会发光的虾。

生于今天

1974年4月17日，英国时尚设计师维多利亚·贝克汉姆出生。她作为20世纪90年代热门组合"辣妹合唱团"的成员出道，逐渐成为国际明星。

1964 必备车型

1964年4月17日，福特野马跑车在纽约世界博览会上一亮相，就吸引大批顾客蜂拥而至，争相购买这款外观时尚、性价比高的汽车。仅一天时间，全美各地就售出了约22 000辆野马跑车。

其他发生于今天的历史事件

1961年4月17日，在美国的协助下，1 000余名古巴流亡分子在古巴吉隆滩实行登陆计划，企图推翻菲德尔·卡斯特罗领导的古巴新政权。但是他们的军事入侵行动没有成功。

1982年4月17日，英国女王伊丽莎白二世签署《加拿大宪法法案》，加拿大获得立宪、修宪等全部权力。

2014年4月17日，67岁的波兰人亚历山大·多巴成为划皮划艇跨越大西洋的第一人。他从葡萄牙出发，历时196天抵达美国佛罗里达州。

1964 单人环球飞行

1964年4月17日，美国飞行员杰拉尔丁·杰里·莫克成为第一位驾机完成单人环球飞行的女性。她共用时29天11小时59分钟完成此次环球之旅。

四月 18

2019
远古食肉猛兽

2019 年 4 月 18 日，一种体型比北极熊还要大的古代哺乳动物被正式命名为巨狮鬣兽。此前，已有 2 200 万年历史的巨狮鬣兽骨骼化石一直被遗忘在肯尼亚内罗毕国家博物馆的一个抽屉里，40 年来无人问津。

其他发生于今天的历史事件

1775 年 4 月 18 日，美国爱国志士保罗·列维尔策马疾驰一夜，赶去给北美殖民地民兵送信，提醒他们英国军队即将发动袭击。

1906 年 4 月 18 日，美国旧金山发生里氏 7.9 级强烈地震，大部分城区被毁，死亡人数超 3 000 人。

2018 年 4 月 18 日，在被禁止营业 35 年后，沙特阿拉伯的电影院重新开张。第一部上映的影片是美国漫威影业公司出品的《黑豹》。

1938
"超人"来了！

1938 年 4 月 18 日，美国漫画中的超级英雄"超人"在《动作漫画》创刊号中首次登场。"超人"形象由美国编剧、漫画家杰瑞·西格尔和乔·舒斯特合力创造。

生于今天

1813 年 4 月 18 日，美国非洲裔医生詹姆斯·麦昆·史密斯出生。他原本是奴隶，后来成为美国历史上第一位获得医学学位的非洲裔人士。

1506
圣彼得大教堂开工

1506 年 4 月 18 日，罗马教皇尤利乌斯二世在罗马为重建的圣彼得大教堂奠基。这座宏伟的石头教堂由建筑师伯拉孟特设计，在他去世后，其他艺术家继续投入教堂的建设工作，其中包括米开朗琪罗和拉斐尔。整座教堂花费了 120 年时间才建成。

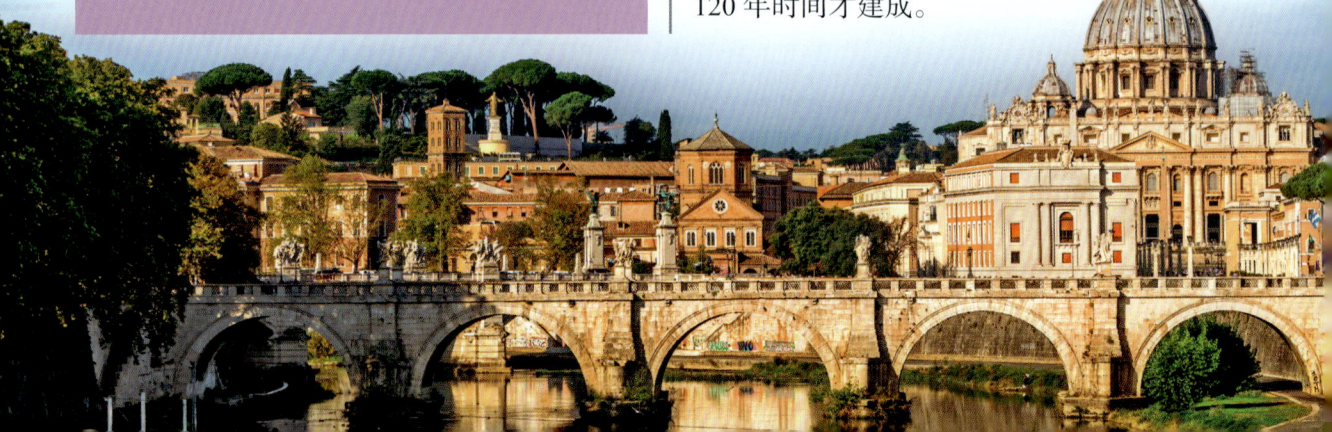

四月 19

1971 人类第一座太空家园

1971年4月19日，人类历史上第一个空间站"礼炮1号"发射升空，进入地球轨道。"礼炮1号"空间站是苏联太空计划的一部分，它在轨停留了175天，环绕地球飞行了近3 000圈。

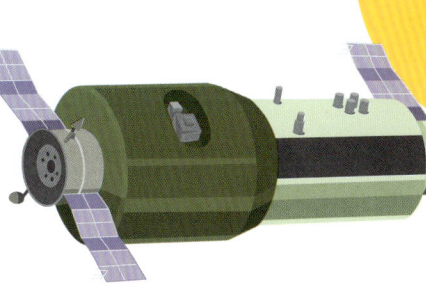

美国独立战争爆发 1775

1775年4月19日，北美殖民地民兵与英国军队之间的第一场战斗在列克星敦爆发，打响了美国独立战争的第一枪。

生于今天

1946年4月19日，土耳其记者杜伊古·阿塞纳出生。她一直为土耳其妇女争取权利而斗争，还写了许多文章揭示她们所受到的不公正待遇。

1968 雪地摩托远征

乘雪地摩托艰难跋涉了42天后，美国探险家拉尔夫·普华斯德与队友沃尔特·皮德森、杰拉德·匹茨尔、让·鲁克-庞巴迪，于1968年4月19日抵达北极点，成为历史上首支从北极冰面上抵达北极点的探险队。

其他发生于今天的历史事件

1987年4月19日，美国人最喜欢的家庭动画喜剧《辛普森一家》在电视节目《特蕾西·厄尔曼秀》的短剧单元中首次播出。

1987年4月19日，英国第一家专门为艾滋病患者及病毒携带者提供诊疗服务的医疗机构在伦敦开业，它由当时的威尔士王妃戴安娜一手创办。

2018年4月19日，斯威士兰王国国王姆斯瓦蒂三世宣称将国名改为埃斯瓦蒂尼，以庆祝该国脱离英国殖民统治独立50周年。（我国仍维持原有译名不变，称"斯威士兰"。——译者注）

四月 20

生于今天
1964年4月20日，英国演员、导演、动作捕捉表演者安迪·瑟金斯出生。他最为出名的，是通过动作捕捉技术在《指环王》中饰演了"咕噜"一角。

美国女车手日本夺冠
2008
2008年4月20日，美国车手丹妮卡·帕特里克在日本印地300大奖赛中夺冠，成为首位获得印地方程式赛车冠军的女车手。在总共200圈的比赛中，丹妮卡直到最后几圈才超越其他车手，夺得领先位置，并保持到终点。

1961
"火箭人"
1961年4月20日，美国工程师哈罗德·格拉汉姆成功完成世界上首次利用喷气推进装置升空的飞行。他在无安全绳的情况下，史无前例地在1.2米的空中飞行了13秒钟。

其他发生于今天的历史事件
1611年4月20日，英国剧作家威廉·莎士比亚的悲剧名作《麦克白》在伦敦环球剧场首次上演。

1862年4月20日，法国微生物学家、化学家路易斯·巴斯德和生物学家克劳德·伯纳德首次试验了一种可用于保存牛奶等液体的保鲜新方法。

2010 海洋生态浩劫
2010年4月20日，位于美国路易斯安那州海岸附近的"深水地平线"石油钻井平台发生爆炸，引发大火并造成11名工作人员死亡。两天后，该钻井平台沉没。这是目前世界上最严重的一次原油泄漏事故，对该区域的海洋生物种群造成了毁灭性损害。

四月 21

1934 尼斯湖水怪之谜

1934年4月21日，一张关于英国尼斯湖水怪的照片曝光，照片中似乎有一头怪兽正在尼斯湖里游泳。后来这张照片被证实是一场人为骗局。

其他发生于今天的历史事件

传说在公元前753年4月21日这一天，孪生兄弟罗慕路斯和勒莫斯在台伯河畔创建了一座新城，后来该城被命名为"罗马"。

1782年4月21日，暹罗国王拉玛一世在今天的泰国境内兴建了新都城，这座城后来被称为曼谷。

1966年4月21日，最后一任埃塞俄比亚皇帝海尔·塞拉西一世访问牙买加。如今，海尔·塞拉西一世到访的这一天已成为拉斯塔法里教信徒一年一度的重要节日，被称为"奠基日"。

2015 高速列车新纪录

2015年4月21日，日本东海旅客铁道公司的"L0型"磁悬浮新干线列车，在日本山梨县进行的一次运行测试中，跑出了603千米的最高时速。

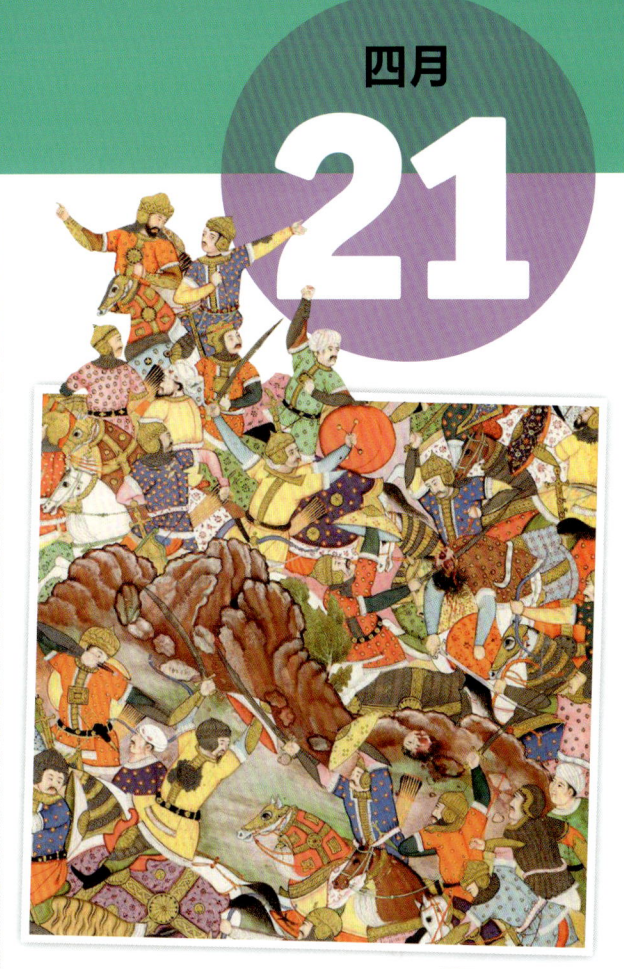

莫卧儿帝国的胜利 1526

1526年4月21日，在今天的印度北部爆发了第一次帕尼帕特战役。莫卧儿帝国的创立者巴卑尔率部与德里苏丹国易卜拉欣·罗地的军队展开战斗，莫卧儿军队战胜了数倍于己方的德里苏丹军。巴卑尔的胜利开启了莫卧儿帝国对南亚次大陆的统治。

生于今天

1816年4月21日，英国作家、诗人夏洛蒂·勃朗特出生。她创作了包括《简·爱》在内的多部英国文学经典作品。

1926年4月21日，英国女王伊丽莎白二世出生。她是英国历史上在位时间最长的君主。

四月 22

1823 直排轮滑鞋问世

英国水果商人罗伯特·约翰·泰尔斯发明了最初的直排轮滑鞋，并于1823年4月22日获得此项发明的专利。泰尔斯为每只鞋子各加装了一个木制鞋底，鞋底上安装有单排五个轮子，他还在鞋底设计了刹车装置。

第一届"地球日" 1970

1970年4月22日，美国政界人士盖洛德·纳尔逊组织了第一次"地球日"活动，这是一项旨在增强人们环境保护意识的年度活动。当天，数千万美国人参与了游行集会。

生于今天

1989年4月22日，冰岛足球运动员阿隆·贡纳尔松出生。迄今他已代表冰岛国家队参加了100多场国际比赛，并在2016年欧洲杯中担任冰岛国家队队长。

其他发生于今天的历史事件

1500年4月22日，葡萄牙航海者佩德罗·阿尔瓦雷斯·卡布拉尔成为第一个登上南美大陆的欧洲人。他宣布其新发现的陆地（即今天的巴西）归葡萄牙所有。

1993年4月22日，中国国家航天局成立。这是中国负责民用航天管理及国际空间合作的政府机构。

为了共同应对全球气候变化，《巴黎协定》于2016年4月22日在纽约签署。

1915 毒气攻击

1915年4月22日，第一次世界大战中，德国军队向位于比利时伊普尔的协约国阵地投放了136吨有毒氯气，造成1 100名协约国士兵死亡，7 000人受伤。这是人类战争史上第一次大规模使用化学武器。

四月 23

2016 《公告牌》榜单冠军

2016 年 4 月 23 日，美国流行音乐歌手碧昂斯发行了个人第六张专辑《柠檬特调》，直登美国"公告牌二百强专辑榜"榜首。至此，碧昂斯发行的前六张专辑全部登顶该榜单冠军，她也成为业界有史以来达此成就的第一人。

生于今天

1933 年 4 月 23 日，美国非洲裔计算机软件工程师安妮·伊斯利出生。她受雇于美国国家航空航天局，曾为"半人马座"大推力运载火箭开发相关软件。

其他发生于今天的历史事件

1920 年 4 月 23 日，在穆斯塔法·凯末尔·阿塔图尔克的领导下，土耳其大国民议会决议不再接受苏丹穆罕默德六世的统治，奥斯曼帝国对土耳其 600 多年的统治终结。

2019 年 4 月 23 日，在世界卫生组织与非洲马拉维政府的联合推动下，世界上首款疟疾疫苗在马拉维启动试点接种。

2020 年 4 月 23 日，科学家从南极洲西摩岛的采集物中，发现了有 4 000 万年历史的蛙类化石。这表明，现在被冰雪覆盖的南极大陆，在远古时候可能曾有两栖动物生活。

1867 动画片雏形

1867 年 4 月 23 日，美国人威廉·E. 林肯为他的新发明"回转画筒"申请了专利，这是世界上最早的动画片播放装置之一。回转画筒的内壁绘制有图案，观看者可通过筒身外侧的狭窄细缝观看。转动圆筒时，筒内壁的图画就活动了起来，仿佛有生命一般。

1616 伟大的剧作家逝世

享誉世界的英国剧作家威廉·莎士比亚于 1616 年 4 月 23 日逝世。莎士比亚一生共创作了 37 部戏剧、2 首长诗、154 首十四行诗。

四月 24

其他发生于今天的历史事件

根据古希腊历史学家的记载，公元前1184年4月24日，古希腊人攻陷特洛伊城，传说中的特洛伊之战在这一天结束。

在被列为禁区48年后，1990年4月24日，英国官员宣布位于苏格兰的格鲁伊纳岛恢复了安全。这座无人岛在第二次世界大战期间一直作为英国的生化武器试验基地。

2020年4月24日，考古学家宣布在埃及发现了一具3 500年前的无名少女木乃伊。

1888 "就在柯达一刻"

1888年4月24日，美国发明家乔治·伊士曼创办了伊士曼柯达公司，开始大规模生产操作简单的便携式方箱照相机。

2018 流媒体音乐成消费主流

2018年4月24日，人们在声田、苹果音乐等流媒体音乐应用上的消费已超过购买实体音乐唱片的花销，这在音乐史上尚属首次。

1918 坦克大战

1918年4月24日，第一次世界大战期间，在爆发于法国的维莱布勒托讷战役中，3辆德国A7V坦克与3辆英国马克Ⅳ型坦克展开面对面较量。这是人类军事史上的首次坦克对攻战。

生于今天

1982年4月24日，美国歌手凯莉·克莱森出生。她参加了系列电视选秀节目《美国偶像》第一季并获得冠军，随即陆续推出了热门单曲和音乐专辑。

四月 25

1719 《鲁滨孙漂流记》首次出版

1719年4月25日，英国作家丹尼尔·笛福的小说《鲁滨孙漂流记》在伦敦出版。小说讲述了鲁滨孙因船只失事被困荒岛28年的故事，自出版至今已被翻译成100多种文字。

1960 喷沙行动

1960年4月25日，美国"海神号"核潜艇完成水下环航地球一周。它潜航了85天，行程66 672千米。此次任务代号为"喷沙行动"。

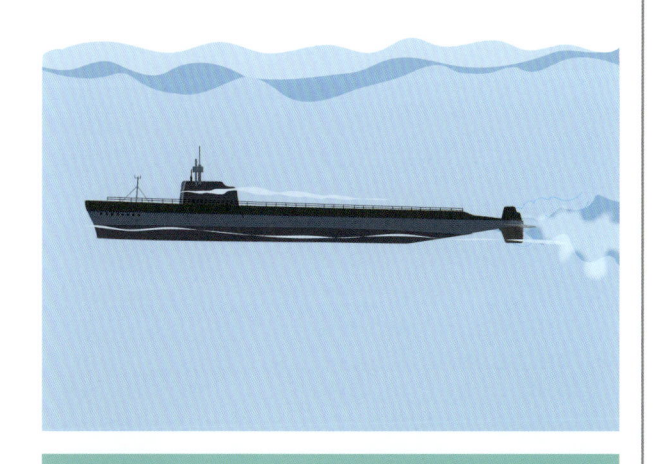

其他发生于今天的历史事件

1792年4月25日，法国劫匪尼古拉·雅克·佩里迪耶成为第一个使用断头台执行死刑的罪犯。

西科斯基YR-4B直升机成为首款应用于实战的直升机。1944年4月25日，第二次世界大战期间，盟军在缅甸战场通过这款直升机成功营救出4名英美士兵。

1945年4月25日，意大利成功驱逐德国法西斯军队，获得解放。后来，4月25日被定为意大利的"解放日"。

生于今天

1917年4月25日，美国非洲裔爵士歌手艾拉·费兹杰拉出生。她音域宽广，被誉为"爵士乐女王"。在其60年的职业生涯中，她赢得了14座格莱美奖，并荣获美国"总统自由勋章"。

加里波利之战 1915

第一次世界大战中，协约国军队对土耳其发起进攻，加里波利战役爆发。这场持续11个月之久的战役以协约国失败告终，双方十几万士兵伤亡。澳大利亚和新西兰把每年的4月25日定为"澳新军团日"，以纪念这次战役。（澳大利亚、新西兰的军队参加了加里波利战役，并于1915年4月25日在土耳其海滩登陆。）

四月 26

1986

切尔诺贝利核电站事故

1986年4月26日，苏联切尔诺贝利核电站发生意外事故，大量放射性物质扩散到大气中，导致数百万人被暴露在有害的核辐射之中。

生于今天

1888年4月26日，美国作家安尼塔·卢斯出生。她是一位成功的作家，也是好莱坞第一位女性编剧。

1918年4月26日，荷兰田径运动员范妮·布兰科斯－科恩出生。她在1948年伦敦奥运会上勇夺4枚金牌，当时她已经30岁了。

民主终至

1994

多年来，南非政府一直拒绝给予国内黑人平等的公民权利。1994年4月26日，南非第一次举行不分种族大选。最终，纳尔逊·曼德拉当选南非历史上首位黑人总统。

其他发生于今天的历史事件

1803年4月26日，在法国的莱格勒，超过3 000颗陨石如雨点般从天而降，这件事令科学家们终于确信陨石来自太空。

1989年4月26日，历史上伤亡人数最多的龙卷风之一袭击了孟加拉国马尼格甘杰县，造成约1 300人死亡、12 000人受伤。

2019年4月26日，厄瓜多尔的瓦拉尼人在对厄瓜多尔政府的一场法律诉讼中取得历史性胜利，得以保护他们的土地免遭石油钻探开发。

四月 27

空客 A380 首飞 — 2005

2005年4月27日,世界上最大的民用飞机空中客车A380完成首飞。它搭载6名机组成员,从法国图卢兹-布拉尼亚克机场起飞,飞行3小时54分钟后平安着陆。

龙卷风灾难 — 2011

2011年4月27日,美国在同一天创纪录地遭受了216场龙卷风袭击,造成300多人死亡。受灾最严重的是亚拉巴马州,共有238人丧生。

生于今天

1927年4月27日,美国非洲裔民权运动领袖科丽塔·斯科特·金出生。作为马丁·路德·金的妻子,科丽塔继承他的遗志,继续为非洲裔争取平等权利而斗争。

"自由塔"开工 — 2006

2006年4月27日,"自由塔"在美国纽约建设。它是美国国内最高的建筑,后来沿用原世贸中心北塔的名字更名为"世界贸易中心一号大楼"。后者在2001年9月11日的恐怖袭击中坍塌。

其他发生于今天的历史事件

波兰人维托尔德·皮莱茨基为了得到奥斯威辛集中营的内部信息,故意被捕进入了这里。1943年4月27日,被关押3年后,他终于从奥斯威辛集中营逃脱。

1956年4月27日,世界重量级拳击选手洛奇·马西亚诺退役,留下了"49场职业比赛无一败绩"的纪录。

2018年4月27日,朝鲜领导人金正恩与韩国总统文在寅举行朝韩首脑会晤。

四月 28

224 奥尔米兹达甘战役

224 年 4 月 28 日，在奥尔米兹达甘战役中，阿尔达希一世击败安息国王阿尔达班五世，后建立波斯萨珊王朝。阿尔达希一世被视为波斯历史上最伟大的君主之一，萨珊帝国的统治一直延续了 400 余年。

2001 太空游客

2001 年 4 月 28 日，美国富商丹尼斯·蒂托乘坐俄罗斯"联盟号"飞船前往国际空间站旅游观光。丹尼斯·蒂托为这次旅程支付了 2 000 万美元，他也由此成为世界上首位太空游客。

生于今天

1974 年 4 月 28 日，西班牙演员佩内洛普·克鲁兹出生。她主演过多部西班牙语电影，逐渐成长为一名国际影星。

1947 孤筏重洋

1947 年 4 月 28 日，挪威科学家托尔·海尔达尔与 5 名船员乘坐由南美洲巴沙木制成的仿古木筏"康提基号"，从秘鲁起航驶往波利尼西亚群岛。他们此行的目的是想证实古代南美洲人完全有可能从海上跋涉 6 900 千米抵达波利尼西亚群岛。

其他发生于今天的历史事件

1869 年 4 月 28 日，来自中国和爱尔兰的劳工在美国修建太平洋铁路时创下一项纪录：他们在一天之内完成铺轨超 16 千米。

1982 年 4 月 28 日，中美合资建造的中国第一家中外合资饭店——位于北京建国门的建国饭店正式营业。

2019 年 4 月 28 日，美国人维克多·维斯科沃乘潜水器下潜至太平洋最深处——马里亚纳海沟底部，竟然在那里发现了塑料垃圾。

四月 29

其他发生于今天的历史事件

1770年4月29日,英国探险家詹姆斯·库克与随行船员来到澳大利亚的植物湾,从此拉开了英国殖民澳大利亚的序幕。

1961年4月29日,世界自然基金会成立。该基金会致力于募集资金以保护生物及其栖息环境不受人类活动的影响。

2011年4月29日,数百万观众通过电视转播,观看了英国的威廉王子与凯瑟琳·米德尔顿在伦敦威斯敏斯特教堂举行的盛大婚礼。

纳粹最高通缉令

1944

1944年4月29日,第二次世界大战期间,英国一流特工南希·韦克伞降进入法国。她在当地组织起抵抗力量,时常袭击纳粹德国军队。她的名字在纳粹的"黑名单"上位列榜首。

奥尔良姑娘

1429

1429年4月29日,英法百年战争期间,17岁的少女贞德率领法国军队解救了被英军围困的奥尔良城。后来,她成为法国历史上的传奇英雄,在1920年被天主教会尊为"圣女贞德"。

生于今天

1863年4月29日,美国企业家、报刊发行商威廉·伦道夫·赫斯特出生。他创办了赫斯特集团,这是美国最大的传媒集团之一。

1899年4月29日,外号"公爵"的美国非洲裔音乐家爱德华·肯尼迪·艾灵顿出生。他一生创作了2 000多首歌曲,被誉为美国最伟大的爵士乐作曲家。

四月 30

2005 抢包山

2005年4月30日，停办26年后，香港长洲在"太平清醮"期间恢复举办"抢包山"活动。人们竞相爬上一座由包子垒成的高塔，尽可能多地争抢包子。当地习俗认为抢到的包子越多，福气就越多。

美国国父就任总统 1789

1789年4月30日，乔治·华盛顿宣誓就职，成为新成立的美利坚合众国的第一任总统。在美国独立战争期间，他领导北美13个英属殖民地脱离英国统治取得独立。

生于今天

1985年4月30日，以色列演员盖尔·加朵-瓦尔萨诺出生。她在根据DC漫画改编的好莱坞系列电影中饰演超级英雄"神奇女侠"，由此知名度大增。

1993 万维网开源

1993年4月30日，英国科学家蒂姆·伯纳斯-李将自己发明的"万维网"相关软件开放给公众免费使用。如今，任何人只要把计算机接入互联网，就可以实现信息共享。

其他发生于今天的历史事件

1006年4月30日，世界各地的天文学家普遍观测到一颗极为明亮的超新星点亮夜空，这是历史上有记载的最亮超新星（超新星是正在爆炸的恒星）。

1888年4月30日，如鹅蛋般大小的冰雹侵袭了印度莫拉达巴德，导致246人死亡。这是有记录以来造成死亡人数最多的一场冰雹。

2013年4月30日，荷兰女王贝娅特丽克丝让位给她的儿子威廉-亚历山大。

五月 1

2005
精彩进球

2005年5月1日，17岁的阿根廷足球运动员利昂内尔·梅西以替补身份登场，攻入了他代表巴塞罗那俱乐部的首粒进球。后来，他成为足球界传奇巨星，截至2022年已经实现800多粒进球。

1840
"黑便士"邮票

1840年5月1日，英国发行了第一枚背胶邮票，作为预付邮资的凭证。这枚邮票叫作"黑便士"，上面绘有维多利亚女王的侧面肖像。在邮票诞生之前，邮资一直由收信人支付。

生于今天

1852年5月1日，美国西部拓荒时期的传奇人物"野姑娘杰恩"出生。她勇猛无畏、枪法精湛，她的经历后来被改编成电影。

1890
首个"国际劳动节"设立

1890年5月1日，许多国家把5月1日这天设立为"国际劳动节"，并定为公共假日。这是为了纪念1886年5月1日美国芝加哥20万工人举行罢工，经过流血斗争，获得八小时工作制的权利。

其他发生于今天的历史事件

1707年5月1日，《联合法案》生效，英格兰王国与苏格兰王国合并，成立大不列颠联合王国。

1999年5月1日，动画片《海绵宝宝》在美国尼克国际儿童频道首播。它是尼克儿童频道播出时间最久的电视节目。

五月 2

1945　柏林战役结束

柏林战役是第二次世界大战期间欧洲战场的最后一场战役，苏联红军于1945年5月2日攻克纳粹德国首都柏林。这场战役导致了阿道夫·希特勒纳粹政权的垮台。

"彩虹勇士号"启航　1978

1978年5月2日，绿色和平组织的"彩虹勇士号"船开启环球航行。它此行的目的是宣传环保理念，抵制危害海洋的人类活动，如向海洋中排放核废物、捕杀鲸类和海豹等。

生于今天

1972年5月2日，美国加拿大裔职业摔跤选手，绰号"巨石强森"的道恩·强森出生。他在退役后转型成为动作电影演员，热度依然不减。

1975年5月2日，英国足球运动员大卫·贝克汉姆出生。他曾效力于英格兰曼彻斯特联队，并随队多次赢得冠军。

其他发生于今天的历史事件

1611年5月2日，英国国王詹姆斯一世下令翻译的《英王钦定版圣经》出版。后来这版《圣经》陆续售出了10亿册，成为最受欢迎的《圣经》英译本。

1670年5月2日，英国国王查理二世把北美地区的一大片土地划给哈得孙湾公司，这片区域后来成为加拿大的一部分。

1922　国际通用星座公布

1922年5月2日，在意大利罗马召开的第一届国际天文学联合会公布了现代国际通用星座名录，共有88个星座。其中半数以上的星座早在古希腊时期就已被发现并命名了。

五月 3

2000 "地理藏宝"游戏开始了

2000年5月3日，美国科技鬼才大卫·厄尔默发起了一项名为"地理藏宝"的游戏。他把一个"地理藏宝盒"藏到俄勒冈州比弗河附近的灌木丛里，玩家可以利用卫星导航系统和网络上提供的代码线索，找寻物品的埋藏之地。

其他发生于今天的历史事件

1803年5月3日，通过《路易斯安那州购地条约》，美国从法国手中购买下大片土地，使其领土面积几乎增加了一倍。当时的法国领导人拿破仑·波拿巴为筹集战争经费出售了这片土地。

1947年5月3日，第二次世界大战后的《日本国宪法》正式生效。该宪法对日本天皇的权力进行了限制，并禁止日本政府发动战争。

1978年5月3日，史上第一批垃圾邮件被发出。这些邮件被发送给了美国国内的400名用户，内容是一款计算机的广告。

1979 "铁娘子"初任首相

1979年5月3日，玛格丽特·撒切尔当选英国首相，她是英国历史上第一位走上首相位置的女性。这位"铁娘子"也是20世纪唯一一位连任三届的国家领导人。

1960 常演不衰的音乐剧

1960年5月3日，一部关于生活与爱情的音乐喜剧《异想天开》在美国纽约首演。接下来的42年时间里，这部剧共上演了17 162场，是目前世界上公演时间最长的音乐剧。

生于今天

1933年5月3日，美国非洲裔歌手、词曲创作人詹姆斯·布朗出生。他原本是一名福音音乐歌手，后来成为爵士灵歌音乐和乡土爵士乐巨星。

五月 4

1912 少年斗士

出生于美国的华裔少女李美步积极投身促进妇女平等权利的各项活动。1912年5月4日，在参加纽约举行的一场平等选举权游行时，她曾经骑着马，带领近万人的游行队伍前进。

生于今天

1929年5月4日，英国演员奥黛丽·赫本出生。她在电影《蒂凡尼的早餐》中饰演的经典角色深入人心。

1607 第一批英国移民抵达北美

1607年5月4日，104名英国人来到北美洲的弗吉尼亚的河岸边建立了一个定居点。这个地方后来被称为"詹姆斯敦"，是英国人在北美大陆上建立的第一块殖民地。

珊瑚海海战 1942

1942年5月4日，第二次世界大战期间，日本海军航母舰队与美澳联军航母舰队在珊瑚海爆发战斗，这是战争史上首次航母编队之间的交战。最终美澳联军取胜，并夺取了珊瑚海的控制权。

其他发生于今天的历史事件

1919年5月4日，北京数千名学生集会演讲，游行示威，要求拒签巴黎和会上的条约，"五四运动"爆发。通过五四运动，科学和民主的思想得到广泛传播。

2013年5月4日，美国迪士尼公司举办"星球大战"年度庆典。庆典期间，迪士尼乐园举办了一系列特别活动。

2019年5月4日，在青岛举行的国际马拉松比赛中，肯尼亚长跑选手比贡·安德鲁·基普兰加特跑错了路，在工作人员的引导下才得以重返正确路线。不过，他最终还是赢得了冠军。

五月 5

墨西哥"五月五日节" 1862

1862年，法国入侵墨西哥。5月5日，在普埃布拉之战中，墨西哥军队击败了人数、装备都远超己方的法国军队。时至今日，墨西哥人还会在每年的这一天举行庆祝活动纪念这场胜利。

生于今天

1892年5月5日，英国考古学家多萝西·加罗德出生。1939年，她成为英国剑桥大学历史上首位女教授。

1988年5月5日，英国歌手、词曲创作人阿黛尔出生。她的第一张专辑很好地展现了她极具魅力的非凡声音，一经发行便打破销量纪录，她也一跃成为国际知名歌手。

1921 经典香水

1921年5月5日，法国时尚设计师可可·香奈儿发布其旗下最畅销的一款香水——香奈儿5号。这款顶级香水采用方瓶包装，香味由80种成分融合而成。

1860 意大利走向统一

1860年5月5日，意大利军事家朱塞佩·加里波第组织的"千人远征"从热那亚出发。在他的领导下，千人远征军推翻了那不勒斯王国，这是意大利走向统一的关键一步。

其他发生于今天的历史事件

1260年5月5日，忽必烈成为蒙古大汗。

1958年5月5日，在日本儿童节这天，"儿童和平纪念碑"揭幕仪式在广岛举行。这是为了纪念1945年在广岛原子弹爆炸中丧生的数千名儿童。

1984年5月5日，位于南美洲的伊泰普水电站开始发电。在2012年以前，它一直是世界上最大的水电站。

五月 6

苹果电脑 iMac 发布　1998

1998年5月6日，美国苹果公司发布了第一款台式一体机 iMac。它颜色鲜艳的半透明机箱个性十足，配有与主机色调一致的鼠标、键盘，设有内置光驱和音箱，系统设置非常简单。多年来，iMac 一直是苹果公司最为成功的产品之一。

生于今天

1856年5月6日，奥地利精神病医师西格蒙德·弗洛伊德出生。他研究出一种治疗方法，通过探索、分析一个人的过往经验来治疗那些受精神疾病困扰的患者。

其他发生于今天的历史事件

1954年5月6日，英国人罗杰·班尼斯特成为4分钟内跑完1.6千米的世界第一人。

1994年5月6日，英法海峡隧道通车。这是一条联结英国与法国的海底隧道，全长50.5千米。

2002年5月6日，南非发明家埃隆·马斯克成立了一家太空运输公司——太空探索技术公司，公司的终极目标是实现火星移民。

皇室家园　1782

在将首都从吞武里迁至曼谷后，1782年5月6日，暹罗国王的皇家住所"曼谷大皇宫"开工建设。暹罗王室在曼谷大皇宫内一直居住到1925年，如今这里已成为一座博物馆。

飞艇旅行时代结束　1937

1937年5月6日，德国载客飞艇"兴登堡号"在飞行过程中起火，最终在美国新泽西州坠毁，飞艇上有35人遇难。此事件后，公众对乘坐飞艇旅行彻底失去信心，飞艇时代结束了。

五月 7

1953 巨型渔获

1953年5月7日，经过两个小时的较量，渔民路易斯·马伦在智利海岸附近将一条重达536千克的剑鱼钓了上来，这是迄今为止人们利用钓具捕获的最重的一条鱼。

海盗宝藏 2015

2015年5月7日，在马达加斯加的圣玛丽岛附近海域，水下探险家发现了一块重55千克的银锭，并认为其属于苏格兰海盗威廉·基德掠夺来的财宝，但联合国教科文组织否认了这一发现。

1867 新式炸药需求旺盛

1867年5月7日，瑞典化学家阿尔弗雷德·诺贝尔获得黄色炸药的发明专利。这是一种可以制成管状的新式炸药。和早期的爆炸物不同，黄色炸药不会轻易自动引爆，使用起来更安全。这项新发明使诺贝尔成了百万富翁。

其他发生于今天的历史事件

1945年5月7日，纳粹德国在法国城市兰斯向盟军无条件投降。

1946年5月7日，井深大与盛田昭夫联合成立了东京通信工业株式会社，这是日本科技企业巨头索尼公司的前身。

1986年5月7日，加拿大登山运动员帕特里克·莫罗完成了他的探险目标——登顶世界七大洲最高峰。他是完成此项壮举的世界第一人。

生于今天

1748年5月7日，法国剧作家、女权主义者奥兰普·德古热出生。她通过自己的作品，向当时法国社会存在的性别不平等现象宣战。

五月 8

2014
稀有文物被发现

2014年5月8日，美国海洋考古学家大卫·默恩斯发现了迄今为止最古老的水手星盘——一种水手在海上导航时使用的仪器。这个星盘是在葡萄牙"爱斯梅拉达号"沉船遗址中发现的，该船于1503年沉没。

生于今天

1926年5月8日，英国电视节目主持人、自然博物学家大卫·爱登堡出生。他制作、主持的自然历史纪录片，生动呈现了自然世界的壮丽景观。

1975年5月8日，西班牙歌手安立奎·伊格莱希亚斯出生。他被称为"拉丁流行音乐之王"。

1945
欧洲胜利日

1945年5月8日（苏联为5月9日），欧洲各国一片欢腾，庆祝在第二次世界大战中战胜纳粹德国。这场胜利来之不易，战争造成欧洲数千万人死亡，满目疮痍，卷入战争的各国为此付出了沉重代价。

其他发生于今天的历史事件

1835年5月8日，汉斯·克里斯汀·安徒生的童话集《讲给孩子们听的故事（第一册）》在丹麦哥本哈根出版，这本书中收录了他的著名童话《豌豆公主》。

1902年5月8日，加勒比地区马提尼克岛上的培雷火山喷发，瞬间吞噬了附近的圣皮埃尔市，导致近30 000人死亡。

1984
泰晤士河水闸

为了防止泰晤士河决堤泛滥，淹没伦敦中心城区，英国政府在泰晤士河面上修建了一组20米高的钢铁水闸。1984年5月8日，英国女王伊丽莎白二世主持了水闸落成仪式，数千名市民来到现场观看。

五月 9

1950
"烟熏熊"

1950年5月9日，在美国新墨西哥州的一场森林大火中，消防员救下了一只黑熊幼崽，当时它紧紧地扒着一棵树，前腿和爪子都被烧伤，人们给它起了个绰号叫"烟熏熊"。后来它成为知名的森林防火宣传卡通形象。

1941
恩尼格玛密码机

1941年5月9日，英国皇家海军俘获一艘德国潜艇，从中缴获并复原了一台恩尼格玛密码机。第二次世界大战期间，纳粹德国使用这种密码机将信息、情报由德文转换成不可读的代码。最终，英国的密码破译专家解读出了这些代码。

其他发生于今天的历史事件

1901年5月9日，第一届澳大利亚联邦议会在墨尔本召开，英国乔治王子（即后来的英国国王乔治五世）出席了盛大的开幕仪式。

1950年5月9日，法国外交部部长罗伯特·舒曼建议对欧洲各国的煤炭和钢铁实行联营，以减小日后欧洲再次走向战争的可能性。多年后成立的欧洲联盟（简称"欧盟"）即肇始于此。

2017
恐龙蛋有了新名字

1993年，在中国境内发现了一窝已有近9 000万年历史的恐龙蛋化石。2017年5月9日，科学家将这个种群命名为中华贝贝龙。

生于今天

1921年5月9日，德国反纳粹学生运动领导者苏菲·朔尔出生。她是非暴力反纳粹抵抗组织"白玫瑰"的成员，于1943年被纳粹政府处死。

1979年5月9日，美国演员罗萨里奥·道森出生。她是"拉丁裔投票"组织的联合创始人，该组织旨在鼓励更多的美国拉丁裔青年参与政治投票。

五月 10

1752 天空中的火花

法国科学家托马斯·弗朗索瓦·达利巴德在巴黎郊外竖立起一根约 12 米高的铁棒，1752 年 5 月 10 日，正值雷雨天气，他利用这根铁棒从空中引下来一串电火花。这项实验有力证明了：闪电是一种电现象。

生于今天

1960 年 5 月 10 日，牙买加、斯洛文尼亚双国籍田径运动员玛莲·奥蒂出生。她是一名短跑选手，参加了自 1980 年至 2004 年举办过的所有夏季奥运会。

1869 金色铁道钉

1869 年 5 月 10 日，在美国犹他州，一颗由黄金制成的道钉被钉入铁轨，以纪念美国国内第一条横贯大陆的铁路——联合太平洋铁路铺轨合龙。这条铁路将美国东部的奥马哈与西部的萨克拉门托连接了起来。

战时首相上任 1940

1940 年 5 月 10 日，温斯顿·丘吉尔接替内维尔·张伯伦成为英国首相。丘吉尔在第二次世界大战中发挥了重要作用，领导英国获得胜利。

其他发生于今天的历史事件

1857 年 5 月 10 日，印度军队爆发反抗英国殖民者的起义，即"印度民族大起义"。起义以失败告终。

1933 年 5 月 10 日，支持纳粹的德国学生团体把犹太人及自由派作家写的书付之一炬，因为这些书被他们认定是体现"非德意志精神"的东西。

1994 年 5 月 10 日，纳尔逊·曼德拉历史性地赢得大选胜利，成为南非第一位黑人总统。

五月 11

1893 自行车一小时骑行纪录

1893年5月11日，在巴黎的布法罗自行车馆，法国业余车手亨利·德格兰奇在一小时内骑行了35.325千米，创下史上第一个自行车一小时骑行纪录。

330 君士坦丁堡建立

330年5月11日，罗马帝国皇帝君士坦丁一世在拜占庭兴建了一座新都城，但人们通常以建立者的名字将该城称作"君士坦丁堡"。后来，这里成为土耳其的伊斯坦布尔。

生于今天

1904年5月11日，西班牙画家萨尔瓦多·达利出生。达利是世界知名的超现实主义画家，他的作品多描绘离奇怪异、如梦境一般的景象。

1906年5月11日，美国竞速飞行员杰奎琳·科克伦出生。她是第一位驾驶飞机超越音障的女性。

其他发生于今天的历史事件

美国意图借口边界问题侵占墨西哥。1846年5月11日，美国总统詹姆斯·K.波尔克向美国国会请求对墨宣战。两天后，美国向墨西哥宣战，美墨战争爆发。

2000年5月11日，根据官方数据，印度人口数量达到10亿。

2019年5月11日，夏威夷冒纳罗亚观测站的科学家宣布，地球大气中二氧化碳浓度达到300万年来的最高值。

868 《金刚经》刊印

868年5月11日，中国唐代刊印的《金刚经》，是世界上现存最古老的印刷书籍。这本佛教经典于1899年在中国敦煌的千佛石窟内被发现。

五月 12

极地探险纪录

1926

1926年5月12日,挪威探险家罗阿尔德·阿蒙德森、美国飞行员林肯·埃尔斯沃思、意大利工程师安贝托·诺比尔以及其他13名机组人员,驾驶巨型飞艇"挪威号"飞越北极。这是人类有史以来第一次从空中飞越北极点。

其他发生于今天的历史事件

1941年5月12日,在位于柏林的德国航空实验室,德国发明家康拉德·楚泽发布了世界上第一台可编程的电子计算机Z3。

2002年5月12日,美国前总统吉米·卡特访问古巴,成为自1959年古巴革命胜利、菲德尔·卡斯特罗建立革命政府以来,首位到访古巴的美国领导人。

2017年5月12日,一款名为"永恒之蓝"的恶意软件在全球范围内感染了超40万台计算机。这款病毒软件感染计算机后,会将主机中的文件恶意加密,然后向用户勒索赎金以解除锁定。

生于今天

1820年5月12日,英国女护士、欧美近代护理学的开创者弗洛伦斯·南丁格尔出生。她曾在克里米亚战争期间负责照料伤员。由于她的不懈努力,护士从此成为女性可选择的一项崇高职业。

1968年5月12日,绰号"飞鸟"的美国滑板运动员托尼·霍克出生。他以挑战地心引力的高难度动作,激发了人们对滑板运动的热情。

波希米亚女王加冕

1743

1743年5月12日,神圣罗马帝国皇帝查理六世的女儿玛丽亚·特利莎加冕为波希米亚(位于今天的捷克)女王,在位40年。

第一条有轨电车线路投入运营

1881

1881年5月12日,柏林附近的里希特菲尔德镇迎来了世界上第一条有轨电车线路,长2.5千米。在投入运营的前3个月,这条线路的客运量就达到了12 000人次。

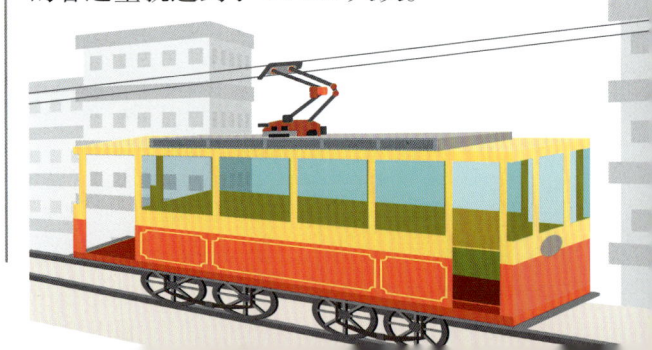

五月 13

其他发生于今天的历史事件

1861 年 5 月 13 日，澳大利亚天文学家约翰·特巴特发现了一颗彗星，当时这颗彗星正好划过澳大利亚温莎镇的上空。特巴特彗星是 19 世纪人们观测到的最亮的彗星之一。

1943 年 5 月 13 日，第二次世界大战的突尼斯战役结束。经过在北非沙漠地区的一系列激战，轴心国军队最终向同盟国军队投降。

因在之前的抗议活动中遭到法国警察暴力执法，1968 年 5 月 13 日，大约 80 万名抗议者走上巴黎街头举行示威游行，要求总统夏尔·戴高乐辞职。

1995
登顶珠峰的女性先驱

1995 年 5 月 13 日，在独自一人且不携带氧气瓶的情况下，英国人艾莉森·哈格里夫斯成功登顶珠穆朗玛峰，成为世界上第一位以此种方式登顶珠峰的女性登山者。

1958
十年旅程

澳大利亚探险家本·卡林是世界上第一个乘坐水陆两栖车进行环球旅行的人，他将其驾驶的车辆命名为"哈夫塞弗"。1958 年 5 月 13 日，他结束了长达 10 年的旅程，回到出发地加拿大。

生于今天

1986 年 5 月 13 日，英国演员罗伯特·帕丁森出生。他因在"暮光之城"系列电影中饰演吸血鬼而走红，现在他已成为好莱坞的一线影星。

1909
第一届环意大利自行车赛

1909 年 5 月 13 日，临近凌晨 3 点钟，世界首届公路自行车多日分段赛在意大利拉开帷幕。127 名车手从米兰出发，在接下来的两周时间内穿越意大利，骑行近 2 500 千米，于 5 月 30 日返回米兰完赛。

五月 14

1796 首例天花疫苗接种

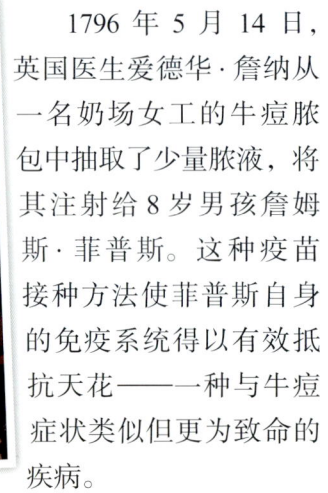

1796年5月14日，英国医生爱德华·詹纳从一名奶场女工的牛痘脓包中抽取了少量脓液，将其注射给8岁男孩詹姆斯·菲普斯。这种疫苗接种方法使菲普斯自身的免疫系统得以有效抵抗天花——一种与牛痘症状类似但更为致命的疾病。

2016 梦幻后空翻

2016年5月14日，在一场冲浪比赛中，巴西名将加布里埃尔·梅迪纳以一个前所未见的踏浪后空翻动作，震惊了现场观众和全世界的冲浪爱好者，当值裁判全部给出了满分10分。

其他发生于今天的历史事件

1918年5月14日，人们聚集在南非开普敦，以静默站立的方式缅怀第一次世界大战中的死难者，日后的默哀仪式即起源于此。

1947年，联合国通过决议，在巴勒斯坦地区实行阿拉伯人和犹太人分治。根据该决议，1948年5月14日，一个新的、独立的犹太人国家以色列正式建立。

1955年5月14日，苏联、保加利亚、匈牙利、民主德国、波兰等国联合成立华沙条约组织。这是一个旨在与北大西洋公约组织对峙的军事同盟。

生于今天

1984年5月14日，美国科技创新者、企业家马克·扎克伯格出生。早在哈佛大学读书期间，他就与人合伙创立了社交网站"脸书"。

2008 北极熊列入濒危物种

2008年5月14日，环保团体通过法律途径，终于迫使美国联邦政府将北极熊列为"濒危物种"，此举旨在向公众表明现在确需对北极生物采取保护行动。由于全球气候变化，北冰洋的浮冰逐渐消融，北极熊的栖息地减少，它们正面临日益严峻的生存危机。

五月 15

其他发生于今天的历史事件

1908年5月15日,国际冰球联合会在法国巴黎成立,总部设在瑞士的苏黎世。

1928年5月15日,"米老鼠"在迪士尼公司制作的无声电影短片《疯狂的飞机》中登场,这是该动画形象首次亮相银幕。

联合国社会发展委员会决定,从1994年起,每年5月15日为国际家庭日。国际家庭日为提高有关家庭问题的认识、增长相关家庭知识提供了一个机会。

221 三国鼎立

东汉灭亡后,刘备于221年5月15日称帝,建立了蜀汉政权。蜀汉与曹魏、东吴割据并立,史称"三国"。

2007 Scratch 发布

2007年5月15日,由美国开发的计算机图形化编程工具Scratch开放给公众免费使用,用户可以利用这款编程工具编写出电脑游戏或动画作品。

1869 妇女选举权

1869年5月15日,伊丽莎白·凯迪·斯坦顿与苏珊·B.安东尼在美国纽约成立美国"全国妇女选举权协会",该组织一直致力于为美国妇女争取选举权。

生于今天

1857年5月15日,美国天文学家威廉明娜·弗莱明在苏格兰出生。她于1888年在哈佛大学天文台工作期间发现了马头星云。

1987年5月15日,英国网球运动员安迪·穆雷出生。他在2016年曾位列男子网坛世界排名第一,已赢得过3项男单大满贯冠军。

五月 16

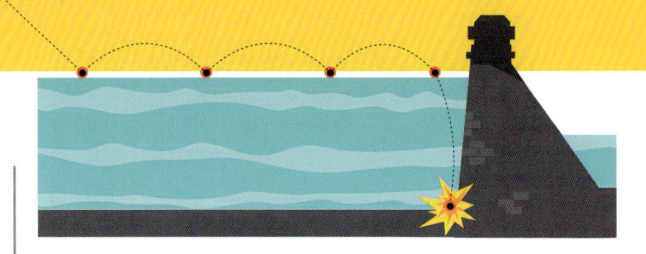

交流电
1888

1888 年 5 月 16 日，美国塞尔维亚裔发明家尼古拉·特斯拉在纽约举行了一场面向工程师的讲座，现场演示了自己新发明的交流电配电系统。时至今日，人们仍然在使用交流电系统供电。

"堤坝终结者"行动
1943

第二次世界大战期间，英国研发出一种新武器——跳弹，这种炸弹可以在水面上弹跳前进。1943 年 5 月 16 日，英国空军向德国鲁尔地区投放了跳弹，摧毁当地多座水坝，洪水倾泻而出，造成约 1 300 人死亡。

生于今天
1966 年 5 月 16 日，美国非洲裔歌手、演员珍妮·杰克逊出生。她是一位成功的流行歌手，唱片销量超 1 亿张。

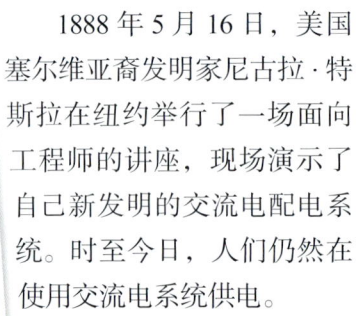

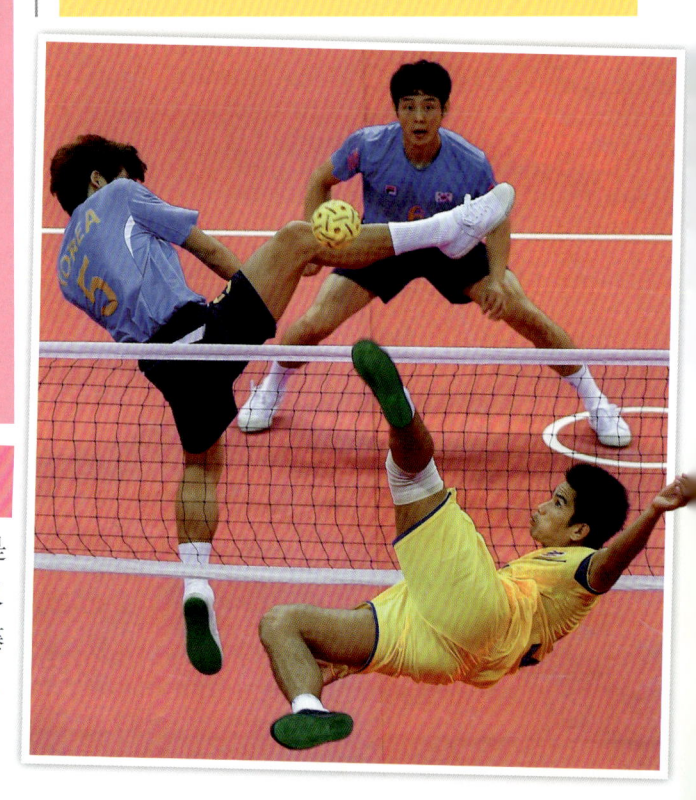

其他发生于今天的历史事件
1832 年 5 月 16 日，矿工胡安·戈多伊从智利科皮亚波附近的地层中发现了银矿，这为日后引发了智利的"淘银热潮"。

1929 年 5 月 16 日，美国电影艺术与科学学院在洛杉矶举办了第一届"学院奖"颁奖典礼，后来这一年度奖项也被称为"奥斯卡奖""金像奖"。

1985 年 5 月 16 日，在南极考察的英国科学家宣布发现南极上空有一个面积达 1 890 万平方千米的臭氧空洞。

脚踢的排球
1945

1945 年 5 月 16 日，第一届正式藤球比赛在马来西亚槟榔屿举行。藤球是一种节奏非常快的运动，与排球比赛类似，又称"脚踢的排球"，广泛流行于东南亚地区。藤球比赛中，运动员利用脚、膝盖或头部触球，将球踢过网后，若对方无法救起则己方得分。

五月 17

1859 澳式橄榄球诞生

1859 年 5 月 17 日，澳大利亚橄榄球的比赛规则由墨尔本板球俱乐部成员制定完成。人们普遍认为，起初澳式橄榄球是为了让板球运动员在休赛期保持体能而被发明出来的。

生于今天

1971 年 5 月 17 日，荷兰王后马克西玛出生。她一直致力于帮助移民（尤其是女性移民）更好地融入荷兰社会。

1900 《绿野仙踪》出版

1900 年，美国作家莱曼·弗兰克·鲍姆送给妹妹玛丽一本书《绿野仙踪》，这是他于该年 5 月 17 日出版的小说。《绿野仙踪》讲述了小女孩多萝西和朋友胆小狮、铁皮人、稻草人在奇幻大陆奥兹国的历险故事。后来，这部小说被改编成同名电影，深受人们喜爱。

1970 草船远航

1970 年 5 月 17 日，挪威科学家托尔·海尔达尔与随行船员从摩洛哥起航横渡大西洋。他们的交通工具是一条纸莎草制作的草船，这条船由玻利维亚的艾马拉人手工打造而成。57 天后，他们乘坐这条草船抵达了巴巴多斯。

其他发生于今天的历史事件

1861 年 5 月 17 日，英国科学家詹姆斯·克拉克·麦克斯韦在伦敦国王学院向公众展示了世界上第一幅彩色照片。照片拍摄的是一条苏格兰花格呢缎带。

1902 年 5 月 17 日，目前世界上已知最早的机械模拟计算仪器——"安提基特拉"机械装置，在一艘古希腊沉船中被发现。

1954 年 5 月 17 日，美国最高法院裁定，在公共教育领域设立不同的学校、将非洲裔学生与白人学生隔离开的做法，是非法的。

五月 18

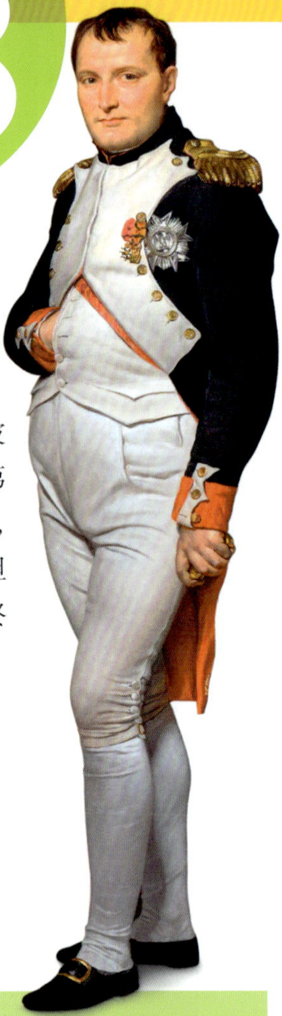

1804
拿破仑称帝

1804年5月18日，法国军事统帅拿破仑·波拿巴自己加冕为法兰西第一帝国皇帝。在位期间，他大力推进政府改革，但长年不断的对外战争最终导致他下台。

1830
割草机生意开张

1830年5月18日在英国的格洛斯特郡，发明家埃德温·巴丁与商人约翰·费拉比达成协议，开始大规模生产巴丁新发明的割草机。从此，修整草坪变得容易多了。

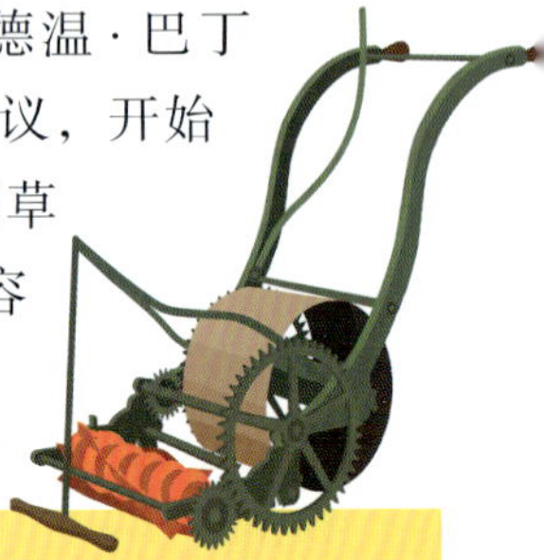

生于今天

1955年5月18日，中国演员周润发出生。他曾主演奥斯卡获奖影片《卧虎藏龙》。

1970年5月18日，美国喜剧演员、作家蒂娜·菲出生。她因主持并参演美国综艺节目《周六夜现场》而成名。

1927
好莱坞"中国剧院"开业

1927年5月18日，成千上万的人聚集在洛杉矶好莱坞大道，见证由格劳曼打造的中国大剧院盛大开业。这座著名剧院举办过多场电影首映礼，如1977年的《星球大战》。

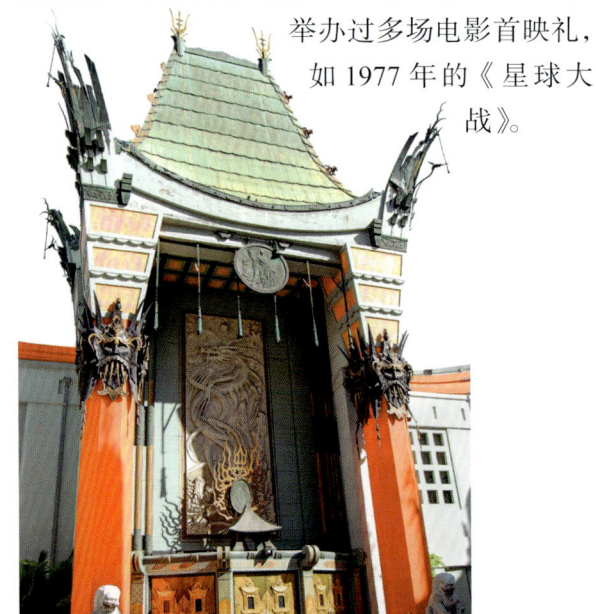

其他发生于今天的历史事件

1291年5月18日，十字军侵占的最后一个据点阿克城被穆斯林军队攻占。

1893年5月18日，玛丽·特·泰·曼加卡希亚成为第一位在新西兰毛利议会发表讲话的女性，当时的毛利议会成员全部为男性。

1991年5月18日，英国第一位航天员、27岁的海伦·沙曼，乘坐"联盟号"飞船到访"和平号"空间站。

五月 19

王室婚礼 — 2018
2018 年 5 月 19 日，英国哈里王子与美国演员梅根·马克尔在温莎堡的圣乔治教堂举行婚礼，全球数亿观众在电视机前观看了婚礼直播。

生于今天
1948 年 5 月 19 日，牙买加裔歌手、词曲创作人、模特、演员葛蕾丝·琼斯出生。她以独特的风格和艺术创意而闻名。

新英格兰"黑日" — 1780
1780 年 5 月 19 日，美国新英格兰地区及加拿大的部分地区的天空漆黑一片，人们在大白天也不得不点燃蜡烛照明。这一事件的发生原因当时一直未能查明。

其他发生于今天的历史事件
1845 年 5 月 19 日，探险家约翰·富兰克林爵士率 127 名队员乘船从英国起程，前往北极地区寻找西北航道。后来，探险队在海上失踪。

1910 年 5 月 19 日，地球穿越哈雷彗星的彗尾，二者距离非常近，景象颇为壮观。这一天，人们首次拍摄到哈雷彗星的照片。

由于多国政府为了防止新冠肺炎传播而采取限制出行的措施，2020 年 5 月 19 日，全球温室气体排放量同比下降了 17%。

穿越阿尔卑斯山的隧道 — 1906
1906 年 5 月 19 日，长约 20 千米的辛普朗隧道建成通车。隧道穿越阿尔卑斯山脉，连接意大利和瑞士。1982 年之前，辛普朗隧道一直是世界上最长的铁路隧道。

五月 20

1498 欧洲通航印度

1498年5月20日，葡萄牙航海家瓦斯科·达·伽马到达印度卡利卡特港，成为第一个通过海路抵达印度的欧洲人。这条新航路的开辟，使葡萄牙殖民者从此与亚洲建立起贸易关系。

1999 飞越大峡谷

1999年5月20日，美国摩托车特技冒险家罗比·克尼维尔在漫天烟花的背景下，驾驶摩托车凌空飞越亚利桑那州大峡谷。他的飞越距离达到69米，众多观众在电视机前见证了他的惊险一跃。不过，罗比的摩托车在落地时失去控制，他不幸摔断了一条腿。

2005 猴子新种群

2005年5月20日，科学家宣布发现了一个新的猴科物种——奇庞吉猴。奇庞吉猴生活在非洲坦桑尼亚的高地森林，种群数量仅有1 000多只。

生于今天

1908年5月20日，美国演员詹姆斯·史都华出生。他曾主演经典喜剧电影《生活多美好》。

1946年5月20日，美国词曲创作人、歌手雪儿出生。她曲风多元，对音乐、电影领域均有涉猎，演艺生涯跨越六十载。

其他发生于今天的历史事件

1570年5月20日，比利时佛兰德的地图学家亚伯拉罕·奥特柳斯绘制出版了历史上第一本现代世界地图册，名为《寰宇大观》。

1927年5月20日，美国飞行员查尔斯·林德伯格驾驶飞机从纽约飞至巴黎，进行了世界上首次跨大西洋单人飞行。

1990年5月20日，美国国家航空航天局的哈勃空间望远镜拍摄下了它的第一张宇宙照片——壮观、璀璨的船底座星云。

五月 21

1871 乘铁路上山

1871年5月21日，欧洲第一条山区铁路"菲茨瑙-瑞吉山铁路"在瑞士通车。建设"菲茨瑙-瑞吉山铁路"的想法是由瑞士工程师尼克劳斯·里根巴赫提出的，他希望乘客们可以乘坐这列火车登上瑞吉山，欣赏到令人惊叹的阿尔卑斯山美景。

其他发生于今天的历史事件

1792年5月21日，日本云仙岳火山爆发，引起地震、滑坡等次生灾害，并引发了高达57米的海啸。

1904年5月21日，7个欧洲国家在法国巴黎成立了"国际足球联合会"（简称国际足联），这是世界足球运动的管理机构。

2010年5月21日，世界上第一艘太阳光帆行星际飞船"伊卡洛斯号"，由日本航天局发射升空。

微软娱乐盒子 Xbox One 上市

2013 2013年5月21日，美国微软公司发布了旗下新一代家庭游戏机——娱乐盒子 Xbox One。它既可以用来打游戏，也可以用来看电影、追剧。面世后的七年时间里，Xbox One 已经售出4 800多万台。

生于今天

1994年5月21日，英国跳水运动员托马斯·戴利出生。他曾在奥运会、游泳世界锦标赛、英联邦运动会等赛事获得金牌。

1932 埃尔哈特的单人飞行

美国女飞行员阿梅莉亚·埃尔哈特是世界上第一位单人驾机飞越大西洋的女性，也是完成此壮举的第二位飞行员。1932年5月21日，她驾驶飞机从加拿大纽芬兰出发，15小时后在北爱尔兰伦敦德里市着陆。

147

五月 22

1980
《吃豆人》游戏问世

1980年5月22日，东京一家街机游戏厅率先安装了第一台"吃豆人"游戏机。《吃豆人》游戏由电子游戏设计师岩谷彻设计，玩家通过控制一个饥饿的小精灵在迷宫中穿行，吃豆得分。这款游戏成为最成功的街机游戏之一。

生于今天

1987年5月22日，塞尔维亚网球运动员诺瓦克·德约科维奇出生。他是世界上最成功的网球运动员之一。截至2023年1月，他已赢得22座网球大满贯冠军奖杯。

1762
真爱喷泉

1762年5月22日，意大利罗马的特雷维喷泉完工，它全部由大理石雕刻而成，精美绝伦。现在，平均每小时约有1 000名游客到此参观游览，游客常常会向喷泉的许愿池中投掷一枚硬币，祈求自己爱情顺利。

1987
行动者世界之旅

在"行动者世界之旅"活动中，加拿大残障运动员里克·汉森坐在轮椅上进行了长达两年的环球之行，行程4万多千米，于1987年5月22日返回温哥华。他发起这项活动的目的是让公众看到残障人士的潜力。

其他发生于今天的历史事件

1900年5月22日，瑞士帆船运动员埃莱娜·德·普塔莱斯成为第一位参加奥运会并赢得金牌的女子运动员。

1918年5月22日，西班牙报纸《阿贝赛报》报道了一种致命性流感暴发，后来人们称之为"西班牙流感"。

1960年5月22日，智利瓦尔迪维亚地区发生9.5级强震，整个地区被夷为平地。这是历史上有记载的震级最大的一次地震。

五月 23

1934
雌雄大盗

1934年5月23日，美国雌雄大盗邦尼·帕克和克莱德·商博恩·巴罗在路易斯安那州中了警方埋伏，两人被当场击毙。至此，邦尼和克莱德逃亡两年后的犯罪之旅画上句号，他们最终还是为之前所犯下的抢劫、谋杀罪行付出了代价。

生于今天

1848年5月23日，德国滑翔飞行家奥托·李林塔尔出生。他被称为"飞人"，曾成功完成多次滑翔飞行，当时各大报纸都对他的滑翔飞行做了相关报道。

1908年5月23日，法国飞行员埃莱娜·布歇出生。她曾经创下飞行高度和飞行速度的世界纪录。

1576
天文学家小岛

1576年5月23日，丹麦国王腓特烈二世将汶岛赐予天文学家第谷·布拉赫，第谷在岛上建立"天文堡"天文台。在"天文堡"工作期间，第谷进行了许多重要研究，比如他确定了一年的精确时长。

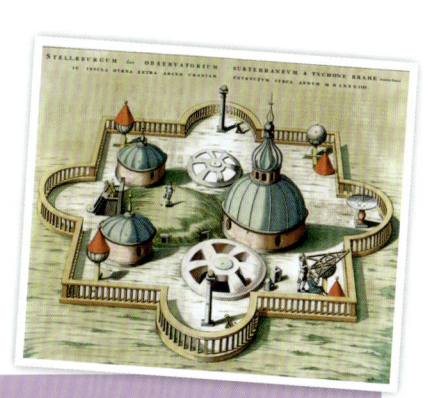

1618
布拉格掷出窗外事件

1618年，波希米亚信仰天主教的国王下令停止修建新教教堂，这一决定激怒了当地的新教徒。5月23日，他们冲进布拉格城堡，将国王派来的大臣从窗户扔了出去，这几个人侥幸生还。

其他发生于今天的历史事件

1915年5月23日，意大利向奥匈帝国宣战。由此，意大利在第一次世界大战中倒向了协约国一方。

1962年5月23日，美国外科医生罗纳德·马尔特将一个小男孩的断臂重新续接上，这是历史上首次成功实施的断肢再植手术。

1991年5月23日，世界第一只试管胚胎冷冻保存移植的绵羊，在内蒙古大学实验动物研究中心顺利诞生。

五月 24

2018 "无猫区"建成

2018年5月24日，世界上最长的"防猫围栏"在澳大利亚纽黑文野生动物保护区建成。这条围栏长44千米，主要用来保护当地的鸟类和有袋类动物（如蓬毛兔袋鼠）免受野猫侵害。

其他发生于今天的历史事件

1798年5月24日，受法国大革命和美国独立战争的影响，爱尔兰爆发反抗英国的武装起义。这在爱尔兰人寻求脱离英国统治、争取民族独立的漫长抗争史上，是一件具有里程碑意义的重大事件。

1822年5月24日，在厄瓜多尔境内皮钦查火山的山坡上爆发了皮钦查之战，南美洲起义军赢得胜利，西班牙在厄瓜多尔的殖民统治就此结束。

1956年5月24日，第一届欧洲电视网歌唱大赛在瑞士卢加诺开幕，共有7个欧洲国家参加了比赛。

生于今天

1686年5月24日，德国物理学家丹尼尔·加布里埃尔·华仑海特出生。他发明了第一支可供人们广泛使用的水银温度计，并制定了华氏温标。

1844 莫尔斯电码

1844年5月24日，美国发明家萨缪尔·莫尔斯和机械师阿尔弗莱德·维尔发出了史上第一封电报。电报从美国的华盛顿发往巴尔的摩，内容是用莫尔斯电码编码的一句话："上帝创造了何等奇迹？"

1883 布鲁克林大桥

1883年5月24日，美国纽约举行了盛大的烟花和音乐表演，以庆祝该市的布鲁克林大桥竣工通车。布鲁克林大桥是当时世界上最长的悬索桥，连接纽约的布鲁克林区和曼哈顿岛。

五月 25

其他发生于今天的历史事件

1521年5月25日，神圣罗马帝国皇帝查理五世宣布基督教新教牧师马丁·路德为异端，这加剧了基督教会内部的分裂。

1810年5月25日，阿根廷爆发五月革命，布宜诺斯艾利斯市民成立临时政府，宣布脱离西班牙殖民统治。这是发生在南美洲西班牙殖民地的第一次独立运动。

1861年5月25日，美国南北战争期间，莎拉·埃德蒙斯女扮男装，化名富兰克林·汤普森，加入了北方联邦军。当时有许多女性伪装成男性参军。

生于今天

1939年5月25日，英国演员伊恩·麦克莱恩出生。在60年的职业生涯中，他在大银幕和戏剧舞台上出演过各种角色。

1970年5月25日，美国非洲裔演员奥克塔维亚·斯宾瑟出生。她是第一位连续两年获得奥斯卡奖提名的非洲裔女演员；在此之前，她曾凭借在电影《相助》中的出色表现赢得过奥斯卡最佳女配角奖。

2001

成功冲顶世界之巅

2001年5月25日，美国探险家艾瑞·苇亨麦尔成为首位登顶珠穆朗玛峰的视障人士。凭借这一伟大成就，他登上美国《时代》周刊杂志的封面。

2020

弗洛伊德事件

2020年5月25日，美国非洲裔男子乔治·弗洛伊德遭遇警察暴力执法致死，在全世界范围内引发抗议活动。"黑人的命也是命"是一场旨在反抗警察针对非洲裔人群暴行的非洲裔人权运动。弗洛伊德事件后，"黑人的命也是命"运动再次引发全球关注。

五月 26

1940
敦刻尔克撤退

1940年5月26日，338 226名盟军士兵在法国敦刻尔克海滩开始实施第二次世界大战期间的一次大规模军事撤退行动。800多艘舰船前来营救这些被德军围困的士兵。

1923
第一届勒芒24小时耐力赛

1923年5月26日，第一届勒芒24小时耐力赛在法国城市勒芒附近开赛。在24小时不间断的比赛时间内，车手们竞相跑完最远距离，驾驶里程总数最多的车队将赢得冠军。

生于今天

1966年5月26日，英国演员海伦娜·伯翰·卡特出生。她擅长在剧中饰演性格反复无常的角色，还曾在"哈利·波特"系列电影中扮演贝拉特里克斯·莱斯特兰奇一角。

1897
哥特式恐怖小说《德古拉》问世

《德古拉》是一部以吸血鬼德古拉伯爵为题材的恐怖小说，由布莱姆·斯托克创作，于1897年5月26日出版。这部经典的哥特式恐怖小说最早在伦敦的各家书店上架销售，后来它还被翻译成多种文字，并被改编成影视作品。

其他发生于今天的历史事件

1954年5月26日，在位于埃及吉萨的胡夫金字塔旁边出土了一艘木制陪葬船，这艘船的用途是在法老死后，载着他的灵魂升天。

1998年5月26日，澳大利亚举行了第一届"国家道歉日"活动。这个活动每年一次，是为了铭记早期欧洲殖民者对澳大利亚土著所造成的伤害。

2019年5月26日，绰号"刺头"的英国人阿兰·纳什创纪录地第16次赢得世界掰脚趾大赛冠军。

五月 27

1931
"一飞冲天"

1931年5月27日，瑞士物理学家奥古斯特·皮卡尔和助手保罗·基普弗创造了氢气球飞行高度纪录，二人也成为最早飞抵地球平流层的人。他们在氢气球下加挂了一个铝制密封舱，乘坐这个密封舱从德国奥格斯堡升空，飞行高度达到了惊人的15 781米。

生于今天

1837年5月27日，美国西部拓荒时期的传奇人物"狂野比尔"出生。关于他闯荡西部的故事多少有些虚构夸张的成分，但这不妨碍他借此打响了名号。

1923年5月27日，美国前国务卿亨利·基辛格出生。他获1973年诺贝尔奖，1977年被授予美国总统自由勋章。

1905
对马海战爆发

1905年5月27日，日俄战争期间，日本与俄国在对马海峡进行了一场海战，结果日本海军获胜，俄军舰队几乎全军覆没。

1937
金门大桥竣工

1937年5月27日，当时世界上跨度最大的悬索桥金门大桥在美国金门海峡落成。这一天被设为"徒步日"，大桥只对行人开放，约20万人涌上大桥参加了此次特别的竣工庆典。第二天，机动车辆才正式开始在大桥上通行。

其他发生于今天的历史事件

1941年5月27日，在法国附近的大西洋海面，英国舰队击沉了德国大型战列舰"俾斯麦号"。

1963年5月27日，乔莫·肯雅塔出任肯尼亚首任总理，上千民众走上首都内罗毕的街头庆祝他当选。

1997年5月27日，第一支全部由女性成员组成的极地探险队成功抵达北极点。她们从加拿大沃德·亨特岛出发，乘雪橇和滑雪板完成了此次壮举。

五月 28

公元前 585
成功预测日食

古希腊哲学家泰勒斯曾预测公元前585年5月28日小亚细亚半岛地区会发生日食，希罗多德在《历史》一书中对此进行了记载。结果当天果然发生了日食，当时正在进行的哈吕斯河之战也因此罢兵休战。

生于今天
1968年5月28日，澳大利亚演员、歌手凯莉·米洛出生。她在全球范围内的唱片销量已超7 000万张。

2018
追奶酪冠军

2018年5月28日，在第21次赢得冠军后，英国人克里斯·安德森成为"追奶酪大赛"历史上最伟大的选手。"追奶酪大赛"每年在英国的格洛斯特郡举办。参赛选手要追赶一块从山坡上滚下的奶酪，最先抢到奶酪的人获胜。

1907
最搏命的摩托车竞速赛

1907年5月28日，第一届曼岛TT摩托车大赛拉开帷幕，有25名选手参赛，赛程254千米，冠军将赢得一座银质奖杯和25英镑奖金。曼岛TT摩托车大赛一年举办一次，赛场上共有264个弯道，是一场对车手驾驶技巧的极限考验。

其他发生于今天的历史事件

1830年5月28日，美国总统安德鲁·杰克逊签署《印第安人迁移法案》，这项法案剥夺了美国印第安土著的土地权。

1932年5月28日，荷兰的阿夫鲁戴克拦海大坝竣工。为了抵御北海的海水倒灌，这座大坝的长度达到了惊人的32千米。

1936年5月28日，英国数学家艾伦·图灵向杂志社投稿了论文《论应用于判定问题的可计算数》，文中描述了一种多用途的通用计算机器。

五月 29

特鲁斯演讲 — 1851

1851年5月29日,奴隶出身的美国社会活动家索杰纳·特鲁斯,在俄亥俄州举行的妇女权利大会上发表了著名演讲《难道我不是个女人?》。这篇慷慨激昂的演讲经由美国各大报纸刊出,有力促进了性别、种族平等理念在美国的广泛传播。

1453 君士坦丁堡陷落

1453年5月29日,在经过持续53天的围困后,奥斯曼帝国苏丹穆罕默德二世率军攻陷拜占庭帝国首都君士坦丁堡,曾经强盛一时的拜占庭帝国灭亡。

生于今天

1975年5月29日,英国流行歌手梅兰妮·布朗出生。她曾经作为"辣妹合唱团"的成员而走红,后来成为一名演员,并在选秀节目中担任评委。

地球之巅 — 1953

1953年5月29日,新西兰探险家埃德蒙·希拉里和尼泊尔夏尔巴人向导丹增·诺尔盖登顶世界最高峰珠穆朗玛峰,人类第一次站上地球之巅。

其他发生于今天的历史事件

1766年5月29日,英国化学家亨利·卡文迪许在提交给英国皇家学会的一篇论文中披露他发现了一种新气体——"可燃空气"(即氢气)。

1935年5月29日,德国梅塞施密特Bf-109战斗机完成首飞。在第二次世界大战中,这款飞机成为纳粹德军的主力战斗机之一。

2019年5月29日,印度专门上传宝莱坞电影预告片和音乐视频的频道"T-series"成为世界上第一个订阅用户过亿的网络账号。

五月 30

1848 凉爽一夏！
美国企业家威廉·杨对南希·约翰逊最初设计的冰激凌搅冻机进行了改进，并于1848年5月30日获得该项专利。

生于今天
1975年5月30日，美国企业家、软件工程师玛丽莎·安·梅耶尔出生。她曾帮助谷歌公司开发其旗下的谷歌搜索引擎，后转投雅虎公司担任总裁。

其他发生于今天的历史事件
1431年5月30日，法兰西民族英雄贞德在法国鲁昂被以"异端"和"女巫"罪处以火刑。
1868年5月30日，美国首次设立"阵亡将士纪念日"（最初称为"装饰日"），人们将鲜花摆放在20 000多座美国南北战争期间阵亡将士的墓地前，以表达缅怀之情。
1975年5月30日，欧洲航天局成立，10个创始成员国承诺共同开展宇宙探索。

1943 女子棒球联赛
由于第二次世界大战爆发，美国的男子棒球联赛暂时停办。在此背景下，美国新创立了"全美女子职业棒球联盟"，并于1943年5月30日举行了揭幕战。女子棒球联赛持续举办了11年，吸引了大批观众前来观赛。

1899 "强盗女王"
1899年5月30日，加拿大出生的歹徒珀尔·哈特在美国亚利桑那州再次持枪抢劫了一辆公共马车，不过这是她最后一次实施此类犯罪——之后她被捕了。绰号"强盗女王"的珀尔·哈特，是美国西部拓荒时期著名女匪徒之一。

五月 31

2016 《江南Style》火爆全网

韩国说唱歌手朴载相演唱的热门歌曲《江南Style》，在2016年5月31日成为第一个点击量达20亿的音乐视频。朴载相的标志性舞蹈动作在全球范围内掀起一股模仿热潮。

1740 腓特烈大帝登基

1740年5月31日，弗里德里希二世即位成为普鲁士国王。普鲁士王国的疆域包括现在德国、波兰两国的大部分地区。他取得多场战争的胜利，使普鲁士成为欧洲大陆实力强盛的国家。

其他发生于今天的历史事件

1879年5月31日，德国电工学家维尔纳·冯·西门子设计修建的世界上第一条电气铁道亮相柏林贸易展览会。

1910年5月31日，原本彼此分离的4个殖民地合并组成南非联邦，成为英国自治领。

1970年5月31日，安卡什地震诱发瓦斯卡兰雪山雪崩，将秘鲁的永盖镇摧毁殆尽。这是历史上造成损害最严重的一次雪崩。

生于今天

1921年5月31日，美国华裔科学家吴健雄出生。她曾参与美国制造原子弹的"曼哈顿工程"，进行核武器相关研究。

1930年5月31日，美国演员、导演克林特·伊斯特伍德出生。他曾经主演影片《肮脏的哈里》。

1895 早餐麦片问世

1895年5月31日，美国医生约翰·哈维·凯洛格获得"麦片"的发明专利。之前在为患者研发健康食品时，凯洛格将小麦等谷物压成薄片搭配牛奶一起食用。

公元前1279 强权法老即位

公元前1279年5月31日，拉美西斯二世成为古埃及第十九王朝的法老。他在位期间，大力扩张古埃及的疆域，并大兴土木，留下了许多令人惊叹的历史遗迹。

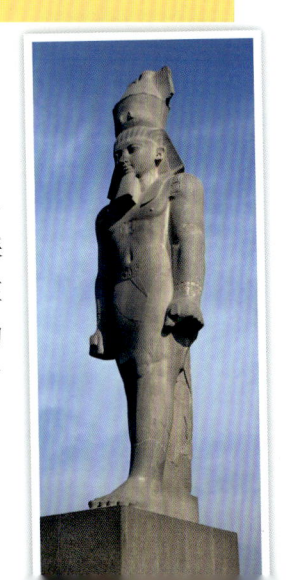

六月 1

1809
1 000 小时徒步

1809 年 6 月 1 日，苏格兰徒步爱好者罗伯特·巴克莱·阿勒代斯与人打赌，要在 1 000 小时内徒步行走 1 000 英里（1 609 千米），赌注 1 000 基尼金币。他在 7 月 12 日完成了挑战，其成功让竞走这项运动开始在 19 世纪广受欢迎。

1930
快速火车

1930 年 6 月 1 日，印度客运列车"德干女王号"首次开行。这列火车每日运行一班，连接孟买和浦那，是印度国内第一列快速列车。

生于今天

1985 年 6 月 1 日，埃塞俄比亚长跑运动员蒂鲁内什·迪巴巴出生。她是 2008 年北京奥运会女子 5 000 米和 10 000 米金牌得主，并在 2012 年伦敦奥运会上成功卫冕女子 10 000 米冠军。

1996 年 6 月 1 日，英国演员汤姆·赫兰德出生。他出演音乐剧《跳出我天地》时崭露头角，后来因饰演"蜘蛛侠"而走红。

灯光限制

2002

作为世界上第一个也是唯一一个将光污染列为违法行为的国家，2002 年 6 月 1 日，捷克要求所有的户外照明灯安装围挡，这样户外灯只能照亮必要的固定区域，不能随意照射到其他方向。

其他发生于今天的历史事件

1773 年 6 月 1 日，牧场奶农沃尔拉德·沃尔特马德骑着马冲到好望角附近的海水里，救起了 14 名遇险水手。

1831 年 6 月 1 日，英国探险家詹姆斯·克拉克·罗斯和团队成员首次确定了地球磁北极的位置。

1868 年 6 月 1 日，北美印第安纳瓦霍人与美国政府签订《博斯克·雷东多条约》，双方持续多年的冲突就此终结了。

六月 2

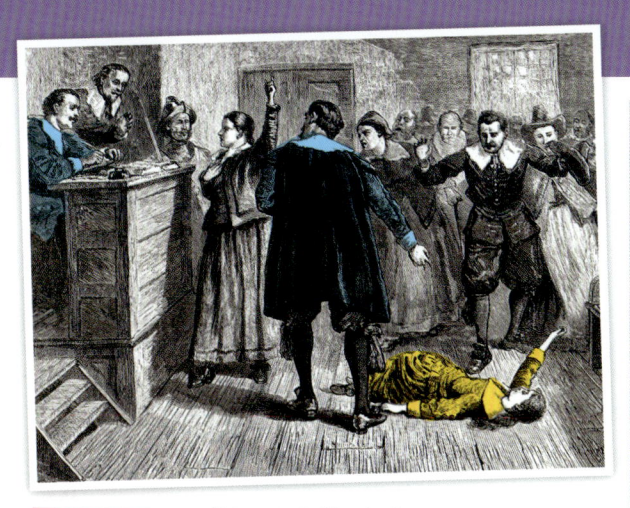

1953
电视转播女王加冕礼

1953 年 6 月 2 日，伊丽莎白二世加冕成为英国、加拿大、澳大利亚、新西兰及其他英联邦成员国的女王。加冕典礼在伦敦威斯敏斯特教堂举行，全球亿万观众通过电视转播见证了这一时刻。

1692
"女巫案"宣判

1692 年 6 月 2 日，在美国的塞勒姆镇，法庭对"塞勒姆女巫案"进行了宣判，将这些被控实施巫术的人（大部分是女性）判处绞刑，而不是之前人们普遍认为的处以火刑。

其他发生于今天的历史事件

1924 年 6 月 2 日，美国总统卡尔文·柯立芝签署《印第安人公民法案》，赋予所有在美国出生的印第安人合法公民身份。

1946 年 6 月 2 日，意大利举行全民公投，大部分国民投票赞成将国家政体从君主制转为共和制。

2003 年 6 月 2 日，欧洲航天局在哈萨克斯坦的拜科努尔航天发射场，成功发射"火星快车号"空间探测器。

生于今天

1977 年 6 月 2 日，美国演员、制片人扎克瑞·昆图出生。他曾在电视剧《英雄》中饰演邪恶人物塞拉，还在"星际迷航"系列影片中多次出演史波克。

1863
康姆巴希河突袭

1863 年 6 月 2 日，美国南北战争期间的废奴主义斗士哈丽特·塔布曼，率领 150 名非洲裔士兵在南卡罗来纳州发动突袭，利用康姆巴希河解救了 700 多名奴隶。她是美国历史上第一位直接参与指挥重大军事行动的女性。

六月 3

其他发生于今天的历史事件

1969年6月3日,美国作家艾瑞·卡尔创作的儿童畅销读物《好饿的毛毛虫》首次出版。

1992年6月3日,聚焦环境问题的联合国"地球首脑会议"在巴西里约热内卢召开。

1992年6月3日,澳大利亚最高法院做出裁决,裁定澳大利亚土著对其世代居住的土地拥有所有权。

2017
徒手攀登酋长岩

2017年6月3日,美国攀岩大师亚历克斯·霍诺尔德徒手攀登约塞米蒂国家公园内的酋长岩,成为在无安全绳或任何保护措施的情况下登顶酋长岩的第一人。

2010
为登陆火星做准备

2010年6月3日,为了体验火星登陆任务中的各种实际情况,6名志愿者开启了密闭隔离生活。作为俄罗斯"火星-500"实验项目的一部分,他们须在隔离舱中封闭生活520天,与真实的火星登陆任务时长一致。在这520天内,他们几乎不与外部世界接触,科学家将研究这种生存状态对他们健康的影响,为将来人类登陆火星做准备。

生于今天

1986年6月3日,西班牙网球运动员拉菲尔·纳达尔出生。截至2023年5月,他赢得22个网球大满贯冠军,其中包括14个法国网球公开赛冠军。2005年至2007年,他连续获得81场红土赛事胜利,创下网坛纪录,被认为是史上最伟大的红土选手。

六月 4

1896 早期汽车诞生

1896年6月4日，美国企业家亨利·福特试驾了自己设计的"四轮车"。这款汽车没有方向盘和刹车，使用日常生活中常见的物品制造而成，比如以自行车轮作为汽车轮胎、门铃作为汽车喇叭。

生于今天

1975年6月4日，美国演员、电影制片人安吉丽娜·朱莉出生。她主演过许多电影，如《移魂女郎》《沉睡魔咒》等。她还为儿童教育和妇女权益积极奔走发声。

其他发生于今天的历史事件

1783年6月4日，蒙哥尔费兄弟发明的热气球在法国昂纳内首次试飞升空。

1887年6月4日，法国微生物学家、化学家路易斯·巴斯德在巴黎创办了巴斯德研究所，这家传染病研究机构后来在医学领域取得了许多重大突破。

1920年6月4日，第一次世界大战结束后，协约国集团与匈牙利签署了《特里亚农条约》。根据该条约，匈牙利丧失了2/3的领土面积。

1937 购物手推车问世

1937年6月4日，美国俄克拉何马州的邓普迪连锁超市推出世界上第一批购物手推车，这种小型手推车由该超市老板席尔文·戈德曼发明。

1411 奶酪诏令

1411年6月4日，法国国王查理六世颁布命令，只有苏宗尔河畔罗克福尔村生产的奶酪才能被称为"罗克福尔奶酪"。这种浓烈的味道源于人们在当地贮藏奶酪的山洞中发现的一种霉菌——罗克福尔青霉菌。

六月 5

1851
变革时代
1851年6月5日，美国女性作家哈里特·比彻·斯托的小说《汤姆叔叔的小屋》在《国家时代》杂志上首次发表。这部讲述黑人奴隶苦难生活的小说，为之后美国废奴运动的兴起奠定了基础。

其他发生于今天的历史事件
1848年6月5日，英国科学家威廉·汤姆森提出了理论上的最低温度，亦称"绝对零度"，相当于−273.15℃。

1883年6月5日，欧洲长途旅客列车"东方快车号"投入运营。这趟列车全盛时的路线为从法国巴黎到土耳其伊斯坦布尔。

1972年6月5日，第一次聚焦环境保护问题的国际会议——联合国人类环境会议在瑞典首都斯德哥尔摩举行，这是环境问题首次上升到全球合作层面。

生于今天
1971年6月5日，美国演员、电影制片人马克·沃尔伯格出生。他曾组建说唱组合"马奇·马克和一群怪家伙"，并由此在演艺圈站稳脚跟。后来他转战影视领域，出演了多部备受好评的好莱坞电影，如《无间行者》。

1988
环球航行完成
1988年6月5日，凯·科蒂驾驶帆船"布莱莫尔第一夫人号"完成了不间断单人环球航行，回到悉尼港，此次航程共历时189天。这位澳大利亚女水手是世界上首位完成此项壮举的女性。

1956
独一无二的"猫王"
美国歌手埃尔维斯·普雷斯利（"猫王"）的第一支热门单曲《伤心酒店》风靡美国后，1956年6月5日，他登上电视节目《米尔顿·伯利秀》表演，奠定了自己"摇滚之王"的地位。

六月 6

1523 起义首领称王
生于贵族家庭的古斯塔夫·瓦萨领导了瑞典的独立战争。1523年6月6日，他被推选为瑞典国王。如今，这一天被定为瑞典的国庆日。

首家汽车影院诞生 1933
1933年6月6日，美国企业家理查德·霍林斯赫德在美国新泽西州开办了世界上第一家汽车影院。他在两棵树之间挂起巨幅白色幕布，用一台1928年产的柯达电影放映机放映电影，这样人们就可以坐在自己的车里观看电影了。

生于今天
1875年6月6日，德国作家托马斯·曼出生。他创作了《浮士德博士》等许多著名文学作品，并于1929年获得诺贝尔文学奖。

1956年6月6日，瑞典网球运动员比约·博格出生。他是首位蝉联五届温布尔登网球锦标赛男单冠军的网球运动员。

其他发生于今天的历史事件
1896年6月6日，挪威人乔治·哈博和弗兰克·萨缪尔森成为世界上首次划船跨越大西洋的人。他们历时55天，划行了5 262千米。

1912年6月6日，位于美国阿拉斯加州卡特迈国家公园和自然保护区内的一座火山发生猛烈喷发，并生成了一座新火山——诺瓦鲁普塔火山。这是20世纪规模最大的一次火山爆发。

登陆日 1944
第二次世界大战期间，为了将法国从纳粹德军的占领下解放出来，1944年6月6日，盟军实施了代号为"霸王"的作战计划，15万盟军士兵抢滩登陆法国诺曼底海岸。

鬣蜥科新物种 2017
2017年6月6日，研究人员在斐济的恩高岛上发现了一种鬣蜥科新物种，并将其命名为"恩高岛鬣蜥"。目前已知该物种仅分布于恩高岛。

六月 7

1654
少年国王加冕

1654年6月7日，16岁的路易十四加冕为法国国王。他在位的72年内，法国逐渐成为欧洲最强大的国家，路易十四也被人们称为"太阳王"。

1968
神奇乐园开业

1968年6月7日，第一家乐高主题公园"乐高比隆度假村"在丹麦开业。公园内建有一些著名城市景观和特色地标建筑的微缩模型。这些模型是用2 000多万块乐高积木拼插搭建而成的。

其他发生于今天的历史事件

1099年6月7日，耶路撒冷在第一次十字军东征期间被十字军占领。后来围绕耶路撒冷的统治权，又爆发了多次宗教性军事行动。

1494年6月7日，西班牙和葡萄牙签署《托德西利亚斯条约》，协议划定了两国在南美洲的殖民地界线。

1893年6月7日，印度律师莫罕达斯·卡拉姆昌德·甘地（即"圣雄"甘地）在南非火车上拒绝离开一等车厢，以此表达对种族隔离制度的抗议。

生于今天

1981年6月7日，俄罗斯网球运动员安娜·库尔尼科娃出生。她曾获得包括大满贯在内的多项网球赛事女子双打冠军。

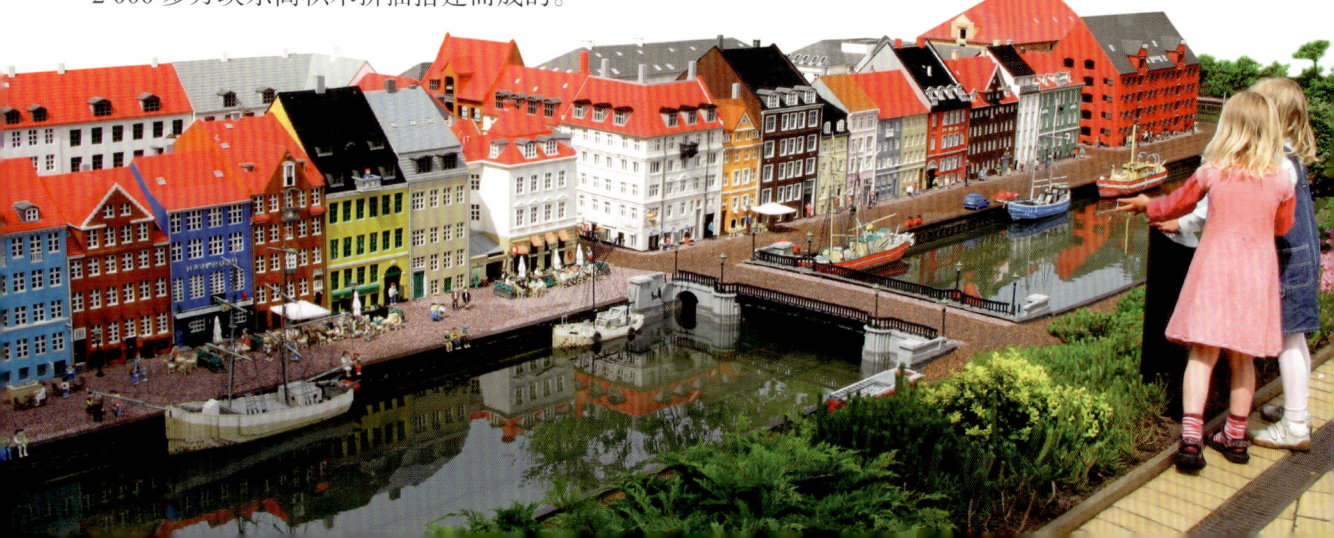

六月 8

793
得胜的维京海盗

793年6月8日，来自斯堪的纳维亚半岛的维京海盗袭击了英格兰林迪斯法恩岛上的一家修道院。他们杀死修道士，将修道院的财物洗劫一空，而这不过是他们在不列颠群岛劫掠的开始。

生于今天
1823年6月8日，美国历史上最早的非洲裔律师之一罗伯特·莫里斯出生。为了挑战美国教育系统中的种族隔离制度，他曾起诉波士顿政府。

1869
吸尘器问世

1869年6月8日，芝加哥的艾维斯·W.麦加菲获得了真空吸尘器的专利，这是世界上最早的吸尘器之一。人们推着这款吸尘器清扫地面时，必须手动操纵吸尘器上部的曲柄，才能产生吸力。

1938
早期人类化石被发现

1938年6月8日，一个名叫格特·特布兰奇的学生在南非某处山洞里，发现了早期人类的头颅骨和下颌骨化石。这一早期人种被命名为"罗百氏傍人"。

其他发生于今天的历史事件

1783年6月8日，冰岛的拉基火山裂缝喷发，向大气中释放出大量有害气体。这种有毒气体后来蔓延至整个欧洲，造成农作物减产甚至绝收，以及随之而来的大饥荒。

1896年6月8日，一辆"标致维多利亚8型"汽车在法国失窃，这是世界上已知的第一起汽车盗窃案。

1992年6月8日，在巴西里约热内卢召开的"地球首脑会议"首次提出设立"世界海洋日"，以增强人们保护地球海洋的意识。

六月
9

维也纳体系建立 — 1815

法兰西第一帝国皇帝拿破仑·波拿巴战败后,欧洲各国在维也纳召开了一次会议,商讨如何重新瓜分欧洲领土,恢复被推翻的封建王朝。1815 年 6 月 9 日,维也纳会议结束,与会各国代表同意重新划定欧洲国家的版图。

其他发生于今天的历史事件

1898 年 6 月 9 日,中国清政府被迫与英国签署不平等条约《展拓香港界址专条》,将香港新界等地区无偿租借给英国,租期 99 年。

1909 年 6 月 9 日,爱丽丝·惠勒·拉姆齐驾车从纽约出发,踏上横穿美国的自驾之旅。她是第一位驾车自东向西穿越美国的女性。

1934 年 6 月 9 日,迪士尼动画角色"唐老鸭"在动画片《聪明的小母鸡》中登场,这是唐老鸭首次亮相荧屏。

深受爱戴的君主 — 1946

1946 年 6 月 9 日,普密蓬·阿杜德即位泰国国王。他是一位深受泰国人爱戴的君主,在位 70 年。他也是历史上在位时间最长的君主之一。

生于今天

1981 年 6 月 9 日,美国演员、电影制片人娜塔莉·波特曼在以色列出生。她主演了多部著名电影,并凭借电影《黑天鹅》赢得奥斯卡最佳女主角奖。

勘探亚洲航路 — 1534

1534 年 6 月 9 日,在前往北极群岛的航程中,法国航海家雅克·卡蒂埃的船队抵达圣劳伦斯河。他此行的目的是寻找黄金、香料,还想要开辟一条从欧洲通往亚洲的新航路。雅克·卡蒂埃也是最早绘制圣劳伦斯河流域地图的法国探险家。

六月 10

2015 最安静的地方

2015年6月10日，美国微软公司在其位于华盛顿雷德蒙德的总部内，专门建造了一个无声房间，经实验证明，这里是世界上最安静的地方。经特殊设计的墙壁能吸收所有回声，在这个房间内不会产生任何声音。

驾车去巴黎 1907

1907年6月10日，一场从北京至巴黎的汽车拉力赛开始了。5支车队从北京出发，踏上了跨越16 000千米的艰苦赛程。

671 时间纪念日

671年，日本天智天皇统治时期，日本仿照中国唐朝，首次设立名为"漏刻"的计时器。这种水钟装置设有阶梯状水箱，水流依次从上面的水箱流到下面的水箱，通过水位变化计量时间。后来，日本将6月10日定为"时间纪念日"。

生于今天

1922年6月10日，美国歌唱家、歌舞片演员朱迪·嘉兰出生。她曾在1939年的电影《绿野仙踪》中饰演多萝西一角，由此成为国际知名影星。

其他发生于今天的历史事件

1829年6月10日，第一届牛津-剑桥划船比赛在伦敦泰晤士河上拉开帷幕，最终牛津大学获胜。如今这已成为一项年度传统赛事。

1940年6月10日，意大利法西斯独裁者贝尼托·墨索里尼对英、法宣战，将意大利带入了第二次世界大战的战场。

2016年6月10日，冰岛科学家提出可以向火山岩石层中注入二氧化碳。经过化学反应，二氧化碳会固化变成岩石，这样就可以把二氧化碳封锁在地下，以防止其泄漏到大气中。

六月 11

1959
首艘气垫船下水

1959年6月11日，在英国怀特岛附近，世界上第一艘气垫船进行了公开演示，当时它的最高时速达到126千米。

其他发生于今天的历史事件

980年6月11日，弗拉基米尔一世成为东欧地区基辅罗斯公国的大公。

1754年6月11日，英国化学家约瑟夫·布莱克发现加热碳酸钙时会生成一种不助燃的气体，现在人们知道了这种气体就是二氧化碳。

1895年6月11日，史上第一场汽车拉力赛在法国巴黎开赛。参赛者需要在巴黎至波尔多之间往返一个来回，赛程全长达1178千米。

生于今天

1910年6月11日，法国海洋探险家、纪录片制作人雅克·库斯托出生。他与人合作发明了水肺这种潜水呼吸装备，从此水肺潜水运动得到推广。

首位土著参议员
1971

1971年6月11日，内维尔·邦纳成为澳大利亚议会中首位土著参议员。

1993
《侏罗纪公园》大获成功

1993年6月11日，《侏罗纪公园》在美国公映。这部关于恐龙复生的影片，成为当时影史上票房收入最高的电影。直至4年后，《泰坦尼克号》才打破了它的票房纪录。

六月 12

其他发生于今天的历史事件

1550 年 6 月 12 日，瑞典国王古斯塔夫·瓦萨兴建了一座名为赫尔辛弗斯的城市，即今天的芬兰首都——赫尔辛基。

1991 年 6 月 12 日，俄罗斯政治家鲍里斯·叶利钦赢得苏联解体后的俄罗斯联邦首次总统大选。

2018 年 6 月 12 日，朝鲜领导人金正恩与美国总统唐纳德·特朗普在新加坡举行会晤，探索改善两国关系的途径。

1942 《安妮日记》

1942 年 6 月 12 日，德国犹太少女安妮·弗兰克收到了一个笔记本作为生日礼物，她决定用这个本子写日记。接下来的两年时间里，安妮一家在纳粹德军占领下的荷兰过着隐秘的躲藏生活，她把自己这两年的经历都记在了这个本子上。在她死后，她的日记得以结集出版，名为《安妮日记》。

1817 早期自行车问世

1817 年 6 月 12 日，德国人卡尔·冯·德莱斯向公众首次展示了他的新发明——Laufmaschine（意为"会跑的机械"）。这是一种早期自行车，它没有脚踏板，所以骑行者必须双脚着地、交替发力，让自行车靠惯性滑行。

1962 监狱大逃亡

美国旧金山湾的恶魔岛上曾建有一座可怕的监狱。1962 年 6 月 12 日，监狱警卫发现 3 名囚犯一夜之间越狱了。这 3 名犯人把石膏制成的假人头放在监室的床上，以此蒙骗了巡夜狱警。

生于今天

1979 年 6 月 12 日，瑞典歌手、唱片制作人萝苹出生。她发行过多支热门单曲（如《向我展示爱》），对电子音乐的发展产生了很大影响。

六月 13

其他发生于今天的历史事件

1611年6月13日,德国天文学家约翰内斯·法布里修斯首次记录了太阳黑子。太阳黑子是太阳光球层上的暗黑斑点。

1983年6月13日,"先驱者10号"空间探测器成为第一个穿越海王星轨道的人造物体。

2013年6月13日,在一场人力直升机飞行比赛中,加拿大AeroVelo公司研制的"阿特拉斯"人力直升机在空中飞行了64.1秒,成为这项赛事设立33年以来的唯一胜者。

1944 伦敦大轰炸

1944年6月13日,纳粹德国对英国实施"空中闪击战",德国空军向伦敦投下了11枚V-1远程巡航导弹(绰号为"嗡嗡弹"),其中有4枚击中了伦敦。

2010 神奇章鱼保罗

2010年6月13日,在南非世界杯期间,一只名为保罗的章鱼通过选择贴有德国国旗的鱼缸,正确"预测"出德国队将在首场比赛中获胜。之后德国队的6场比赛结果,保罗也全部"猜"中;它还成功"预测"了西班牙队和荷兰队之间的决赛结果。

2000 历史性会晤

自从第二次世界大战后朝鲜半岛分裂以来,第一次朝韩首脑会晤于2000年6月13日举行。韩国总统金大中(上图左)与朝鲜领导人金正日(上图右)在朝鲜首都平壤进行了会晤。

生于今天

1873年6月13日,美国历史上第一位女警员爱丽丝·斯特宾斯·威尔斯出生。她供职于洛杉矶警察局。

1879年6月13日,美国默片演员洛伊斯·韦伯出生。除了演戏,她还创作了114部电影剧本,导演了135部影片,并且经营着自己的电影工作室。

六月 14

珊瑚裸尾鼠灭绝
2016

2016年6月14日,澳大利亚政府宣布该国的小型啮齿类动物珊瑚裸尾鼠灭绝。珊瑚裸尾鼠是第一种因人类活动导致的气候变化而灭绝的哺乳动物。

其他发生于今天的历史事件

1800年6月14日,拿破仑率领法国军队在马伦戈战役中战胜奥地利,极大提升了他的军事威望和政治影响力。

1940年6月14日,纳粹德国军队占领法国首都巴黎,不久之后,法国全境沦陷。

马岛战争是英国与阿根廷之间围绕马尔维纳斯群岛主权归属而进行的一场战争。1982年6月14日,阿根廷军队投降,持续两个多月的战事结束。

生于今天

1923年6月14日,英国德裔儿童文学作家朱迪斯·克尔出生。她是经典儿童绘本作品《老虎来喝下午茶》和"小猫莫格"系列的作者,并且在推广"犹太人大屠杀教育"方面做出了贡献。

完美的最后一投
1998

1998年6月14日,在美国盐湖城举行的美国职业篮球联赛总决赛中,传奇巨星迈克尔·乔丹在比赛结束前几秒钟投进关键一球,代表芝加哥公牛队以87-86的比分险胜对手犹他爵士队,赢下了这场紧张激烈的比赛,乔丹也创纪录地第六次赢得总冠军。

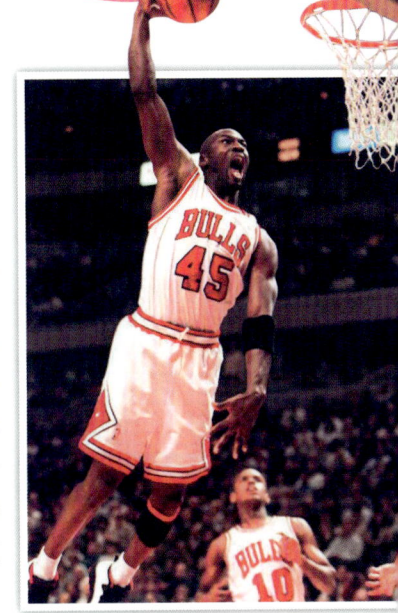

死亡集中营
1940

奥斯威辛集中营是第二次世界大战期间纳粹德国在所侵占的波兰领土上建立的一座集中营。1940年6月14日,第一批由728名波兰政治犯组成的关押人员被运抵这里。

六月 15

2006
最大的海洋保护区

2006年6月15日，美国在夏威夷群岛西北水域建立了帕帕哈瑙莫夸基亚国家海洋保护区。后来，该保护区面积扩大至151万平方千米，是世界上面积最大的海洋保护区。

1921
翱翔天际

1921年6月15日，贝西·科尔曼在法国领取了自己的飞行执照，成为历史上首位非洲裔女飞行员。此前她曾经想在美国接受飞行训练，但遭到了拒绝。她后来成为一位职业特技飞行员。

生于今天

1950年6月15日，法国艺人米歇尔·洛蒂托出生。他被称为"铁胃大王"，曾经吃下各种物品，包括自行车、电视，甚至还有一整架飞机。

1878
《奔跑中的马》

1878年6月15日，英国摄影师埃德沃德·迈布里奇拍下了一组赛马奔驰的照片，后来他把这些照片合成一组连续动态影像，叫作《奔跑中的马》。这是电影发展史上的一个里程碑。

其他发生于今天的历史事件

1215年6月15日，英国贵族强迫英王约翰签署了《大宪章》，其中规定王权不能凌驾于法律之上。

1960年6月15日，罕见的热暴流天气袭击了美国得克萨斯州科佩尔镇，当地气温突然升至60℃。后来人们将这一天称为"撒旦风暴日"。

1991年6月15日，菲律宾皮纳图博火山喷发，向大气中释放大量火山灰，所形成的火山灰云高达45千米。这是20世纪规模第二大的火山爆发。

六月 16

1950 观赛纪录

1950年6月16日，至少有183 341名球迷聚集在巴西里约热内卢的马拉卡纳球场，观看东道主巴西队对阵乌拉圭队的世界杯足球赛决赛。最终，乌拉圭以2-1的比分击败巴西队。这是迄今为止现场观众人数最多的一场足球比赛。

生于今天

1829年6月16日，印第安阿帕契人酋长杰罗尼莫出生。他曾率部抗击美国殖民者，以保卫阿帕契人的家园不被侵占。

1972年6月16日，美国韩裔演员约翰·赵出生。他曾出演电影《星际迷航》。

1963 女性航天员进入太空

苏联航天员瓦莲京娜·捷列什科娃成为首位进入太空的女性。1963年6月16日，她搭乘"东方6号"飞船进入太空，在轨飞行约3天后安全返回地球。

1961 逃跑的舞蹈家

1961年6月16日，在巴黎机场，苏联著名芭蕾舞蹈家鲁道夫·努列耶夫在赴欧演出期间突然离开剧团，在巴黎机场逃走，这成为当时轰动世界的新闻。

其他发生于今天的历史事件

1373年6月16日，英格兰与葡萄牙签订了《英葡联盟条约》，这是目前世界上仍有效的最古老条约。

1911年6月16日，三家独立公司合并组成"计算制表计时公司"，在美国纽约州恩迪克特市注册成立，这是科技公司国际商业机器公司（IBM）的前身。

2016年6月16日，上海迪士尼主题公园正式开园，在最初6个月就吸引了500多万名游客来此游玩。

六月 17

1885 自由女神像运抵美国

1885 年 6 月 17 日，自由女神像被拆卸成 350 块组件，由拖轮运抵纽约港。自由女神像是法国为纪念美国独立 100 周年而赠送给美国的礼物。

生于今天

1980 年 6 月 17 日，美国非洲裔网球运动员维纳斯·威廉姆斯出生。作为网球历史上最成功的运动员之一，她赢得过 4 枚奥运会金牌和 7 个大满贯冠军。

1947 环球商业航班开通

美国泛美航空公司在世界上首次开通商业航班环球航线。1947 年 6 月 17 日，泛美航空的飞机从纽约拉瓜迪亚机场起飞，6 月 30 日返回，途中经停 17 座城市。

其他发生于今天的历史事件

1775 年 6 月 17 日，美国独立战争期间，邦克山战役爆发，北美殖民地守军造成英军重大伤亡。

1843 年 6 月 17 日，新西兰毛利人与英国殖民者就毛利土地所有权问题，在新西兰威劳谷地爆发了首次武装冲突。

1922 年 6 月 17 日，葡萄牙飞行员加戈·库蒂尼奥和萨卡杜拉·卡布拉尔共同驾机，完成了史上首次横跨南大西洋的飞行。

1631 爱情见证

1631 年 6 月 17 日，莫卧儿皇帝沙贾汗的妃子蒙泰姬因产褥感染去世，沙贾汗伤心欲绝，下令为其修建一座美丽的陵墓"泰姬陵"，以表达对她的怀念与爱意。泰姬陵位于今天印度的阿格拉近郊，全部由白色大理石建造，十分宏伟壮丽。

六月 18

其他发生于今天的历史事件

1429年6月18日，英法百年战争期间，在贞德的领导下，法军士气大涨，在帕提战役中大败英军。

1940年6月18日，法国的夏尔·戴高乐将军在伦敦通过广播电台进行演说，鼓舞法国人奋起抵抗纳粹德国军队的占领。

1980年6月18日，被誉为"人脑计算机"的印度女数学家夏琨塔拉·戴维在28秒内心算出了两个任意13位数的乘积。

618 唐朝建立

618年，隋朝覆灭。6月18日，李渊称帝，建立了唐朝。李渊死后，庙号"高祖"。唐朝的统治持续了近300年。

2000 最成功的高尔夫球手

2000年6月18日，美国高尔夫球手泰格·伍兹在加州圆石滩赢得第100届美国高尔夫公开赛冠军。他以领先第二名15杆的成绩结束比赛，创下世界纪录。

生于今天

1942年6月18日，英国歌手、音乐家保罗·麦卡特尼出生。他是传奇乐队"披头士"的两位创作核心之一。单飞后，他的音乐生涯延续了之前的成功，迄今已获得18座格莱美奖，并有超过30首歌曲登顶美国"公告牌百强单曲榜"。

1815 滑铁卢战役爆发

法兰西第一帝国皇帝拿破仑·波拿巴重掌政权后。1815年6月18日，英国、普鲁士联军在比利时滑铁卢小镇附近，大败拿破仑军队。其间，双方均动用大量火炮实施攻击。

六月 19

2017　猫咪研究新发现

2017年6月19日，研究人员通过研究古代猫科动物的骨骼化石得出一项结论：自1万年前被人类驯养以来，猫几乎没发生什么改变。

1905　第一家镍币影院

1905年6月19日，世界上第一家"镍币影院"在美国匹兹堡创立。约翰·P.哈里斯和哈里·戴维斯将自家商店改造成影院，在这里人们只要付一枚5美分镍币就可以观看一场电影。

其他发生于今天的历史事件

1865年4月美国南北战争结束时，美国仍有几个州没有废除奴隶制，得克萨斯州便是其中之一。直到1865年6月19日，得克萨斯州才正式宣布所有奴隶恢复自由。现在，美国将6月19日这一天定为联邦公共假日。

1910年6月19日，世界上第一艘商用载人飞艇"德意志号"在德国升空，开始了它的首次商业飞行。

1913年6月19日，南非白人少数派政府颁布了《土著土地法》。南非国内黑人人口规模庞大，但是根据该法案，他们的土地权利受到严格限制。

1846　第一场棒球赛

1846年6月19日，第一场有正式记录的现代棒球比赛在美国新泽西州霍博肯市举行，纽约九人队以23-1的比分大胜尼克波克队。

生于今天

1978年6月19日，德国篮球运动员德克·维尔纳·诺维茨基出生。他被公认为是欧洲最成功的篮球运动员之一。

1978年6月19日，美国演员佐伊·索尔达娜出生。她出演过多部票房大片（如《阿凡达》），所饰角色令人印象深刻。

六月 20

1975 大白鲨阴影

《大白鲨》是美国导演史蒂文·斯皮尔伯格执导的一部惊悚电影，影片围绕一头体型庞大的食人大白鲨展开，于1975年6月20日在美国院线公映。受到这部电影的影响，1975年的整个夏天，美国人都远离了海滩。

1944 火箭问世

1944年6月20日，德国A-4火箭点火升空，飞行至距地球表面175千米的太空。这是第一个进入太空的人造物体。

生于今天

1949年6月20日，美国非洲裔歌手莱昂内尔·里奇出生。他曾是乡土爵士乐和爵士灵歌音乐乐队"海军准将乐团"的主唱，由此开始音乐生涯。之后，他在20世纪80年代单飞，转型成为一位成功的独唱音乐人。

1967年6月20日，澳大利亚演员妮可·基德曼出生。她主演过多部影片，如《雄狮》《帕丁顿熊》《黄金罗盘》等。

2005 黑猩猩艺术家

2005年6月20日，由黑猩猩刚果绘制的三幅画作，在伦敦的一场拍卖会上以14 000英镑的价格售出。刚果两岁时得到了一支笔，从那时起，它便开始了自己的"绘画生涯"。

其他发生于今天的历史事件

1791年6月20日，法国大革命期间，法国国王路易十六曾试图逃出巴黎。但是在出逃的第二天，王室一行人就被国民卫队追上并拦截了下来。

1895年6月20日，位于德国北部的基尔运河建成通航。它是世界上最繁忙的人工航道之一。

1903年6月20日，在美国印第安纳州博览会场的赛车跑道上，巴尼·奥德菲尔德成为第一位在一分钟内驾车行驶1英里（约1.61千米）的车手。

六月 21

1970
世界杯三冠王

1970年6月21日，巴西球星贝利以精彩绝伦的表现，率领巴西队第三次赢得世界杯足球赛冠军，巴西队也由此得以永久保留当时世界杯的冠军奖杯"雷米特杯"。

其他发生于今天的历史事件

2004年6月21日，"太空船1号"进行了载人航天飞行，其所需费用全部由私人资本支付——有史以来这还是第一次。

2009年6月21日，丹麦通过了一项新法律，给予格陵兰岛更高程度的自治权，但格陵兰岛的主权仍属于丹麦。

1893
第一架摩天轮

1893年，在芝加哥举办的哥伦布纪念博览会上竖立起世界上第一架摩天轮。6月21日，这架摩天轮开始营运，参观博览会的人花上50美分便可以乘坐20分钟。

1976
"四色问题"被证明

"四色问题"是一个古老的数学难题：对地图进行着色，同时保证任意两个相邻国家使用不同颜色，最多只用四种色彩即可满足以上条件。这仅是一个猜想，因此仍需要在数学上予以证明。1976年6月21日，美国数学家肯尼斯·阿佩尔和沃尔夫冈·哈肯借助电子计算机最终证明这个猜想是正确的。

生于今天

1982年6月21日，英国王室成员威廉王子出生。他是查尔斯三世和戴安娜王妃之子，英国王位的第一顺位继承人。

1985年6月21日，美国歌手拉娜·德雷出生。2011年，她发行了首支单曲《电子游戏》，一举成名。

六月 22

1869 古怪的轮子

美国人乔治·伯格纳设计的"单轮车",于1869年6月22日取得了专利。这种交通工具是一个巨大的轮子,骑行者坐在里面,通过踏板传动驱动轮子前进。不过,这项设计并没有为大众所接受。

1986 最伟大进球

1986年6月22日,在墨西哥世界杯足球赛阿根廷队对阵英格兰队的比赛中,阿根廷球员迭戈·马拉多纳接连晃过3名英格兰队员,射门得分,打进足球史上最著名的进球之一。阿根廷队以2-1的比分赢下了这场比赛,并最终夺得冠军。

生于今天

1949年6月22日,美国演员梅丽尔·斯特里普出生。她曾获得过20多次奥斯卡奖提名,远超其他演员,并且凭借在影片《克莱默夫妇》《苏菲的抉择》《铁娘子:坚固柔情》中的精湛表演,三夺奥斯卡奖。

1960年6月22日,美国环保人士艾琳·布劳克维奇出生。她曾起诉美国太平洋煤气电力公司污染地下水,并最终赢下了这场官司。后来,她的故事被好莱坞改编成电影搬上银幕。

1948 疾风一代

1948年6月22日,"帝国疾风号"轮船上搭载的数百名加勒比移民踏上英国的土地。如今,这一天被英国政府定为"疾风移民纪念日",以表彰"疾风一代"对英国所做出的贡献。

其他发生于今天的历史事件

1940年6月22日,法国向纳粹德国投降并签署停战协定,根据该协定,法国大部分领土被纳粹德国占领。

1941年6月22日,纳粹德国发起"巴巴罗萨计划",向苏联发动突然进攻。苏联最终击退了德军的入侵。

1978年6月22日,美国天文学家詹姆斯·克里斯蒂和罗伯特·哈灵顿发现了冥卫一,它是冥王星的五颗已知卫星中体积最大的。

六月 23

1868 第一款现代打字机

1868 年 6 月 23 日，美国记者克里斯托夫·肖尔斯与其合作伙伴，为他们设计的第一款现代打字机申请了专利。这款打字机有两排字母按键，看起来有点儿像钢琴键。

1956 受欢迎的总统

1956 年 6 月 23 日，G.A. 纳赛尔就任埃及第二任总统。1952 年，纳赛尔成功领导了埃及七月革命。次年，君主制被废除，埃及共和国成立。在任职埃及总统期间，他与英国签订《关于苏伊士运河基地协定》，宣布收回苏伊士运河主权，并领导埃军民反击英、法、以武装侵略。1970 年，纳赛尔去世。他的葬礼在埃及开罗举行，有数百万哀悼者参加。

1961 《南极条约》生效

1961 年 6 月 23 日，由 12 个国家共同起草的《南极条约》生效。根据该条约，南极地区禁止进行一切具有军事性质的活动，并鼓励各国在南极开展科学考察合作。

其他发生于今天的历史事件

1757 年 6 月 23 日，英国东印度公司在普拉西战役中击败孟加拉地方王公的军队，夺得对孟加拉地区的控制权。

1894 年 6 月 23 日，国际奥林匹克委员会在法国成立，成员来自 12 个国家。1896 年，国际奥林匹克委员会组织举办了第一届现代奥运会，之后，奥运会每隔四年举办一次，延续至今。

2016 年 6 月 23 日，英国举行了一次具有历史意义的"脱欧公投"，52% 的英国人投票支持英国脱离欧盟。

生于今天

1912 年 6 月 23 日，英国数学家艾伦·图灵出生。图灵是 20 世纪最杰出的科学家之一，他最为人所熟知的是在第二次世界大战期间破解了德军密码，而且他对计算机科学的发展也做出了卓越贡献。

六月 24

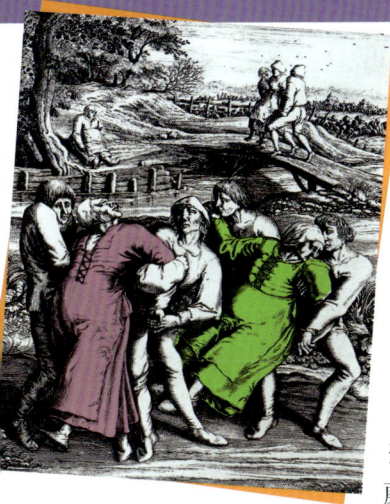

1374 舞蹈狂热症

1374年6月24日，德国亚琛的数千名居民集体患上了一种"舞蹈狂热症"，人们开始不受控制地手舞足蹈。针对这一事件的发生原因曾有过各种猜测：瘟疫疾病、宗教献祭仪式、误食毒蘑菇……但真正原因至今仍不清楚。

生于今天

1987年6月24日，阿根廷足球运动员利昂内尔·梅西出生。他在青少年时期就加盟了巴塞罗那俱乐部，后来成为俱乐部的当家球星。梅西是球场上的"盘带大师"，截至2023年，梅西已经代表国家队和俱乐部打入800多粒进球，8次荣获金球奖。

2010 史诗级对战

在2010年温布尔登网球锦标赛上，出现了有记录以来耗时最长的网球比赛，对阵双方是美国选手约翰·伊斯内尔（下图左）和法国选手尼古拉斯·马胡（下图中）。在三天的时间里，经过长达11小时5分的鏖战，伊斯内尔于6月24日取得第五盘的胜利，最终赢得比赛。

1896 荣誉学位获得者

1896年6月24日，美国教育家布克·T.华盛顿获得哈佛大学授予的荣誉学位，成为第一位获此荣誉的非洲裔美国人。他曾在亚拉巴马州参与创办了塔斯基吉学院（现为塔斯基吉大学），还创立了一个商业联盟组织，促进非洲裔美国人在商业领域的发展。

其他发生于今天的历史事件

2012年6月24日，地球上的最后一只平塔岛象龟"孤独的乔治"以102岁高龄去世。平塔岛象龟种群曾栖息在厄瓜多尔的科隆群岛上，后来因人类过度捕猎而灭绝。

2017年6月24日，在乞力马扎罗山一块海拔5 714米的火山坑空地上，来自世界各国的女子足球运动员进行了一场足球比赛，这是有记录以来比赛场地海拔最高的足球赛。

六月 25

1867

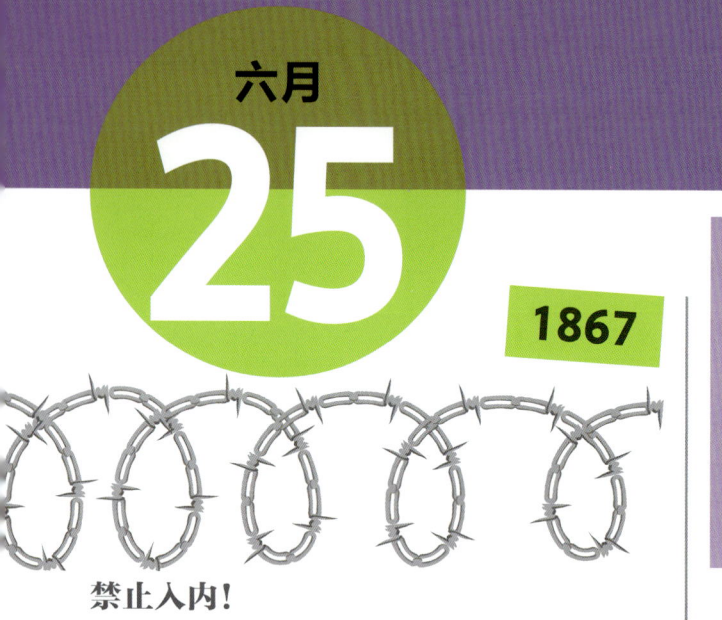

禁止入内！

1867 年 6 月 25 日，美国人卢西恩·B. 史密斯获得了"带刺铁丝网"的发明专利。这种带刺铁丝网最初的设计用途是防止散养牲畜跑进农田里破坏庄稼。它更便宜，取代了原来的木制栅栏。

其他发生于今天的历史事件

1876 年 6 月 25 日，北美印第安人在小巨角河战役中击败美国军队，成功守卫了自己的家园。

1950 年 6 月 25 日，朝鲜战争爆发。

1951 年 6 月 25 日，美国哥伦比亚广播公司电视网在世界上首次播出了一期彩色电视节目，但几乎没人观看到这期节目，因为当时只有极少数家庭拥有彩色电视机。

生于今天

1852 年 6 月 25 日，西班牙建筑师安东尼奥·高迪出生。他设计的现代建筑风格独特，已成为巴塞罗那最著名的旅游景点。

1963 年 6 月 25 日，英国歌手乔治·迈克尔出生。他曾是二人组合"威猛乐队"的成员，乐团解散后，他以个人歌手的身份继续活跃在流行乐坛，事业上取得进一步成功。

"后轮支撑"之旅 — 1999

提起前轮、仅用后轮着地前进是一种常见的自行车特技。而美国人科特·奥斯本却以这种特技方式行进了 4 569 千米，创下世界纪录。他从好莱坞出发，历经 74 天，于 1999 年 6 月 25 日到达美国佛罗里达州的奥兰多，完成了这次创纪录的"后轮支撑"之旅。

六月 26

1948 柏林空运
1948年6月26日，美、英等国开始向西柏林空投生活必需品。当时，为了让西方驻军撤出西柏林，苏联军队对西柏林实行封锁，切断了西柏林与西方占领区的水陆交通。

生于今天
1911年6月26日，美国运动员蓓比·迪德里克森·札哈里亚斯出生。她曾在1932年奥运会上赢得80米跨栏和标枪2项冠军，而且在高尔夫、篮球、棒球等运动中也有出色表现。

1993年6月26日，美国歌手、演员爱莉安娜·格兰德出生。她因出演热门电视剧《胜利之歌》崭露头角，之后凭借深厚唱功，其所发行的多张专辑皆问鼎音乐排行榜，轰动欧美乐坛。

咒语施放！
1997
1997年6月26日，"哈利·波特"系列小说的第一本《哈利·波特与魔法石》在英国出版，J.K.罗琳笔下风靡全球的少年巫师首次与读者见面。

条形码首次商用
1974
1974年6月26日，美国俄亥俄州特洛伊市的"玛什超市"安装了世界上第一台条形码扫描器，收银员莎朗·布坎南用它扫描了一包口香糖上的条形码。这是第一次通过条形码读取价格，售卖商品。

其他发生于今天的历史事件
1498年6月26日，牙刷在中国被发明了出来。这种早期牙刷由竹制手柄和野猪鬃毛制成。

1794年6月26日，在弗勒鲁斯战役中，法国军队用热气球侦察敌军情况，这是历史上第一次将飞行器用于军事用途。

1976 多伦多电视塔对外开放
1976年6月26日，位于多伦多的加拿大国家电视塔首次开门迎客。电视塔高553米，在2007年之前，它一直是世界上最高的自立式构筑物。

六月 27

其他发生于今天的历史事件

1898年6月27日,在加拿大出生的美国探险家约书亚·斯洛克姆驾驶"浪花号"帆船,完成了世界首次单人无动力帆船环球航行。

1905年6月27日,俄国"波将金号"战列舰水兵起义,反抗舰上军官的欺凌。

1871
日本统一货币

在日本旧时的货币体系中,实力强大的藩国领主可以在其统治区内自主发行货币。为了改变当时混乱的货币体制,1871年6月27日,日本明治政府签署了一项法令,规定将日元作为国家统一流通货币,以此取代原来的货币体制。

2014
花式翻转

2014年6月27日,在西班牙马德里举行的"红牛花式极限越野摩托车大赛"上,法国车手汤姆·帕热斯做出了一个空中翻转摩托车的动作。这是世界上第一次有人在比赛中做出此类翻转动作,震撼全场,而他也凭借这个动作最终赢得大赛冠军。

生于今天

1966年6月27日,美国电影制作人杰弗里·雅各布·艾布拉姆斯出生。艾布拉姆斯自编自导的谍战电视剧《双面女间谍》获得成功后,他又先后执导了多部热门影片,如《星际迷航》《星球大战:原力觉醒》。

2009
世界捉蚯蚓记录

2009年6月27日,在英国柴郡举行的"世界捉蚯蚓大赛"上,10岁女孩苏菲·史密斯仅靠一柄园艺叉拍动土层,就在30分钟内将567条蚯蚓"吸引"到地面上,创造了世界纪录。

六月 28

1838

维多利亚女王加冕

1838年6月28日，英国维多利亚女王在伦敦威斯敏斯特教堂加冕。在此之前，她于1837年即位，时年18岁，她在位时间长达64年。

2009

时间旅行者宴会

2009年6月28日，英国物理学家斯蒂芬·霍金为时间旅行者举办了一场派对。但是在第二天，派对已经结束了，他才发出请柬，希望受邀者通过时光机器从未来返回到这里参加聚会，以说明时间旅行的可能性。

其他发生于今天的历史事件

1914年6月28日，奥匈帝国皇储弗朗茨·斐迪南在萨拉热窝（位于今天的波黑）遇刺，这引发了后续一系列事件，最终导致第一次世界大战爆发。

1919年6月28日，《凡尔赛和约》在法国巴黎签署，第一次世界大战正式结束。

2007年6月28日，随着种群数量的增加，白头海雕被从美国濒危动物保护名录中移除。

2008

鸟巢落成

2008年6月28日，中国国家体育场（又名"鸟巢"）在北京奥林匹克公园中心区落成。2008年北京奥运会期间，鸟巢作为主会场，曾承担开闭幕式、田径赛事和足球决赛。它也是2022年北京冬奥会开闭幕式的场地。

生于今天

1906年6月28日，美国德裔物理学家玛丽亚·格佩特-梅耶出生。她在发现原子核结构方面做出了重大贡献。

1971年6月28日，美国企业家埃隆·马斯克在南非出生。他投资开办了多家科技公司，如太空探索技术公司、特斯拉汽车公司、"神经连接"公司等。

六月 29

1994 侏儒猛犸象化石出土

1994 年 6 月 29 日，人们在美国圣罗莎岛上发现了一具侏儒猛犸象骨骼化石，骨架近乎完整。后来经古生物学家研究发现，这具骨骼化石已有 13 000 年的历史。

邮轮首航 1900

1900 年 6 月 29 日，德国的"维多利亚·路易丝公主号"邮轮开启首航。这是世界上第一艘邮轮，船上共有 120 个房间，装饰豪华，全部是头等舱，船上还配有健身房和图书馆。

生于今天

1941 年 6 月 29 日，美国民权运动代表人物斯托克利·卡迈克尔出生。他出生于特立尼达岛，11 岁时搬到美国。后来他积极投身种族平等活动，成为"黑人权力"运动中一位颇具影响力的领导者。

1978 年 6 月 29 日，美国歌手妮可·舒可辛格出生。她曾是女子组合"小野猫"的成员，火速走红。后离开乐团单飞，继续以歌手的身份活跃于流行乐坛。

其他发生于今天的历史事件

1995 年 6 月 29 日，美国航天飞机"亚特兰蒂斯号"成为第一艘与俄罗斯"和平号"空间站成功对接的航天飞机。

2007 年 6 月 29 日，第一款苹果手机在美国线下商店开售，销售情况异常火爆，消费者一机难求。

2014 年 6 月 29 日，极端组织"伊斯兰国"宣布建立所谓的哈里发国。

环球剧场火灾 1613

1613 年 6 月 29 日，伦敦环球剧场毁于一场大火。当时，剧场正在上演莎士比亚的戏剧《亨利八世》，剧场阁楼有一门大炮，它迸出的火花点燃了剧场的茅草屋顶，引发火灾，所幸没有造成人员伤亡。

六月 30

平衡绝技　1859

1859年6月30日，法国冒险家查尔斯·布隆丹成为世界上第一个走钢索穿越尼亚加拉瀑布的人。他此次行走没有设置任何安全网或安全绳等保护措施。

首位非洲裔航天员　1967

1967年6月30日，在圆满完成飞行训练后，美国非洲裔飞行员小罗伯特·亨利·劳伦斯被选拔进入美国空军的秘密间谍项目"载人轨道实验室计划"（该项目计划在地球轨道上设立载人实验室，对地球目标进行间谍侦察），成为美国历史上第一位非洲裔航天员。

生于今天

1985年6月30日，美国游泳运动员迈克尔·菲尔普斯出生。绰号"飞鱼"的菲尔普斯是历史上最成功的奥运选手之一，他创纪录地赢得了23枚奥运金牌。

其他发生于今天的历史事件

1908年6月30日，人烟稀少的俄国西伯利亚地区上空发生了一次巨大爆炸，大约8 000万株树木被夷平。据推测，此次事件可能是由一颗小行星在地球表面爆炸引起的。

1960年6月30日，刚果共和国（今刚果民主共和国）脱离比利时统治，宣告独立。

2011年6月30日，京沪高速铁路开通，全长1318公里，是世界上一次建成里程最长的高速铁路。

伦敦地标落成　1894

1894年6月30日，历经8年建设，伦敦塔桥正式向公众开放。至今，这座桥仍是伦敦最著名的地标建筑之一。

七月 1

生于今天

1961年7月1日，英国威尔士王妃戴安娜·斯宾塞出生。她积极投身慈善事业，被英国人誉为"人民的王妃"。

1971年7月1日，美国非洲裔说唱歌手梅西·埃丽奥特出生。她是最成功的说唱女歌手之一，发行了多支热门单曲。

1903 第一届环法自行车赛

1903年7月1日，第一届环法自行车赛在法国巴黎展开第一赛段的角逐。后来，这一长距离、多赛段自行车赛演变为一项年度赛事，是世界上最著名的公路自行车比赛之一。

1867 加拿大自治领成立

1867年7月1日，根据《英属北美法案》，加拿大省、新斯科舍省、新不伦瑞克省合并成为加拿大自治领，这是加拿大迈向完全独立的重要一步。后来，加拿大政府将7月1日这天定为"加拿大日"，以纪念这一重要事件。

1912 英国"坤生"登台献艺

1912年7月1日，在伦敦皇宫剧院举行的一场皇家演出中，著名女扮男装音乐剧演员维斯塔·蒂利扮作男人，不穿裙子、着长裤登台表演。坐在台下观剧的玛丽王后看到这种显露出女性双腿的装束非常震惊，甚至遮住了自己的脸。

其他发生于今天的历史事件

1908年7月1日，莫尔斯电码"SOS"正式成为国际通用求救信号，开始在船只遇险事故中使用。

为了防止核武器的扩散给人类世界带来威胁，1968年7月1日，59个国家签署了《不扩散核武器条约》。

历经150多年的英国殖民统治，1997年7月1日，香港回归中国。

七月 2

其他发生于今天的历史事件

1823年7月2日，巴西巴伊亚州的居民在这一天举行盛大活动，庆祝他们摆脱葡萄牙殖民统治，取得独立。

1937年，美国女飞行员阿梅莉亚·埃尔哈特开始进行历史上首次女子环球飞行，但是7月2日，她在驾机飞越太平洋的途中不幸失踪。

经过数十年大规模的民权运动，1964年7月2日，美国总统林登·约翰逊签署《民权法案》，规定种族歧视为非法行为。

2005
"现场八方"演唱会

2005年7月2日，一场名为"现场八方"的系列演唱会在全球多个城市同时举行，有大约1 000名音乐家参与其中，182家电视台、2 000家电台对演唱会进行了现场直播。举办这样一场演唱会的目的，是为了推动富裕国家增加对低收入国家的政府间援助。

1839
"阿米斯塔德号"起义

1839年7月2日，在森贝·皮（也叫作约瑟夫·辛克）的带领下，"阿米斯塔德号"上的53名非洲奴隶，杀死了西班牙看守。船只靠岸美国后，他们被逮捕并遭到起诉，但不久，美国法院做出判决，允许他们返回自己的家乡。

1900
齐柏林飞艇首航

1900年7月2日，硬式飞艇"齐柏林LZ1号"完成首飞。它的发明者斐迪南·冯·齐柏林驾驶着飞艇从康斯坦茨湖出发飞行了约5千米，用时18分钟。

生于今天

1929年7月2日，伊梅尔达·马科斯出生，她后来成为菲律宾总统费迪南德·马科斯之妻。

七月 3

1987
飞越大洋
1987年7月3日，英国亿万富豪理查德·布兰森和瑞典领航员佩尔·林德斯特兰德，完成史上第一次乘热气球飞越大西洋的航行，创造了世界纪录。他们从美国缅因州出发，飞行了4 947千米，最终在北爱尔兰的利马瓦迪着陆。

其他发生于今天的历史事件
1863年7月3日，在葛底斯堡战役中，美国联邦军取得对联盟军的第一次重大胜利，一举扭转了美国南北战争的战场形势。

1886年7月3日，工程师卡尔·本茨驾驶着自己发明的三轮汽车——也是世界上第一辆汽车——在德国曼海姆的街道上穿行而过。

1928年7月3日，英国发明家约翰·洛吉·贝尔德向公众展示了史上第一台彩色电视机，红、绿、蓝三原色组成的影像首次生动地出现在电视屏幕上。

2004
魔术表演
2004年7月3日，世界魔术师协会于美国克利夫兰举行的魔术交流大会上，魔术师蒙提·维特带领其他129名魔术师在表演中把534个不锈钢铁环互相穿到一起，组成了世界上最长的一条铁环链。

生于今天
1962年7月3日，美国演员汤姆·克鲁斯出生。他是有史以来最为成功的演员之一，至今已主演了40多部电影，其中不乏多部动作大片，如《壮志凌云》以及"碟中谍"系列。

1938
最快的蒸汽机车
1938年7月3日，英国蒸汽机车"马拉德号"在格兰瑟姆郡附近进行的一次测试运行中，创下203千米的蒸汽机车最高时速纪录，这一纪录至今仍未被打破。

七月 4

1054
耀眼的超新星爆发

1054 年 7 月 4 日，中国古代天文学家观测到一颗超新星的爆发。这颗超新星位于金牛座方向，光芒耀眼，持续近两年才从夜空中消失。这次爆发遗留下的残骸就是现在的蟹状星云。

其他发生于今天的历史事件

1187 年 7 月 4 日，穆斯林军队在哈丁战役中战胜十字军，重新夺取了对耶路撒冷的控制权。

查理·达尔文曾在加拉帕戈斯群岛（今亦称科隆群岛）进行考察，考察期间他受到岛上奇特生物的启发，后来写就了《物种起源》一书。1959 年 7 月 4 日，在达尔文的《物种起源》出版 100 周年之际，厄瓜多尔政府将加拉帕戈斯群岛设立为本国第一个国家公园。

1997 年 7 月 4 日，"索杰纳号"火星车登陆火星，对这颗红色星球开启为期 83 天的巡视探测。

1956
最早有记录的一分钟内最大降雨

世界上有记录的一分钟内最大降雨量，发生在 1956 年 7 月 4 日。一场大暴雨侵袭美国尤宁维尔，一分钟内降雨量达到 31.2 毫米，暴雨引发的洪水冲毁大量房屋、庄稼，电话线路也因此而中断。

生于今天

1868 年 7 月 4 日，美国天文学家亨丽爱塔·斯万·勒维特出生。她经研究探索出一种方法，可用来测量地球和河外星系之间的距离。

1776
美国独立日

经过数年的革命战争，1776 年 7 月 4 日，13 个英属北美殖民地通过《独立宣言》，宣布脱离英国统治而独立，成立"美利坚合众国"。

七月 5

1687 牛顿运动定律问世

1687年7月5日,英国科学家艾萨克·牛顿的著作《自然哲学的数学原理》以拉丁文出版。据说,一只掉落的苹果激发了牛顿的灵感,他开始着手研究物体运动规律以及物体运动现象中的自然力。

生于今天

1968年7月5日,苏珊·沃西基出生。她曾是谷歌公司的创始团队成员,现任"优兔"网站首席执行官,被认为是科技行业最具领导力的女性之一。

1996年7月5日,世界上第一只克隆哺乳动物"多利"羊诞生。多利出生于苏格兰一家研究所。

1943 坦克大战

1943年7月5日,在苏联西部爆发的库尔斯克战役中,苏、德双方共出动了近8 000辆坦克作战。苏军尽管伤亡惨重,但最终粉碎了德军的进攻。

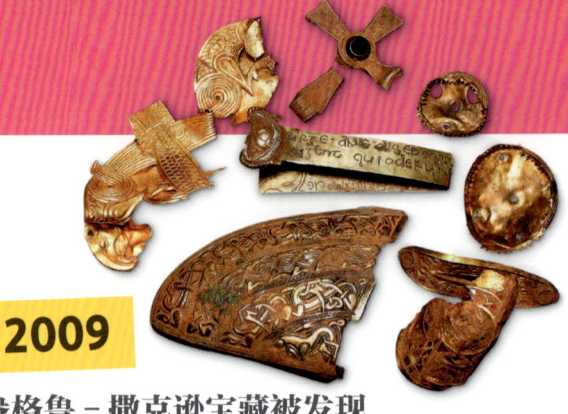

2009 盎格鲁-撒克逊宝藏被发现

2009年7月5日,"寻宝猎人"特里·赫伯特在英国斯塔福德郡的一处农场里,使用金属探测器发现了迄今为止规模最大的盎格鲁-撒克逊人埋藏的宝藏。这些藏宝包括总重量超过5千克的黄金制品,还有大量珠宝。

其他发生于今天的历史事件

1948年7月5日,英国政府推出英国国家医疗服务体系,向英国居民提供免费医疗。

1950年7月5日,以色列通过《回归法》,宣布每个犹太人都可以来以色列定居,并成为以色列公民,除非此人正从事危害国家安全的活动。

1994年7月5日,杰夫·贝索斯在他位于美国贝尔维尤市的车库里创建了亚马逊公司。现在,亚马逊公司已成为全球最大的商业巨头之一。

七月 6

2019 日本古墓群列入《世界遗产名录》

2019年7月6日，联合国宣布日本百舌鸟古墓群入选《世界遗产名录》。这座古墓葬群始建于1600多年前，里面的坟冢造型多样，有锁孔形、方形、圆形等多种形制。

生于今天

1907年7月6日，墨西哥画家弗里达·卡罗出生，她曾在一次公交事故中严重受伤。之后，她创作了一系列彩色自画像，这些画作成为她最著名的作品。

2016 必须全抓到！

2016年7月6日，增强现实类手游《宝可梦GO》上线。玩这款游戏时，玩家可以通过智能手机，在现实世界中发现、追捕虚拟游戏宠物"宝可梦"。

阿拉伯的劳伦斯 1917

第一次世界大战时期，阿拉伯人在中东地区发动起义反抗奥斯曼帝国的统治。在此次起义中，英国情报官员T.E.劳伦斯成为阿拉伯人的亲密盟友，并帮助他们在1917年7月6日夺取了亚喀巴港口。此后，正是从这个港口，阿拉伯起义军接收到英国的大量援助。

其他发生于今天的历史事件

640年7月6日，赫利奥波利斯战役在埃及爆发。经过此战，罗马帝国在这一地区的统治终结，埃及进入穆斯林时代。

1942年7月6日，为了躲避纳粹，犹太少女安妮·弗兰克跟随她的家人搬到荷兰阿姆斯特丹。

1964年7月6日，电影《一夜狂欢》上映。这是英国摇滚乐队"披头士"主演的第一部电影。

七月 7

1978
网球传奇诞生

1978年7月7日，美国捷克裔网球运动员玛蒂娜·纳芙拉蒂洛娃赢得了她的第一个温布尔登网球公开赛女子单打冠军。在其职业生涯中，玛蒂娜总共夺得9次温网女单桂冠，这一纪录至今无人打破。她曾12次进入温网女单决赛，并在1982年至1987年连续6次赢得决赛胜利。

其他发生于今天的历史事件

1911年7月7日，世界上第一个国际野生动物保护条约《北太平洋海豹保护公约》签署。该条约宗旨是在开放水域杜绝猎捕海豹行为。

1950年7月7日，南非颁布实行《人口登记法》，按照种族将国民进行分类，这引发了南非国内不同种族之间的对立紧张局势。

2005年7月7日，正值早高峰时期，恐怖分子在伦敦的公共交通工具上引爆炸弹，造成52人死亡。

生于今天

1980年7月7日，美国花样滑冰运动员米歇尔·关出生。在其职业生涯中，她曾2次赢得冬季奥运会奖牌、5次世界花样滑冰锦标赛冠军，以及9次美国花样滑冰锦标赛冠军。

1981年7月7日，印度板球运动员马亨德拉·辛格·多尼出生。他是一名了不起的板球击球手和守门员，2011年，他带领印度队赢得"板球世界杯"冠军。

1881
匹诺曹诞生

1881年7月7日，意大利《儿童杂志》开始连载一部以淘气木偶"匹诺曹"为主人公的童话故事，作者是意大利作家卡洛·科洛迪。后来，这些分期连载的故事被结集成册，更名《木偶奇遇记》，于1883年出版，成为经典儿童文学作品。

1928
切片面包问世

1928年7月7日，世界上最早的切片面包在美国密苏里州奇利科西的一家面包店上架销售，顾客看到后感到很惊讶。当时，有人宣称切片面包是"自面包被包装售卖以来，烘焙行业最伟大的一次进步"。

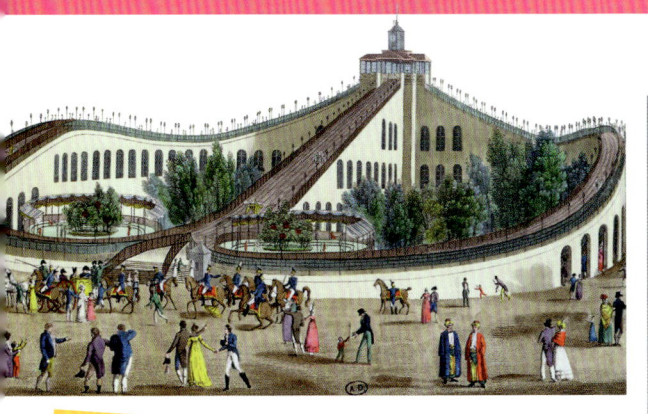

七月 8

1853
日本"开国"

1853年7月8日，美国海军军官马修·佩里率领一支由4艘战舰组成的舰队抵达日本浦贺港，意图用武力威逼日本打破200年的闭关锁国，以同美国开展通商贸易。

1817
第一座现代过山车

1817年7月8日，世界上第一座现代过山车在巴黎的一家游乐园里开始运营。这种法语称为"空中漫步"的过山车，配有一个带轮子的小推车，游客坐在车里从弯曲的轨道上疾驰而下，最高时速能达到64千米。

生于今天

1593年7月8日，意大利画家阿尔泰米西娅·真蒂莱斯基出生。作为17世纪最成功的女画家之一，阿尔泰米西娅最为著名的是对《圣经》中女性形象的描绘。这些画作手法大胆、栩栩如生，具有很强的现实主义风格。

其他发生于今天的历史事件

1497年7月8日，葡萄牙航海家瓦斯科·达·伽马率领4艘船，开启了历史上第一次从欧洲到印度的航程。

1775年7月8日，英属北美殖民地联合签署《橄榄枝请愿书》递交英王，力求避免与英国之间发生战争。然而请愿书被英王拒绝，不久之后，北美独立战争爆发。

1947年7月8日，美国军方通报在新墨西哥州的罗斯威尔市发现一个神秘"飞碟"，这引发了人们关于外星飞行器的猜想，各种阴谋论假设层出不穷，持续数十年。

女孩力量

1996年7月8日，英国女子流行组合"辣妹合唱团"发行了热门单曲《想要》。这首歌主要表现了女性之间的真挚友谊，一经推出，就在全世界赢得众多年轻粉丝的喜爱。

1996

七月 9

1877
第一届温布尔登网球锦标赛

1877年7月9日,世界上第一届草地网球锦标赛在英国温布尔登举行。10天后,英国运动员斯宾塞·高尔击败其他21名业余选手,赢得了第一届温网男单冠军。

1958
利图亚湾海啸

1958年7月9日,一场里氏7.8级地震导致美国阿拉斯加州利图亚湾发生大规模山体滑坡。岩石直接砸向海里,激起一波又一波巨浪冲击利图亚湾沿岸,有些海浪甚至高约524米。

1922
游泳冠军"泰山"

在好莱坞通过饰演"人猿泰山"成名之前,约翰尼·韦斯默勒曾是一名游泳运动员。1922年7月9日,在加利福尼亚举行的100米自由泳比赛中,他以不到1分钟的成绩游完全程,创造了当时的赛事纪录。

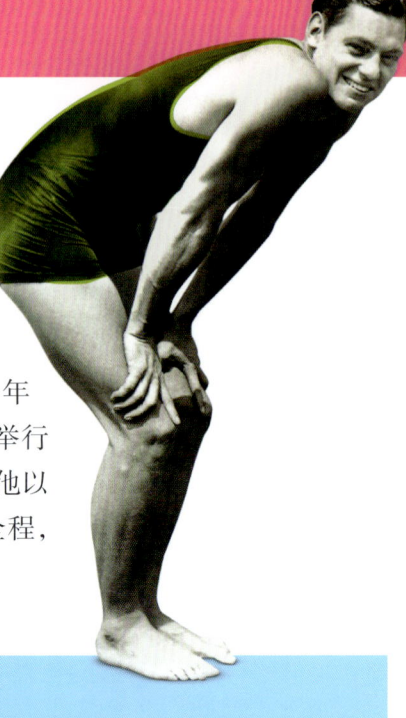

其他发生于今天的历史事件

1981年7月9日,著名游戏角色"马里奥"的形象首次出现在日本电子游戏《大金刚》中。

1982年7月9日,迈克尔·费根躲过伦敦白金汉宫警戒森严的安保措施,成功潜入宫殿。在被发现并逮捕之前,他甚至已经找到了女王卧室所在地。

生于今天

1935年7月9日,阿根廷民谣歌手海蒂·梅塞德斯·索萨出生。她通过自己的歌曲,唱出了阿根廷受压迫民众的心声。

1956年7月9日,美国演员、导演汤姆·汉克斯出生。他参演过90多部影片,还曾为"玩具总动员"系列动画电影中的"胡迪"配音。

七月 10

2018 最早的巨型恐龙

2018年7月10日,在阿根廷出土了莱森龙的化石。莱森龙生活在2亿多年前,是地球上已知最早的巨型恐龙之一。成年莱森龙身长约10米,体重约9吨。

生于今天

1891年7月10日,美国医学家、物理学家伊迪斯·昆比出生。她在肿瘤放射诊疗领域做出了重要贡献,并且找到了一些有助于减轻放射治疗副作用的方法。

1995年7月10日,挪威女子足球运动员阿达·赫格贝里出生。2016年,她当选欧足联最佳女子球员。

1943 英雄猎犬

1943年7月10日,在第二次世界大战期间,美军军犬"薯片"所在的部队在意大利西西里岛作战时,受到攻击,"薯片"冲向敌军阵地,扑咬意军机枪手,最终意军被迫投降。战后,"薯片"因保卫"战友"的英勇行为而被授予多枚荣誉奖章。

1940 不列颠战役打响

1940年7月10日,德国空军入侵英国领空,第二次世界大战中最著名的空战之一——不列颠战役打响。最终,英国皇家空军击败了纳粹德军的进攻。

其他发生于今天的历史事件

1913年7月10日,美国加利福尼亚州莫哈维沙漠的死亡谷曾创下有史以来的最高气温56.7℃。

1962年7月10日,美国国家航空航天局发射了世界上第一颗通信卫星"电星1号"。

1962年7月10日,提手塑料袋的专利在美国获批,这项发明很快就在全球范围内取代了原先的纸袋。

七月 11

1405 郑和首下西洋

1405年7月11日，郑和率领一支由62艘船只组成的船队，奉命起航前往西洋（今文莱以西的海域）开拓海外贸易。这是郑和船队的第一次远航。

1897 北极遇险

1897年7月11日，瑞典探险家S.A.安德鲁和两名同伴乘坐热气球从挪威出发前往北极探险，但后来证明这次冒险尝试是灾难性的：他们在途中失踪，所乘的热气球直到33年后才被找到。

生于今天

1923年7月11日，印度喜剧演员、歌手墩墩出生。她是宝莱坞第一位女性喜剧演员，出演过100多部电影。

1957年7月11日，牙买加音乐家迈克尔·罗斯出生。他是雷鬼乐队"黑色自由"的主唱，"黑色自由"曾在1985年获得格莱美史上第一个"最佳雷鬼专辑奖"。

其他发生于今天的历史事件

1801年7月11日，法国天文学家让-路易·庞斯在其学术生涯中第一次发现彗星。后来，他又陆续发现了36颗彗星。

1914年7月11日，美国棒球传奇贝比·鲁斯以投手身份亮相美国职业棒球大联盟，上演"处子秀"。

2018年7月11日，相关科研团队发表论文称，在中国发现了210万年前的人类石器，这表明人类离开非洲大陆的时间比预想的更早。

1899 "菲亚特"成立

1899年7月11日，意大利企业家乔瓦尼·阿涅利与其他股东在都灵合伙创立了菲亚特汽车公司。在阿涅利的带领下，菲亚特后来成为意大利最大的汽车生产商。

七月 12

1770 珍妮机问世

1770年7月12日，英国兰开夏郡的詹姆斯·哈格里夫斯获得"珍妮机"的发明专利。珍妮机是一种将原棉纤维纺捻成线的手摇纺纱机，它的出现开启了英国工业革命的浪潮。

生于今天

1997年7月12日，巴基斯坦社会活动人士马拉拉·优素福扎伊出生。她是最年轻的诺贝尔和平奖获得者。

其他发生于今天的历史事件

1576年7月12日，莫卧儿帝国在拉杰马哈尔战役中击败苏丹达乌德汗·卡拉尼的军队，夺取了孟加拉地区的控制权。

1776年7月12日，英国探险家詹姆斯·库克起航前往寻找穿越北冰洋的海上航路——"西北航道"。途中船队抵达夏威夷岛，詹姆斯·库克在此遇害身亡。

1863年7月12日，英国殖民军队在新西兰怀卡托地区发动战争，入侵毛利土著居民的领地。

1971年7月12日，在澳大利亚的"全国土著居民日"这一天，三种颜色组成的澳大利亚土著居民旗帜在阿德莱德市首次升起。

1493 《纽伦堡编年史》出版

1493年7月12日，德国历史学家哈特曼·舍德尔撰写的《纽伦堡编年史》出版。《纽伦堡编年史》详细记述了基督教世界的历史，采用图文混排形式，堪称15世纪插图最丰富的史书之一。

199

七月 13

1985 "拯救生命"演唱会

1985年7月13日，在伦敦温布利体育场举办了一场名为"拯救生命"的慈善演唱会，演出持续了16小时，并向全球进行了同步转播。据估算，演唱会共筹集到约1.5亿英镑，这些资金被用于缓解埃塞俄比亚的严重饥荒。

生于今天

1942年7月13日，美国演员哈里森·福特出生。他最为知名的银幕角色，是"星球大战"系列中的汉·索洛，以及"夺宝奇兵"系列中的印第安纳·琼斯。

1944年7月13日，匈牙利发明家艾尔诺·鲁比克出生。他自小就着迷于各种猜谜游戏，并在1974年发明了益智玩具魔方。

2013 "黑人的命也是命"

2013年7月13日，枪杀没有携带武器的非洲裔少年特雷翁·马丁的乔治·齐默尔曼，被判无罪，予以释放。之后社交媒体上发起了"黑人的命也是命"的话题讨论。随着社交网络的广泛传播，"黑人的命也是命"迅速成为要求种族平等的口号。

其他发生于今天的历史事件

欧洲人曾假想有一块面积足以覆盖大半个南半球的广袤大陆。1772年7月13日，英国探险家詹姆斯·库克起航出发，前去寻找这块传说中的南方大陆，但这次探险旅程无果而终。

1930年7月13日，第一届国际足联世界杯在乌拉圭首都蒙得维的亚举行。

1977年7月13日，闪电击中了纽约市的输电线路，导致了纽约历史上最严重的一次停电。城市陷入一片漆黑，其间发生了多起抢劫店铺的案件。

1871 第一场正式的猫咪秀

1871年7月13日，世界上第一次正式的猫展在英国伦敦的水晶宫举行，包括暹罗猫、非洲猫、法国猫等各个品种在内的约170只猫参展。展会取得巨大成功，吸引了20 000多名观众来此参观。

七月 14

1712 纽科门蒸汽机

1712 年 7 月 14 日，第一台成功商用的蒸汽机"纽科门蒸汽机"在英国提普顿正式启用，主要用于矿井抽水作业。这一发明为英国工业革命的开启铺平了道路。

其他发生于今天的历史事件

1789 年 7 月 14 日，法国巴黎人民起义，攻陷巴士底狱，开始了法国大革命。

1957 年 7 月 14 日，在赢得所在选区的选举后，拉维亚·阿提亚进入埃及国民议会，成为阿拉伯世界的第一位女议员。

2011 年 7 月 14 日，即独立建国 5 天后，南苏丹共和国成为联合国第 193 个成员国。

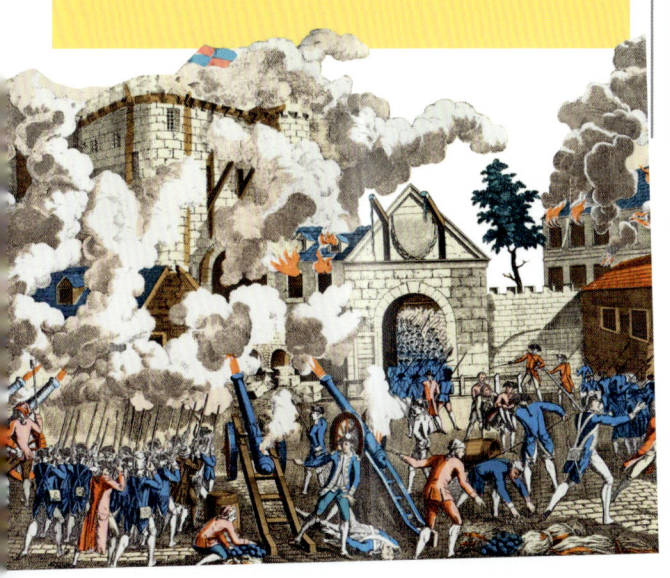

1881 "比利小子"伏法

"比利小子"（真名亨利·麦卡蒂）是美国西部拓荒时期一个劣迹昭彰的枪手，曾犯下至少 9 起谋杀案。1881 年 7 月 14 日，这个亡命徒被警长帕特里克·弗洛伊德·加里特持枪击中，当场毙命，终年 21 岁。

生于今天

1917 年 7 月 14 日，尼日利亚画家、雕塑家本·恩旺武出生。恩旺武的作品以现代主义风格闻名，他是 20 世纪最具影响力的非洲艺术家之一。

1941 年 7 月 14 日，美国非洲裔民权活动家毛拉纳·卡伦加出生。他创立了为期一周的"宽扎节"庆祝活动，设立目的是纪念非洲文化传统。

1789 攻陷巴士底狱

巴士底狱是位于巴黎的一座城堡，同时也是一座监狱。1789 年 7 月 14 日，上千巴黎市民攻入巴士底狱，掀开了法国大革命的序幕。后来，为了纪念这一事件，7 月 14 日被定为"法国国庆节"。

七月 15

1890 乒乓球运动

1890 年 7 月 15 日，英国发明家戴维·福斯特申请了乒乓球运动的专利。他设计的乒乓球运动需要：一个橡胶球、带绳的球拍以及一个木质小围栏。

生于今天

1606 年 7 月 15 日，荷兰画家伦勃朗出生。他精通各种风格和题材，如肖像画（包括自画像）和风景画。

1914 年 7 月 15 日，泰国王子贝拿邦斯出生。他不但是王子，还是水手、飞行员和赛车手。他是第一位参加一级方程式赛车世界锦标赛的东南亚车手。

其他发生于今天的历史事件

1099 年 7 月 15 日，十字军攻占耶路撒冷，标志着第一次十字军东征结束。巧合的是，整整过了 145 年后，即 1244 年 7 月 15 日，一支穆斯林军队从十字军手中夺回了耶路撒冷。

1965 年 7 月 15 日，"水手 4 号"探测器在距离火星 9 846 千米处的上空掠过火星，为这颗红色行星拍摄下一些照片。这是人类首次在地球以外的另一个行星上拍摄照片。

1799 破译罗塞塔碑

1799 年 7 月 15 日，罗塞塔碑在尼罗河口的罗塞塔要塞发现，上面用 3 种古代文字刻着同样的铭文，有助于学者们破译古埃及使用的象形文字。

"大恶臭"事件 1858

1858 年 7 月 15 日，英国伦敦的泰晤士河因严重污染散发恶臭，于是英国通过一项法案，立即清理河内垃圾，伦敦的下水道系统也因此得以改进。

七月 16

1935 停车收费

1935 年 7 月 16 日，美国报界人士卡尔·C. 梅杰发明的世界上第一个停车计时器（名为"Park-O-meter No.1"）被安装在美国俄克拉何马城。到 20 世纪 40 年代，美国已安装约 140 000 万个停车计时器。

1945 三位一体核试验

1945 年 7 月 16 日，世界上第一次核爆炸在美国新墨西哥州的沙漠成功进行。这次代号为"三位一体"的核试验的成功标志着"原子时代"的开始。

生于今天

1911 年 7 月 16 日，美国演员、舞蹈家兼歌手金格尔·罗杰斯出生。她主演了 70 多部好莱坞电影，凭借电影《女人万岁》获得奥斯卡最佳女主角奖。

2017 天才球员

2017 年 7 月 16 日，瑞士网球选手罗杰·费德勒连续 3 盘战胜克罗地亚选手马林·西里奇，夺得第 8 个温网男子单打冠军，创下新纪录。

其他发生于今天的历史事件

622 年 7 月 16 日为伊斯兰教历纪元元年元旦。这是先知穆罕默德迁徙麦地那的第一个新月日。

1809 年 7 月 16 日，在革命领袖佩德罗·穆里略的领导下，玻利维亚拉巴斯人民发动了反抗西班牙殖民政权的起义。

1911 年 7 月 16 日，阿根廷意大利裔女权活动家朱丽叶·兰特里通过法律成为南美洲第一位能够投票的女性。

七月 17

1955
迪士尼乐园开业

1955 年 7 月 17 日,在华特·迪士尼公司的监督下,美国加利福尼亚州的迪士尼主题公园开业。如今,迪士尼公园每年接待的游客量有数百万。

其他发生于今天的历史事件

公元前 709 年 7 月 17 日,据古代文献《吕氏春秋》记载,中国天文学家在这一天观测到了日全食。

1936 年 7 月 17 日,西班牙民族主义叛乱分子发动了反对左翼政府的叛乱,引发西班牙内战。内战一直持续到 1939 年。

生于今天

1954 年 7 月 17 日,德国政治家安格拉·默克尔出生。2005 年,她成为德国历史上首位女总理,并于 2009 年、2013 年和 2018 年再次当选。

1717
水上乐团

1717 年 7 月 17 日这一天,英国泰晤士河面,一艘驳船上正举行音乐会,德意志作曲家乔治·弗里德里希·亨德尔首次演奏了乐曲《水上音乐》。此时,英国国王乔治一世坐在另一艘船上欣赏,要求将这首乐曲反复演奏了好几遍。

七月 18

罗马大火

64

古罗马马克西穆斯竞技场是一个巨大的马车赛竞技场。64年7月18日，竞技场附近的一家商店突然着火，由于当天风力很强，大火迅速蔓延，9天之内烧毁了近2/3的罗马城。

生于今天

1918年7月18日，南非反种族隔离斗士和政治领袖纳尔逊·曼德拉出生。作为非洲人国民大会成员，他积极反对种族隔离。1994年至1999年，他担任南非共和国总统，也是南非历史上的首位黑人总统。

1863

内战英雄

1863年7月18日，美国南北战争时期，非洲裔士兵威廉·哈维·卡尼参加了瓦格纳堡战役，因其英勇行为而获得"荣誉勋章"。这是美国的最高军事奖章。

其他发生于今天的历史事件

1892年7月18日，法国微生物学家沃尔德玛·哈夫金在法国巴黎的巴斯德研究所研制出了首剂人类霍乱疫苗，并在自己身上注射疫苗进行人体试验。

2005年7月18日，巴西帆板选手弗拉维奥·贾迪姆和迪奥戈·格雷罗沿巴西海岸完成了8 120千米的旅程，创造了当时最长帆板旅程的世界纪录。

1976

完美的10分

1976年7月18日，加拿大蒙特利尔奥运会上，罗马尼亚体操运动员纳迪亚·科马内奇在高低杠比赛项目中完美完成了规定动作，获得满分10分，这是奥运会体操比赛历史上的首个满分。由于相关系统没有10分的设置，显示屏上最后只好用"1.00"来表示。

七月 19

1903
自行车冠军

1903年7月19日，法国自行车选手莫里斯·加林以3小时的领先优势击败了60名选手，赢得了首届环法自行车赛冠军。这场比赛持续了19天，只有21名车手坚持骑完了全程。

1900
巴黎地铁

1900年7月19日，法国巴黎奥运会期间，巴黎地铁系统中的第一条线路向公众开放。这条线路将巴黎西部的马约门与东部的文森门连接起来。

其他发生于今天的历史事件

1848年7月19日，美国首届妇女权利大会在纽约塞内卡福斯尔举行。

1912年7月19日，一颗重达200千克的陨石在美国亚利桑那州霍尔布鲁克上空爆炸，约16 000颗陨石碎块如雨点般散落于这座城市各处。

2019年7月19日，肯尼亚正式启用修建于图尔卡纳湖沿岸的发电站，这是非洲最大的风力发电厂。

1983
3D 大脑图

1983年7月19日，美国医生迈克尔·W. 瓦尼尔及其团队用X线计算机体层摄影（CT）技术获得了一系列扫描图。他们将这些扫描图整合在一起，创建出了第一张人脑内部3D图。

生于今天

1965年7月19日，苏格兰打击乐手伊芙琳·格兰妮出生。她从小学习音乐，几乎完全失聪后，开始练习用身体其他部位感受音乐。

七月 20

1969
登陆月球

1969 年 7 月 20 日，美国航天员尼尔·阿姆斯特朗成为第一个在月球上行走的人，当时地球上有 5 亿人在电视上观看了他的现场直播。同行的美国航天员巴兹·奥尔德林（左图）成为第二个登陆月球的人。

其他发生于今天的历史事件

1960 年 7 月 20 日，斯里兰卡政治家西丽玛沃·班达拉奈克成为世界上第一位女总理。

1968 年 7 月 20 日，约 1 000 名残障运动员参加了在美国芝加哥举办的第一届世界夏季特殊奥运会。

1976 年 7 月 20 日，在蒙特利尔奥运会上，日本体操运动员藤本俊即使膝盖骨骨折，也未动摇夺取金牌的决心。

生于今天

1822 年 7 月 20 日，奥地利科学家格雷戈尔·孟德尔出生。他用豌豆进行实验，发现遗传定律，研究出亲代是如何将性状特征遗传给子代的。

1919 年 7 月 20 日，新西兰登山家埃德蒙·希拉里出生。他是第一个登上珠穆朗玛峰的人，还穿越了南北两极。

1985
发现遗失的宝藏

1985 年 7 月 20 日，经过 15 年的搜寻，美国探险家梅尔·费雪在美国佛罗里达州海岸找到了 17 世纪的西班牙沉船"阿托卡夫人号"。船上有成吨的黄金、白银和祖母绿宝石。

2018
轮椅特技

2018 年 7 月 20 日，美国运动员亚伦·佛斯林汉姆在美国加利福尼亚州伍德沃德西营地创造了 3 项轮椅特技世界纪录：最高的斜坡跳跃、最高弧面插入，以及最高单手倒立。

七月 21

其他发生于今天的历史事件

1865年7月21日,"狂野比尔"希科克在美国密苏里州斯普林菲尔德的一场对决中一枪击毙了赌徒大卫·塔特。这场对决被称为"狂野西部"第一决战。

1954年7月21日,在日内瓦会议上签订《印度支那停战协定》,这是被压迫民族和国家反抗侵略者取得的成果。

1983年7月21日,位于南极的前苏联科学考察站"东方站"(又名沃斯托克站)记录得到-89.2℃的地面温度,这是地球上有史以来的最低温度。

相扑冠军 **2017**

2017年7月21日,日本相扑选手白鹏翔在日本名古屋击败了高安晃,赢得了他职业生涯中第1 048场胜利,创造了此项运动史上最多的胜利纪录。

世界上最长的铁路线 **1904**

1904年7月21日,耗时十几年的西伯利亚大铁路最终完工。该铁路线全长9 332千米,西起莫斯科,东到符拉迪沃斯托克(海参崴),贯穿俄国诸多城市。

生于今天

1972年7月21日,肯尼亚运动员凯瑟琳·尼安布拉·恩德雷巴出生。她是个传奇人物,作为长跑运动员,曾4次赢得波士顿马拉松赛冠军,2次赢得芝加哥马拉松赛冠军和世界锦标赛马拉松赛冠军。

利用人力独自环游地球 **2012**

2012年7月21日,美国探险家埃尔登·埃鲁奇第一次利用人力独自环游地球旅行,最后成功返回美国博德加湾。在这5年的旅行中,他以骑自行车、步行、划独木舟、皮划艇和划船的方式共行驶了66 299千米。

七月 22

1802
统一越南

1802 年 7 月 22 日，嘉隆帝占领了越南北部城市升龙（今天的河内市）后统一越南，建立了越南历史上的最后一个封建王朝阮朝。

2009
21 世纪最长日全食

2009 年 7 月 22 日出现了 21 世纪以来最大规模的一次日全食。整个过程持续了 6 分 39 秒，当时全亚洲难以计数的人观看了这一壮观天象。

其他发生于今天的历史事件

1342 年 7 月 22 日，持续降雨导致多瑙河和莱茵河等几条欧洲河流的河岸决口，造成中欧有记录以来最严重的一次洪灾。

1997 年 7 月 22 日，日本漫画《航海王》首次出版，销量超过 4.5 亿册。

2015 年 7 月 22 日，英国研究人员发现了世界现存最古老的伊斯兰教经典《古兰经》残页。进行"碳-14 测年"后发现其距今约有 1 370 年的历史。

生于今天

1992 年 7 月 22 日，美国歌手兼演员赛琳娜·戈麦斯出生。小时候，她参演迪士尼电视节目成为童星，之后开始发展电影事业。她还组建了自己的乐队，成为一名独唱歌手。

1933
环球飞行

1933 年 7 月 22 日，美国飞行员威利·波斯特飞行了 7 天 18 小时 49 分后，在美国纽约市降落，完成了首次单人环球飞行，行程达 25 099 千米。

七月 23

2010
单向组合乐队
2010 年 7 月 23 日，英国选秀节目《未知元素》的评委西蒙·考威尔将 5 名参赛的青少年组合在一起，成立了"单向组合乐队"。很快，该乐队成为世界上最受欢迎的流行乐队之一。

其他发生于今天的历史事件
1952 年 7 月 23 日，埃及穆罕默德·阿里王朝结束了近 150 年的统治，国王法鲁克一世被推翻，后建立了共和国。

1980 年 7 月 23 日，越南航天员范遵乘坐苏联的"联盟 37 号"飞船进入太空，成为首位进入太空的亚洲人。

2015 年 7 月 23 日，美国国家航空航天局的科学家宣布发现了"开普勒-452b"，这是一颗位于类太阳恒星"宜居带"上的类地行星。

高速火车
1966
1966 年 7 月 23 日，美国前空军飞行员唐·韦策尔测试了由涡轮喷气发动机驱动的"黑甲虫"火车。黑甲虫在平坦笔直的轨道上疾驰而行，最高时速达到 296 千米，创下了美国铁路最快速度纪录。此后这一纪录在美国从未被打破。

生于今天
1931 年 7 月 23 日，毛利女王提·阿泰出生。她在任 40 年，是统治时间最长的毛利君主。

1989 年 7 月 23 日，英国演员丹尼尔·雷德克里夫出生。他在由 J.K. 罗琳的小说改编的系列电影"哈利·波特"中扮演哈利·波特。

2012
自行车环球纪录
2012 年 7 月 23 日，英德混血儿朱莉安娜·布赫灵具备运动员的极佳耐力，从意大利那不勒斯出发，成为世界上第一位骑自行车完成环球旅行的女性，创下了世界纪录。她骑行了 29 000 多千米，共用时 152 天。

七月 24

2019 全球变暖

科学研究表明,虽然在过去 2 000 年里地球上的温度有升有降,但是 20 世纪以来,人类活动导致全球平均温度升高,并在 2019 年 7 月 24 日创下观测史新高。

其他发生于今天的历史事件

1847 年 7 月 24 日,杨百翰率领一批摩门教徒来到美国犹他州的大盐湖,建立了盐湖城。

第二次世界大战期间,从 1943 年 7 月 24 日开始,700 多架英国皇家空军轰炸机对德国汉堡进行了连续 8 天的空袭。

1944 年 7 月 24 日,大约 300 名墨西哥空军士兵组成了一支名为"阿兹特克之鹰"的美军飞行中队。第二次世界大战期间,这支中队在太平洋前线与日军作战。

1911 发现印加帝国古城

1911 年 7 月 24 日,美国考古学家海勒姆·宾海姆在向导的带领下发现了位于秘鲁安第斯山脉中的马丘比丘城,成为第一个发现这座 15 世纪印加帝国古城遗址的西方人。

生于今天

1844 年 7 月 24 日,俄国画家列宾出生。他是巡回展览画派的代表。代表作有《伏尔加河纤夫》等。

1969 年 7 月 24 日,美国歌手兼演员詹妮弗·洛佩兹出生。作为歌手,她发行的流行歌曲非常畅销。

七月 25

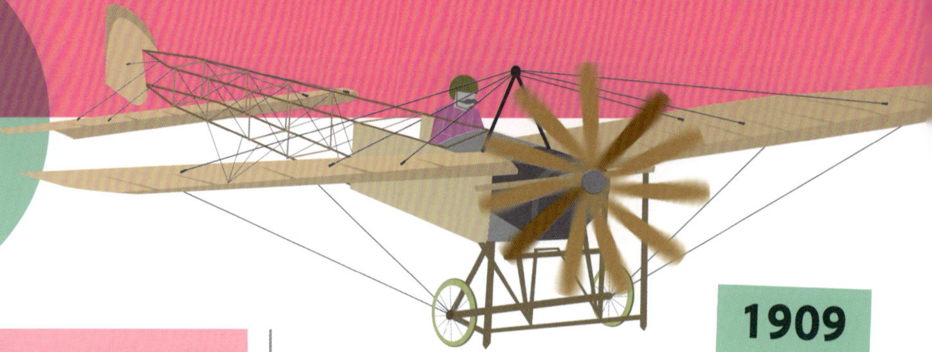

生于今天

1920 年 7 月 25 日，英国科学家罗莎琳德·富兰克林出生。她为人们发现 DNA（脱氧核糖核酸）的双螺旋结构做出了巨大贡献。

1967 年 7 月 25 日，美国演员马特·勒布朗出生。他因在热门电视剧《老友记》中扮演乔伊·崔比亚尼而出名。

1909 成功飞越英吉利海峡

1909 年 7 月 25 日，法国飞行员路易·布莱里奥成为第一个飞越英吉利海峡的人，并赢得了 1 000 英镑奖金，一举成为那个时代的杰出飞行员。

2006 音乐家图马尼·迪亚巴特

2006 年 7 月 25 日，著名的马里音乐家图马尼·迪亚巴特发行了知名专辑《独立之路》。他是最早用科拉琴录制专辑的艺术家之一。

其他发生于今天的历史事件

1814 年 7 月 25 日，在尼亚加拉瀑布地区进行的战役中，加拿大和英国军队与美国军队发生激战。

1984 年 7 月 25 日，苏联航天员斯韦特兰娜·萨维茨卡娅进入苏联"礼炮 7 号"空间站工作，成为世界首位行走太空的女性。

1984 试管婴儿

1984 年 7 月 25 日，路易丝·布朗出生于英国。她是世界上第一个试管婴儿，即在女性体外受精再将胚胎移植到母体孕育诞生的婴儿。

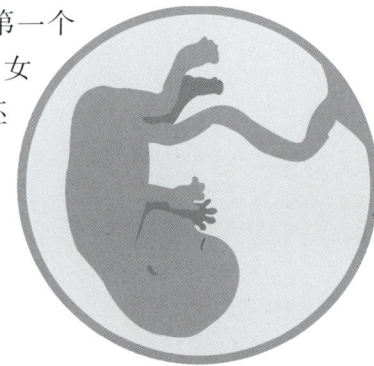

七月 26

1509
维贾亚纳加王国的崛起

1509年7月26日,克里希纳·迪瓦·拉亚(右图左)成为维贾亚纳加王国(位于现在的印度南部)的统治者。他通过征服扩张了王国的领土,并积极倡导发展艺术。

生于今天

1875年7月26日,瑞士心理学家、分析心理学创始人荣格出生。他首次提出"情绪"概念,主张把人格分为意识、个人无意识和集体无意识三层。

1964年7月26日,美国演员桑德拉·布洛克出生。她主演过多部好莱坞热门电影,如《生死时速》《弱点》《地心引力》等。

2012
保护刚果盆地

2012年7月26日,联合国大会呼吁中非的10个国家采取行动,共同监测刚果盆地的雨林,减少该地区的非法砍伐、采矿和建造行为。

其他发生于今天的历史事件

1920年7月26日,在比利时安特卫普奥运会上,72岁的瑞典射击运动员奥斯卡·斯旺获得银牌,成为奥运历史上年龄最大的奥运奖牌获得者。

1943年7月26日,浓烟笼罩着美国洛杉矶。一些人起初担心这是日本发动的化学烟雾袭击,但实际上这是由汽车排放的废气引起的。

七月 27

1896 无线电通信

1896 年 7 月 27 日，意大利工程师马可尼在英国伦敦展示了他发明的无线电报，用莫尔斯电码将信号从一个邮局发送到了 300 米以外的另一个邮局中。

兔八哥 1940

兔八哥是一只可爱的卡通兔子，1940 年 7 月 27 日，它首次出现在动画短片《一只野兔》中，后续成了多部动画片的主角。

1996 首届奥运会沙滩排球比赛

1996 年，首届奥运会沙滩排球比赛在美国亚特兰大举行。在 7 月 27 日的女子决赛中，巴西选手杰基·席尔瓦（下图左）和桑德拉·皮雷斯击败了同样来自巴西的莫妮卡·罗德里格斯和阿德里安娜·塞缪尔（下图右），赢得冠军。

生于今天

1923 年 7 月 27 日，日本韩裔武术家大山倍达出生。他参加过数百场空手道比赛，还赤手空拳打倒过公牛，后来创办了极真会馆。

其他发生于今天的历史事件

1377 年 7 月 27 日，鼠疫暴发后，拉古萨市（今克罗地亚的杜布罗夫尼克）是第一个实行强制性检疫的城市，进入该市的人必须隔离 30 天。

1921 年 7 月 27 日，加拿大科学家弗雷德里克·班廷和查尔斯·贝斯特发现了胰岛素。这是一种能控制血糖的激素，后来被用于治疗糖尿病。

1953 年 7 月 27 日，《朝鲜停战协定》签订，朝鲜战争结束。

214

七月 28

1588
击败西班牙无敌舰队

1588年7月28日,英国海军趁着夜色,将8艘燃着熊熊大火的军舰引到停泊在法国加来市港口的西班牙无敌舰队。西班牙人惊慌失措,舰队溃散,第二天英国军队轻松获胜。

其他发生于今天的历史事件

1866年7月28日,英国作家兼插画家碧雅翠丝·波特出生。她创作了20多本以动物为角色的儿童读物,如《彼得兔》。

1923年7月28日,中国计算机科学家夏培肃出生。她负责研究并设计出了"107计算机",这是中国第一台自行研制的通用电子数字计算机。

1917
"无声"的抗议

1917年7月28日,约有一万人走上纽约市的第五大道,默默游行,抗议针对美国非洲裔的种族屠杀。

1939
盎格鲁-撒克逊头盔

1939年7月28日,考古学家在英国萨福克郡萨顿胡古墓挖掘出了一顶精美绝伦的头盔。这是一件罕见的盎格鲁-撒克逊头盔,由铁制成,包括帽子、颈罩、面罩几个部分,能够从各个角度保护战士。

其他发生于今天的历史事件

1821年7月28日,在阿根廷将军圣马丁的领导下,秘鲁人民击败西班牙殖民军队,获得独立。

塞尔维亚爱国者刺死奥匈帝国皇储弗兰茨·斐迪南后,1914年7月28日,奥匈帝国向塞尔维亚宣战,第一次世界大战爆发。

1976年7月28日,中国河北省唐山市发生7.6级强地震,摧毁了城市的大部分地面建筑,损坏了许多道路和桥梁。

七月 29

生于今天
1981年7月29日，西班牙赛车手费尔南多·阿隆索出生。他是一级方程式赛车世界锦标赛最年轻的获胜者之一，还参加过其他赛车运动，如拉力赛和印第安纳波利斯500英里大奖赛。

凯旋门建成　**1836**
凯旋门于1836年7月29日建成，法国国王路易·菲力浦亲自揭幕。凯旋门位于法国巴黎，是为为法国而战的士兵们修建的纪念性建筑，也是该国最著名的地标性建筑之一。

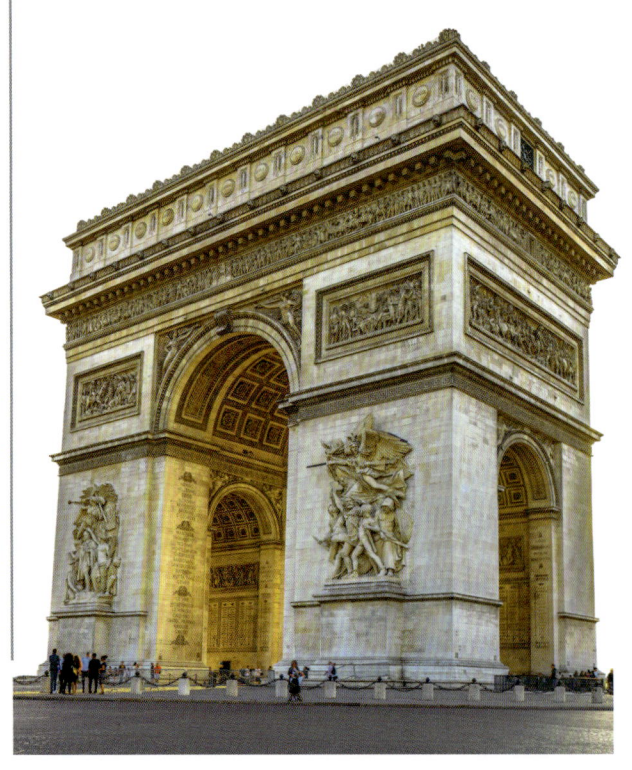

1981　童话般的婚礼
1981年7月29日，在全球各大媒体的转播见证下，在英国伦敦圣保罗大教堂中，英国王储威尔士亲王查尔斯与一名英国贵族的小女儿戴安娜·斯宾塞举行了婚礼。

其他发生于今天的历史事件
1030年7月29日，古挪威国王奥拉夫二世·哈拉尔松死于史狄克斯达德之战。在他执政期间，基督教在该国广泛传播。后来，教会尊封他为"圣人"。

1921年7月29日，阿道夫·希特勒成为德国纳粹党党魁。1933年，德国纳粹党开始执政。

七月 30

2016
一跃而下

2016年7月30日，美国冒险家卢克·艾金斯在没有佩戴降落伞的情况下，从美国加利福尼亚州锡米谷7 620米的高空自由下落，降落在一个巨大的安全网内，整个人安然无恙。

2011
国际友谊日

2011年，联合国宣布7月30日为"国际友谊日"，以促进各种族人民、各个社会和国家之间的密切联系，增强人们对困难时期友谊重要性的认识。

其他发生于今天的历史事件

762年7月30日，阿拔斯王朝统治者曼苏尔建立了现代伊拉克的首都巴格达。作为当时的都城，这座"圆城"得以繁荣发展。

2009年7月30日，日本航天员若田光一换上了一条新内裤，准备从国际空间站中返回地球。他在空间站的一个月里从未换过内裤，目的是测试特制的太空服是否会在长时间不更换的情况下发出异味。

生于今天

1947年7月30日，美国健美运动员、演员和政治家阿诺德·施瓦辛格在奥地利出生。他在丰富多彩的职业生涯中，赢得过"环球健美先生"的头衔，主演过多部好莱坞电影，还曾任美国加利福尼亚州州长。

七月 31

最古老的动物园之一　1752

1752 年 7 月 31 日，神圣罗马帝国皇帝弗朗茨一世在奥地利著名的美泉宫建成维也纳动物园。该园后于 1778 年对外开放。

勇敢飞越　2003

2003 年 7 月 31 日，奥地利跳伞运动员菲利克斯·鲍姆加特纳成为第一个使用碳纤维翅膀飞越英吉利海峡的人。他从英国多佛上空的一架飞机上跳下，飞行了 35 千米，然后在法国加来附近安全着陆。

其他发生于今天的历史事件

1581 年 7 月 31 日，约翰·冯·舍伦伯格当选为德意志特里尔大主教，继续实施欧洲最惨绝人寰的女巫审判。

2013 年 7 月 31 日，美国白宫授予美国黑人金柏莉·布莱恩特"改变世界的女性"称号。她创立了"黑人女孩代码"组织，向年轻女孩传授计算机技能。

2020 年 7 月 31 日，"北斗三号"全球卫星导航系统正式开通。中国成为世界上第三个独立拥有全球卫星导航系统的国家。

生于今天

1973 年 7 月 31 日，美国滑板运动员安迪·麦克唐纳出生。他共获得 9 次世界杯滑板系列赛冠军。

首次在月面驾驶月球车　1971

1971 年 7 月 31 日，参加美国国家航空航天局"阿波罗 15 号"任务的美国航天员大卫·斯科特和詹姆斯·艾尔文驾驶四轮电动月球车探索月球，成为第一批在月球上驾驶运行工具的航天员。

八月 1

光荣的童子军 — 1908
1908 年 8 月 1 日，英国陆军军官罗伯特·巴登·贝登堡在英国白浪岛组建了第一个童子团。在这里，孩子们可以学习在户外做饭和认识地图的技能。

其他发生于今天的历史事件
1834 年 8 月 1 日，《废奴法案》（1833 年制定）生效，结束了英属殖民地的奴隶制（圣赫勒拿和南亚次大陆除外）。

1944 年 8 月 1 日，第二次世界大战期间，波兰爆发了反抗纳粹德国占领军的华沙起义。

1984 年 8 月 1 日，英国一位农民发现了一具有着 2 000 年历史的泥炭沼泽尸体（在泥炭沼泽中自然保存的尸体），研究人员将其取名为林道人。

生于今天
1901 年 8 月 1 日，菲律宾拳击手弗朗西斯科·吉列多出生，人们也叫他潘乔·维拉。1923 年，他成为第一位赢得世界轻量级锦标赛的亚洲人。

1979 年 8 月 1 日，美国演员杰森·莫玛出生。他曾出演电视连续剧《星际之门：亚特兰蒂斯》《权力的游戏》，以及电影《海王》。

机器人环球之旅 — 2015
加拿大机器人 hitchBOT（搭便车的波特）在荷兰、德国和加拿大完成搭便车之旅后，2015 年 8 月 1 日到费城时，因遭到恶意破坏，提前结束其美国之旅。

首个音乐频道 — 1981
1981 年 8 月 1 日，美国推出 MTV（音乐电视）频道。该频道播放的第一首音乐视频，是由巴格斯乐队表演的《录影带杀死广播明星》。

八月 2

1971
月球上的纪念馆
1971年8月2日,"阿波罗15号"的美国航天员在月球上放置了一个名为《倒下的航天员》的小型雕塑和一块铭牌,铭牌上刻着14名在探索太空过程中牺牲的美国和苏联航天员的名字。

穿越水下
伦敦塔地铁是伦敦泰晤士河下的一条隧道,1870年8月2日对公众开放。乘客坐在木制火车车厢中往返于泰晤士河两岸。后来隧道变成了一条人行道。

1870

生于今天
1979年8月2日,肯尼亚运动员鲁本·科斯盖出生。他在21岁时夺得了奥运会3 000米障碍赛金牌,成为该项目有史以来最年轻的金牌得主。

公元前47
将军告捷
公元前47年8月2日,古罗马统帅恺撒在泽拉(在今天的土耳其)战役中战胜了本都王国。为庆祝胜利,恺撒驰书元老院:"Veni, vidi, vici."("我来,我见,我征服。")

其他发生于今天的历史事件
1733年8月2日,云南东川发生7.5级地震,这是中国地震记载地面断裂最详细的一次地震。

1944年8月2日,数千名罗姆人在波兰奥斯威辛集中营被纳粹杀害。如今这一天被定为罗姆人大屠杀纪念日。

1990年8月2日,在伊拉克总统萨达姆·侯赛因的领导下,伊拉克军队入侵邻国科威特,引发海湾战争。

八月 3

1862 受人尊敬的护士

美国南北战争时期，护士克拉拉·巴顿于1862年8月3日经允许将医疗用品送往战场。她一生都在为病人服务，后来创建了美国红十字会。

其他发生于今天的历史事件

1492年8月3日，意大利航海家克里斯托弗·哥伦布从西班牙起航，寻找向西到达印度的航行路线，结果发现了美洲大陆。

1914年8月3日，第一次世界大战期间，德国向法国宣战。

1946年8月3日，世界上第一个主题乐园——"圣诞老人乐园"在美国印第安纳州开业。

1958 核潜艇

"鹦鹉螺号"核潜艇是世界上第一艘核动力潜艇。它在北极地区冰盖下航行了近1 600千米后，于1958年8月3日通过北极点。

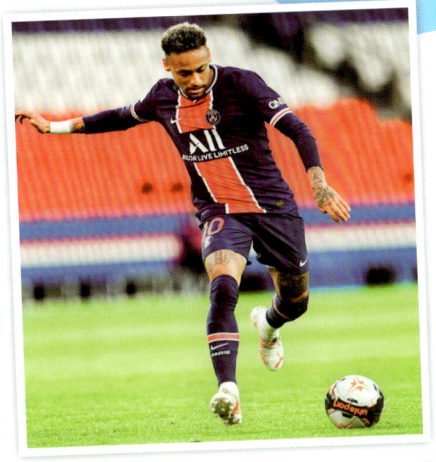

2017 超级前锋

2017年8月3日，法国巴黎圣日耳曼足球俱乐部宣布，以2.22亿欧元的极高价格签下了巴西著名前锋内马尔。

生于今天

1905年8月3日，墨西哥演员多洛里斯·德尔利奥出生。她是拉丁美洲最早的女演员之一，事业成功，在影剧界活跃了50多年。

1964年8月3日，南非雷鬼音乐人拉奇·杜布出生。他是南非最受欢迎的雷鬼艺人之一，用祖鲁语、英语和阿非利卡语录制的歌曲十分畅销。

八月 4

2006 极限特技

2006年8月4日，在美国洛杉矶举行的第12届世界极限运动会上，美国摩托车越野选手特拉维斯·帕斯特拉纳首次表演了摩托车后空翻两次的特技动作，最终获得98.6分的最高分，并赢得了3枚金牌。

2011 第一架电动直升机问世

法国工程师帕斯卡尔·克雷蒂安设计了世界上第一架电动载人直升机——Solution F/Chretien 直升机。2011年8月4日，帕斯卡尔首次试飞成功。飞机系留在地面上，飞离地面50厘米高，整个飞行持续了2分钟多一点儿。

其他发生于今天的历史事件

1944年8月4日，犹太少女安妮·弗兰克及其家人躲藏了两年多后，在荷兰阿姆斯特丹被纳粹发现并逮捕。

1998年8月4日，中国人第一次踏上了天山山脉东段最高峰、海拔5 445米的博格达峰。

2020年8月4日，黎巴嫩贝鲁特港口区发生大爆炸，造成6 500人重伤、约200人死亡。

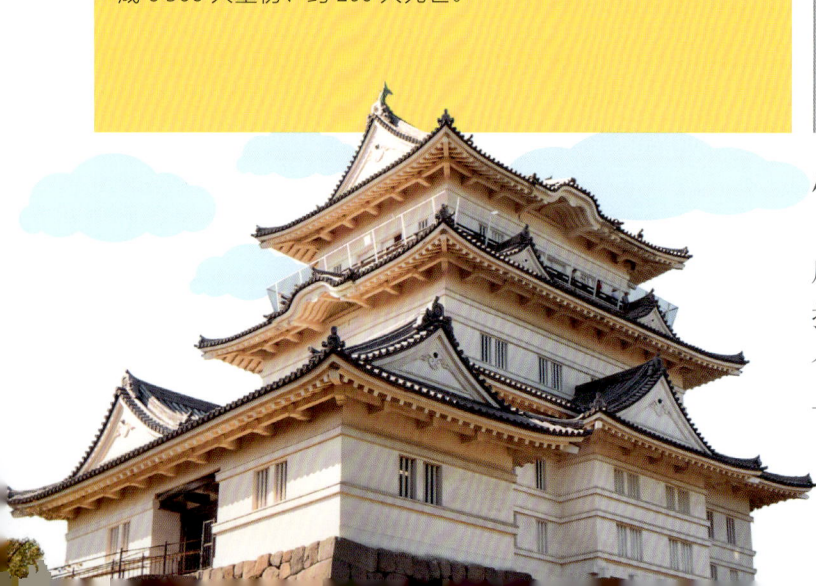

生于今天

1901年8月4日，美国非洲裔小号演奏家兼歌手路易斯·阿姆斯特朗出生。他在爵士乐中融入了自己独特的表演和演唱风格，推动了爵士乐的创新。

1929年8月4日，印度歌手、演员基肖尔·库马尔出生。他用不同的印度语演唱过2 000多首歌曲。

1590 小田原围攻战结束

1590年8月4日，后北条氏向武士领主丰臣秀吉的军队投降，丰臣军结束了对小田原城长达3个月的围攻。这一事件为丰臣秀吉统一日本奠定了重要基础。

八月 5

2020 植物种类最丰富的岛屿

2020年8月5日，据一个国际科学家小组透露，位于太平洋的新几内亚岛，是世界上植物种类最丰富的岛屿。岛上约有13 634种植物物种，其中1/5是兰科植物。

2013 一周年快乐！

2013年8月5日，为了庆祝"好奇号"成功登陆火星一周年，美国国家航空航天局的科学家们通过编程，让这辆火星车唱了一首《生日快乐歌》。这是火星车第一次在地球以外的星球上演唱歌曲。

其他发生于今天的历史事件

1963年8月5日，英国、美国和苏联签署一项国际条约，禁止在大气层、外层空间和水下进行核试验，但是不禁止地下核试验。

1993年8月5日，万智牌诞生，这是世界上第一款集换式卡牌游戏。

生于今天

1962年8月5日，美国牙买加裔篮球运动员兼教练帕特里克·尤因出生。他为纽约尼克斯队效力了15年，并于1984年和1992年获得了2枚奥运会金牌。

1888 第一次汽车旅行

为了测试奔驰专利汽车（世界上第一辆工厂制造机动车），德国企业家贝尔塔·本茨从曼海姆驱车104千米到达德国普福尔济姆，完成了第一次汽车长途旅行。

223

八月 6

1926 极速横渡英吉利海峡

1926年8月6日，美国运动员格特鲁德·埃德尔克服了巨浪、严寒和水母的重重挑战，成为第一位游泳横渡英吉利海峡的女性，比过去男性运动员创下的纪录还要快2个小时。

生于今天

1911年8月6日，美国演员露西尔·鲍尔出生。作为著名演员，她主演过许多热门电视喜剧，也是第一位经营好莱坞电影公司的女性。

1945 袭击广岛

1945年8月6日，第二次世界大战期间，美国在日本广岛投下了一颗原子弹，这是原子弹第一次被用于实战，造成约8万人当场死亡，之后又有成千上万的人死于辐射。

1960 "扭扭舞"

1960年8月6日，美国非洲裔歌手恰比·切克在"迪克·克拉克秀"上表演了一段"扭扭舞"，主要动作是扭动臀部。这是一股新的舞蹈潮流，很快红遍美国。

其他发生于今天的历史事件

1965年8月6日，美国总统林登·约翰逊签署了《投票权法案》，规定在官员选举中歧视非洲裔选民为非法行为。

1991年8月6日，英国计算机科学家蒂姆·伯纳斯－李创建了世界上首个网站。

2015年8月6日，中国香港科学家发布了全球首份交互式蚂蚁地图，展示全世界蚂蚁的地理位置。

八月 7

1974 高空走钢丝
1974年8月7日,法国高空走钢丝艺人菲力浦·帕特成功走过架在美国纽约世贸中心双子塔顶之间的钢丝(距离地面约400米),震惊观众。

其他发生于今天的历史事件
1819年8月7日,委内瑞拉将军西蒙·玻利瓦尔在博亚卡战役中击败西班牙军队,助力委内瑞拉和哥伦比亚摆脱西班牙的统治。

1987年8月7日,美国游泳运动员林恩·考克斯成为第一个从美国游到苏联的人。

1996年8月7日,科学家通过研究降落在南极洲的火星陨石后宣布,36亿多年前,火星上可能存在着简单的生命形式。

1942 密码情报
1942年8月7日,第二次世界大战期间,一支由15名纳瓦霍人密码员组成的美国海军陆战队,在太平洋瓜达尔卡纳尔岛登陆,协助美军抗击日本。密码员用纳瓦霍语作为密码传递美国军事情报,日军即便将之截获也无法破译。

1948 历史性一跳
1948年8月7日,美国运动员爱丽丝·科奇曼在伦敦奥运会跳高比赛中获胜,成为首位获得奥运会金牌的非洲裔女性。她以1.68米的成绩创造了当时的世界纪录。

生于今天
1975年8月7日,美国、南非双国籍演员兼制片人查理兹·塞隆出生。她曾获奥斯卡奖最佳女主角奖。

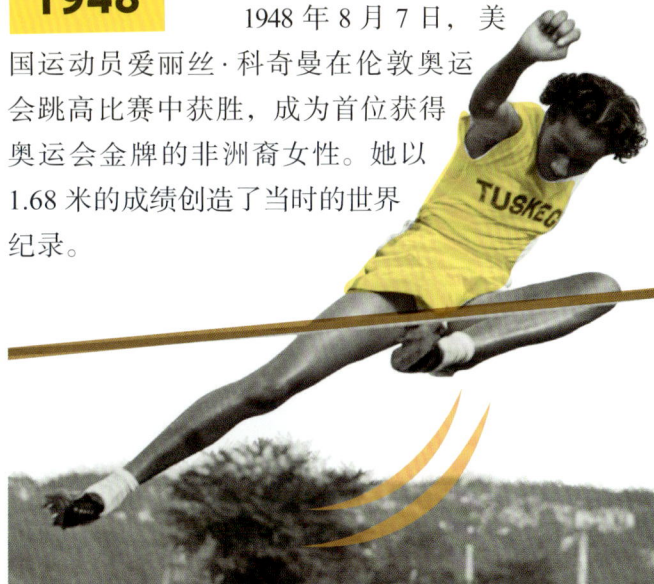

八月 8

1876 发明电笔

美国发明家托马斯·爱迪生发明了一种电笔，并在 1876 年 8 月 8 日获得专利。这种电笔可以在蜡纸上写字，然后用于复印，堪称最早的复印机器之一。

1709 热气球

1709 年 8 月 8 日，巴西牧师巴托洛穆·德·古斯芒进行了现有记录最早的热气球模型升高展示。在这次飞行中，热气球升到空中大约 4 米高的位置。

生于今天

1879 年 8 月 8 日，墨西哥革命家埃米利亚诺·萨帕塔出生。在墨西哥革命期间，他为农民夺回土地拥有权而斗争。

1969 年 8 月 8 日，中国歌手、演员王菲出生。她用粤语和普通话创作和演唱过许多歌曲，被誉为"亚洲天后"。

其他发生于今天的历史事件

1963 年 8 月 8 日，一伙英国匪徒从一列开往伦敦的火车上劫走了 200 多万英镑，这就是轰动一时的英国火车大劫案。

1967 年 8 月 8 日，东南亚国家联盟（简称"东盟"）成立，旨在发展区域经济。

1988 年 8 月 8 日，缅甸举行全国大游行，抗议者走上街头呼吁民主，要求结束军事统治。

1992 梦之队

1992 年 8 月 8 日，一支明星云集的美国篮球队在西班牙巴塞罗那奥运会上夺得金牌。这支球队囊括了当时的顶尖球员，包括迈克尔·乔丹和"魔术师"埃尔文·约翰逊，被视为实力最强大的一支篮球队。

八月 9

2019 王牌体操运动员

2019年8月9日，在美国堪萨斯城举行的美国全国体操锦标赛上，体操运动员西蒙·拜尔斯在平衡木上完成了团身720度旋下，这一壮举让评委和观众大吃一惊，因为这个动作之前从未有人在比赛中表演过。

生于今天

1914年8月9日，芬兰作家、漫画家托芙·扬松出生。她刻画了一个长得有些像河马的角色，名叫"姆明"，并以姆明一家为内容创作出一系列书籍和连环画。

1993年8月9日，印度体操运动员迪帕·卡玛卡出生。她成为印度史上第一位取得奥运会参赛资格的女子体操运动员。

牛仔裤专利 1872

1872年8月9日，美国企业家列维·施特劳斯和裁缝雅各布·戴维斯为一款裤子申请了一项专利，这是为加州金矿工人设计的一款耐用裤子，由牛仔布制成。此后牛仔裤逐渐成为人们的一种日常服装。

其他发生于今天的历史事件

1942年8月9日，印度民族运动领袖"圣雄"甘地因发起了"英国退出印度运动"被捕。这场活动要求英国结束在印度的统治。

1945年8月9日，第二次世界大战期间，美军在日本长崎投下了第二颗原子弹，原子弹代号为"胖子"。

1982年8月9日，厄瓜多尔政府建造的新赤道纪念碑落成。赤道纪念碑标志着南半球和北半球之间的分界线。

超级短跑运动员 1936

1936年8月9日，美国非洲裔短跑运动员杰西·欧文斯在柏林奥运会4×100米接力赛中获得了人生中的第4枚金牌。此前他已获得100米、200米以及跳远项目的金牌。他的胜利有力回击了法西斯德国元首阿道夫·希特勒的白人优越理论。

八月 10

1937
摇滚吧！
1937 年 8 月 10 日，美国发明家 G.D. 比彻姆为第一把电吉他申请了专利。这把电吉他被称为"里肯巴克煎锅"，是一款多功能乐器，彻底改变了 20 世纪的音乐风格。

1993
正义的捍卫者
1993 年 8 月 10 日，美国律师露丝·巴德·金斯伯格宣誓就任美国联邦最高法院大法官。她倡导保障妇女权益，一生都在为解决两性不平等问题而不懈奋斗。

战舰沉没
1628
1628 年 8 月 10 日，在人们惊恐目光的关注下，瑞典战舰"瓦萨号"试航不到 20 分钟便沉没。现代考古学家认为，是战舰上过重的青铜大炮和装饰物导致了沉船。

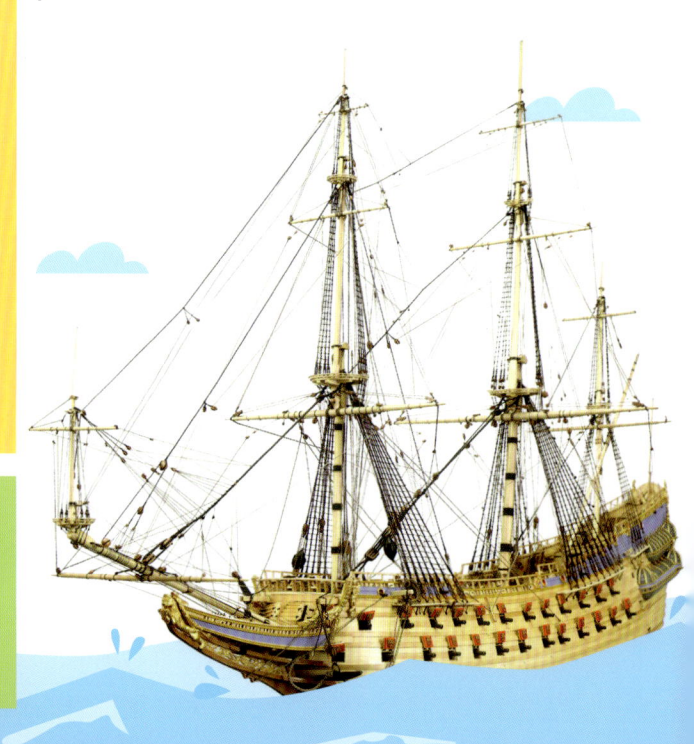

其他发生于今天的历史事件
1792 年 8 月 10 日，法国大革命期间，抗议者冲进了国王在巴黎的居所杜伊勒里宫。

1924 年 8 月 10 日，第一届听障奥林匹克运动会在法国巴黎举行，共有 9 个国家的听障运动员参加了此次运动会。

2017 年 8 月 10 日，新西兰科学家在南极洲发现了一块保存完整的水果蛋糕。这块蛋糕是英国探险家留下的，距今已有 100 多年的历史。

生于今天
1962 年 8 月 10 日，美国作家苏珊·柯林斯出生。她从职业生涯早期就开始为儿童电视节目进行创作，其最著名的作品是"饥饿游戏"系列丛书。

八月 11

其他发生于今天的历史事件

1858年8月11日,登山者成功征服了瑞士阿尔卑斯山的艾格峰。爱尔兰人查尔斯·巴林顿、瑞士登山向导克里斯蒂安·阿尔默和彼得·博伦是第一批登上这座海拔3 967米的山峰的人。

1919年8月11日,魏玛共和国(也就是"德意志国")第一任总统弗里德里希·艾伯特签署了《魏玛宪法》,赋予成年公民选举权。

1934年8月11日,137名囚犯被送往位于美国旧金山湾的恶魔岛联邦监狱。他们是这所戒备森严的监狱关押的第一批囚犯。

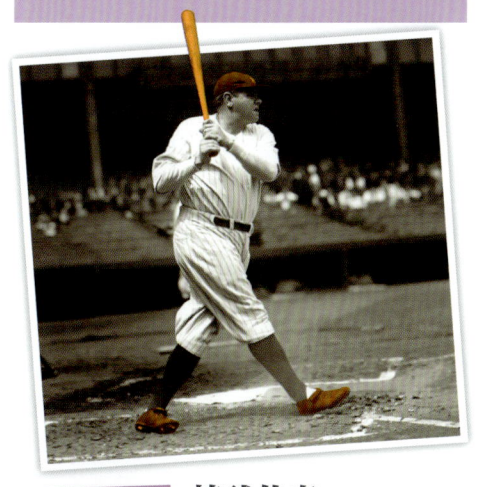

2019
急速向前

2019年8月11日,在欧洲首次举行的W Series女子三级方程式比赛中,英国赛车手杰米·查德威克赢得了6场比赛中的2场,以110分的成绩赢得了W Series女子方程式冠军。

生于今天

1965年8月11日,美国非洲裔演员维奥拉·戴维斯出生。她是首位兼获托尼奖、艾美奖和奥斯卡奖3项大奖的美国非洲裔演员,曾在许多戏剧、电视剧和电影中担任主演。

日全食
1999

这是20世纪的最后一次日全食,持续了2分23秒,全世界有约20亿人观看了这一景观。

1929
棒球传奇

1929年8月11日,美国棒球运动员乔治·赫尔曼·鲁斯(又称贝比·鲁斯)在美国克利夫兰联盟球场打出了他的第500个本垒打之后,成为美国职业棒球大联盟中首个实现这一壮举的球员。

八月 12

1883 消失的物种

1883年8月12日，最后一只伯切尔（一种南非斑马）死于荷兰阿姆斯特丹的阿提斯动物园。由于过度捕杀，这种动物最终灭绝。

其他发生于今天的历史事件

1990年8月12日，人们在美国南达科他州发现了有史以来最大的霸王龙化石之一，将其命名为"苏"。

2016年8月12日，科学家宣布发现了寿命最长的脊椎动物——格陵兰鲨，其寿命约有400岁。

2018年8月12日，美国国家航空航天局发射了"帕克号"太阳探测器，对太阳进行观测。该探测器最高时速达80万千米，是有史以来飞行速度最快的航天器。

1851 巧妙的缝纫设计

美国发明家艾萨克·梅里特·辛格对当时既有的缝纫机设计进行改进后，1851年8月12日获得了该缝纫机的发明专利。他发明的缝纫机能够固定织物，针能快速上下移动。

生于今天

1911年8月12日，墨西哥演员马里奥·莫雷诺出生。更为人所知的是他的艺名"坎丁弗拉斯"，他是拉丁美洲最受欢迎的喜剧演员之一。

1865 灭菌革命

1865年8月12日，英国外科医生约瑟夫·利斯特在手术期间向患者伤口喷洒稀释的苯酚溶液，以防止有害的空气微生物感染伤口。利斯特的灭菌法很快得到广泛使用，患者死亡率大幅下降。

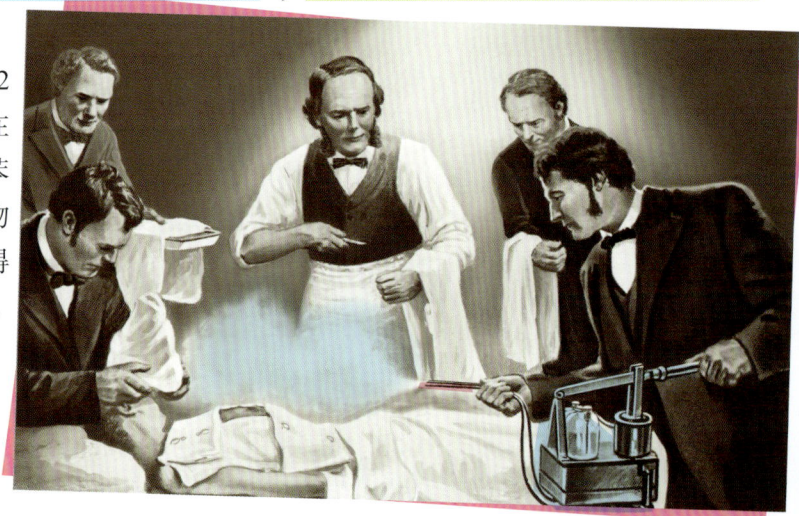

八月 13

1961 柏林墙

为了防止人们从东柏林前往西柏林（公民从民主德国外流到联邦德国），1961年8月13日，民主德国开始沿东、西柏林分界线修建围墙。柏林墙是冷战的标志之一，1990年德国统一后被拆除。

其他发生于今天的历史事件

1512年8月13日，西班牙军队入侵阿兹特克帝国的首都特诺奇蒂特兰（在今天的墨西哥），开始了对该地区的殖民统治。

1918年8月13日，美国印第安纳州的奥帕·梅·约翰逊于第一次世界大战期间应征入伍，成为第一名加入美国海军陆战队的女性。

2003年8月13日，加拿大特技演员斯科特·哈默尔在离地面2 195米高的热气球中成功表演了逃脱术。

1976 国际左撇子日

1976年8月13日，美国士兵迪安·R.坎贝尔设立了"国际左撇子日"。这个节日一年庆祝一次，旨在提醒人们注意左撇子人群在日常生活中可能面临的挑战。

2016 奥运冠军

2016年8月13日，在巴西里约热内卢奥运会上，美国游泳运动员迈克尔·菲尔普斯获得了第23枚奥运金牌，成为获得奥运金牌数量最多的一名运动员。

生于今天

1860年8月13日，美国神枪手安妮·奥克利出生。她参加了美国西大荒演出，走遍美国各地，在节目中表演射击技巧。

1899年8月13日，英国电影导演、制片人和编剧阿尔弗雷德·希区柯克出生。他导演了50多部惊悚片，深受全世界观众的喜爱。

231

八月 14

1880 科隆大教堂

1880年8月14日，世界上最高的双尖塔教堂——科隆大教堂，历时632年完成施工。如今，该教堂已成为德国地标性建筑，每天约有20 000名游客前来参观。

2019 塑料雨

2019年8月14日，科学家在美国科罗拉多州博尔德市的降雨中发现了一种微小塑料颗粒，称之为"微塑料"。这种颗粒直径不足5毫米，如果被误食，对人和动物都会造成危害。

生于今天

1959年8月14日，美国非洲裔篮球运动员"魔术师"埃尔文·约翰逊出生。在13年的职业生涯中，他始终为洛杉矶湖人队效力，并在1992年奥运会上获得金牌。

2016 极速冲刺

2016年8月14日，在巴西里约热内卢奥运会上，牙买加短跑运动员尤塞恩·博尔特以9.81秒的成绩夺得100米金牌。这是他继2008年北京奥运会和2012年伦敦奥运会后，连续赢得的第三块100米比赛金牌。

其他发生于今天的历史事件

1941年8月14日，美国总统罗斯福和英国首相丘吉尔在大西洋的纽芬兰联合发表《大西洋宪章》。

1945年8月14日，美国用原子弹轰炸广岛和长崎后，日本向同盟国投降，第二次世界大战结束。

八月 15

1947 印度的分裂

1947年英国宣布英属印度独立时，根据居民的宗教信仰，将其划分为两个自治领：穆斯林占多数的巴基斯坦，以及印度教徒占多数的印度联邦。8月15日，数百万人被迫离开家园，乘坐拥挤的火车进入新成立的国家。

其他发生于今天的历史事件

1914年8月15日，全长81.3千米的巴拿马运河通航。运河连接太平洋和大西洋。巴拿马运河通航之前，船只必须绕道南美洲。

1948年8月15日，韩国成立了以李承晚为总统的第一届大韩民国政府。

生于今天

1964年8月15日，美国人道主义者梅琳达·弗伦奇·盖茨出生。作为比尔及梅琳达·盖茨基金会的联合创始人，她一直致力于两性平等和医疗保健问题。

2013 小型食肉动物

2013年8月15日，美国史密森学会的科学家宣布发现了一种名为小型犬浣熊的食肉哺乳动物。作为浣熊的近亲，它长着大眼睛和锋利的爪子，栖息于哥伦比亚和厄瓜多尔的森林中。

1969 伍德斯托克音乐节

1969年8月15日，40多万音乐迷聚集在美国纽约州贝瑟尔小镇上的一个农场，观看吉米·亨德里克斯（上图）、谁人乐队、感恩而死乐队、贾尼斯·乔普林等摇滚明星的表演。

233

八月 16

1501
大理石杰作
1501 年 8 月 16 日，意大利文艺复兴时期，艺术家米开朗琪罗开始在意大利佛罗伦萨用一块 5.5 米高的大理石雕刻一座雕像。这座雕像名为"大卫"，花了整整 3 年时间才得以完成。

其他发生于今天的历史事件
1858 年 8 月 16 日，首个跨大西洋的电报，通过铺设在大西洋海底的 4 000 千米长的电缆，被从英国发送到美国。

1896 年 8 月 16 日，3 个人在加拿大育空区的克朗代克河支流中发现了黄金，掀起了一股克朗代克河"淘金热"。

2016 年 8 月 16 日，"长征 2 号"丁火箭成功将世界首颗量子科学实验卫星发射升空。

生于今天
1958 年 8 月 16 日，美国歌手、词曲作者及演员麦当娜出生。这位"流行天后"因百变形象而闻名，唱片热销全球，销量有 3 亿多张。

1994
首款智能手机问世
1994 年 8 月 16 日，美国国际商业机器公司推出了一款名为"IBM Simon"的掌上触屏手机。它可以用来打电话、收发电子邮件和传真，还具有记事本的功能，被认为是世界上第一款智能手机。

2018
咕噜谜鳢
2018 年 8 月 16 日，印度喀拉拉邦发生了严重洪水，当地人发现了一种被从地下水域冲出来的新鱼类，称为咕噜谜鳢。咕噜谜鳢是以奇幻小说《指环王》中一个生活在地下的角色命名的。

八月 17

其他发生于今天的历史事件

1612年8月17日，英国兰开夏郡的彭德尔发生了一起著名的女巫审判案。10人被指控为巫师，除一人外，其余全部被判有罪并被处决。

2015年8月17日，对史前植物蒙特塞克藻化石所进行的研究表明，这种植物生长于1.25亿年前，是世界上最古老的开花植物之一。

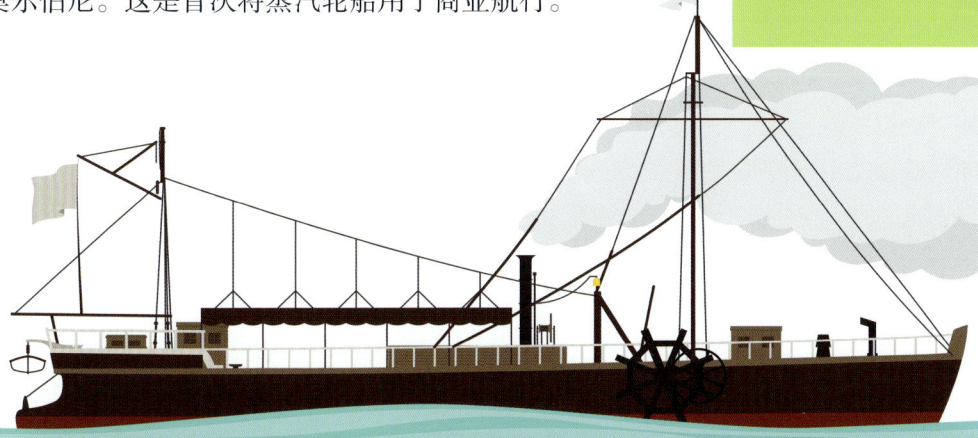

1959 发明安全带

瑞典沃尔沃汽车公司的尼尔斯·博林发明了三点式安全带，1959年8月17日提交了专利申请。沃尔沃还把他们的安全带专利免费提供给其他汽车制造商使用，使之成为当今汽车使用的标准安全带。

1908 最早的动画片

1908年8月17日，世界上第一部手绘动画电影《幻影集》上映，由法国漫画家兼动画师埃米尔·科尔创作。该片以粗线条刻画了一个人物，之后又变化成不同物体和角色。

1807 首次商业航行

1807年8月17日，美国工程师罗伯特·富尔顿建造的"克莱蒙特号"蒸汽动力船，从美国纽约出发，沿哈得孙河航行240千米，将乘客运送到美国奥尔伯尼。这是首次将蒸汽轮船用于商业航行。

生于今天

1992年8月17日，英国摔跤运动员萨拉亚·杰德·贝维斯出生。她又名佩吉，是WWE Divas锦标赛和NXT女子锦标赛中最年轻的冠军。

八月 18

1805
飘向天空
1805 年 8 月 18 日，法国热气球驾驶员索菲·布兰查德在法国图卢兹完成首次独自飞行，自此开始了自己的职业生涯，成为世界上第一位驾驶热气球的职业女性。

1931
玫瑰新品种
1931 年 8 月 18 日，美国新泽西州的亨利·博森堡获得了第一项植物专利。他培育出了一种名为"新曙光"的玫瑰新品种，花色呈银粉色，全年开花。

生于今天
1861 年 8 月 18 日，俄国画家列维坦出生。他的创作多表现俄国大自然景物。代表作有《小白桦树林》《金黄色的秋天》等。

1911 年 8 月 18 日，美国非洲裔民权活动家阿米莉亚·博因顿·罗宾逊出生。她组织了三次从美国亚拉巴马州塞尔玛开始的抗议游行。

1920
最后一次拔河比赛
1920 年 8 月 18 日，在比利时安特卫普奥运会上，拔河比赛最后一次在奥运会中作为参赛项目出现。此次奥运会拔河比赛中，英国队战胜了荷兰队。

其他发生于今天的历史事件
1590 年 8 月 18 日，殖民者约翰·怀特回到美国罗阿诺克村后，发现生活在这块英国殖民地上的村民全部神秘失踪了。

2005 年 8 月 18 日，印度尼西亚爪哇岛和巴厘岛发生大规模停电事故，约有 1.2 亿居民受到影响。

2019 年 8 月 18 日，人们为冰岛的奥克冰川举行了葬礼仪式。在经历了有记录以来最热的夏天后，奥克冰川融化消失。

八月 19

1934 肥皂盒汽车大赛

1934年8月19日,第一届全美肥皂盒"汽车"大赛在美国代顿举行,孩子们驾驶着自制的"汽车"从山坡上滑下。这些"汽车"没有动力,只靠地心引力作用前进。11岁的罗伯特·特纳驾驶着一辆四轮木制车,成为该赛首位冠军。

其他发生于今天的历史事件

1837年8月19日,法国摄影师路易·达盖尔发明达盖尔银版摄影法——通过镀银的铜板上产生的化学反应在相机中成像。

1887年8月19日,俄国化学家门捷列夫乘坐热气球独自飞行,在俄国上空观看日食。

1931年8月19日,中国发生特大洪水,长江汉口站水位超过28米,数百万人受灾。

生于今天

1883年8月19日,法国时装设计师香奈儿出生。她创立了香奈儿品牌,以手袋、香水和服装设计(如经典的香奈儿"小黑裙")著称。

2020 哈里斯竞选副总统

2020年8月19日,作为事业有成的律师和政治家,卡玛拉·哈里斯接受总统提名,成为美国副总统候选人。她是美国历史上首位成为副总统候选人的有色人种女性。同年11月,哈里斯成功当选美国首位女副总统。

1900 奥运会板球比赛

1900年8月19日,奥运会上唯一一场板球比赛在法国巴黎万森纳体育场举行,最终英国以158分击败法国。

八月 20

1999
从濒危物种名单中被除名

1999 年 8 月 20 日，美国鱼类和野生动物管理局将游隼从濒危物种名单中删除。由于《濒危物种法》颁布的保护措施和对有害杀虫剂的禁令，游隼的数量逐渐恢复。

其他发生于今天的历史事件

636 年 8 月 20 日，阿拉伯军队在耶尔穆克战役中取得胜利，结束了拜占庭帝国在叙利亚的统治。

1619 年 8 月 20 日，第一批非洲奴隶抵达北美的英国殖民地弗吉尼亚。

1897 年 8 月 20 日，英国医生罗纳德·罗斯在一只雌性按蚊的胃中发现了导致疟疾的寄生虫。

1960 年 8 月 20 日，塞内加尔退出马里联邦，成立塞内加尔共和国。

生于今天

1901 年 8 月 20 日，意大利诗人夸齐莫多出生。他是意大利隐逸派诗歌的主要代表之一，获得 1959 年诺贝尔文学奖。

1913 年 8 月 20 日，美国心理生物学家罗杰·斯佩里出生。他因发现大脑半球的功能性分工，获得 1981 年诺贝尔生理学或医学奖。

1922
世界女子运动会

1922 年 8 月 20 日，第一届世界女子田径运动会在法国巴黎举行。大约有 15 000 名观众齐聚于此，观看女运动员的比赛。

八月 21

1961 肯尼亚自由领袖

1961年8月21日，在被监禁9年后，乔莫·肯雅塔被英国当局释放。作为肯尼亚独立运动的领袖，他对肯尼亚摆脱英国的统治起到了重要作用。

《蒙娜丽莎》失窃 1911

1911年8月21日，由文艺复兴时期艺术家列奥纳多·达·芬奇所创作的世界名画《蒙娜丽莎》在法国巴黎卢浮宫博物馆被盗。西班牙艺术家巴勃罗·毕加索因购买了博物馆被盗物品而被怀疑盗走画像，所幸后来罪名得以澄清。

其他发生于今天的历史事件

1968年8月21日，苏联集合华约组织四国出动几十万军队占领捷克斯洛伐克（今天的捷克和斯洛伐克）全境，宣告该国"布拉格之春"改革运动的结束。"布拉格之春"改革运动是捷克斯洛伐克第一书记杜布切克开始的一系列改革，包括改变苏捷经济上不平等状态以及实行新的经济管理体制等。

1986年8月21日，非洲喀麦隆的尼奥斯湖突然释放出一团高浓度的二氧化碳气体云（实为湖沼喷发），附近村庄的许多居民和牲畜因此窒息而死。

2018年8月21日，科学家证实，印度月球探测器"月船1号"探测到了月球上的第一块水冰。

计算机 1888

美国发明家威廉·S.斯巴勒斯成功开发出第一台计算机，并于1888年8月21日成功获得了专利。虽然当时已经存在加法器，但这台计算机设备计算得更精确，始终能给出正确答案。

生于今天

1986年8月21日，牙买加运动员尤塞恩·博尔特出生。他被认为是有史以来最伟大的短跑运动员之一，在奥运会100米和200米项目中赢得过多枚金牌。

八月 22

创建凯迪拉克汽车公司 1902

1902 年 8 月 22 日，美国工程师亨利·利兰创建了凯迪拉克汽车公司，成为首批汽车制造商之一。该公司销售的汽车带有车灯和以电子点火装置启动的发动机，非常豪华。

传奇海盗 1720

1720 年 8 月 22 日，爱尔兰海盗安妮·伯尼与英国海盗玛丽·瑞德在加勒比群岛抢夺了一艘"威廉号"海盗船。在海盗的黄金时代，这两名女性的传奇冒险故事广为流传。

生于今天

980 年 8 月 22 日，阿拉伯哲学家、医学家伊本·西拿（拉丁名阿维森纳）出生。他所著的《医典》，成为 17 世纪前医学专业学生们参考的典籍。

其他发生于今天的历史事件

1642 年 8 月 22 日，英国国王查理一世在英国诺丁汉城竖起自己的军旗，向议会正式宣战，挑起了第一次英国内战。

1963 年 8 月 22 日，美国国家航空航天局的 X-15 火箭飞机创下了 108 千米飞行高度的世界纪录。

1993 年 8 月 22 日，中非共和国的珍妮-玛丽·鲁思-罗兰成为非洲国家第一位竞选总统的女性。

海地英雄 1791

1791 年 8 月 22 日，法属殖民地圣多明戈的奴隶举行起义，这场起义标志着海地革命开始。在天赋异禀的将领杜桑·卢维杜尔的领导下，海地摆脱了法国的殖民统治，实现独立。

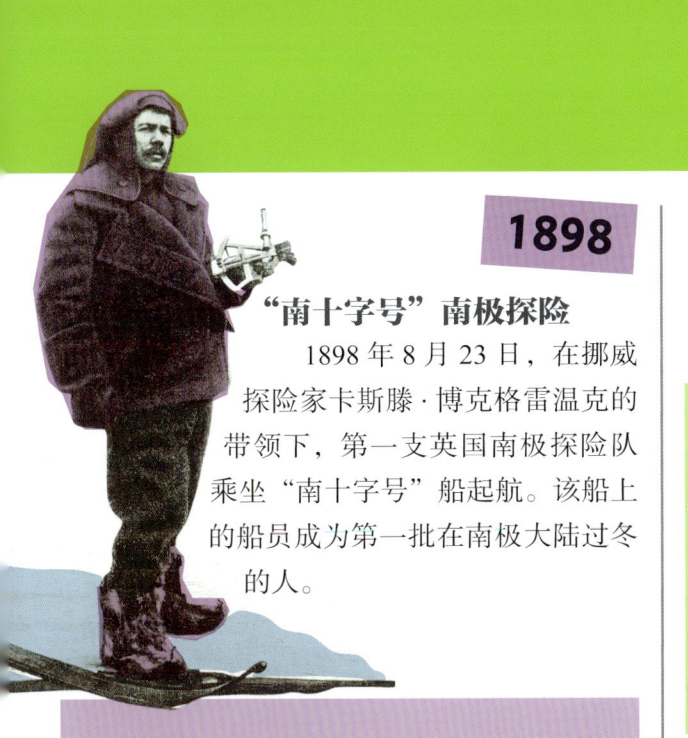

八月 23

1898
"南十字号"南极探险

1898年8月23日，在挪威探险家卡斯滕·博克格雷温克的带领下，第一支英国南极探险队乘坐"南十字号"船起航。该船上的船员成为第一批在南极大陆过冬的人。

生于今天

1769年8月23日，法国博物学家乔治·居维叶出生。他在化石研究方面做出了重要贡献，并证明了物种可能灭绝的事实。

1988年8月23日，美国华裔篮球运动员林书豪出生。他是第一位赢得美国职业篮球联赛冠军的华裔美国人。

其他发生于今天的历史事件

1942年8月23日，列宁格勒保卫战全面开始，苏联军队为捍卫列宁格勒的控制权与德军进行战斗。

1966年8月23日，美国国家航空航天局的"月球轨道器1号"传回了第一幅在月球轨道上拍摄的地球照片。

1991年8月23日，蒂姆·伯纳斯－李发明的万维网，首次向公众开放。

2007
话题标签的诞生

2007年8月23日，美国博主克里斯·梅西纳在社交媒体网站推特上发布了"#barcamp"的帖子，这是话题标签"#"符号首次在推文中出现。

1989
波罗的海"人链"

1989年8月23日，来自波罗的海周边三个国家——爱沙尼亚、拉脱维亚和立陶宛的200万人站在一起，手拉手唱着歌，组成了一条600千米长的"人链"，以示独立的决心。

八月 24

最后一个古埃及象形文字

394

394 年 8 月 24 日，埃及伊西斯神庙的墙上刻了一段关于古埃及神话中冥王奥西里斯的题词。它被称为埃姆塞特-阿克霍姆的涂鸦，是最后一个已知的象形文字铭文。

其他发生于今天的历史事件

410 年 8 月 24 日，日耳曼人西哥特族洗劫了罗马城。这是 800 年来罗马第一次被敌人攻破。

1821 年 8 月 24 日，《科尔多瓦协定》签署，西班牙在墨西哥的殖民统治结束。但该协定并未获得西班牙当局的正式承认。

2006 年 8 月 24 日，行星的官方定义改变后，冥王星不再是行星，而是重新被归类为矮行星。

凉爽之旅

1967

1967 年 8 月 24 日，随着英国伦敦夏季气温飙升，切辛顿动物园的两只企鹅——凤头黄眉企鹅洛基和它的朋友在附近溜冰场享受了一天的凉爽之旅。

生于今天

1899 年 8 月 24 日，阿根廷作家博尔赫斯出生。他获得过阿根廷国家文学奖、西班牙塞万提斯奖等。

1957 年 8 月 24 日，英国演员、心理健康活动家斯蒂芬·弗莱出生。作为演员，他屡获殊荣，并曾为 7 本"哈利·波特"系列小说的有声读物配音。

八月 25

1609 展示望远镜

1609年8月25日，意大利天文学家伽利略·伽利雷向威尼斯商人展示了他的第一台望远镜。他把望远镜转向天空，研究太阳、月亮及其他天体。

1958 方便面

1958年8月25日，华裔日籍企业家安藤百福推出了名为鸡汤拉面的方便面，第一年内就售出了约1 300万包。

生于今天

1927年8月25日，美国非洲裔网球运动员奥尔西·吉布森出生。她是第一位赢得法国网球公开赛、温布尔登网球锦标赛和美国网球公开赛冠军的非洲裔美国人。

1958年8月25日，美国导演兼作家蒂姆·波顿出生。他导演了许多奇幻电影，因古怪的角色而闻名；还改编了许多经典故事，如《爱丽丝梦游仙境》。

2006 发现最高的树

2006年8月25日，两位美国生物学家在美国红杉国家公园发现了世界上现存最高的树"北美红杉亥伯龙神"。这棵树高达116米，具体位置对外保密，据说它已经活了600~800年。

其他发生于今天的历史事件

1944年8月25日，第二次世界大战期间，在法国巴黎被德军占领了4年之后，同盟国军队在这一天解放了巴黎。

2012年8月25日，美国国家航空航天局的行星际探测器"旅行者1号"成为第一个飞出太阳系的人造物体。

2017年8月25日，数十万罗兴亚人逃离缅甸，越过边境进入孟加拉国，以逃避缅甸军方的迫害。

八月 26

1346
克雷西会战

1346 年 8 月 26 日，法国军队对途经法国北部的英国侵略军发起袭击，这次会战成为英法百年战争中的经典战役。克雷西会战中，英军以长弓箭为武器，使得法军伤亡惨重，英军大捷。

生于今天

1918 年 8 月 26 日，美国非洲裔数学家凯瑟琳·约翰逊出生。作为第一批在美国国家航空航天局工作的非洲裔女性，她所做的计算对"友谊 7 号"飞船、"阿波罗号"飞船和航天飞机的飞行起到了至关重要的作用。

1959
迷你车

1959 年 8 月 26 日，英国汽车公司正式向公众展示莫里斯迷你车。这款小型车绰号为"迷你"，其因精美的设计、实惠的价格和可容纳 4 名乘客的空间而备受青睐。

其他发生于今天的历史事件

1789 年 8 月 26 日，法国议会通过《人权与公民权宣言》，宣告了平等和自由等基本原则。

1914 年 8 月 26 日，德军在坦能堡战役中击败了俄军，这是该国在第一次世界大战中取得的最大胜利。

2018 年 8 月 26 日，英国探险家阿什·戴克开始了徒步中国长江之旅。大约 1 年后，他走完了全长 6 437 千米的路程。

八月 27

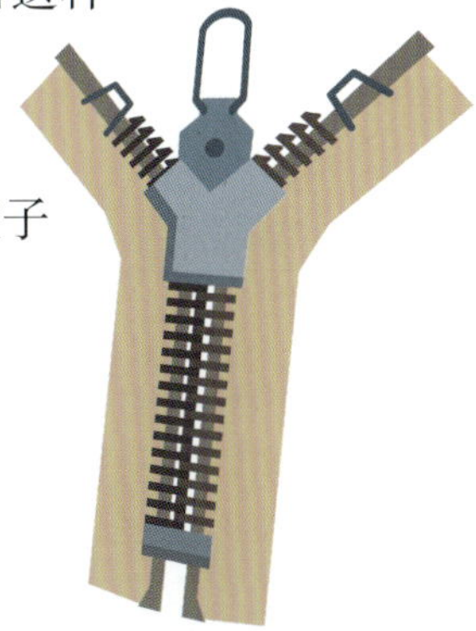

1883
猛烈的火山爆发

1883年8月27日，印度尼西亚的喀拉喀托火山爆发，破坏性达到顶峰，36 000多人因火山爆发及其引起的海啸而死亡。

1869
赛艇比赛

1869年8月27日，第一届国际赛艇比赛在英国泰晤士河举行。英国牛津大学队击败美国哈佛大学队，最先到达终点线。美国报纸纷纷报道了这场比赛。

生于今天

1908年8月27日，澳大利亚板球运动员唐·布拉德曼出生。他职业生涯中的击球平均成绩高达99.94分，他人难以逾越。

1958年8月27日，苏联航天员谢尔盖·克里卡列夫出生。他共执行过6次太空任务，在太空累计停留803天。

1914
拉链的诞生

1914年8月27日，美国瑞典裔工程师吉德昂·逊德巴克为自己发明的拉链提出了专利申请。此后这种金属紧固件成为人们生活中的日常用品，被广泛应用于衣服、鞋子和袋子的制作中。

其他发生于今天的历史事件

1896年8月27日，盎格鲁－桑给巴尔战争持续了约45分钟后结束，这是人类有记载的战时最短的一场战争。

1908年8月27日，中国清政府迫于国内外舆论压力，为保持君主专制制度，颁布《钦定宪法大纲》。

1964年8月27日，电影《欢乐满人间》在美国洛杉矶首映。该片讲述了一个仙女化身为保姆来到人间的故事。

八月 28

2020 飞行汽车
2020 年 8 月 28 日，日本科技公司 SkyDrive 完成了新型飞行汽车的首次试飞。一名飞行员在丰田试验场上空向人们展示了这辆电动汽车。

生于今天
1965 年 8 月 28 日，加拿大歌手兼词曲作者仙妮亚·唐恩出生。她把乡村音乐带给大众，其唱片销量有 1 亿多张。

1830 蒸汽动力
1830 年 8 月 28 日，"汤姆图姆号"蒸汽机车与一辆马车在美国展开竞赛。虽说火车头抛锚了，马车最后超过了机车，但蒸汽机车仍然给众人留下了深刻印象。不到一年，当地铁路公司便以蒸汽机车为动力，用它代替了马车。

1963 呼吁民权
1963 年 8 月 28 日，美国非洲裔民权运动领袖马丁·路德·金面向 25 万人发表了题为"我有一个梦想"的重要演讲。演讲充满激情，呼吁终结种族歧视。

其他发生于今天的历史事件
1859 年 8 月 28 日，有史以来最强的一场太阳风暴袭击地球，导致电力供应和电报网络中断，史称"卡灵顿事件"。

1980 年 8 月 28 日，苏格兰阿伯丁皇家医院首次使用磁共振成像机器对患者身体进行扫描。

2017 年 8 月 28 日，肯尼亚推出了全球最严"禁塑令"：任何使用塑料袋的人都将面临 1 年以上 4 年以下监禁或约 40 000 美元的罚款。

八月 29

1854 自动风车

1854 年 8 月 29 日，美国发明家丹尼尔·哈拉迪发明了自动风车并获得专利。这种风车可以随着风向的变化而自动转向，从而控制叶片旋转的速度，效率很高。

生于今天

1993 年 8 月 29 日，英国歌手兼词曲作者利亚姆·佩恩出生，他是流行乐队"单向组合"的成员。

1997 创立奈飞公司

1997 年 8 月 29 日，美国企业家里德·黑斯廷斯和马克·伦道夫创立了美国奈飞公司。起初，该公司主营电影碟片出租，通过邮寄方式把影碟寄给影迷；但目前主要提供在线视频流媒体服务，已拥有 2 亿多用户。

食物"大战"！ 1945

1945 年 8 月 29 日，一年一度的番茄节首次在西班牙布尼奥尔镇举行。这是世界上规模最大的食物"大战"，人们盛装游行，相互投掷番茄。每年都有成千上万的游客前往布尼奥尔参加番茄节，感受相互投掷番茄带来的畅快感。

其他发生于今天的历史事件

1833 年 8 月 29 日，英国颁布了《工厂法》，制定新规定，以改善童工在工厂内的劳动条件，减少他们的工作时长。

1949 年 8 月 29 日，苏联的第一颗原子弹 RDS-1 在哈萨克斯坦的一个试验场试爆成功。

2005 年 8 月 29 日，飓风"卡特里娜"登陆美国新奥尔良和路易斯安那州海岸线，风速超过 200 千米/时，造成大规模破坏，引发洪水。

八月 30

1983
成功进入太空
1983年8月30日，美国空军飞行员兼航天员小圭恩·S.布鲁福德乘坐"挑战者号"航天飞机进入太空，成为进入太空的第一位非洲裔美国人。

其他发生于今天的历史事件
1835年8月30日，欧洲移民在澳大利亚建立墨尔本市，并将这一天定为"墨尔本日"，以示纪念。

1941年8月30日，第二次世界大战期间，英国情报员在布莱切利公园截获了一条消息，由此破译了德国洛伦兹密码机所使用的密码，使同盟国军队获得了纳粹的秘密信息。

1906
探险专家
经过3年的探索寻找，在1906年8月30日这一天，挪威探险家罗阿尔德·阿蒙森成为第一个成功沿"西北航道"穿越北极地区的人。5年后，他带领探险队又成功实现了南极洲探险，成为第一个到达南极点的人。

生于今天
1797年8月30日，英国作家玛丽·雪莱出生。她的经典之作《弗兰肯斯坦》（或译《科学怪人》）已被改编成诸多电影和戏剧。

1972年8月30日，美国演员卡梅隆·迪亚兹出生。她曾主演过许多喜剧片和剧情片（如《霹雳娇娃》），还曾在《怪物史莱克》中为菲奥纳公主配音。

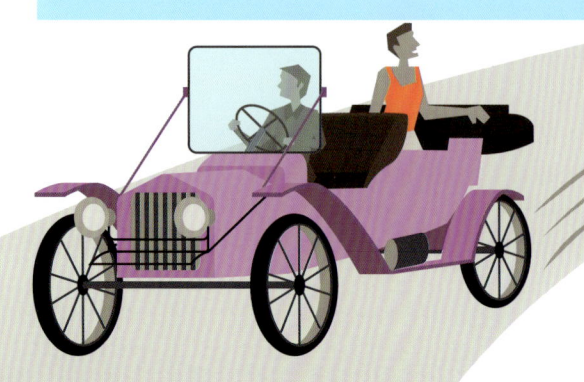

1904
马拉松冠军背后的秘密
1904年8月30日，在美国圣路易斯举行的奥运马拉松比赛中，美国长跑运动员弗雷德·洛兹率先越过终点线，赢得冠军。但是不久后，他承认自己作弊——在比赛期间乘坐经纪人的车行驶了18千米的路程。他的冠军资格最终被取消。

248

八月 31

早期电影放映机 — 1897

1897 年 8 月 31 日，美国发明家托马斯·爱迪生发明的早期电影放映机装置获得了专利。通过这个装置的目镜，可以看到动图。

突破性手术 — 1968

1968 年 8 月 31 日，美国外科医生迈克尔·狄贝基完成了世界上首例多器官移植手术。他用 1 个捐赠者的心脏、肺和 2 个肾，为 4 个不同的患者进行了器官移植。

其他发生于今天的历史事件

1943 年 8 月 31 日，美国海军"哈蒙号"军舰服役，这艘军舰以第二次世界大战期间的英勇水手伦纳德·罗伊·哈蒙的名字命名，它也是第一艘以非洲裔美国人名字命名的海军舰艇。

1955 年 8 月 31 日，汽车制造商通用汽车公司在美国芝加哥的一场展览会上展示了世界上第一辆太阳能汽车——太阳汽车。

1997 年 8 月 31 日，英国威尔士王妃戴安娜在法国巴黎的一条隧道中遭遇车祸，其同行伴侣及司机亦全部死亡。

生于今天

1975 年 8 月 31 日，美国墨西哥裔演员莎拉·拉米尔兹出生。她曾主演百老汇音乐剧和电视剧。

公主节 — 1885

1885 年 8 月 31 日是荷兰威廉明娜公主的 5 岁生日——这也是荷兰的第一个"公主节"。该法定假日的日期，会随着执政君主的生日而改变。通常，人们会穿着代表王室的橙色衣服庆祝这一节日。

九月 1

大疏散 — 1939
1939 年 9 月 1 日，英国加入第二次世界大战前几天，为了躲避德军的轰炸，数百万人（主要是儿童）开始从英国城镇疏散到乡村。

生于今天
1996 年 9 月 1 日，美国演员赞达亚出生。在成为知名迪士尼明星之后，她出演了《蜘蛛侠：英雄远征》中的米歇尔·琼斯。

中原大佛 — 2008
2008 年 9 月 1 日，中国河南历时多年，修建完成了中原大佛，大佛总高 208 米，身高 108 米。截至 2018 年，这座大佛是世界上最高的佛教造像。

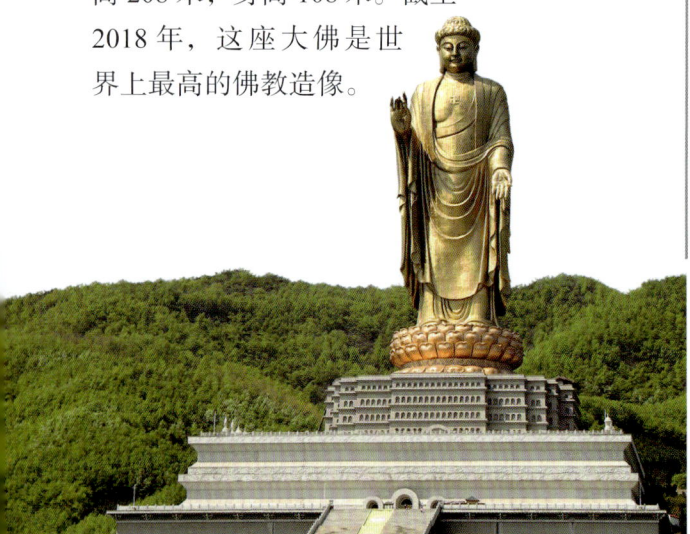

都灵赛车 — 1946
1946 年 9 月 1 日，在意大利都灵举行的都灵大奖赛，是第一场按照新规则进行的赛车比赛，这一比赛规则后来成了一级方程式赛车世界锦标赛的规则。

其他发生于今天的历史事件
1939 年 9 月 1 日，德军入侵波兰。此后，英、法被迫向德宣战，第二次世界大战全面爆发。

1941 年 9 月 1 日，在德军占领的欧洲地区，德国纳粹命令犹太人在衣服上佩戴黄色星形徽章，以表明其身份。

1985 年 9 月 1 日，人们在大西洋海底发现了"泰坦尼克号"邮轮的残骸。

九月 2

坦克会飞？

1942

1942年9月2日，苏联声称对安东诺夫 A-40 飞行坦克进行了首次试飞。设计者希望飞行坦克能够在脱离母机后，滑翔进入战场。

太空小玩具

2015

2015年9月2日，第一位进入太空的丹麦航天员安德烈亚斯·莫根森将20个乐高小雕像带到国际空间站，任务结束后作为竞赛奖品发给了小学生。

生于今天

1948年9月2日，美国教师、航天员克里斯塔·麦考利夫出生。她是第一位被选中进入太空的老师，但因"挑战者号"航天飞机失事而牺牲。

1964年9月2日，加拿大演员基努·里维斯出生。他出演过《生死时速》《黑客帝国》等电影。

阿克提姆海战

公元前31

公元前31年9月2日，在古希腊的阿克提姆海战中，罗马领导人屋大维击败了对手马克·安东尼和埃及女王克娄巴特拉的联合部队。屋大维后来被元老院奉以"奥古斯都"尊号，掌管了统治古罗马帝国的权力。

其他发生于今天的历史事件

1666年9月2日，伦敦一家面包店失火，引起的大火烧毁了城市的大部分地区后才被扑灭。

1945年9月2日，在第二次世界大战结束之际，越南击败了日军，宣布成立越南民主共和国。

2013年9月2日，美国游泳运动员戴安娜·尼亚德在未借助防鲨网保护的情况下，从古巴游到有鲨鱼出没的美国佛罗里达州，成为完成这一壮举的第一人。

251

九月 3

1838
自由之路
弗雷德里克·道格拉斯原是一个美国黑奴。1838年9月3日，他从马里兰州的一座种植园逃走，乘火车和轮船前往纽约，最终获得了自由，成为19世纪美国废奴运动中的重要人物。

1967
瑞典改成右行制
1967年9月3日凌晨4点50分，瑞典将车辆从原来的左行制改为右行制。随后，瑞典全国各地的道路标志、交通信号、路灯和十字路口都发生了巨大变化。

生于今天
1875年9月3日，德国奥地利裔汽车工程师费迪南德·保时捷出生。他创立了保时捷汽车公司。

2010年9月3日，美国尼日利亚裔棋手塔尼托鲁瓦·阿德武米出生。8岁时，他赢得了2019年纽约州K-3国际象棋锦标赛冠军。

1935
创纪录时速
1935年9月3日，在美国犹他州邦纳维尔盐碱滩举行的赛车比赛中，英国赛车手马尔科姆·坎贝尔驾驶定制的坎贝尔·拉尔顿蓝鸟赛车，以485千米的最高时速，成为第一个实现赛车陆地速度300千米/时的人。

其他发生于今天的历史事件
301年9月3日，圣马利诺斯创建了圣马力诺共和国，这是世界上最古老的共和国。

1260年9月3日，在西亚的艾因扎鲁特战役中，蒙古军被埃及马穆鲁克王朝击败。

由于阿道夫·希特勒下令德军入侵波兰，英、法被迫于1939年9月3日向纳粹德国宣战，第二次世界大战全面爆发。

九月 4

476 西罗马帝国的衰亡

476 年 9 月 4 日，在日耳曼雇佣军首领奥多亚塞的领导下，罗马军队反抗西罗马皇帝罗慕路斯·奥古斯都并推翻了他的统治，西罗马帝国灭亡。

生于今天

1913 年 9 月 4 日，日本建筑师丹下健三出生。他的作品主要体现出日本传统建筑风格与 20 世纪现代主义相结合的特点。

1886 长期斗争的结束

1886 年 9 月 4 日，为保卫美洲阿帕契人的家园，阿帕契族酋长杰罗尼莫在战斗了 30 年后，最终与美国殖民者媾和。他因击退了阿帕契土地的入侵者而声名远扬。

其他发生于今天的历史事件

1957 年 9 月 4 日，美国阿肯色州国民警卫队阻止 9 名非洲裔学生就读小石城高中，引起国际媒体关注。

1998 年 9 月 4 日，谷歌创始人正式创立搜索引擎公司。

2002 年 9 月 4 日，来自美国得克萨斯州的凯莉·克莱森赢得了《美国偶像》歌唱比赛的冠军。之后她发行了许多畅销作品。

2018 红宝石鞋

2018 年 9 月 4 日，美国联邦调查局宣称他们找回了电影《绿野仙踪》中多萝茜所穿的红宝石鞋。2005 年，这双鞋在美国明尼苏达州朱迪·加兰博物馆被盗。

九月 5

2014
穿越火道
2014年9月5日，南非特技演员恩里科·斯科曼和安德烈·德·科克在南非帕雷斯穿越了一条120米长的烈火通道，创造了新的世界纪录。

其他发生于今天的历史事件
1882年9月5日，美国举行首次劳工节游行，10 000名工人罢工，从市政厅游行到纽约市的联合广场。

1972年9月5日，德国慕尼黑奥运会上，巴勒斯坦恐怖组织武装人员劫持了9名以色列运动员。

1991年9月5日，捍卫边缘化群体权利的国际条约《土著和部落人民公约》生效。

1885
汽油泵
1885年9月5日，美国发明家西尔韦纳斯·鲍尔斯将其发明的煤油泵卖给了美国韦恩堡市一家杂货店的老板。1905年汽车开始投入生产后，人们又把煤油泵改装成了汽油泵。

2007
进入太空
2007年9月5日，李素妍从36 000多名申请人中脱颖而出，被挑选执行韩国的太空任务。完成培训后，她于2008年登上"联盟号"载人飞船，成为首位进入太空的韩国航天员。

生于今天
1852年9月5日，法国作家布尔热出生。他的作品着重心理分析，充满悲观情绪。著有《弟子》《阶段》等。

1946年9月5日，英国摇滚歌手兼词曲作者佛莱迪·摩克瑞出生。他以高亢璀璨的音色著称，是摇滚乐队"皇后乐队"的主唱。

九月 6

1593 海盗皇后

1593年9月6日，英国女王伊丽莎白一世会见了爱尔兰"海盗女王"格蕾丝·奥马利，并承诺：只要她停止袭击爱尔兰附近的英国船只，就将她的儿子从英国监狱中释放出来。

1776 首次潜艇攻击

1776年9月6日，美国独立战争期间，一艘名为"海龟"的潜艇攻击停靠在美国纽约港的英国皇家海军"鹰号"舰艇，但结果任务失败。

其他发生于今天的历史事件

1620年9月6日，几个英国家庭乘坐"五月花号"从英国普利茅斯起航，横渡大西洋，在北美建立新殖民地。

1916年9月6日，世界上第一家自助超市——小猪扭扭自助商店在美国孟菲斯市开业。

1997年9月6日，威尔士王妃戴安娜的葬礼在英国伦敦举行，100多万人站在街道两旁为她送行。

生于今天

1860年9月6日，美国社会改革家简·亚当斯出生。因其在促进国际和平方面所做的突出贡献，她成为美国首位获得诺贝尔和平奖的女性。

1972年9月6日，英国演员伊德瑞斯·艾尔巴出生。他主演过多部动作片，并为许多动画电影配过音。

1522 返航

1522年9月6日，"维多利亚号"在寻找前往印度尼西亚香料群岛的西航线的过程中，完成了首次环球航行，回到了西班牙。

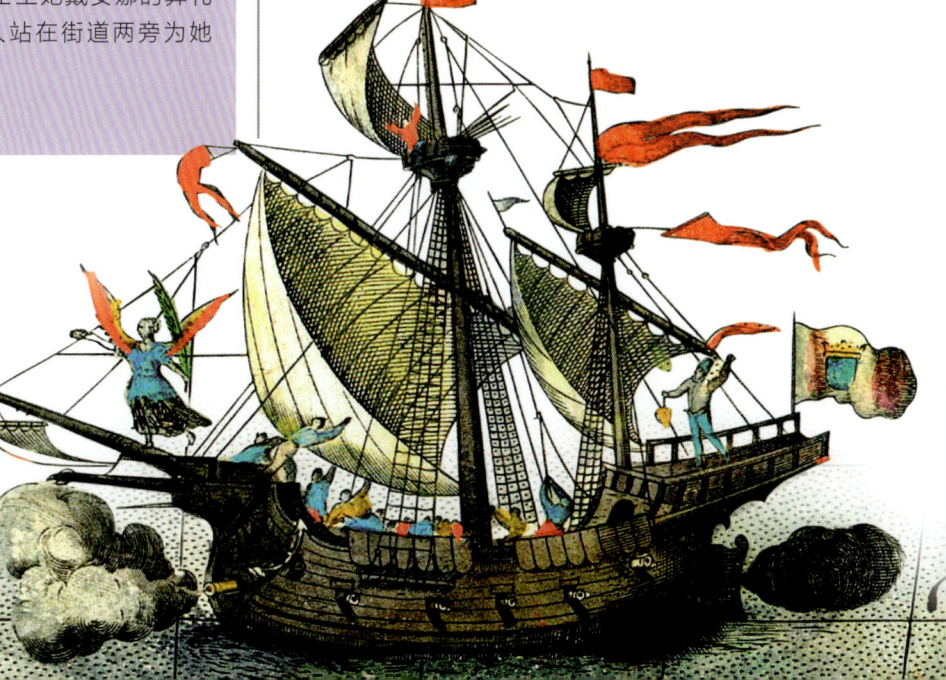

九月 7

1695 海盗来了

1695年9月7日，莫卧儿王朝"冈依沙瓦号"聚宝船在前往印度苏拉特的途中，遭到臭名昭著的英国海盗亨利·埃弗里的袭击。埃弗里及其船员抢劫了价值数百万英镑的物品后离去，从此再无音信。

1822 巴西第一任皇帝

1822年9月7日，葡萄牙王子唐·佩德罗不顾葡萄牙议会的反对，支持巴西人民脱离葡萄牙的意愿，宣布巴西独立。佩德罗成为巴西第一任皇帝，9月7日这一天也被定为"巴西独立日"。

生于今天

1943年9月7日，美国非洲裔歌手葛罗莉亚·盖罗出生。她是迪斯科时代最杰出的歌手之一，发行了许多热门歌曲，如经典歌曲《我要坚强》。

其他发生于今天的历史事件

1812年9月7日，法兰西第一帝国皇帝拿破仑·波拿巴的军队与俄国军队在博罗季诺会战。两国军队均伤亡惨重。

1923年9月7日，国际刑事警察组织（简称"国际刑警组织"）成立，当时总部设在奥地利首都维也纳。这是世界上最大的警察组织，也是世界各国刑事警察机构之间的纽带。

闪击战 1940

1940年9月7日，第二次世界大战初期，纳粹德国空军开始对英国主要城市进行快速、有针对性的轰炸，包括伦敦（下图）、利物浦和朴次茅斯。这种作战样式被称为"闪击战"。

九月 8

1966
《星际迷航》上映

1966年9月8日，科幻电视剧《星际迷航》第一季在美国电视台上映。这部剧虽然只有三季，但由于日益受到观众的喜爱，后来又出了几部衍生剧和电影。

其他发生于今天的历史事件

1504年9月8日，米开朗琪罗的雕像杰作《大卫》在意大利佛罗伦萨维琪奥宫外展出。

2020年9月8日，加拿大黑科技手工团队模仿"星球大战"系列电影中使用的高科技武器，制造出了世界上第一把光剑。

1916
为事业骑行

1916年9月8日，奥古斯塔和阿德琳·范布伦两姐妹骑着摩托车穿越美国，完成了8 900千米的旅程，其目的是要证明：在第一次世界大战中，女性也有能力成为军事派遣骑手。

2013
网球冠军

美国非洲裔网球选手塞雷娜·威廉姆斯于2013年9月8日获得美国网球公开赛女子单打冠军。其奖金总额超过5 000万美元，她也成为世界上收入最高的女运动员。这是她在职业生涯中获得的第17个大满贯冠军。

生于今天

1979年9月8日，美国歌手兼词曲作者艾蕾莎·贝丝·摩儿出生。她的艺名叫"P!nk"，在全世界售出了9 000多万张唱片。

九月 9

2009 迪拜启动城市铁路系统

2009年9月9日，阿拉伯联合酋长国在迪拜启动了阿拉伯半岛的第一个城市铁路系统，首趟列车往返于城市的商业区。

2018 传奇人物

2018年9月9日，美国歌手约翰·莱金德获得了艾美奖，他成为首位获得著名EGOT（艾美奖、格莱美奖、奥斯卡奖和托尼奖）的美国非洲裔艺人。

其他发生于今天的历史事件

1739年9月9日，北美的南卡罗来纳州爆发斯托诺起义，这是发生在英属殖民地最大的奴隶起义之一。

1940年9月9日，创造"数字（digital）"一词的美国研究人员乔治·斯蒂比兹展示了他的新发明——数字计算机。

中国人民取得了抗日战争的胜利。1945年9月9日上午9点，中国政府代表在南京接受侵华日军投降。

生于今天

1969年9月9日，澳大利亚板球运动员肖恩·沃恩出生。他是第一个在板球决赛中投中700个三柱门的投球手。

斯伏尔德岛之战 1000

1000年9月9日，由丹麦和瑞典船只组成的联合舰队在波罗的海伏击了挪威国王奥拉夫·特里格瓦松的军舰。由此引发的海战是维京人时代最大的海上冲突，以挪威战败告终。

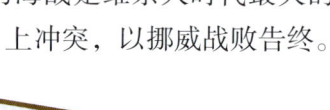

九月 10

2008 启动对撞机

2008年9月10日，科学家们在位于瑞士日内瓦附近的欧洲粒子物理研究所首次启动了大型强子对撞机。这是世界上最大的粒子加速器——一种能使高能粒子相互碰撞的机器，以便科学家研究宇宙的起源。

生于今天

1852年9月10日，美国原住民领袖爱丽丝·布朗·戴维斯出生。她是美国俄克拉何马州塞米诺尔族的首位女酋长。

1946 特蕾莎修女

1946年9月10日，阿尔巴尼亚裔天主教修女特蕾莎乘火车从印度的加尔各答前往大吉岭，决定一生为穷人和病人服务。

公元前210 中国第一位皇帝去世

公元前210年9月10日，秦始皇去世，他是秦朝的开国皇帝，建立了中国历史上第一个中央集权的封建国家。他灭六国，自称"始皇帝"。

其他发生于今天的历史事件

1960年9月10日，埃塞俄比亚选手阿贝贝·比基拉在意大利罗马奥运会的马拉松比赛中获得金牌，成为第一位在奥运会上夺金的非洲运动员。

1984年9月10日，英国遗传学家亚历克·杰弗里斯发现可以用DNA进行个体识别，这推动了法医学的发展。

九月 11

2001 "9·11" 恐怖袭击事件

2001年9月11日，国际恐怖分子劫持了4架美国客机，其中2架最终撞向美国纽约市的世界贸易中心的南、北双子星高楼（右图），第3架撞击位于华盛顿的五角大楼，第4架在宾夕法尼亚州坠毁。这一事件导致近3 000人死亡，约25 000人重伤。

1942 "疯狂侦探团"系列

1942年9月11日，英国作家伊妮德·布莱顿出版了"疯狂侦探团"系列中的第一本《金银岛上的少年》。这套书讲述了4个孩子和他们的狗所经历的冒险故事，销量超过一亿册。

生于今天

1945年9月11日，德国足球运动员弗明茨·贝肯鲍尔出生。他是足球史上最优秀的球员之一，助力德国队在1974年赢得了世界杯，1990年担任德国队教练。

其他发生于今天的历史事件

1297年9月11日，在苏格兰独立战争中，苏格兰军队在威廉·华莱士和安德鲁·莫瑞的领导下，击败了规模更大的英国军队。

1903年9月11日，第一次汽车比赛在位于美国威斯康星州的密尔沃基英里汽车赛道上成功举行。

1973年9月11日，奥古斯托·皮诺切特将军带领一些军官从当选政府手中夺取智利的控制权，开始了持续17年的军事独裁统治。

九月 12

1992 非洲裔女航天员

1992年9月12日，梅·杰米森被美国国家航空航天局选为航天员，组成7人团，乘"奋进号"航天飞机升空，成为美国首位进入太空的非洲裔女性。

生于今天

1931年9月12日，英国演员伊安·霍姆出生。他的演艺生涯从戏剧开始，之后又出演了许多电影，包括《指环王》。

1957年9月12日，德国电影配乐制作人汉斯·季默出生。他是电影界最著名的作曲家之一，为《狮子王》等150多部电影创作了配乐。

公元前490 第一场马拉松

公元前490年9月12日，波斯帝国首次入侵希腊后，在马拉松战役中被击败。为了传递胜利的消息，希腊选了军营里跑得最快的士兵菲迪皮茨从马拉松直奔雅典送信。菲迪皮茨共跑了41千米——这便是现代马拉松比赛的由来。

1940 意外发现

1940年9月12日，几个十几岁的少年在法国蒙蒂纳克寻找藏宝时发现了几处洞穴——现称拉斯科洞穴。洞壁上雕刻着许多古代绘画，约有17 000年的历史。

其他发生于今天的历史事件

1942年9月12日，第二次世界大战期间，一艘德国潜艇击沉了英国船只"拉科尼亚号"，造成1 000多人死亡。

2010年9月12日，托尼·冈萨雷斯成为美国国家橄榄球联盟中第一位在"近端锋"位置完成1 000次传球的球员。

2017年9月12日，在英国伦敦，一条长达250米的"油脂山"（由固化油、油脂和塑料等形成的固体垃圾）堵塞了下水道。

九月 13

1898
摄影专利

1898年9月13日，美国牧师汉尼拔·古德温获得了赛璐珞（硝酸纤维素塑料）胶片的专利。这种胶片柔韧透明，后被用于制作电影的机器中。

其他发生于今天的历史事件

1940年9月13日，第二次世界大战期间，意大利入侵埃及，旨在扩张意大利帝国，后被英国打败。

1993年9月13日，在经历了数十年的冲突后，以色列和巴勒斯坦的领导人在美国白宫签署了一项协议，就实现初步和平取得重大突破。

2004年9月13日，美国脱口秀主持人奥普拉·温弗瑞向演播室里的276名观众每人赠送了一辆庞蒂亚克G-6汽车。

1848
奇迹生还

1848年9月13日，美国建筑工人菲尼亚斯·盖奇在工地上工作时发生意外，被一根铁棍刺中头部。之后盖奇虽然活了下来，性格却发生了巨大变化。针对他的治疗，成为医生进行人脑研究的经典案例之一。

生于今天

1857年9月13日，美国巧克力商密尔顿·S.赫尔希出生。最初他开了家糖果店，之后又成立了一家公司销售牛奶巧克力棒，取得巨大成功。

1916年9月13日，英国作家罗尔德·达尔出生。他是世界上最受欢迎的作家之一，著有多部作品，如《查理与巧克力工厂》。

海龟保护 2016

2016年9月13日，200多只"皇家龟"被转移到柬埔寨戈公岛爬行动物保护中心，希望能通过繁殖增加海龟数量，以保护这个已濒临灭绝的物种。

九月 14

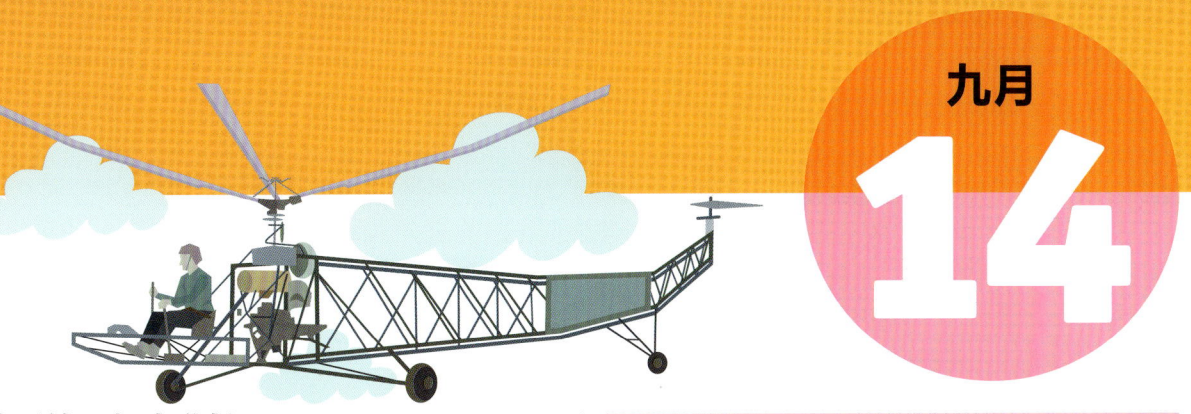

美国第一架直升机

1939

1939年9月14日，第一架旋翼直升机在美国康涅狄格州成功起飞。这架VS-300型直升机由俄裔美国人伊戈尔·西科斯基设计发明，首飞成功。

生于今天

1973年9月14日，美国非洲裔说唱歌手兼词曲作家纳西尔·本·奥卢·达拉·琼斯出生。他艺名"纳斯"，唱片销量超过2 500万张。

毛利人游行

1975

1975年9月14日，为了反对政府出售毛利人的土地，毛利人惠娜·库珀带领50名追随者从新西兰北岛一路游行走到惠灵顿国会所在地。该游行前后持续了一个月之久，其间有数千人加入了她的队伍。

其他发生于今天的历史事件

786年9月14日，哈伦·拉希德即位成为阿拔斯王朝的哈里发，统治阿拉伯帝国。作为伊斯兰教帝国，其阿拔斯王朝的疆域一度横跨南亚、北非和西班牙。哈伦·拉希德的统治，被认为是伊斯兰黄金时代的开始。

1814年9月14日，受1812年美英战争的启发，美国律师弗朗西斯·斯科特·基作了一首诗，这首诗后来成为美国国歌《星条旗》的歌词。

纯金马桶被盗

2019

2019年9月14日，窃贼从英国牛津郡的布伦海姆宫偷走了一只18K黄金马桶。该金马桶名为"美国"，曾作为艺术品展出，每位参观者都可以使用这个奢侈的马桶，限时3分钟。

九月 15

1916 坦克战

1916 年 9 月 15 日，在第一次世界大战期间，英国军队在索姆河战役中第一次使用坦克。英国军队部署了 49 辆"马克"I 型坦克与德国军队作战。

生于今天

1890 年 9 月 15 日，英国女侦探小说家阿加莎·克里斯蒂出生。她成功塑造出著名的侦探形象赫尔克里·波洛和马普尔小姐。

1984 年 9 月 15 日，英国王室成员哈里王子出生。他是查尔斯王子和戴安娜王妃的次子，曾在驻阿富汗的英军中服役。

城际铁路

1830 年 9 月 15 日，在群众的见证下，运行以蒸汽驱动的火车的铁路在英国正式开通，这是世界上的第一条城际客运铁路。这条铁路将利物浦和曼彻斯特紧密联系起来，在两座城市之间输送原材料、货物和乘客。

1983 喷嚏不断！

1983 年 9 月 15 日，英国女学生唐娜·格里菲斯连续打了 2 年 246 天的喷嚏后，终于停了下来。仅在第一年中，她就打了大约 100 万次喷嚏。

其他发生于今天的历史事件

1821 年 9 月 15 日，《中美洲独立宣言》签署后，危地马拉、尼加拉瓜、萨尔瓦多、哥斯达黎加和洪都拉斯独立，脱离西班牙。

1935 年 9 月 15 日，德国纳粹党实施《纽伦堡法案》，剥夺德国犹太人的公民身份及权利。

九月 16

1835 科隆群岛之旅

1835年9月16日，英国博物学家查理·达尔文抵达南美附近的科隆群岛，研究当地的动植物。他发现，在不同岛屿上所生活的同种雀鸟各不相同——这一发现对其后来提出的进化论产生了重要影响。

1810 多洛雷斯呼声

1810年9月16日，墨西哥牧师米格尔·伊达尔戈呼吁墨西哥多洛雷斯教区的人们反对西班牙的统治——这就是著名的"多洛雷斯呼声"，引发了墨西哥独立运动。

生于今天

1948年9月16日，英国作家朱莉娅·唐纳森出生。她创作了富有韵律的儿童故事，在故事中塑造了"咕噜牛"和"木头人儿"等经典形象。

1992年9月16日，美国男歌手、演员尼克·乔纳斯出生。他是流行乐队"乔纳斯兄弟"的成员，他发行的个人单曲也取得了成功。

1979 热气球逃亡事件

1979年9月16日，两个家庭利用自制的热气球逃离民主德国。他们趁着黑夜飞越边境，安全降落在联邦德国。

其他发生于今天的历史事件

1400年9月16日，欧文·格伦道尔自封为威尔士亲王，公开起义，反抗英格兰国王在威尔士的残暴统治。

1963年9月16日，马来亚联合邦、沙巴、沙捞越和新加坡合并组成马来西亚联邦。

1976年9月16日，一辆有轨电车掉入水中后，亚美尼亚英雄沙瓦尔什·卡拉佩特延游到埃里温湖底，救了20条人命。

九月 17

生于今天
1960年9月17日，美国木偶剧演员凯文·克拉什出生。他在美国电视节目《芝麻街》中为毛茸茸的红怪物埃尔莫配音并表演动作。

1916
"红色男爵"
1916年9月17日，德国飞行员曼弗雷德·冯·里希特霍芬（绰号"红色男爵"），在法国上空击落了一架英国战斗机，赢得了他的首次空战。在第一次世界大战期间，这名飞行高手共击落了80架敌机。

1631
瑞典取得决定性胜利
1631年9月17日，在德意志布莱登菲尔德会战第一场战役中，军事家、瑞典国王古斯塔夫二世·阿多夫击败了神圣罗马帝国皇帝的军队。欧洲宗教冲突持续了30年，这场战役是新教徒在"30年战争"期间第一次取得胜利。

其他发生于今天的历史事件
1683年9月17日，荷兰科学家安东尼·范·列文虎克给英国皇家学会写了一份报告，报告中提到了一种极微小的"微生物"——后世认为这是人类首次观察到微生物。

1978年9月17日，应当时的美国总统邀请，埃及总统和以色列总理在美国举行会谈并最终签署了"戴维营协议"，以期实现和平解决中东问题。

1787
新宪法
来自12个州的代表在美国费城召开制宪会议。1787年9月17日，会议通过了新的宪法草案，即《美利坚合众国宪法》，该宪法详细规定了美国国家层面的法律和原则。9月17日这一天在2004年被定为"美国宪法日"。

九月 18

1960 第一届残奥会

1960 年 9 月 18 日，来自 23 个国家的 400 名残障运动员齐聚意大利罗马，参加第九届国际斯托克·曼德维尔运动会（该会现被公认为第一届残奥会）。此次运动会共设立了篮球、射箭等 8 个比赛项目。

生于今天

1976 年 9 月 18 日，巴西足球运动员罗纳尔多出生。他是最优秀的前锋之一，曾 3 次获得国际足联年度"足球先生"。

其他发生于今天的历史事件

1850 年 9 月 18 日，美国国会通过了《逃亡奴隶法案》，规定如果奴隶主抓捕到了逃跑的奴隶，奴隶必须返回。

1980 年 9 月 18 日，古巴航天员阿纳尔多·塔马约·门德斯成为拉丁美洲第一位航天员。

2020 年 9 月 18 日，考古学家在沙特阿拉伯的内夫得沙漠发现了 12 万年前的古代人类脚印。这是迄今为止在阿拉伯半岛上发现的最古老的人类生命证据。

324 君士坦丁大帝

324 年 9 月 18 日，君士坦丁一世在克里索波利斯战役中击败对手李锡尼后，成为罗马帝国皇帝，后建立了新都城君士坦丁堡（也就是现在土耳其的伊斯坦布尔）。这座城一直繁荣了几个世纪。

为国会大厦安放基石 1793

1793 年 9 月 18 日，美国第一任总统乔治·华盛顿亲自为建于华盛顿特区的国会大厦安放了基石。历时近一个世纪的时间，国会大厦最终完工，现为美国众议院和参议院的办公地。

九月 19

1783
热气球飞行实验
1783年9月19日，一只羊、一只公鸡和一只鸭子首次乘坐热气球飞上了天空——这是由法国热气球飞行员蒙特哥菲尔兄弟设计的热气球。它在空中持续飞行了大约8分钟后，安全着陆。

1946
组建欧洲委员会
1946年9月19日，第二次世界大战后，温斯顿·丘吉尔在瑞士苏黎世发表演讲，呼吁欧洲各国团结起来。1949年欧洲委员会成立，以维护整个欧洲大陆的团结、民主和人权。

生于今天
1965年9月19日，美国航天员苏妮塔·威廉姆斯出生。在她最初执行的2次任务中，威廉姆斯在太空中度过了322天，进行了7次太空行走。

2000
最不可思议的获胜者
2000年9月19日，悉尼奥运会中，来自非洲赤道几内亚的埃里克·莫桑巴尼原本是排名最后的游泳选手，但因同组其他选手全部抢跳犯规被罚出，莫桑巴尼最终在100米自由泳预选赛中获胜。

其他发生于今天的历史事件
1893年9月19日，新西兰通过了一项新的选举法案，成为世界上第一个允许女性在议会选举中参加投票的国家。

1940年9月19日，为了解奥斯威辛集中营的情况，波兰人维托尔德·皮莱茨基自愿被关进该集中营。

1991年9月19日，人们在奥兹塔尔阿尔卑斯山发现了一具史前人类的冰冻尸体，将其称为"冰人奥茨"。

九月 20

2014 "他为她"

2014年9月20日，英国演员兼联合国妇女署亲善大使艾玛·沃森发表了一场鼓舞人心的演讲，向公众介绍"他为她"（HeForShe）运动，鼓励所有男性参与到为女性争取平等的斗争中。

1973 金对战里格斯

1973年9月20日，在一场著名的网球比赛中，顶级女子单打选手比利·简·金击败了前世界排名第一的男子选手鲍比·里格斯。里格斯曾声称自己可以击败当时女子网坛中的所有球员。

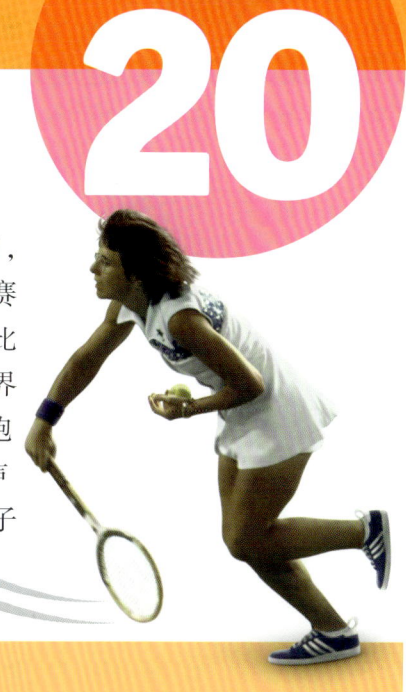

生于今天

1934年9月20日，意大利演员索菲娅·罗兰出生。她出演过许多意大利和好莱坞电影，是历史上第一位凭外语片获得奥斯卡最佳女演员奖的外国女演员。

2019 北冰洋探险

2019年9月20日，来自20个国家的研究人员组成"马赛克"探险队，乘德国"极星号"破冰船从挪威起航前往北冰洋。他们在遍布浮冰的北冰洋漂流了一年多，考察气候变化所造成的影响。

其他发生于今天的历史事件

1857年9月20日，英军重新占领德里，镇压了印度民族大起义，这也是印度历史上第一次反对英国殖民统治、争取民族独立的大规模起义。

2001年9月20日，美国"9·11"恐怖袭击事件后，美国总统乔治·W.布什宣布发起"反恐战争"。

2019年9月20日，在联合国气候变化大会召开之前，约400万人在青年学生的带领下参加了全球气候大罢工。

九月 21

1937
《霍比特人》出版
1937年9月21日，英国奇幻作家J.R.R.托尔金的小说《霍比特人》出版。该书讲述了中土世界霍比特人比尔博·巴金斯寻找宝藏，与宝藏看守者恶龙史矛革斗智斗勇的冒险故事。

生于今天
1979年9月21日，来自西印度群岛的板球运动员克里斯·盖尔出生。他是首位在三种板球比赛中都取得过100分的人。

1912
逃脱特技
1912年9月21日，美国匈牙利裔魔术师哈里·胡迪尼首次在德国柏林表演了"水牢"戏法。被倒吊在水箱中、双脚被紧锁的他，最后竟然成功从水箱中逃脱，令观众惊讶不已。

1898
慈禧太后发动政变
1898年9月21日，中国清朝慈禧太后发动政变，反对光绪皇帝推行的维新运动，并幽禁了光绪帝。

其他发生于今天的历史事件
1522年9月21日，欧洲宗教政策运动发起者马丁·路德把《圣经》从拉丁文翻译成德文，使其更通俗易懂。

1792年9月21日，在法国国王路易十六的大部分权力被剥夺一年后，法国国民公会通过投票决议，宣布废黜国王。

2018年9月21日，日本成为首个将机器人成功降落在小行星上的国家。这些小机器人主要负责拍摄工作，并将照片传回地球。

九月 22

1762
俄国女皇加冕礼

叶卡捷琳娜二世废彼得三世自立。1762 年 9 月 22 日，她在莫斯科举行了盛大加冕仪式，成为俄国女皇。叶卡捷琳娜二世在位 34 年，对外大规模扩张，使俄国一度成为世界上最大的帝国。

1968
阿布辛贝神庙重新开放

1968 年 9 月 22 日，在联合国教科文组织的领导下，一个工程师团队完成了埃及阿布辛贝神庙的迁移工作。迁移后，神庙由原来位置向上提升了 64 米，以防被纳赛尔人工湖湖水侵蚀。

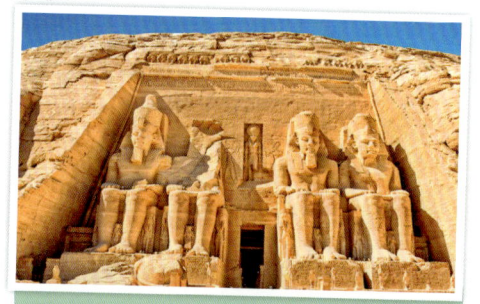

生于今天

1791 年 9 月 22 日，英国科学家迈克尔·法拉第出生。他发现了利用磁铁生成电流的方法，并发明了电动机。

2000
世界无车日

2000 年 9 月 22 日，为了让人们关注汽车对环境造成的影响，全世界 700 多个城市的人们，在第一个"世界无车日"这天没有开车，而是以骑自行车、步行或乘坐公共交通的方式出行。

其他发生于今天的历史事件

1948 年 9 月 22 日，美国飞行员盖尔·哈沃森将糖果系在用手帕制成的小降落伞上，经美国空军许可，从柏林上空投下。由于苏联切断了柏林的水陆交通，造成物资匮乏，这些糖果是为柏林的孩子们准备的。

1991 年 9 月 22 日，"死海古卷"的照片首次公开。"死海古卷"是与《圣经》相关的重要历史文献。

九月 23

1846 发现海王星

1846 年 9 月 23 日，德国天文学家约翰·格弗里恩·伽勒在德国的柏林天文台通过望远镜发现海王星。他使用法国天文学家勒威耶和英国天文学家亚当斯根据天体力学理论同时计算出的位置定位了这颗行星。

2018 国际手语日

2018 年 9 月 23 日，应世界聋人联合会的请求，联合国宣布将每年的 9 月 23 日定为国际手语日，倡议保留听障人士用于交流的语言。

生于今天

1930 年 9 月 23 日，美国非洲裔歌手、音乐家雷·查尔斯出生。童年失明后，他开始从事音乐创作，开创了美国爵士灵歌音乐的先河。

1889 任天堂公司创立

1889 年 9 月 23 日，企业家山内房治郎在日本京都创立了任天堂公司。该公司最初是为日本的花札游戏制作扑克牌，但最终成为电脑游戏巨头，创造了世界上最成功的视频游戏之一——《超级玛丽》。

其他发生于今天的历史事件

1884 年 9 月 23 日，早在第一台计算机发明之前，美国发明家赫尔曼·何乐礼就发明了一种可以处理数据的机器。

1945 年 9 月 23 日，法国为重建其殖民统治，又发动战争，侵入越南，10 月侵占柬埔寨，年底侵入老挝。

2000 年 9 月 23 日，英国运动员史蒂夫·雷德格雷夫在澳大利亚悉尼奥运会上获得金牌，成为首位连续五届奥运会获得金牌的赛艇运动员。

九月 24

1957 小石城事件

1957年9月24日，在美国阿肯色州，美国最高法院禁止种族隔离后，小石城白人高中录取了9名非洲裔学生，却遭到白人种族主义者的阻止。最后，美国联邦政府派兵介入，护送这些学生进入学校。

第一届铁人三项比赛 1974

1974年9月24日，第一届现代铁人三项比赛在美国加利福尼亚州举行。参赛者需要跑步8.5千米，再骑行8千米，最后在太平洋游548米，才算完成比赛。

生于今天

1936年9月24日，美国木偶大师、电影制作人吉姆·亨森出生。他创造过许多电视"布偶"角色，广受欢迎，比如青蛙柯米、猪猪小姐和饼干怪兽等。

其他发生于今天的历史事件

1852年9月24日，由法国工程师亨利·吉法尔建造的蒸汽动力飞船首次从巴黎飞往法国埃兰考特，以10千米/时的速度飞行了27千米。

1948年9月24日，日本工业家本田宗一郎创立了本田汽车公司。

2014年9月24日，印度的"曼加里安号"火星探测器经过298天的旅程后进入绕火星轨道。由此，印度成为世界上首次尝试火星探测即获成功的国家。

1906 美国第一座国家古迹

1906年9月24日，美国总统西奥多·罗斯福宣布魔鬼塔为美国第一个国家古迹。魔鬼塔位于美国怀俄明州，是一块火成岩结构的巨石，高264米，目前受美国国家公园管理局保护。

九月 25

2020
启动"刷脸"计划
2020年9月25日，新加坡政府宣布启动使用面部识别软件验证该国公民身份的计划。

1790
京剧诞生
1790年9月25日，中国清朝的第六位统治者乾隆皇帝庆祝80岁寿辰之际，四大徽班陆续进京表演徽剧祝寿，后来逐渐发展出新的剧种——京剧。

生于今天
1968年9月25日，美国非洲裔演员、说唱歌手威尔·史密斯出生。他因电视连续剧《贝莱尔的新鲜王子》一举成名，之后又主演过一系列动作片和剧情片。

2000
短跑冠军
2000年9月25日，澳大利亚短跑运动员凯西·弗里曼在悉尼奥运会的400米决赛中，以49.11秒的成绩夺冠，成为第一位在个人项目中获得奥运会金牌的澳大利亚土著。

其他发生于今天的历史事件
1956年9月25日，北美和英国之间的第一条跨大西洋电话电缆正式建成。这条电缆铺设在大西洋底部的深海中，长达3 584千米。

2016年9月25日，世界上最大的射电望远镜在中国贵州正式启用，又名"中国天眼"FAST，它的反射面口径有30个足球场大，可以用于探索外星生命体的迹象。

九月 26

飞行壮举 — 2008

2008年9月26日，瑞士飞行员伊夫·罗西背着自己发明的飞行翼（由四个喷气式引擎驱动的碳纤维机翼），从法国加来市上空的一架飞机上降落，飞越英吉利海峡35千米后，降落在英国多佛。

禁塑令 — 2009

2009年9月26日，澳大利亚班达努镇颁布禁令禁止商店销售瓶装水。该地成为世界上第一个禁止使用塑料瓶的地区，因为塑料瓶对环境有害。

生于今天

1981年9月26日，美国美洲裔网球运动员塞雷娜·威廉姆斯出生。她赢得了23个女子单打大满贯。

鸟中"巨人" — 2018

2018年9月26日，《英国皇家学会开放科学》上的一篇研究论文证实：马达加斯加象鸟是有史以来地球上最大的鸟类。这种鸟不会飞，身高约3米，已于1000多年前灭绝。

其他发生于今天的历史事件

1887年9月26日，美国记者娜丽·布莱为揭露精神病患者受到的残酷待遇，以病患身份卧底进入一家精神病院进行调查。

1905年9月26日，出生于德国的物理学家阿尔伯特·爱因斯坦发表了一篇研究论文介绍狭义相对论，阐释了空间和时间的相对性。

1969年9月26日，英国"披头士"乐队发行了他们制作的最后一张录音室专辑《艾比路》。

九月 27

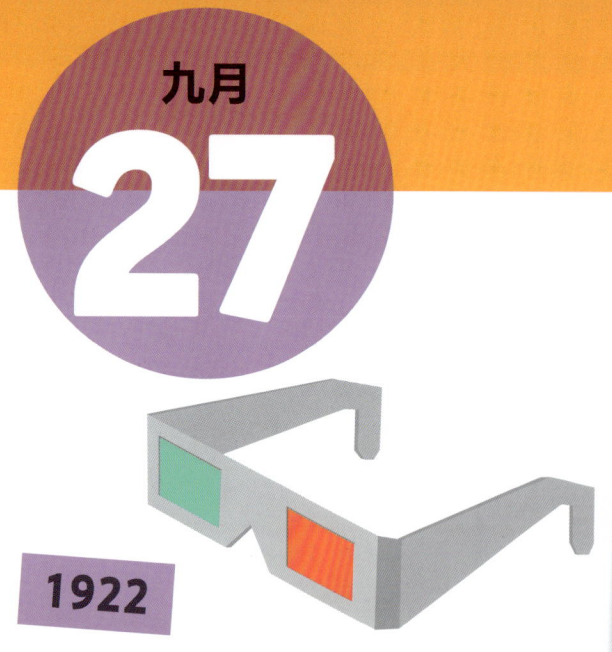

1922
世界首部三维电影
1922年9月27日,世界上首部三维电影《爱的力量》在美国洛杉矶的大使饭店剧院首映。观众佩戴特殊眼镜(由一个红色镜片和一个绿色镜片组成)即可观看三维电影。

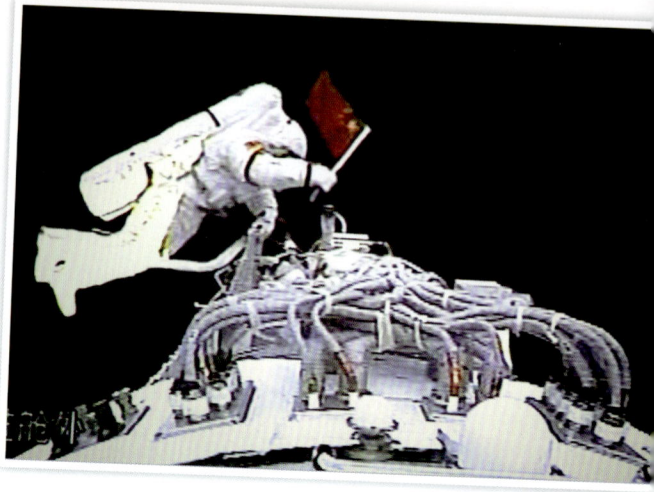

生于今天
1972年9月27日,美国演员格温妮丝·帕特洛出生。她曾于1999年获得奥斯卡最佳女演员奖,并在几部漫威电影中扮演佩珀·波茨这一角色。

其他发生于今天的历史事件
1825年9月27日,世界上第一条蒸汽机车公共铁路——斯托克顿-达林顿铁路在英国正式通车。

1940年9月27日,德国、意大利和日本三个法西斯国家签订《德意日三国同盟条约》,公开结成军事同盟。

1962年9月27日,美国环保主义者蕾切尔·卡森的著作《寂静的春天》出版。该书强调了杀虫剂对环境造成的严重破坏。

2008
太空漫步
2008年9月27日,中国航天员翟志刚担任"神舟7号"载人飞船的指令长,并成为中国历史上第一个完成太空行走的人。这也是中国进行的第三次载人航天任务。

1937
灭绝的老虎
1937年9月27日,最后一只巴厘虎(成年雌虎)在印度尼西亚巴厘岛被猎杀,巴厘虎自此灭绝。人类过度狩猎等活动导致该物种森林栖息地丧失,是巴厘虎灭绝的主要原因。

九月 28

其他发生于今天的历史事件

1889 年 9 月 28 日，国际计量大会在法国召开，会议正式确定了一米的长度。

2008 年 9 月 28 日，新加坡大奖赛首次引入了一级方程式赛车世界锦标赛夜间赛。

2018 年 9 月 28 日，由于北冰洋冰盖融化，"文塔马士基号"集装箱船首次成功穿越北冰洋航线。

1924 首次环球飞行

1924 年 9 月 28 日，4 架美国陆军空勤队飞机在完成首次环球飞行后返回美国西雅图。此次任务历时 175 天，机组经历了各种极端天气。

生于今天

公元前 551 年 9 月 28 日，中国思想家孔子出生（孔子诞辰日还有其他说法）。他开创私人讲学之风，教育弟子无数，创立了儒家学派。

1928 发现抗生素

1928 年 9 月 28 日，苏格兰科学家亚历山大·弗莱明在培养皿中发现了一种能够杀死细菌的霉，他将其称为"青霉素"。这是有史以来人类发现的第一种抗生素，主要用于医学治疗。

1538 勇猛的战士

1538 年 9 月 28 日，普雷韦扎海战中，土耳其海军大将巴巴罗萨·海雷丁率领一支英勇无敌的舰队抵御神圣联盟，保卫奥斯曼帝国。海雷丁也被人称作"红胡子"，他的名号令整个地中海地区的人们闻风丧胆。

九月 29

伦敦治安警察诞生

1829

1829年9月29日，英国政治家罗伯特·皮尔组建了一支专门维持社会秩序、打击犯罪的"伦敦首都警察部队"。该队警察身穿蓝色制服，头戴高帽子，走上英国伦敦的街头，成为世界上第一批现代职业制服警察队伍。

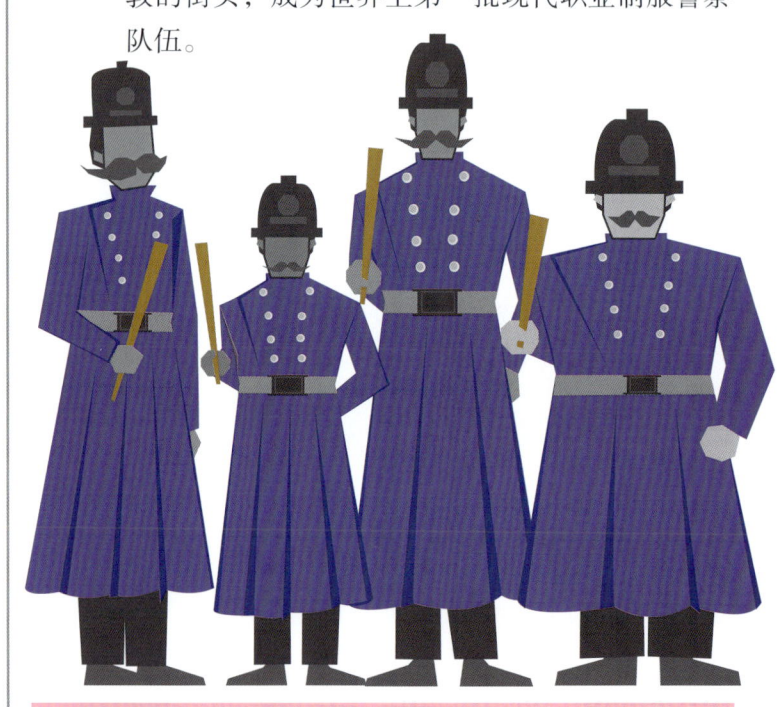

发现太平洋

1513

1513年9月29日，西班牙探险家瓦斯科在南美洲寻找黄金时，徒步横穿过狭长的巴拿马地峡，成为第一个发现太平洋的欧洲人。他当时宣称这片汪洋归属于西班牙，称其为"南海"。

生于今天

1758年9月29日，英国海军司令霍雷肖·纳尔逊出生。他率领的战舰曾在多场战役中取得胜利——最著名的是特拉法尔加战役，击溃了法国和西班牙的联合舰队。

其他发生于今天的历史事件

2004年9月29日，小行星图塔蒂运行到离地球约150万千米的位置（此距离仅为地球和月球之间距离的4倍），与地球擦肩而过。

2020年9月29日，科学家们根据"火星特快车"探测器上的雷达，在火星上发现了3个地下湖泊。科学家们认为这些湖泊应该具有相当高的盐分，故而能使水在低温下保持液态。

九月 30

2004
海怪！
2004年9月30日，日本东京的科学家首次在自然环境下拍摄到一种罕见的大王鱿鱼。

其他发生于今天的历史事件
1935年9月30日，当时世界上最大的混凝土结构水坝——胡佛水坝（曾被称为博尔德水坝）竣工，美国总统富兰克林·D.罗斯福主持了竣工仪式。

1949年9月30日，英、美持续了15个月的柏林空运结束。第一次柏林危机期间，苏联切断了西柏林的水陆交通，美国和英国军队通过空运向西柏林运送物资。

1960年9月30日，以石器时代为背景的动画片《摩登原始人》在美国首播。

1520
伟大的苏里曼
1520年9月30日，苏里曼一世即位，成为奥斯曼帝国（由土耳其人建立的帝国）的苏丹。他是16世纪欧洲的著名领袖，在位期间开疆拓土，还促进了艺术、建筑和法律的发展。

生于今天
1980年9月30日，瑞士网球运动员马蒂娜·辛吉斯出生。她4岁时就参加了人生中的第一次锦标赛，共赢得女子网球协会的冠军90多次。

1968
波音747
1968年9月30日，第一架宽体喷气式客机在美国华盛顿首次与公众见面，开启了商业航空旅行的新时代。波音747光是机尾就有六层楼那么高，机翼的总面积比篮球场还要大，是当时最大的客机。

十月 1

1908
福特T型车上市

1908年10月1日，美国工业家亨利·福特推出福特T型车，开创了装配线生产汽车的先河，从而提高了汽车产量，降低了汽车的价格。

其他发生于今天的历史事件

公元前331年10月1日，在高加米拉战役（发生在现在的伊拉克境内）中，亚历山大大帝率领的马其顿军击败了波斯国王大流士三世率领的波斯军。

1982年10月1日，两家公司——飞利浦和索尼共同推出用于存储数字信号的激光唱片（也就是CD）。

2010年10月1日，"嫦娥2号"月球探测器在中国西昌卫星发射中心发射升空。

生于今天

1959年10月1日，塞内加尔歌手、词曲作者和音乐家尤索·恩多出生。他推动了塞内加尔姆巴拉风格音乐的发展。

1990
巨大爆炸

1990年10月1日，卫星记录下一颗重达90吨的流星在太平洋上空爆炸的场面，其爆炸威力相当于900多吨的强力炸药。

1964
子弹头列车

1964年10月1日，日本首列高速列车"新干线"开始运行。这种高速列车俗称"子弹头列车"，平均时速可达220千米，从东京到大阪只需4个小时。

1949
中华人民共和国成立

1949年10月1日，中华人民共和国中央人民政府主席毛泽东，宣布中华人民共和国成立。

十月 2

1866
拉环罐头

过去市面上大多数罐头食品都是装在铁罐中销售的，使用时必须用锤子和凿子才能打开。1866年10月2日，美国发明家J.奥斯特豪德发明了一种带拉环的罐头，只需将盖子向后卷动即可打开。

1608
早期望远镜

眼镜制造商汉斯·利伯希是位定居荷兰的德意志人。1608年10月2日，他发明出早期望远镜，通过这种望远镜可清晰看见远处物体。

其他发生于今天的历史事件

1870年10月2日，罗马城归属意大利王国，罗马天主教会对罗马城1 000多年的统治结束。

1967年10月2日，瑟古德·马歇尔宣誓就任美国最高法院法官，成为美国第一位非洲裔法官。

2018年10月2日，美国科学家阿瑟·阿什金因发明了光学镊子而获得诺贝尔物理学奖。光学镊子是一种带有激光"手臂"的设备，可用于抓取原子、病毒或细胞等微小物体。

1925
崛起中的艺术家

1925年10月2日，美国非洲裔舞蹈家约瑟芬·贝克首次在法国巴黎表演戏剧《黑人评论》，一举成名。

生于今天

1869年10月2日，印度民族运动领袖莫罕达斯·卡拉姆昌德·甘地出生。他被尊称为"圣雄"，领导发起了反对英国在印度殖民统治的非暴力不合作运动。

十月 3

1888
哈卡舞

1888年10月3日，新西兰本土橄榄球队一袭黑衣，首次在一场国际比赛前表演了"哈卡舞"（毛利人的传统舞蹈形式），给人们留下深刻印象。这种仪式一直持续到今天。

其他发生于今天的历史事件

公元前42年10月3日，为了给罗马统帅尤利乌斯·恺撒报仇，他的支持者在菲利比战役中与其刺杀者展开了首次激战。

1904年10月3日，美国民权活动家玛丽·麦克劳德·贝休恩在美国佛罗里达州代托纳比奇市创办了第一所黑人女子学校。

生于今天

1969年10月3日，美国歌手兼词曲作者格温·斯特凡妮出生。她曾组建著名的"无疑乐队"，凭借《别说话》等热门单曲声名鹊起，之后成为成功的独唱歌手。

1983年10月3日，美国非洲裔演员泰莎·汤普森出生。她因在漫威电影中扮演瓦尔基里这一角色而闻名。

1990
重新统一

1990年10月3日，分离了45年的民主德国和联邦德国重新统一。

1949
开天节

传说朝鲜民族始祖檀君于公元前2333年建立了古朝鲜国。为表纪念，从1949年起，韩国每年于10月3日举行开天节（也称"民族奠基日"）的庆祝活动。

十月 4

1883 豪华旅行

1883年10月4日，长途豪华列车"东方快车"首次从法国巴黎开往土耳其伊斯坦布尔。该列车富丽奢华，成为诸多文学作品、电影和电视节目的故事背景。

1957 开启太空时代

1957年10月4日，苏联将世界上第一颗人造卫星"斯普特尼克1号"送入地球轨道，开启了人类的太空时代，也是太空探索的新时代。

其他发生于今天的历史事件

1853年10月4日，克里米亚战争爆发，奥斯曼帝国及其盟友陆续对俄国宣战，争夺中东的控制权。

1986年10月4日，荷兰女王贝娅特丽克丝为东斯海尔德河防潮闸大坝揭幕。该大坝全长9千米，是三角洲工程的一部分。三角洲工程是由一系列大坝和海堤组成的庞大防洪工程，旨在保护地势较低的荷兰免遭海水淹没。

生于今天

1946年10月4日，美国演员、社会活动家苏珊·萨兰登出生。她主演过诸多获奖电影，并致力于消除世界饥饿问题的慈善工作。

1927 总统山

1927年10月4日，美国人将他们最尊敬的4位总统（乔治·华盛顿、托马斯·杰斐逊、西奥多·罗斯福和亚伯拉罕·林肯）的肖像雕刻在美国南达科他州的拉什莫尔山顶上，该工程共耗时12年完成。

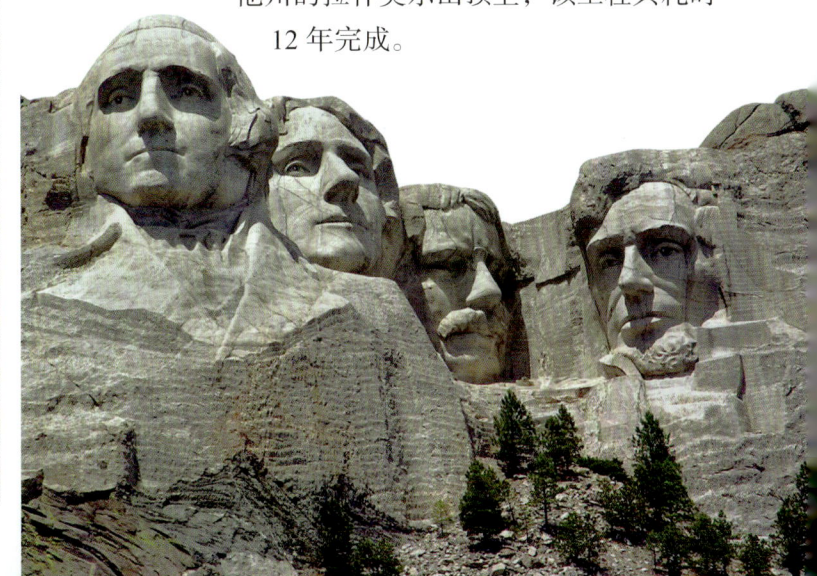

十月 5

2006
史前捕食者
2006年10月5日,研究人员宣布,在位于北冰洋的挪威斯瓦尔巴群岛上,发现了第一具完整的蛇颈龙类化石骨架。该化石长约10米,属于古代的一种短颈海洋爬行动物。

"塔斯马尼亚魔鬼" 2020
2020年10月5日,一篇新闻报道称,已有26只"塔斯马尼亚魔鬼"(即袋獾)被成功放归澳大利亚大陆的野生动物保护区。近3 000年来,人们只在塔斯马尼亚岛上发现过该物种。

生于今天
1975年10月5日,英国演员凯特·温斯莱特出生。在20多年的影视生涯中,她获得过1次奥斯卡奖、1次艾美奖、3次英国电影学院奖和4次金球奖。

其他发生于今天的历史事件
1910年10月5日,葡萄牙共和党夺取政权,推翻君主制,成立葡萄牙共和国。

1962年10月5日,英国摇滚乐队"披头士"在英国发行了第一首单曲《爱我吧》,取得了英国音乐排行榜第17名的成绩。

1962年10月5日,第一部"007"电影《诺博士》上映。英国演员肖恩·康纳利出演间谍詹姆斯·邦德这一角色。

1789
凡尔赛妇女大游行
1789年10月5日,由于面包短缺,价格昂贵,法国巴黎的妇女上街游行,前往凡尔赛宫抗议——这成为法国革命中最重要的事件之一。

十月 6

1829
"火箭号"机车

在利物浦和曼彻斯特之间，究竟是应该继续用马匹运输，还是改用蒸汽机牵引车厢呢？英国人决定进行一次测试。最终，1829年10月6日，英国工程师罗伯特·史蒂芬森设计的"火箭号"蒸汽动力机车在雨山试车选拔赛中获胜。该机车的轮子能够在铁轨上行驶。

其他发生于今天的历史事件

2001年10月6日，30名学生在南非内尔斯普雷特推着肥皂盒"汽车"穿越2 061千米，最终抵达该国首都开普敦，创造了一项世界纪录。

2010年10月6日，科学家宣布在巴布亚新几内亚的群岛上发现了200多个新物种。

2010年10月6日，社交媒体平台"照片墙"（俗称ins）公开发布。仅第一天，注册用户就有25 000多人。

2007
令人难以置信的旅行

英国探险家贾森·刘易斯是世界上第一个完全依靠人力环游世界的人。他从英国格林尼治出发，仅通过滑冰、骑自行车、步行和皮划艇的方式，在4 833天内前行了近75 000千米，最后于2007年10月6日回到格林尼治。

生于今天

1887年10月6日，法国建筑家勒·柯布西耶出生。他提出了"住房是居住的机器"的口号。代表作有马赛公寓、朗香教堂等。他的设计理念对20世纪建筑发展产生了深远的影响。

十月 7

1959 月球的背面图

1959 年 10 月 7 日，苏联的"月球 3 号"空间探测器发回了月球背面的第一张照片。我们从地球上无法看到月球的背面。

2018 女神秘博士

2018 年 10 月 7 日，英国演员茱蒂·惠特克以第 13 任博士的形象出现在英国科幻电视连续剧《神秘博士》中，是首任女性"神秘博士"。

其他发生于今天的历史事件

2000 年 10 月 7 日，第一届世界电子竞技大赛在韩国龙仁市拉开帷幕。

2001 年 10 月 7 日，"9·11"恐怖袭击事件发生后，以美国为首的联军开始轰炸阿富汗，以推翻塔利班政权和摧毁本·拉登基地组织。

2010 年 10 月 7 日，研究人员宣布，日本重楼拥有世界上最大的基因组——其数量是人类基因组的 50 倍。

生于今天

1885 年 10 月 7 日，丹麦物理学家玻尔出生。他创建哥本哈根大学理论物理研究所并任所长，因在原子结构方面的研究成果，获 1922 年诺贝尔物理学奖。

1571 勒班陀海战

1571 年 10 月 7 日，西班牙、威尼斯联军在希腊勒班陀附近击败了奥斯曼帝国。这是历史上最大的海战之一，也是完全依靠排桨战船进行作战的最后几场海战之一。

十月 8

2004
荣获诺贝尔和平奖

2004年10月8日，肯尼亚社会活动家旺加里·马塔伊因发起"绿带运动"，为肯尼亚可持续发展做出突出贡献，获得诺贝尔和平奖。

1906
烫发装置

1906年10月8日，德国理发师卡尔·内斯勒在英国伦敦展示了他的新发明——一种可以使人的头发卷曲的装置。其工作原理是通过加热，让缠绕在铜管上的头发形成波浪或卷曲的形状。

1945
发明微波炉

1945年10月8日，美国物理学家珀西·L.斯宾塞发明了世界上第一台微波炉。因看到放在雷达附近的一块巧克力融化，斯宾塞产生了用微波加热食物的灵感。

其他发生于今天的历史事件

1871年10月8日，佩什蒂戈大火爆发，这是有记录以来最严重的一次森林大火，大火烧毁了美国威斯康星州约49万公顷的森林。

1978年10月8日，澳大利亚摩托艇选手肯·沃比驾驶快艇创造了每小时483千米的行驶纪录。

2008年10月8日，科学家公布在塔斯马尼亚岛附近发现了约270种海洋新物种。

生于今天

1910年10月8日，美国演员柯克·阿林出生。他是第一个在真人电影中扮演超人的演员。

十月 9

1945 韩文日

1945 年 10 月 9 日，韩国将韩文日定为法定假日，以纪念李氏朝鲜世宗大王创制韩文（韩语字母表）的功绩。（左图意为韩文）

其他发生于今天的历史事件

768 年 10 月 9 日，查理大帝加冕成为法兰克王国的统治者。法兰克王国是中世纪西欧的一个大王国，该国国民主要是日耳曼人。

2005 年 10 月 9 日，斯坦福大学赛车队设计的斯坦利大众途锐赛车，在美国内华达州莫哈韦沙漠举办的无人驾驶车挑战赛中战胜另外 4 辆无人驾驶汽车夺冠，获得 200 万美元奖金。

1000 发现文兰岛

1000 年 10 月 9 日，维京探险家莱夫·埃里克松在现在的加拿大海岸成功登陆，成为踏上北美大陆的第一位欧洲探险家。他以当地葡萄藤的名字将该地区命名为"文兰"岛。

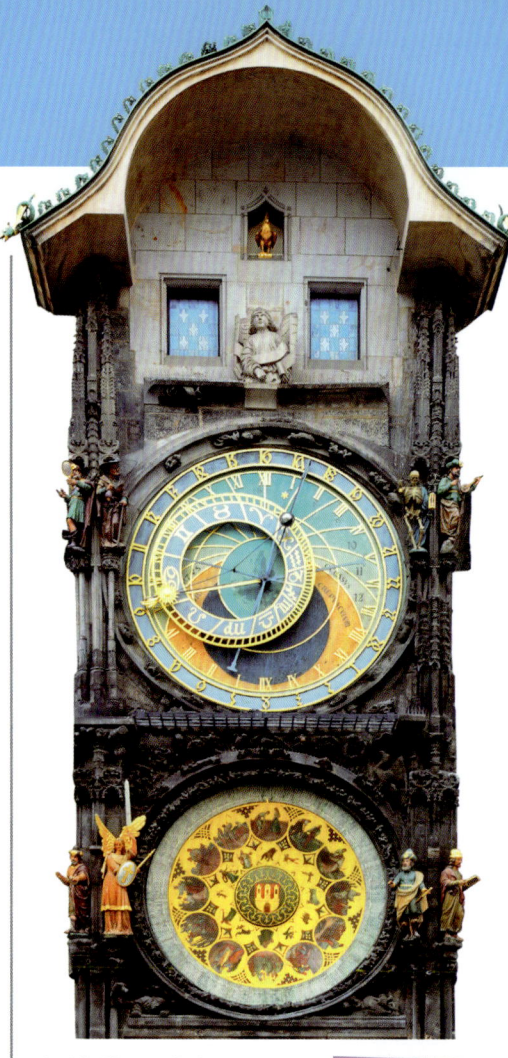

布拉格天文钟 1410

1410 年 10 月 9 日，位于今天捷克的布拉格天文钟建造完成。这个时钟由钟表大师米库拉斯和科学家扬·辛德尔共同设计，是世界上最古老的时钟，至今仍能正常运行。

生于今天

1823 年 10 月 9 日，美国教师、反奴隶制活动家、出版商和律师玛丽·安·沙德·卡里出生。她是北美第一位非洲裔女性出版商。

十月 10

1903 争取选举权

1903 年 10 月 10 日，英国活动家埃米琳·潘克赫斯特在英国曼彻斯特成立了妇女社会和政治联盟，通过示威、游行和罢工为女性争取选举权。

其他发生于今天的历史事件

1967 年 10 月 10 日，一项最初由美国、英国和苏联签署的国际协议——《外层空间条约》正式生效。根据该条约，各国应和平探索宇宙、平等利用月球及其他天体。任何国家无权对任何外层空间宣布拥有所有权。

2013 年 10 月 10 日，世界上第一架可以通过眨眼来启动和控制飞行的无人机在苏格兰圣安德鲁斯亮相。该无人机由秘鲁发明家卡蒂娅·维加开发研制。

1964 亚洲国家第一次举办奥运会

1964 年 10 月 10 日，夏季奥运会在日本东京开幕。这是亚洲国家第一次举办奥运会。

发明断头台 1789

1789 年 10 月 10 日，法国内科医生约瑟夫-伊尼亚斯·吉约坦提出，应减少死刑执行过程中罪犯所受的痛苦。根据他的提议，断头台应运而生，这是一种带有斜向斩刀的装置，刀落时人当即毙命。

生于今天

1970 年 10 月 10 日，英国赛艇运动员马修·平森特出生。在 17 年的职业生涯中，他共赢得 10 次世界赛艇锦标赛冠军和 4 枚奥运会金牌。

十月 11

1919
飞机餐

1919年10月11日，从英国伦敦飞往法国巴黎的航班首次为乘客提供餐食，有水果和三明治。

生于今天

1821年10月11日，英国人道主义者乔治·威廉斯出生。他创立了基督教青年会。

1987
纪念被

1987年10月11日，48名志愿者在美国华盛顿特区国家广场铺设了1 920块被子。这些被子是人们为了纪念因艾滋病死亡的亲人而精心制作的。

1977
风筝冲浪

1977年10月11日，荷兰冲浪运动员、发明家吉斯伯特斯·阿德里安努斯·潘胡伊斯发明了风筝冲浪运动。这是一项水上运动，运动员站在冲浪板上，由特制的风筝拉着借风而行。

其他发生于今天的历史事件

1745年10月11日，德意志的伊瓦尔德·乔治·冯·克莱斯特发明了莱顿瓶，这是人类早期用于存储电能的一种装置。荷兰科学家彼得·范·米欣布鲁克几乎也在同一时间研制出了莱顿瓶。

1984年10月11日，美国航天员凯瑟琳·沙利文在"挑战者号"航天飞机上执行太空任务，成为首位进行太空行走的美国女性。

2010年10月11日，在印度新德里举行的英联邦运动会上，铁饼运动员克里希纳·波尼亚获得金牌。这是自1958年以来印度获得的第一枚该赛事田径项目金牌。

十月 12

1492 哥伦布日

1492 年 10 月 12 日，意大利探险家克里斯托弗·哥伦布抵达北美洲，登陆巴哈马群岛。此举开启了欧洲对美洲大陆的探索和殖民化时代。有些美洲国家将这一天定为"哥伦布日"。

1810 首届啤酒节

1810 年 10 月 12 日，德意志慕尼黑市民聚集在一起庆祝巴伐利亚王储路德维希的婚礼。此庆祝活动每年举办一次，并逐渐演变为现代民间节日——啤酒节。

其他发生于今天的历史事件

1979 年 10 月 12 日，人类有记录以来最大最强的热带风暴"泰培"形成。其直径超过 2 200 千米，风速达每小时 300 千米。

1992 年 10 月 12 日，美国庆祝该国的第一个"土著人日"，以铭记自哥伦布发现美洲大陆和欧洲殖民化以来，那些逐渐消失的土著社区和身份。

2019 马拉松新纪录

肯尼亚运动员埃利乌德·基普乔格在奥地利维也纳的马拉松比赛中最先到达终点，该成绩比之前的 2 小时纪录又早了 20 秒。然而，由于这项赛事不是官方比赛，该成绩未被列入纪录之中。

生于今天

1864 年 10 月 12 日，诗人、社会工作者卡米尼·罗伊在南亚某地出生。当时该地区很少有女性能接受教育，而她成为第一位以优异成绩毕业的女性。

1968 年 10 月 12 日，澳大利亚演员休·杰克曼出生。他参演过多部动作电影和音乐剧，最著名的是《X 战警》中的"金刚狼"角色。

十月 13

阿达·洛芙莱斯日 — 2009

2009 年 10 月 13 日，"阿达·洛芙莱斯日"首次被确定。洛芙莱斯是第一位编写计算机程序的英国数学家。为了表彰女性在科学、技术、工程和数学方面的成就，人们将每年 10 月的第二个星期二定为"阿达·洛芙莱斯日"。

最清澈的海 — 1986

科学家们发现，位于南极大陆海岸的威德尔海是地球上最清澈的海。1986 年 10 月 13 日，德国不来梅港的阿尔弗雷德·韦格纳研究所的科学家通过对比，称该海域海水的清澈度堪比蒸馏水。

其他发生于今天的历史事件

1943 年 10 月 13 日，意大利政府在与同盟国军队签署停战协议后，向纳粹德国宣战，将意大利中部和北部从纳粹德军的控制下解放了出来。

1958 年 10 月 13 日，英国作家迈克尔·邦德创作的故事《帕丁顿熊》首次出版。

生于今天

1925 年 10 月 13 日，英国第一位女首相撒切尔出生。她因施政风格强硬而被称为"铁娘子"。

发现鹫龙 — 2005

2005 年 10 月 13 日，古生物学家宣布在南美洲巴塔哥尼亚高原发现了一种类似于鸟的恐龙化石——鹫龙化石，这是生活在大约 9 800 万年前的一种物种。

十月 14

1947 突破声障

1947 年 10 月 14 日，美国飞行员、昵称"查克"的查尔斯·叶格尔驾驶贝尔 X-1 型火箭动力试验机以每小时 1 127 千米的速度飞行，首次突破"声障"。这是首架实现这一壮举的载人飞机。

2012 太空跳伞

2012 年 10 月 14 日，奥地利极限运动员费利克斯·鲍姆加特纳乘坐气球升上天空，从距地面 39 千米的上空跳下，成为首位成功完成超声速自由落体的跳伞运动员。9 分钟后，他降落在美国新墨西哥州的罗斯韦尔附近。

其他发生于今天的历史事件

1962 年 10 月 14 日，古巴导弹危机爆发之前，美国根据一架飞机的侦察，得知古巴正在部署苏联弹道导弹，证实了苏联可能存在对美国进行核攻击的威胁。

1968 年 10 月 14 日，美国非洲裔运动员吉姆·海因斯以 9.95 秒跑完 100 米，成为第一个在不到 10 秒的时间内跑完 100 米的人。

生于今天

1978 年 10 月 14 日，美国非洲裔歌手、词曲作者亚瑟小子出生。他凭借其在现代节奏布鲁斯音乐方面的出色表现而享有盛名，唱片全球销售量一亿多张。

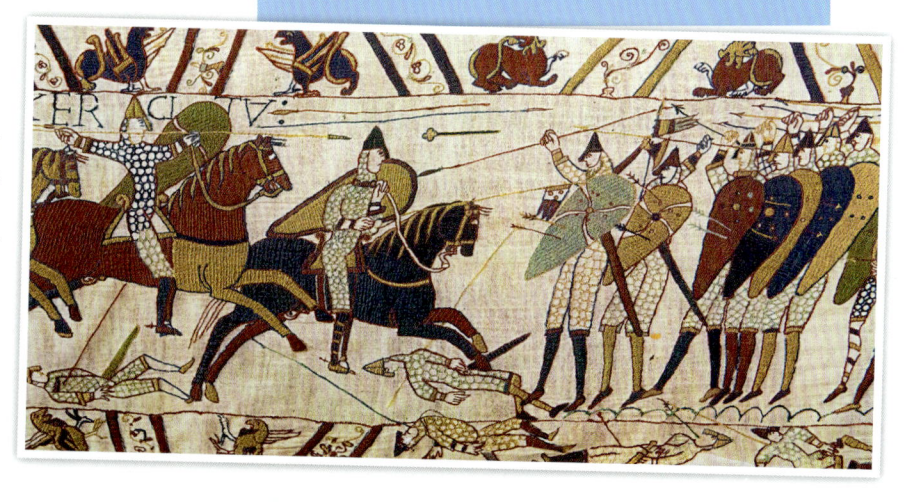

1066 哈斯丁斯战役

1066 年 10 月 14 日，法兰西诺曼底公爵威廉在哈斯丁斯战役中杀死了英国国王哈罗德，击败了盎格鲁-撒克逊军队。后来威廉一世建立诺曼王朝，确立了诺曼底人对英国的统治地位。

十月 15

1952 童话《夏洛的网》出版

1952 年 10 月 15 日，美国作家 E.B. 怀特所著童书《夏洛的网》出版。该书讲述了小猪威尔伯与谷仓蜘蛛夏洛之间的友谊故事，此书全球销量超过 4 500 万册。

1997 超声速汽车

1997 年 10 月 15 日，英国车手安迪·格林在美国内华达州布莱克罗克沙漠创造了一项纪录：他驾驶的推力超声速 SSC 型汽车，最高时速达 1 227.9 千米，成为第一辆突破声障的陆地车辆。

1989 冰球纪录

1989 年 10 月 15 日，在与埃德蒙顿油人队对决的比赛中，加拿大冰球运动员韦恩·格雷茨基在最后时刻为洛杉矶国王队攻入一球，赢得了比赛。他也由此实现了职业生涯中的第 1 851 个进球，成为北美国家冰球联盟历史上得分最高的球员。

生于今天

1938 年 10 月 15 日，尼日利亚音乐家、作曲家费拉·库蒂出生。他融合了美国和西非音乐的特点，创造出一种新的音乐风格，称之为"非洲节拍"。

其他发生于今天的历史事件

1582 年 10 月 15 日，欧洲天主教国家开始采用公历。这种历法比以前使用的儒略历更为精确。

2003 年 10 月 15 日，杨利伟乘"神舟 5 号"载人飞船进入太空，成为首位进入太空的中国人。

2011 年 10 月 15 日，世界上第五座乐高公园在美国佛罗里达州开门迎客，公园中使用了 5 000 多万块乐高积木。

十月 16

1950
纳尼亚传奇

1950年10月16日,英国作家C. S. 刘易斯所著的儿童经典作品《狮子、女巫和魔衣橱》出版。这是"纳尼亚传奇"奇幻系列7本分册中的第一个故事。

生于今天

1997年10月16日,日本网球运动员大坂直美出生。她获得过4次大满贯,2019年成为历史上首位获得单打世界第一的亚洲选手。

1793
斩首王后

1793年10月16日,法国大革命期间,法国王后玛丽·安托瓦内特被斩首。她和丈夫路易十六被指生活奢靡、荒淫腐化,却任凭法国人民生活在水深火热中。

1384
波兰女王

1384年10月16日,雅德维加9岁时在波兰当时的首都克拉科夫加冕为王,成为该国第一位女性君主。执政期间,她将宗教和慈善事业作为工作重心。

其他发生于今天的历史事件

1968年10月16日,在墨西哥城奥运会上,美国非洲裔运动员汤米·史密斯和约翰·卡洛斯在获奖者领奖台上举拳表示对国内非洲裔的支持,以抗议种族歧视。

2001年10月16日,法国米洛高架桥开始施工,建成后高达343米,是当时世界上最高的桥梁,堪称工程奇迹。

十月 17

690 — 中国女皇帝

武则天在辅佐丈夫和儿子执政后，于690年10月17日亲临帝位，成为中国历史上唯一一位真正意义上的女皇帝。武则天统治期间，着力于发展经济，扩大疆域。

生于今天

1914年10月17日，美国漫画作家杰里·西格尔出生。他与漫画艺术家乔·舒斯特共同创造出著名的"超人"角色。

2008 — "吃掉"世界纪录

2008年10月17日，在伊朗德黑兰，一块有望创造"世界最大三明治"世界纪录的三明治，在评委们进行测量之前，就被饥饿的人群给"吃掉"了。

2014 — 气候战士

2014年10月17日，由于担心化石燃料对气候产生的危害，来自12个受海平面上升威胁的太平洋岛国的抗议者，乘船驶入澳大利亚纽卡斯尔煤炭港，阻止运煤船只离港。

其他发生于今天的历史事件

1604年10月17日，德意志天文学家约翰内斯·开普勒观测到了"开普勒超新星"，这也是在没有望远镜的情况下，人类在银河系内观测到的最后一颗超新星。

1931年10月17日，一生作恶无数的美国黑帮头目阿尔·卡彭，最终因逃税罪入狱，被判11年监禁。

2009年10月17日，英国足球运动员达伦·本特踢出的球击中了球迷扔进场上的沙滩球，折射进网，为球队赢得了胜利。

十月 18

其他发生于今天的历史事件

1565 年 10 月 18 日,福田湾战役爆发,日本和葡萄牙船只展开交战,这是有记录以来日本和西方国家之间展开的第一次海战。

2011 年 10 月 18 日,美国航天港在美国新墨西哥州正式揭幕,这是世界上第一个商业用途的航天港。

2019 年 10 月 18 日,美国女航天员克里斯蒂娜·科克和杰茜卡·迈尔执行修复国际空间站电池装置任务,实现了人类历史上的首次全女性太空行走。

1851 《白鲸》出版

1851 年 10 月 18 日,美国作家赫尔曼·梅尔维尔的经典小说《白鲸》出版。该书讲述了一头白鲸咬断了船长的腿,船长因此展开复仇的故事。

1921 电烤面包机

1921 年 10 月 18 日,查尔斯·P. 斯特里特发明的电烤面包机获得专利。这种面包机可以同时烤面包的两面,面包烤好后还会自动弹出。

1735 清高宗登基

清高宗于 1735 年 10 月 18 日登基,年号"乾隆"。在位的 60 年间,清高宗通过一系列军事行动,巩固并扩大了国家的疆域。

生于今天

1926 年 10 月 18 日,美国非洲裔歌手、作曲家查克·贝里出生。他是 20 世纪 50 年代流行音乐流派发展的先驱,被誉为"摇滚乐之父"。

1984 年 10 月 18 日,印度演员芙蕾达·平托出生。她因主演电影《贫民窟的百万富翁》而闻名。

十月 19

英国投降 — 1781

1781 年 10 月 19 日，英国将军查尔斯·康华里在约克镇战役中失败，向美国大陆军总司令乔治·华盛顿投降。这标志着美国独立战争结束，为之后美国的独立开辟了道路。

1901 "桑托斯-杜蒙特 6 号"飞艇

1901 年 10 月 19 日，巴西飞行家阿尔贝托·桑托斯-杜蒙特乘坐自己设计的最新飞艇，从法国巴黎圣克劳德公园飞到埃菲尔铁塔后又返回，行程共计 11.3 千米，全程耗时不到 30 分钟，成为首个完成这一壮举的人。

1872 霍尔特曼金块

1872 年 10 月 19 日，澳大利亚新南威尔士州的金矿工人们在矿场经理伯恩哈特·霍尔特曼的带领下，从一大块石英石中发现了黄金。这是迄今为止最大的石英脉金矿石标本，他们也因此大发横财。

生于今天

1926 年 10 月 19 日，美国芭蕾舞演员玛乔丽·托尔奇夫出生。她是第一个获得巴黎歌剧院芭蕾舞团首席舞者称号的美国土著。

其他发生于今天的历史事件

1469 年 10 月 19 日，亚拉冈王子斐迪南二世和卡斯提尔王位继承人伊萨伯拉结婚。不久之后，亚拉冈王国和卡斯提尔王国统一为一个国家——西班牙。

1914 年 10 月 19 日，第一次世界大战期间，协约国军队和德军为了争夺比利时伊珀尔展开大战。

1972 年 10 月 19 日，24 名玩家在美国斯坦福大学参加了《太空大战》的电竞比赛！这是世界上第一场有史可考的电竞比赛。

十月 20

2010 国际树懒日

2010年10月20日是第一个国际树懒日。它是专为行动缓慢、以树叶为食的哺乳动物树懒而设的，旨在提高人们的觉悟，关注生活在中美洲和南美洲的树懒所面临的威胁。

生于今天

1882年10月20日，美国匈牙利裔演员贝拉·卢戈希出生。从匈牙利搬到美国后，他于1931年出演了恐怖电影《吸血鬼》中的主角。

悉尼歌剧院 1973

历经14年的修建后，悉尼歌剧院终于在1973年10月20日完工，伊丽莎白二世女王参加了开幕式。该歌剧院临水而建，如乘风出海的白色风帆。

1968 背越式跳高

1968年10月20日，美国学生迪克·福斯布里在墨西哥奥运会上采用了一种新的跳高技术，引发了跳高运动的一场革命。他采用的是背越式跳高，轻而易举地赢得了金牌。

其他发生于今天的历史事件

1818年10月20日，美国和英国签署一项协议，划定了美国和英属加拿大的国境线。

2017年10月20日，《寻梦环游记》在墨西哥上映，这是第一部预算高达九位数、完全由拉美裔配音演员组成的动画电影。

2019年10月20日，考古学家用照片展示了一颗他们在阿联酋马拉瓦岛发现的珍珠。它已有8 000年的历史了。

十月 21

改进灯泡 — 1879

1879年10月21日，美国发明家托马斯·爱迪生改进的白炽灯获得专利。这种灯泡内有碳化纤维做的灯丝，经济又实用，可连续照明超13小时。

生于今天

1833年10月21日，瑞典化学家阿尔弗雷德·诺贝尔出生。他将自己的财富作为基金设立诺贝尔奖，将该奖授予那些为人类利益做出重大贡献的人。

新艺术博物馆 — 1959

1959年10月21日，美国纽约的所罗门·R.古根海姆博物馆对外开放。这座建筑设计极具现代感，与众不同。

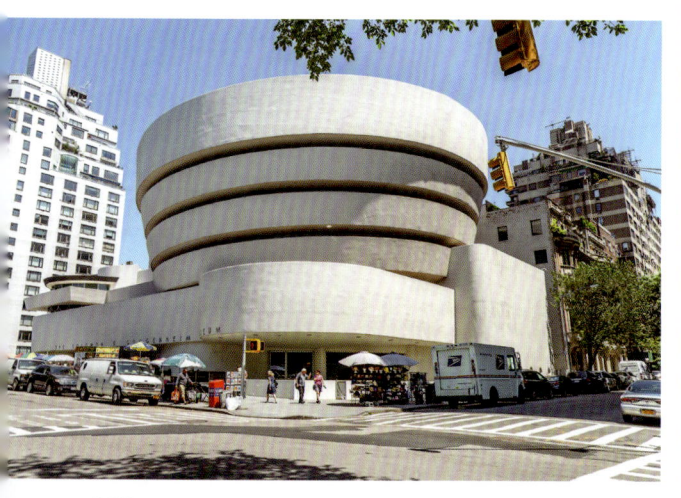

关原之战 — 1600

1600年10月21日，在关原战役中，德川家康的军队打败了当时处于统治地位的丰臣氏，此后开创江户幕府，统治日本逾两个半世纪。

1854 护士南丁格尔

1854年10月21日，英国女护士弗洛伦斯·南丁格尔离开英国来到君士坦丁堡（也就是今天土耳其的伊斯坦布尔）。那里的医院中挤满了在战争中受伤的士兵，疾病感染现象严重，南丁格尔为医院引入了新的清洁、护理标准。

其他发生于今天的历史事件

1520年10月21日，葡萄牙航海家费迪南德·麦哲伦的船只在智利南部发现一条狭窄的海峡，该海峡将大西洋和太平洋连接了起来。

1805年10月21日，英国舰队在西班牙海岸附近的特拉法尔加海战中击败了法国和西班牙的联合舰队。

十月 22

其他发生于今天的历史事件

1884年10月22日，国际经度会议以经过英国格林尼治皇家天文台的经线为本初子午线（即0°经线）。这是一条假想线，作为世界标准"时区"的起点。

2009年10月22日，日本工程师展示了一款模拟甲型H1N1流感患者症状的机器人，以方便对医务人员进行培训。

1991

1991年10月22日，河姆渡遗址博物馆开工兴建。河姆渡遗址位于中国浙江余姚河姆渡镇，是中国新石器时代遗址。遗址中发现有大量稻谷遗迹、动物残骸、农耕用具、狩猎工具以及工艺品。这证明，长江流域和黄河流域一样，都创造了灿烂的原始文化。

1850 早期奥运会

1850年10月22日，在英国什罗普郡举办了马奇温洛克镇奥运会。这项体育竞赛每年举办一次，也是现代奥运会的灵感来源。当地运动员会在大小轮自行车赛、蒙住眼睛骑独轮车赛等运动项目中一决高下。

生于今天

1913年10月22日，美国匈牙利裔战地摄影师罗伯特·卡帕出生。他曾冒着生命危险报道第二次世界大战期间各地发生的冲突与战争。

1952年10月22日，美国演员杰夫·戈德布拉姆出生。他主演过多部好莱坞大片，如《侏罗纪公园》《独立日》。

1797

跳伞先锋

1797年10月22日，法国航空家加尔纳里安成为世界上首个成功完成跳伞的人。他乘坐热气球上升到1 000米的高度后，背上降落伞放开气球，朝法国巴黎的蒙梭公园跳下。降落过程中虽然有些摇晃，但最终他安全着陆。

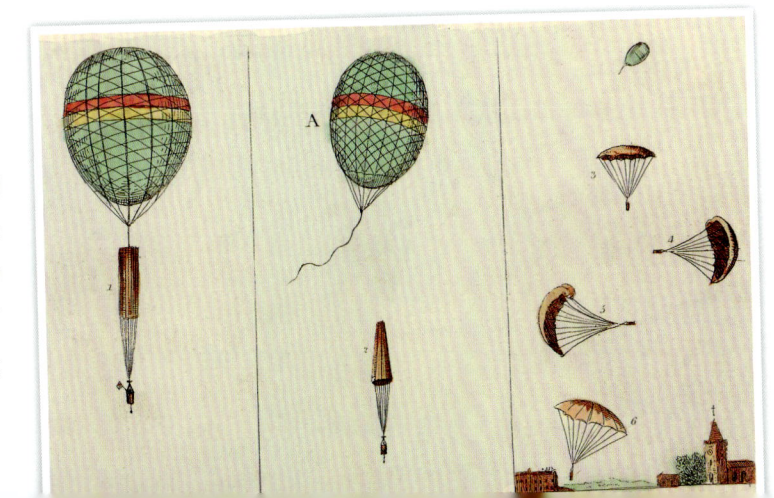

十月 23

超级陆地速度
1970
1970年10月23日，美国赛车手加里·加贝利奇在美国犹他州的邦纳维尔盐沼上，驾驶一款名为"蓝色火焰"的特殊火箭动力汽车，创造了每小时1 001.667千米的陆地速度新纪录。

其他发生于今天的历史事件
1958年10月23日，虚构角色"蓝精灵"首次在比利时漫画家贝约所创作的系列漫画《约翰与皮威》中出现。

1991年10月23日，《柬埔寨和平协定》在巴黎正式签署。这标志着长达10多年的柬越战争结束。

莱特湾海战
1944
1944年10月23日，第二次世界大战中规模最大的一场海战——莱特湾海战爆发，日本在菲律宾周边地区与同盟国军队交战，开战后4天，日本海军被击败，同盟国军队获得太平洋的制海权。

生于今天
1940年10月23日，巴西足球运动员埃德松·阿兰特斯·多·纳西门托出生，人称"贝利"。他从16岁开始为国家效力，被誉为有史以来最伟大的足球运动员。

港珠澳大桥
2018
2018年10月23日，经过9年的修建，中国港珠澳大桥正式开通。该桥横跨55千米，是世界上最长的跨海大桥，连接香港、珠海和澳门。

十月 24

1929
黑色星期四
1929年10月24日，星期四，纽约股市暴跌，导致美国经济衰退，引发经济大萧条。这一全球性经济危机，一直持续到20世纪30年代才结束。

2014
高空跳伞
2014年10月24日，美国工程师艾伦·尤斯塔斯乘坐氦气球升上太空，以自由落体方式下落后在离地面40千米处打开降落伞，然后到达地面。整个过程共耗时15分钟，创造了高空跳伞和最长自由落体的新世界纪录。

生于今天
1632年10月24日，荷兰科学家安东尼·范·列文虎克出生。他被誉为"微生物学之父"，曾制造数百台显微镜用于研究细菌。

1986年10月24日，加拿大演员、说唱歌手德雷克出生。他最初在一档青少年电视节目中开始了自己的职业生涯，之后进入音乐界，成为当今最知名的嘻哈歌手之一，唱片在全世界销量超1.7亿张。

1901
大胆挑战
1901年10月24日，63岁的美国教师安妮·埃德森·泰勒钻进一只桶里，穿越51米高的尼亚加拉大瀑布。她是这项挑战中第一个幸存下来的参与者，只受了轻微的割伤和擦伤。

其他发生于今天的历史事件
1945年10月24日，联合国正式成立，其宗旨是：维持国际和平及安全，发展国际友好关系，促成国际合作，构成一个协调各国行动的中心等。

1975年10月24日，冰岛女性举行罢工，抗议她们在工作中所受到的不平等待遇。受罢工影响，冰岛出台了新法律，保证男女同工同酬。

十月 25

1917 十月革命

第一次世界大战期间，列宁领导的布尔什维克党发动群众进行了一场席卷俄国的武装起义。1917年俄历10月25日，彼得格勒工人和士兵控制了临时政府所在地冬宫，次日成立以列宁为首的苏维埃政府。

2001 巨大的鳄鱼

2001年10月25日，美国芝加哥大学的专家透露，他们一直在研究距今1.1亿年的帝鳄化石，这是地球上最大的鳄鱼物种之一，身长约12米。

其他发生于今天的历史事件

1415年10月25日，阿金库尔战役中，虽然法国军队人数远超英国，但最终英国军队以少胜多，取得了胜利。

2000年10月25日，考察队在肯尼亚的图根山发现了距今600万年的人类化石，称之为"千禧人"。

2001年10月25日，美国计算机软件巨头微软公司发布了Windows XP操作系统。

生于今天

1881年10月25日，西班牙雕塑家、画家巴勃罗·毕加索出生。他与布拉克一起创作立体主义绘画，这是以几何形状和图形的形式表现艺术主题。

1825年10月25日，奥地利作曲家、指挥家约翰·施特劳斯出生。因与其作曲家父亲同名，世称"小施特劳斯"。他创作的《蓝色多瑙河》《春之声》等圆舞曲流传甚广。

1975 摩托车特技

1975年10月25日，美国特技演员埃维尔·克尼维尔驾驶哈雷·戴维森摩托车在美国俄亥俄州成功从14辆公共汽车（全长共40米）上飞跃而过。在其职业生涯的75次特技表演中，这是跨度最长的一次挑战。

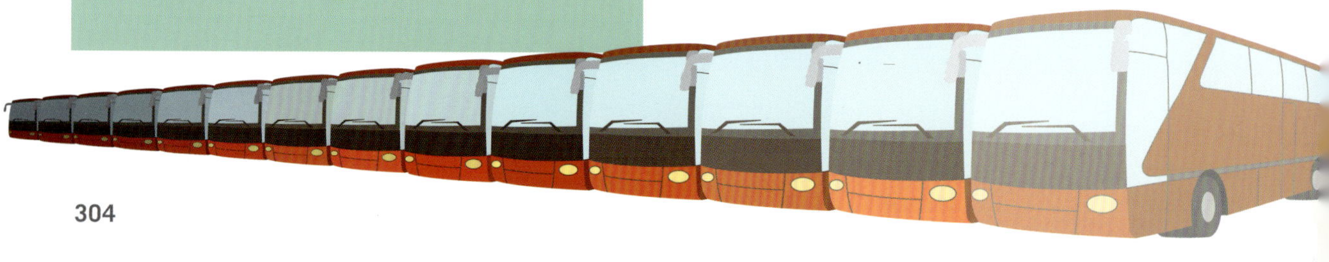

十月 26

其他发生于今天的历史事件
1917年10月26日，第一次世界大战期间，巴西宣布支持协约国军队，成为唯一一个参加大战的南美洲国家。

2020年10月26日，美国国家航空航天局宣布其首次在阳光照射下的月球表面探测到了水分子。

2005 盲人音乐家
2005年10月26日，来自马里的盲人阿马杜和马里亚姆夫妻组合乐队，因其非洲布鲁斯音乐专辑《巴马科的星期日》销量超30万张，而获得法国"白金唱片"奖。

1863 最早的足球协会
1863年10月26日，英国伦敦地区11个当地足球俱乐部的队长和代表聚集在酒馆，成立足球协会，制定足球比赛规则。

1985 归还艾尔斯岩
1985年10月26日，澳大利亚政府将神圣的红褐色巨大岩石艾尔斯岩的所有权，归还给了当地土著。这是当地土著进行土地权利运动所获得的胜利，来之不易。

生于今天
1889年10月26日，中国地质学家李四光出生。他是中国第四纪冰川的发现者，以力学观点研究地质构造的规律，创建了地质力学学科。

十月 27

2019 历史性成就
2019年10月27日，美国演员韦斯·斯塔迪成为首位获得奥斯卡终身成就奖的美国土著演员。

滑水 1925
1925年10月27日，美国电影制片人弗雷德·沃勒为滑水运动申请专利，并通过广告宣传这项刺激的新运动。

生于今天
1858年10月27日，美国第26任总统西奥多·罗斯福出生。他担任过两届总统，也是美国历史上最年轻的总统。

1917年10月27日，南非反种族隔离活动家奥利弗·坦博出生。他与纳尔逊·曼德拉一起在南非成立了第一家黑人律师事务所。之后，他曾在南非非洲人国民大会担任24年主席。

2014 流行经典
2014年10月27日，美国歌星泰勒·斯威夫特发行第一张流行音乐专辑《1989》，专辑中记录了她的生活和爱情故事。该专辑获得格莱美奖年度专辑奖，全球销量超1 000万张。

其他发生于今天的历史事件
1962年10月27日，古巴导弹危机期间，一艘苏联潜艇误以为核战已经爆发，艇长下令发射核鱼雷，但大副瓦西里·阿科希波夫认为情况不明，拒绝向美国军舰发射核鱼雷，避免了苏联和美国之间的核战争。

2010年10月27日，据报道，人们在缅甸发现了一种金丝猴新物种——怒江金丝猴（也称缅甸金丝猴）。

十月 28

《格列佛游记》 1726
1726 年 10 月 28 日，英国作家乔纳森·斯威夫特创作的讽刺冒险小说《格列佛游记》首次出版。书中讲述了主人公里梅尔·格列佛周游四国的虚拟之旅，如小人国和大人国的旅行，等等。

生于今天
1955 年 10 月 28 日，美国科技企业家比尔·盖茨出生。他创立了全球软件巨头微软公司，多次成为全球富翁榜首富，并与前妻梅琳达·盖茨共同管理着一家慈善基金会。

新都城 1420
1420 年 10 月 28 日，中国明朝政府将今北京定为新都城。城中心为紫禁城，是皇帝的宫殿建筑群，百姓不能进入。

轧棉机 1793
1793 年 10 月 28 日，美国发明家伊莱·惠特尼设计制造出了轧棉机。这种机器能快速、轻松地将种子和棉纤维分离，从而增加了美国尤其是美国南部各州的棉花产量。

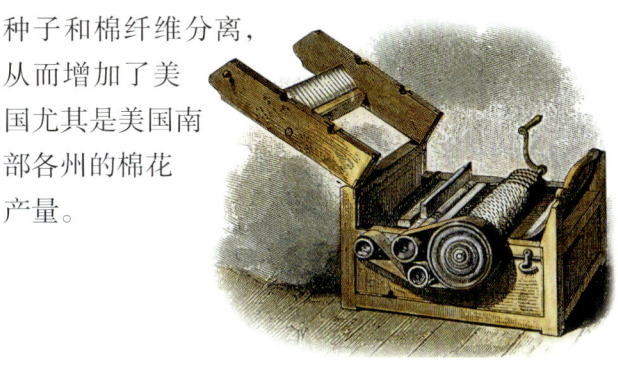

其他发生于今天的历史事件
1886 年 10 月 28 日，法国将自由女神像作为礼物赠送给美国。当时的美国总统格罗弗·克利夫兰出席了在纽约港举行的揭幕仪式。

1982 年 10 月 28 日，中国进行了大规模的人口普查，结果显示：中国共有 10 亿多人口，几乎占当时世界人口的 1/4。

十月 29

公元前 539 庞大的帝国

公元前 539 年 10 月 29 日，阿契美尼德王朝的缔造者居鲁士大帝在征服巴比伦人后抵达巴比伦城（在今天的伊拉克巴格达附近）。在他的统治下，该帝国疆域一度逾 550 万平方千米。

1923 新舞步

1923 年 10 月 29 日，美国纽约百老汇音乐喜剧秀《狂野狂奔》中出现了一种新舞蹈——查尔斯顿舞。该舞主要涉及快节奏的高踢腿和双腿摆动动作，一出现即引领潮流，风靡美国。

其他发生于今天的历史事件

1847 年 10 月 29 日，英国数学家乔治·布尔出版了一本书，书中介绍了一种使用 0 和 1 两个符号进行运算的新体系。现在，这种体系被用于计算机编程。

2013 年 10 月 29 日，世界上第一条连接两个大洲（欧洲和亚洲）的海底隧道——马尔马雷隧道在博斯普鲁斯海峡贯通。

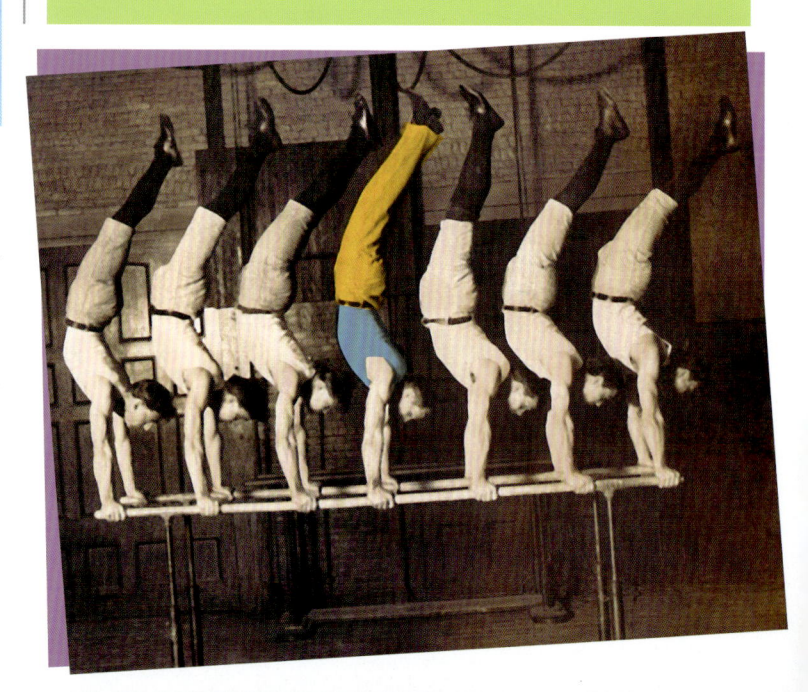

生于今天

1971 年 10 月 29 日，中国企业家马化腾出生。他创办了互联网科技公司——腾讯公司；还创建了社交媒体平台——微信，用户超过 10 亿。

1904 体操冠军

1904 年，在美国密苏里州奥运会上，美国德裔残障体操运动员乔治·艾塞尔在 10 月 29 日这一天内赢得了 6 枚奥运奖牌，其中包括 3 枚金牌。艾塞尔小时候在一场事故中不幸遭火车碾压失去了左腿，他安装了一只木制假腿参加比赛。

十月 30

1938 外星人入侵

1938年10月30日，英国作家H.G.威尔斯的科幻小说《世界大战》（也译为《星球大战》）在美国广播电台播出。该小说内容惊心动魄，加之演绎得绘声绘色，人们差点儿信以为真，以为外星人真的会入侵地球。

生于今天

1960年10月30日，阿根廷足球运动员迭戈·马拉多纳出生。他被评为20世纪国际足联最佳球员。他拥有非凡的技术和创造力，是历史上最伟大的足球运动员之一。

其他发生于今天的历史事件

1961年10月30日，苏联在新地岛进行了一次试验，引爆了"沙皇炸弹"，这是有史以来爆炸性最强的核弹。

1991年10月30日，中东和平谈判在西班牙首都马德里举行，寻求解决阿拉伯国家和以色列之间的争端。

准备好太阳镜！ 2013

2013年10月30日，挪威留坎镇居民庆祝该镇有史以来第一个有阳光的冬日。留坎镇位于山谷深处，每年都会有半年时间处于黑暗中。当地居民通过安装巨大镜子，将阳光反射到城镇中心，这才享受到了阳光的温暖。

十月 31

1517 宗教改革

1517年10月31日，马丁·路德写了一封信，指控天主教会腐败并质疑教会的做法，还将自己的《九十五条论纲》张贴在教堂大门上，由此引发了宗教改革，最终促成了新教的建立。

2000 仿人机器人

2000年10月31日，日本工程师向世人展示了仿人机器人阿西莫。它身高120厘米，可以跑步、爬楼梯、识别人脸和回答问题。

其他发生于今天的历史事件

1950年10月31日，在联合国儿童基金会首次举行的"万圣节筹款活动"中，5名美国儿童穿戴万圣节服饰拜访邻居，募集慈善捐款。

2002年10月31日，为了抗议前一轮比赛中裁判的不公平行为，马达加斯加的一支足球队攻入149个乌龙球，故意输掉了一场比赛。

2011年10月31日，地球人口达到70亿。

生于今天

1875年10月31日，印度政治家瓦拉巴伊·帕特尔出生。他在印度争取独立的斗争中发挥了重要作用，是印度独立后的首位副总理。

1961年10月31日，新西兰电影导演彼得·杰克逊出生。他导演过许多电影巨制，如《指环王》和《霍比特人》。

2018 "反抗灭绝"运动

2018年10月31日，上千名环保激进分子聚集在英国伦敦街头，发起了"反抗灭绝"运动。活动的发起者"反抗灭绝"是一个激进环保组织，号称采用非暴力、以干扰性的手段达到自己的环保诉求。

十一月 1

壮观的天花板　1512

1512 年 11 月 1 日，梵蒂冈西斯廷教堂的天顶画正式对外展出。意大利画家米开朗琪罗花了四年半，在这面积为 600 平方米的天顶上绘制了《圣经》中的内容。

生于今天

1990 年 11 月 1 日，瑞典发明家西蒙娜·耶茨出生。她发明了一种能帮人涂口红的机器人，并在优兔平台上向粉丝们展示。

亡灵节　2014

2014 年 11 月 1 日，在墨西哥一年一度的亡灵节期间，500 多名女性打扮成卡翠娜（该庆祝活动中具有象征意义的女性骷髅形象）的样子，齐聚墨西哥城，创造了一项世界纪录。

其他发生于今天的历史事件

1478 年 11 月 1 日，天主教君主斐迪南二世和伊萨伯拉王后建立了西班牙异端裁判所，以残酷迫害"异端"。

1755 年 11 月 1 日，葡萄牙首都里斯本发生大地震并引发海啸和火灾，造成巨大伤亡。

1962 年 11 月 1 日，"火星 1 号"发射，它是世界上第一个飞往火星的探测器，并首次实现与地球的远程通信。

弗里达的画展　1938

1938 年 11 月 1 日，墨西哥画家弗里达·卡罗在美国纽约市朱利安·利维画廊首次举办个人画展，受到艺术家们的好评。

十一月 2

2000 太空居民

2000 年 11 月 2 日，国际空间站迎来了第一批居民，他们将进行为期 4 个月的任务。3 名航天员进入空间站，打开电灯，并与地球上的任务控制中心连接，成功通信。

1789 高额违约金

美国总统乔治·华盛顿曾经从纽约社会图书馆借了两本书，借阅期截至 1789 年 11 月 2 日，但华盛顿从未归还。到 2010 年，这两本书的违约金总额已高达 30 万美元！

2012 会说话的大象

2012 年 11 月 2 日，世界各地新闻报道称，韩国龙仁市爱宝乐园动物园一头名叫科希克的大象，可以通过把鼻子放进嘴里模仿人类说话。据说，它能说出五个韩语单词，意思分别为："你好""请坐""不""躺下""好"。

生于今天

1966 年 11 月 2 日，美国演员大卫·修蒙出生。他因在电视剧《老友记》中饰演罗斯·盖勒而声名鹊起，后来还曾为动画电影《马达加斯加》中的长颈鹿麦尔曼配音。

其他发生于今天的历史事件

1936 年 11 月 2 日，英国广播公司在英国伦敦推出了世界上第一个高清电视播送服务。

1988 年 11 月 2 日，美国人罗伯特·莫里斯编写出一种早期计算机恶意软件，名为"莫里斯蠕虫"。该恶意软件通过互联网发布，感染诸多计算机系统。最终，莫里斯因此受到刑事指控。

2017 年 11 月 2 日，科学家发现埃及胡夫金字塔内有一个密室。

十一月 3

加勒比英雄
1915
1915年11月3日，英属西印度群岛军团成立。它是第一次世界大战期间创建的一支作战支援团。其成员主要是来自加勒比海地区英国殖民地的志愿者，帮助英国在欧洲、非洲和中东地区作战。

其他发生于今天的历史事件
1838年11月3日，世界上发行量最大的英文日报《印度时报》创刊。

1954年11月3日，怪物电影《哥斯拉》在日本上映，电影院座无虚席，取得了惊人的票房收入。

1973年11月3日，美国国家航空航天局发射了第一颗水星探测器——"水手10号"。

创立雪佛兰品牌
1911
1911年11月3日，美国汽车制造商雪佛兰汽车公司成立，其第一款汽车——雪佛兰C系列经典六号于1912年上市。此车可与福特的主导车型T型车相媲美。

网球高手
1975
1975年11月3日，美国网球选手克里斯·埃弗特成为首位获得国际女子职业网联排名第一的人。她在该榜榜首位置上"稳坐"了25周。

生于今天
1900年11月3日，德国制鞋匠阿道夫·达斯勒出生。他创立了运动服饰品牌阿迪达斯，并将其发展成一个全球性的商业帝国。

1949年11月3日，美国记者安娜·温图尔在英国出生。她是美国《时尚》(Vogue)杂志的主编，被公认为是极富影响力的时尚偶像和媒体巨头。

十一月 4

1879 发明收银机

1879年11月4日，美国发明家詹姆斯·雅各布·里蒂为发明的第一台收银机申请专利。这台收银机形似时钟，只不过其表盘上的数字代表的是美元，而不是小时。

1961 聪明的黑猩猩

1961年11月4日，英国灵长类专家珍·古道尔通过观察，发现两只黑猩猩会用树枝将白蚁从土堆中移走。由此，她意识到黑猩猩可以像人类一样制造工具。

生于今天

1993年11月4日，德国体操运动员伊丽莎白·塞茨出生。她在2018年世界艺术体操锦标赛上获得铜牌，并创造了自己的转体动作，人称"赛茨转体"。

1737 最古老的歌剧院

1737年11月4日，由那不勒斯国王查理七世资助修建的圣卡罗歌剧院在意大利那不勒斯落成，作为世界上最古老的歌剧院，它至今仍处于正常使用状态。

其他发生于今天的历史事件

1847年11月4日，苏格兰医生詹姆斯·扬·辛普森经过研究发现，将氯仿用作医疗手术麻醉剂非常有效。

1952年11月4日，苏联堪察加半岛地震引发的海啸，波及5 000多千米外的美国夏威夷群岛。

2001年11月4日，"哈利·波特"系列电影第一部《哈利·波特与魔法石》在英国伦敦首映。

十一月 5

1605 篝火之夜

1605年11月5日,"火药阴谋"计划失败,藏在伦敦英国议会大厦下面的炸药未能引爆——这些炸药原本是要杀死国王詹姆士一世的。此后,英国政府每年会在这一天举行"篝火之夜"庆祝活动,燃放烟花庆祝这一阴谋的失败。

生于今天

1984年11月5日,肯尼亚长跑运动员鲁德·基普乔格出生。在2022年柏林马拉松比赛中,他仅用了2小时1分9秒就跑完了42.2千米的路程。

1988年11月5日,印度板球运动员维拉特·科利出生。他是印度板球队队长,也是印度最好的击球手之一。

1940 任期最长的总统

1940年11月5日,富兰克林·D.罗斯福成为唯一一位第三次当选的美国总统。他最终在四届任期中共任职12年。后来美国通过的《宪法修正案》规定总统最多可以连任两届。

其他发生于今天的历史事件

据传,1811年11月5日,天主教牧师何塞·马蒂亚斯·德尔加多敲响了萨尔瓦多圣萨尔瓦多拉梅塞德教堂的钟声,此举标志着该国独立运动的开始。

2013年11月5日,印度开启了火星轨道探测任务,并发射了"曼加里安号"空间探测器。该探测器飞行近一年后抵达火星轨道。

2019年11月5日,科学杂志《生物科学》发表了一篇文章,11 000多名科学家联名发出警告:全球变暖正在引发全球危机。

2007 编剧大罢工

2007年11月5日,由于未能与制片厂代表就版税支付问题达成理想协议,好莱坞近12 000名编剧举行罢工,在电影制片厂外抗议。

十一月 6

1991 燃烧的油井

1991年11月6日，科威特终于将最后一口燃烧油井的火扑灭。海湾战争结束时，伊拉克军队点燃了科威特境内大约700口油井，烈火燃烧了足足10个月。

1869 美式橄榄球

1869年11月6日，美国新泽西州普林斯顿大学和罗格斯大学之间进行了第一场橄榄球比赛。这在当时是一项新兴运动，结合了足球和橄榄球的特点，后来形成独立规则，成为美国最受欢迎的运动。

生于今天

1814年11月6日，比利时乐器制造家阿道尔夫·萨克斯出生。他发明了萨克斯管，从此这种铜制管乐器使爵士乐产生了巨大改变。

1988年11月6日，美国演员艾玛·斯通出生。她出演过多部好莱坞电影，如在《超凡蜘蛛侠》中饰演格温·史黛西。

1913 在国外遭监禁

1913年11月6日，印度律师莫汉达斯·卡拉姆昌德·甘地（在印度被尊为"圣雄"）因在南非领导数千名印度矿工及家人展开游行而被捕。他们以和平方式抗议对矿工的征税，后该税因此被废除。

其他发生于今天的历史事件

1975年11月6日，350 000摩洛哥人举行了"绿色进军"运动。他们越过摩洛哥与西班牙占领的西撒哈拉地区的分界线区，要求西班牙放弃对西撒哈拉地区的控制。

1998年11月6日，《科学》杂志报道，美国生物学家詹姆斯·汤姆森从人类胚胎中分离出多个干细胞。干细胞可以在人体内生长成任何类型的细胞，并有助于治疗诸多疾病。

十一月 7

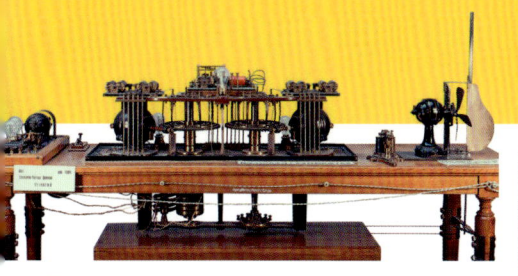

1905 遥控设备

1905年11月7日，西班牙发明家莱昂纳多·托雷斯·克韦多在西班牙毕尔巴鄂市演示了一种名为"隔空遥控"的设备。这是最早的一种遥控设备，可以像遥控器一样无线控制远程物体。

1492 昂西塞姆陨石

1492年11月7日，一块重达127千克的陨石从天而降，落在了法国昂西塞姆镇附近的麦田里，砸出一个深坑。这是有确切撞击日期记录的最古老的一块陨石。

其他发生于今天的历史事件

1885年11月7日，加拿大太平洋铁路的最后一颗道钉敲定完成，标志着这条横贯大陆的新铁路建成完工。

1907年11月7日，墨西哥英雄杰斯·加西亚拯救了一座小镇。他驾驶一列装满炸药且已着火的火车，驶离采矿小镇纳科扎里·德加西亚，火车开到安全距离后爆炸。

2019年11月7日，科学家首次观察到太阳系的等离子体"护盾"。它就像一个保护气泡，能阻止高强度的宇宙辐射进入太阳系。

1861 墨尔本杯赛马比赛

1861年11月7日，澳大利亚墨尔本的弗莱明顿赛马场上举办了首次墨尔本杯赛马比赛，当时有4 000人观看了这场比赛。如今，这项比赛每年举行一次。

生于今天

1867年11月7日，法国物理学家居里夫人出生，她因新元素的发现以及对放射性的研究，两次获得诺贝尔奖。

十一月 8

1895　发现 X 射线

1895 年 11 月 8 日，德国物理学家威廉·伦琴利用电磁辐射，首次对妻子伯莎的手进行了 X 射线扫描。有了这项发现后，医生得以更清楚地观察人体的内部情况。

其他发生于今天的历史事件

1519 年 11 月 8 日，西班牙军人埃尔南·科尔特斯抵达特诺奇蒂特兰城（现墨西哥城所在地），受到阿兹特克帝国君主蒙特祖玛二世的迎接。

1939 年 11 月 8 日，在慕尼黑的一栋大楼中，有人安装了炸弹，试图暗杀纳粹独裁者阿道夫·希特勒，但是炸弹爆炸前，他就离开了大楼。

1881 年 11 月 8 日，中国自建的第一条货运铁路——唐胥铁路通车。

生于今天

1656 年 11 月 8 日，英国天文学家爱德蒙·哈雷出生。他利用万有引力定律推算一颗彗星的轨道，后来以他的名字将其命名为"哈雷彗星"。哈雷彗星大约每 76 年绕太阳运行一周。

2016　特朗普当选总统

2016 年 11 月 8 日，美国共和党人唐纳德·J. 特朗普在总统选举过程中击败民主党候选人希拉里·克林顿当选美国总统，任期四年。

2020　受保护的长颈鹿

肯尼亚有一只罕见的白色长颈鹿，其家庭成员均已被偷猎者杀害。为了保护这只长颈鹿，2020 年 11 月 8 日，人们在它的一只角上安装了跟踪装置，以防它被偷猎者杀害。

十一月 9

1620 五月花号

1620 年 11 月 9 日,"五月花号"帆船载着 102 人到达北美大陆科德角。他们从英国普利茅斯出发,为了更好的生活和宗教自由乘船到达北美。

其他发生于今天的历史事件

1938 年 11 月 9 日,纳粹党徒在德国各地破坏犹太学校、商店和犹太教堂,砸碎了它们的窗户,逮捕了 30 000 名犹太人。该反犹主义暴力事件被称为"水晶之夜"。

2016 年 11 月 9 日,在德国慕尼黑电子展上,Sub1 Reloaded 机器人仅用了 0.637 秒便复原了一个魔方,成为复原魔方速度最快的机器人。

2020 年 11 月 9 日,一种能在真空管内高速行驶的维珍超回路列车,在美国内华达州迎来了它的首批乘客。

生于今天

1984 年 11 月 9 日,澳大利亚歌手、演员黛尔塔·古德莱姆出生。她的第一张专辑《纯真眼眸》成为澳大利亚有史以来最畅销的专辑之一。

开放柏林墙 1989

柏林墙是原东柏林、西柏林交界处的混凝土墙。1989 年 11 月 9 日,民主德国宣布开放柏林墙。

十一月 10

2011
野生黑犀牛灭绝
2011年11月10日，世界自然保护联盟宣布：由于偷猎者的大肆捕杀，非洲西部的野生黑犀牛已经灭绝。

1958
希望之钻
1958年11月10日，美国钻石商人哈利·温斯顿将这颗"希望之钻"捐赠给了美国华盛顿特区的史密森博物馆。该钻石发现于17世纪印度的一座矿场中，是世界上最知名的珠宝之一。

生于今天
1483年11月10日，欧洲宗教改革运动发起者马丁·路德出生。他勇于反对罗马天主教会的腐败行径，并创立了新教。

1960年11月10日，英国作家尼尔·盖曼出生。他是一位多产的作家，擅长创作漫画小说，著作有《睡魔》和《好兆头》。

其他发生于今天的历史事件
1903年11月10日，美国发明家玛丽·安德森发明了雨刷器。

1969年11月10日，儿童教育电视节目《芝麻街》在美国国家教育电视台首播。

2005
南非大望远镜
2005年11月10日，南非萨瑟兰附近的南非大望远镜开始运行。这是南半球最大的光学望远镜，位于海拔1 500米以上的偏远位置，不存在光污染，故而吸引了世界各地的天文学家。

十一月 11

1942
阿拉曼战役

1942年11月11日,在第二次世界大战期间,同盟国军队在埃及阿拉曼击败了轴心国军队,第二次阿拉曼战役结束。这次战役是一个转折点,从此,北非战场的主动权转入同盟国军队手中。

1918
大战结束

德国代表与协约国代表于1918年11月11日签署了停战协定,第一次世界大战结束。每年的这一天也被称为"阵亡将士纪念日",人们纷纷戴上鲜花,默哀两分钟,以纪念那些在战争中阵亡的士兵。

生于今天

1914年11月11日,美国非洲裔活动家、报纸出版商黛西·贝茨出生。她以自己的报纸《阿肯色州立报》为阵地,开展反对种族隔离的运动。

1885年11月11日,美国陆军将领巴顿出生。他参加了第一次世界大战及第二次世界大战,1945年晋升为上将。

1926
66号公路

1926年11月11日,美国著名的66号公路竣工。该公路始于芝加哥,终点到洛杉矶,全长3 940千米。一年后,66号公路路牌安装完成,成为美国西部终极之旅的标记。

其他发生于今天的历史事件

2001年11月11日,在卡塔尔首都多哈举行了中国加入世界贸易组织的签字仪式。

2017年11月11日,建于阿拉伯联合酋长国阿布扎比的"阿布扎比卢浮宫"向公众开放,这是法国和阿联酋首次合作的成果。该馆很快成为阿拉伯国家参观人数最多的博物馆。

十一月 12

1859 空中飞人

1859年11月12日，杂技演员朱尔·莱奥塔尔在法国太阳马戏团首次表演了空中飞人项目。他后来还发明了紧身连衣裤（并以自己的名字为之命名），也就是现在体操运动员常穿的那种有弹性的紧身服装。

其他发生于今天的历史事件

1956年11月12日，一艘美国海军军舰在南极洲附近发现了一座有记录以来的最大冰山，比比利时全国的面积还要大。

1970年11月12日，有史以来最致命的热带气旋"波拉"袭击了东巴基斯坦（现在的孟加拉国）和印度的西孟加拉邦，造成至少50万人死亡。

1980年11月12日，美国国家航空航天局的空间探测器"旅行者1号"掠过土星，拍摄下许多土星环的照片。

1894 箱形风筝

1894年11月12日，澳大利亚的劳伦斯·哈格雷夫通过实践证明：比空气重的机器照样可以飞行。他将自己发明的四个箱式大风筝连接到一个吊座上，用钢琴丝固定，之后风筝在离地5米的地方迎风飞翔。

生于今天

1980年11月12日，加拿大演员、音乐家瑞安·高斯林出生。他凭借其在音乐剧《爱乐之城》中的出色表演，获得金球奖最佳男主角奖。

1966 太空自拍

1966年11月12日，美国航天员巴兹·奥尔德林在"双子座12号"飞行器执行任务时，拍摄了人类历史上的第一张太空自拍照。这些太空行走活动，为人类首次登月铺平了道路。

十一月 13

人工降雪 — 1946

1946年11月13日，在美国马萨诸塞州，一架飞机穿过云层，将大量干冰倒在云层中，形成降雪。这是历史上第一场人造雪——遗憾的是，雪还没落到山坡就蒸发了。

生于今天

1715年11月13日，德国医生多萝特娅·克里斯蒂安·埃克斯莱本出生。她是德国第一位获得行医执照的女性。

1955年11月13日，美国非洲裔演员乌比·戈德堡出生。她曾获得艾美奖、格莱美奖、奥斯卡奖和托尼奖，代表作有《修女也疯狂》等。

大本钟 — 1856

1856年11月13日，英国著名的大本钟进行首次测试，大钟发出了第一个音符。该钟是为英国伦敦威斯敏斯特宫的新塔楼而设计，隆隆的钟声引人注意。

下水道中的雕像 — 2020

2020年11月13日，在希腊雅典的一处下水道中，人们发现了一尊公元前300年的雕像——古希腊众神之一赫耳墨斯的半身像。尽管周围环境阴暗潮湿，但该雕像保存完好。

其他发生于今天的历史事件

1956年11月13日，美国最高法院宣布美国亚拉巴马州公共汽车上的种族隔离违宪，蒙哥马利巴士抵制运动就此结束。

1975年11月13日，世界卫生组织宣布，亚洲有史以来第一次消灭天花。

1985年11月13日，哥伦比亚火山爆发，进而引发有史以来最致命的泥石流，摧毁了阿尔梅罗镇，造成25 000人死亡。

十一月 14

1883
《金银岛》出版
1883年11月14日，英国小说家罗伯特·路易斯·斯蒂文森的冒险小说《金银岛》首次出版。该书因精彩的寻宝旅程和单腿海盗形象而备受读者欢迎。

生于今天
1907年11月14日，瑞典作家阿斯特丽德·林格伦出生。她创作的儿童文学作品畅销全世界。

1840年11月14日，法国画家莫奈出生。他常在不同时间和不同光线下，对同一对象连续作画多幅，捕捉对景物光色变化的瞬间印象，是印象画派创始人之一。

1960
共同的学校
1960年11月14日，6岁的美国非洲裔鲁比·布里奇斯进入一所全白人小学就读，创造了历史，成为美国路易斯安那州第一个进入白人学校上学的非洲裔。

其他发生于今天的历史事件
公元前1152年11月14日，古埃及工人进行了历史上的第一次罢工。

1967年11月14日，哥伦比亚人将这一天定为"哥伦比亚妇女日"，以纪念独立领袖波利卡帕·萨拉瓦烈塔。

2018年11月14日，在瑞士的一场拍卖会上，法国王后玛丽·安托瓦内特的珠宝被售出。这是这件珠宝200年来首次公开露面。

1889
从小说到现实
受一部著名小说的启发，1889年11月14日，美国记者娜丽·布莱从美国新泽西州的霍博肯码头出发，仅用72天就实现了自己环游世界的目标！

十一月 15

1533 征服印加

1533 年 11 月 15 日，西班牙殖民者弗朗西斯科·皮萨罗攻入印加帝国都城库斯科，随后没多久便俘虏了印加帝国国王阿塔瓦尔帕，印加帝国灭亡。后来，他在秘鲁建立了第一个西班牙殖民地。

1887 干电池

1887 年 11 月 15 日，德国发明家卡尔·加斯纳为第一块干电池申请了专利。这种电池可靠耐用，类似于今天使用的碳锌电池，不像之前的电池那样会泄漏化学物质。一经上市便取得成功。

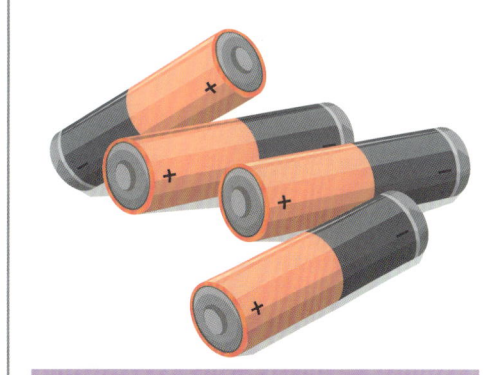

生于今天

1981 年 11 月 15 日，墨西哥高尔夫球手洛雷娜·奥乔亚出生。她被认为是墨西哥有史以来最好的高尔夫球手——从 2007 年到 2010 年，连续 158 周排名世界第一。

1971 先锋处理器

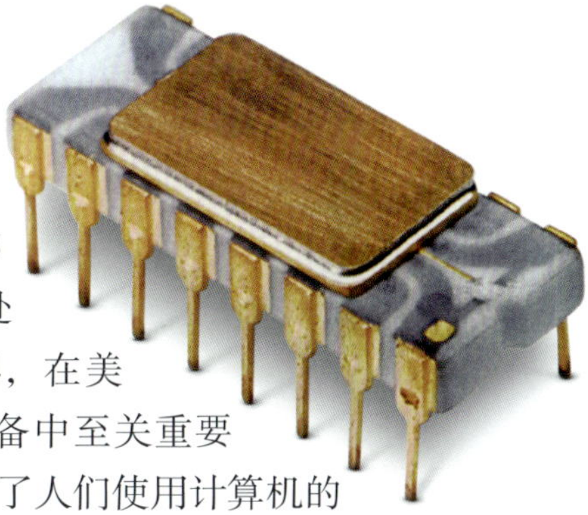

1971 年 11 月 15 日，世界上第一台微处理器——英特尔 4004，在美国发布。这是电子设备中至关重要的"构件"，彻底改变了人们使用计算机的方式。

其他发生于今天的历史事件

2001 年 11 月 15 日，微软公司在美国首次发布游戏机 Xbox，改变了在线游戏的世界。

2018 年 11 月 15 日，摩洛哥第一条高速铁路正式开通，这也是非洲的首条高速铁路。高速列车经该线往返于丹吉尔和卡萨布兰卡之间。

2019 年 11 月 15 日，巴基斯坦成为世界上第一个推出新型伤寒疫苗的国家。

十一月 16

1807 凶猛的海盗

1807年11月16日，在中国清朝统治时期，女海盗郑石氏开始掌管广东海盗帮派。她驰骋于中国南海，追随者多达数万，是世界上最令人闻风丧胆的海盗之一。

生于今天

1892年11月16日，意大利车手塔齐奥·努沃拉里出生。他在职业生涯中共赢得过150场比赛，其中包括24个大奖赛冠军。

1963年11月16日，印度演员麦奈卡莎·萨谢蒂里出生。她主演过多部电影，取得了巨大成功。

1632 新教胜利

1632年11月16日，瑞典国王率领新教联军和神圣罗马帝国的天主教势力之间爆发了吕岑战役。虽然新教最终取得胜利，但瑞典国王古斯塔夫二世·阿多夫在战斗中阵亡。

其他发生于今天的历史事件

1879年11月16日，英国利物浦一家商店里建造了第一个圣诞老人屋，孩子们轮流与圣诞老人会面。

1928年11月16日，澳大利亚极地探险家休伯特·威尔金斯和美国飞行员卡尔·本·艾尔森首次在南极洲上空进行了动力飞行。

1965年11月16日，空间探测器"金星3号"离开地球前往金星，成为首个着陆其他行星的探测器。

1974 阿雷西博信息

1974年11月16日，在波多黎各，天文学家用阿雷西博射电望远镜向太空发送了一条信息，信息的目的地是位于银河系边缘的M13星团，它距离地球约25 000光年。

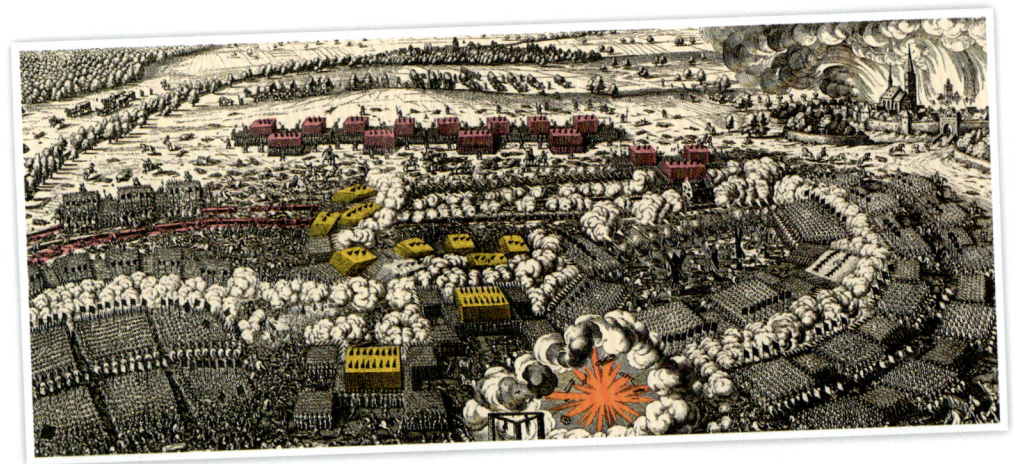

十一月 17

2020 发现新种鲸

2020年11月17日，有研究团队在墨西哥海域深处追踪某种罕见的鲸时，意外发现了一种新的突吻鲸，这种鲸能发出独特的声音。

生于今天

1944年11月17日，美国编剧、演员、导演丹尼·德维托出生。他曾执导、主演过《玛蒂尔达》《蝙蝠侠归来》等电影。

1966年11月17日，法国演员苏菲·玛索出生。她14岁出道，获得过法国电影界最高奖项恺撒奖。

1869 苏伊士运河

1869年11月17日，埃及的苏伊士运河正式通航。该运河全长195千米，连接地中海和红海。人们为此还举办了盛宴，用烟花表演以示庆祝。

1970 电脑鼠标

1970年11月17日，美国发明家道格拉斯·恩格尔巴特获得电脑鼠标的专利。有了这种手持设备，计算机用户可以轻松将光标导向屏幕上的某个位置。

其他发生于今天的历史事件

1558年11月17日，英国女王玛丽一世去世，同父异母妹妹伊丽莎白一世继位。玛丽在位时，残害新教徒，有"血腥玛丽"之称。

2003年11月17日，前健美运动员、演员阿诺德·施瓦辛格当选美国加利福尼亚州州长。他曾出演过多部电影，如科幻动作片《终结者》。

2011年11月17日，澳大利亚科学家在印度洋发现了古大陆"冈瓦纳大陆"的下沉部分。

十一月 18

蝴蝶效应 — 1962

1962 年 11 月 18 日，数学家爱德华·洛伦茨发表了一篇论文，为后来的"蝴蝶效应"理论奠定了基础。该论文指出：即便是微小的变化，例如蝴蝶拍打翅膀时产生的空气振动，也有可能产生连锁反应，最终引发重大事件，例如龙卷风。

生于今天

1968 年 11 月 18 日，美国演员欧文·威尔逊出生。他主演过电影《博物馆奇妙夜》，还为动画电影《赛车总动员》中的闪电麦昆配过音。

索姆河战役 — 1916

1916 年 11 月 18 日，持续了 140 多天的索姆河战役结束。它是第一次世界大战期间的主要战役之一，也是有史以来最惨痛的战斗之一，有约 300 万士兵死亡，约 100 万人受伤。

1761 航海表

1761 年 11 月 18 日，英国发明家约翰·哈里森发明的第四代精密计时器终于解决了经度测定问题，也就是说当你航行在海上，它能测定你的东—西向位置。他让儿子威廉带着这块表航行到牙买加进行测试。

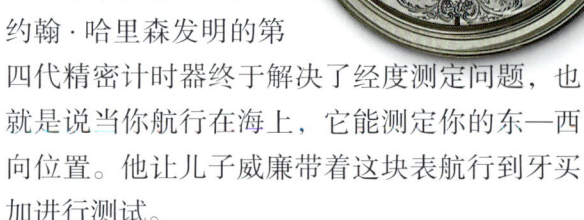

其他发生于今天的历史事件

1803 年 11 月 18 日，海地革命者沉重打击了殖民霸主法国。海地于次年宣布独立。

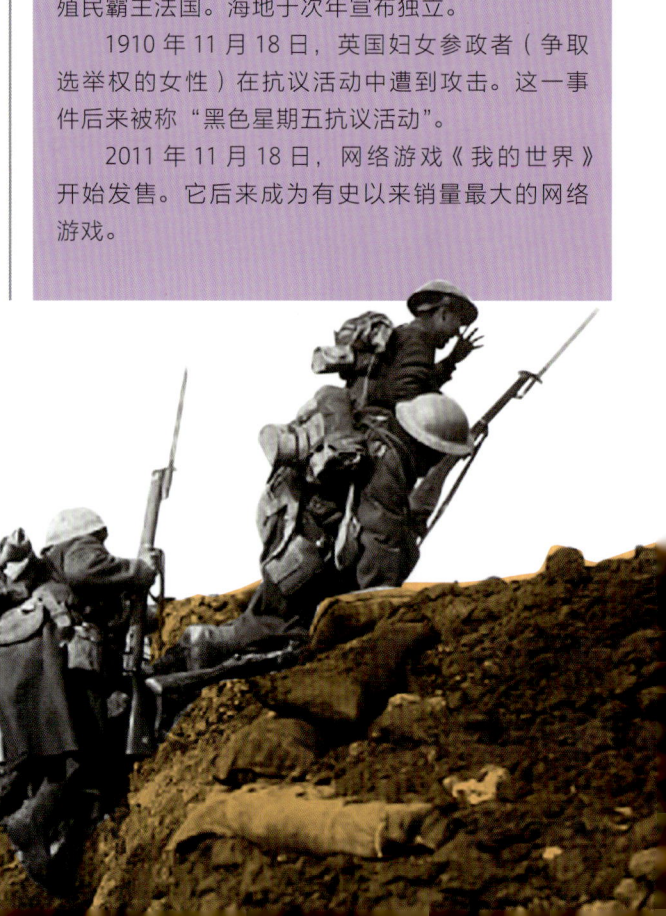

1910 年 11 月 18 日，英国妇女参政者（争取选举权的女性）在抗议活动中遭到攻击。这一事件后来被称"黑色星期五抗议活动"。

2011 年 11 月 18 日，网络游戏《我的世界》开始发售。它后来成为有史以来销量最大的网络游戏。

十一月 19

葛底斯堡演说 — 1863
1863年11月19日，美国南北战争期间，亚伯拉罕·林肯总统在宾夕法尼亚州葛底斯堡发表了简短演讲，阐释了这场战争对所有美国人获得自由的重要意义。

2017 摩托车纪录
2017年11月19日，在印度班加罗尔，印度陆军后勤部队龙卷风摩托车队的58名成员共骑一辆摩托车，创造了"在一辆行进中的摩托车上骑行人数最多"的世界纪录。令人惊讶的是，创造纪录的过程中，无一人受伤！

生于今天
1828年11月19日，印度民族大起义领袖拉克希米·拜依出生。为了保卫自己章西邦的国土，她英勇抵抗英国军队，但最终被击败。

其他发生于今天的历史事件
1274年11月19日，元朝军队开始了征服日本的战争。元军一度使用手动投掷炸弹，但最终以失败告终。

1969年11月19日，巴西足球明星贝利踢进了他的第1 000个球。贝利整个职业生涯中共进球1 279个，这也是足球进球的世界纪录。

2018年11月19日，据一篇生物学论文称，科学家发现了一座有4 000年历史的地下"白蚁城"，其面积与英国相当。

世界厕所日 — 2001
人们从2001年开始，将11月19日定为"世界厕所日"，目的是引起国际社会的关注——世界上还有数十亿人生活在没有卫生厕所的环境中，极易引发严重疾病。

十一月 20

1866 旋转式玩具
美国人詹姆斯·L.黑文和查尔斯·赫特里克发明了一种旋转式玩具——溜溜球，并于1866年11月20日获得专利。实际上，这种旋转式玩具古已有之，只是形式不同而已。

生于今天
1889年11月20日，美国天文学家埃德温·哈勃出生。他发现了银河系以外的星系，并提出河外星系形态的"哈勃分类"。

获得自由勋章 2013
2013年11月20日，美国总统贝拉克·奥巴马授予活动家、记者格洛丽亚·斯泰纳姆自由勋章，以表彰她在妇女解放运动和女权运动中发挥的重要作用。

福尔摩斯 1886
1886年11月20日，伦敦出版商沃德洛克有限公司出版了《血字的研究》一书，作者是英国作家柯南道尔。他以虚构人物——侦探福尔摩斯为主线，共写了60个探案故事。

其他发生于今天的历史事件
1969年11月20日，美国土著活动家聚集在旧金山湾的恶魔岛联邦监狱，抗议美国政府的不公平待遇，要求归还他们以前的土地（包括恶魔岛在内）。

2019年11月20日，一则基于化石研究的科学报告称，远古时代的蛇在7 000万年的时间里一直拥有后肢。

十一月 21

1963 印度发射火箭

1963 年 11 月 21 日，顿巴赤道发射场发射了印度的第一枚火箭。这枚火箭是从美国国家航空航天局引进的耐克-阿帕奇探空火箭，它的成功发射，标志着印度太空计划的开始。

2019 防弹玻璃

2019 年 11 月 21 日，特斯拉首席执行官埃隆·马斯克在美国洛杉矶的一次特别活动上推出了一款电动皮卡车。据称，此车的玻璃可以防弹，但在演示过程中，车玻璃却被砸碎了。

其他发生于今天的历史事件

1783 年 11 月 21 日，热气球载人飞行试验首次进行。气球从法国巴黎起飞，飞行了 8 千米后安全着陆。

1973 年 11 月 21 日，第一个"世界问候日"诞生。主题现已发展为促进全球人类相亲相爱。

1843 硫化橡胶

英国工程师托马斯·汉考克将天然橡胶放入熔融的硫黄中，发明了一种韧性很强的橡胶，并于 1843 年 11 月 21 日申请了专利。这一发明改变了汽车行业。用硫化橡胶制成的轮胎能够承受酷热和严寒，使用寿命更长。

生于今天

1923 年 11 月 21 日，中国导演谢晋出生。他的主要作品有《芙蓉镇》《鸦片战争》等。其作品关注现实和普通人的命运，在全球有广泛的影响。

1987 年 11 月 21 日，印度国际象棋选手伊沙·卡拉瓦德出生。她曾获得国际大师、女子特级大师的称号，在国际象棋舞台上留下了自己的印记。

十一月 22

抓捕"黑胡子" — 1718

1718年11月22日，为抓捕英国臭名昭著的海盗"黑胡子"，英国海军中尉罗伯特·梅纳德及其船员与之展开战斗。在被步枪射中5枪、被利剑刺了20下后，"黑胡子"终于倒下了。

德国女总理 — 2005

2005年11月22日，安格拉·默克尔宣誓就任德国总理，她是德国首位女总理。此后，2009年、2013年和2018年，她又当选德国总理。

其他发生于今天的历史事件

1975年11月22日，军事独裁者弗朗西斯科·佛朗哥去世后，原西班牙王室后裔胡安·卡洛斯加冕，成为西班牙国王。胡安·卡洛斯使西班牙完成了从独裁统治向君主立宪制的过渡。

1995年11月22日，华特·迪士尼电影公司和皮克斯动画工作室合作拍摄的电影《玩具总动员》上映。这是首个全部用电脑制作而成的电影。

肯尼迪遇刺 — 1963

1963年11月22日，美国第35任总统约翰·肯尼迪乘车经过得克萨斯州达拉斯的迪利广场时，被一个名叫李·哈维·奥斯瓦尔德的男子刺杀。

生于今天

1984年11月22日，美国演员斯嘉丽·约翰逊出生。她因在漫威电影中扮演"黑寡妇"而闻名。

十一月 23

其他发生于今天的历史事件

公元前 543 年 11 月 23 日，古希腊伊卡里亚的泰斯庇斯成为有记录以来第一个登上舞台扮演角色的人。

1868 年 11 月 23 日，法国发明家路易·迪科·迪奥龙申请了一项为照片添加颜色的工艺专利，这标志着彩色摄影的开始。

1963 年 11 月 23 日，英国科幻电视剧《神秘博士》播出第一集。

生于今天

1805 年 11 月 23 日，英国护士玛丽·西克尔在牙买加出生。在克里米亚战争期间，她建立了"英国旅馆"，为受伤的士兵进行治疗。

1915 年 11 月 23 日，英国航空工程师、滑翔机飞行员安妮·伯恩斯出生。她是第一位乘滑翔机飞越英吉利海峡的女性。

威廉明娜女王 1890

荷兰国王威廉三世去世时，没有男性继承人，于是该国在 1890 年 11 月 23 日通过了一项法律，允许他 10 岁的女儿威廉明娜公主继承王位，成为女王。第一次世界大战期间，威廉明娜女王力主荷兰中立。

1976
深度潜水

1976 年 11 月 23 日，法国潜水员雅克·马约尔从意大利厄尔巴岛海岸的一艘船上跳下，开始自由潜水。在没有任何呼吸设备辅助的情况下，他潜到了 100 米深度，成为第一个实现这一非凡壮举的潜水员。

333

十一月 24

1974
发现"露西"
1974年11月24日，美国科学家唐纳德·约翰逊和汤姆·格雷在非洲的埃塞俄比亚发现了人类祖先——南方古猿阿法种的化石。他们根据"披头士"乐队的歌曲《露西在缀满钻石的天空》给这副化石骨架命名"露西"。

生于今天
1849年11月24日，美国小说家、剧作家弗朗西丝·霍奇森·伯内特在英国出生。她最受欢迎的著作之一是《秘密花园》。

1971
跳伞劫机者
1971年11月24日，一名自称丹·库珀的劫机者在索要了20万美元赎金后，从美国华盛顿州上空的飞机上跳伞逃走。他的下落至今依然是个谜。

其他发生于今天的历史事件
1877年11月24日，英国作家安娜·休厄尔的畅销小说《黑骏马》出版，书中讲述了一匹黑骏马的故事。

2016年11月24日，哥伦比亚政府与最大反政府武装正式签署了一项和平协议，结束该国长达50年的内战。

2020年11月24日，中国用长征五号遥五运载火箭成功发射探月工程嫦娥五号探测器，火箭飞行约2 200秒后，顺利将探测器送入预定轨道。

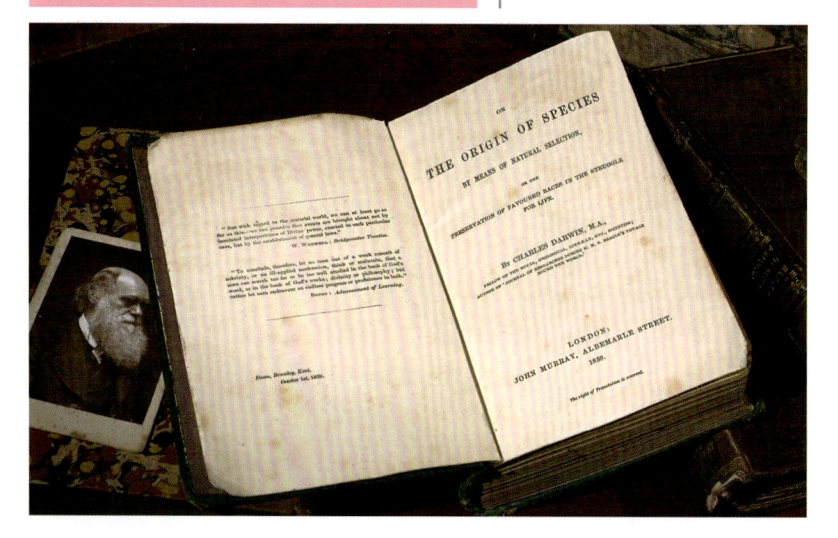

1859
《物种起源》
1859年11月24日，英国博物学家达尔文撰写的《物种起源》出版。书中认为地球上的一切生物都是从一个或少数几个原始类型进化而来，并提出作为进化论核心的自然选择理论，开创了生物学发展史上的新纪元，引起了人类思想的巨大革命。

十一月 25

2019
珠宝盗窃案

2019 年 11 月 25 日，德国德累斯顿绿穹珍宝馆所珍藏的皇室珠宝（也是欧洲最精美的珍宝）遭到偷窃。据称，被盗藏品的估值逾 10 亿欧元，至今无法追回。

其他发生于今天的历史事件

1915 年 11 月 25 日，美籍德裔物理学家阿尔伯特·爱因斯坦提出了广义相对论，描述了引力的相互作用。根据该理论可知：物体的质量越大，引力就越大。

1975 年 11 月 25 日，苏里南共和国宣布独立，荷兰的殖民统治就此结束。该国成为南美洲最后一个摆脱殖民统治的国家。

2020
新物种

2020 年 11 月 25 日，科学家在日本海域发现了一种铠甲动物门的新物种。这种动物生活在泥沙之间的狭小缝隙中，其头部覆有 200 多根棘。

2011
滑雪穿越南极洲

2011 年 11 月 25 日，英国探险家费利西蒂·阿斯顿是有史以来第一个通过独自滑雪穿越南极洲的人。她在 59 天的时间完成了 1 744 千米的旅行。

生于今天

1914 年 11 月 25 日，美国棒球运动员乔·迪马吉奥出生。在其职业生涯里，他始终在美国职业棒球大联盟中为纽约洋基队效力。

十一月 26

1789 感恩节

1789年,乔治·华盛顿在总统演讲中宣布,将11月26日定为全国"公共感恩节和祈祷日"。感恩节传统始于人们感谢每年所获丰收的传统,后来演变成美国的一个假日,于每年11月的第四个星期四庆祝。

三维电影 1952

1952年11月26日,第一部长篇三维电影《非洲历险记》在美国上映。观众戴着三维眼镜,在影院屏幕上看到的狮子栩栩如生。

生于今天

1922年11月26日,美国漫画家查尔斯·M.舒尔茨出生。他创作了连环画《花生漫画》,主角是深受欢迎的主人公查理·布朗和小狗史努比。

1865 爱丽丝漫游仙境

1865年11月26日,英国作家刘易斯·卡罗尔的经典儿童著作《爱丽丝漫游奇境》在英国伦敦出版。该书讲述了一个年轻女孩在充满奇特人物的幻想世界中的经历,成为一本国际畅销书。

其他发生于今天的历史事件

1922年11月26日,英国考古学家霍华德·卡特发现了古埃及法老图坦卡蒙之墓,挖掘出大量古代珍宝。

1949年11月26日,印度通过了《印度共和国宪法》,制定了该国的法律和指导原则。该宪法是世界上最长的成文宪法。

2008年11月26日,印度孟买发生了一系列恐怖袭击事件,造成174人死亡。

十一月 27

其他发生于今天的历史事件

1924 年 11 月 27 日，美国纽约举办了第一届梅西感恩节大游行。

2013 年 11 月 27 日，迪士尼奇幻电影《冰雪奇缘》上映，影院座无虚席。该片成为有史以来票房收入最高的动画电影之一。

2019 年 11 月 27 日，加纳总统授予 126 人加纳公民身份，以纪念第一批非洲奴隶登陆美国詹姆斯敦 400 周年。

1890 足球网

1890 年 11 月 27 日，英国工程师约翰·亚历山大·布罗迪发明了足球比赛中使用的球网，这样更容易确定是否进球。1891 年，所有联赛开始强制使用球网。

战时英雄 1939

英国皇家空军飞行员道格拉斯·巴德在一次飞机事故中失去了双腿。1939 年 11 月 27 日，第二次世界大战爆发后，他装上假肢，继续驾驶战斗机作战。

2015 马戏艺术节

2015 年 11 月 27 日，第一届非洲马戏艺术节在埃塞俄比亚拉开帷幕。来自非洲大陆的 100 多位艺术家向游客免费展示了他们的才华。这个节日有助于促进非洲马戏艺术的传播。

生于今天

1701 年 11 月 27 日，瑞典天文学家安德斯·摄尔西乌斯出生。他在瑞典乌普萨拉建造了乌普萨拉天文台，并创立了摄氏温标。

1940 年 11 月 27 日，中国香港电影演员李振藩在英国出生。他艺名"李小龙"，主演过约 30 部电影，将中国功夫推广向全世界。

十一月 28

1862
诺茨郡足球俱乐部

1862年11月28日，诺茨郡足球俱乐部在英国诺丁汉郡成立，这是世界上第一支职业足球队。该队球员身穿黑白条纹的球衣，因而又被称为"喜鹊"。

其他发生于今天的历史事件

1814年11月28日，人类首次用蒸汽动力印刷机印刷报纸。这台印刷机由德国工程师设计完成。

1895年11月28日，工程师弗兰克·杜里埃夺得美国第一届赛车比赛冠军，总用时约10小时。

2012年11月28日，J.R.R.托尔金的经典奇幻小说《霍比特人》第一部被改编成电影上映。

1893
享有选举权的女性

1893年11月28日，在新西兰举行的国会大选中，有90 290名女性参加了投票。经过多年的运动，新西兰成为世界上第一个女性也享有选举权的国家。

1967
发现脉冲星

1967年11月28日，英国天文学家乔林斯·贝尔·伯内尔发现了太空中的第一颗脉冲星——一颗体积小、密度大、旋转速度极快的恒星。它不断发出周期性电波，就像灯塔上闪烁的信号灯一样。

生于今天

1943年11月28日，美国电影作曲家兰迪·纽曼出生。他为皮克斯的诸多动画电影创作过配乐，如《玩具总动员》《怪物大学》。

十一月 29

其他发生于今天的历史事件

1947年11月29日，联合国大会通过关于巴勒斯坦分治的决议，决定在巴勒斯坦地区建立独立的一个阿拉伯国和一个犹太国（以色列）。

1949年11月29日，新西兰毛利人伊里亚卡·拉塔纳当选议员，成为第一位当选议员的毛利人女性。

1998年11月29日，1 013名大提琴手在日本神户音乐会合奏表演，打破此类表演的纪录，这是第一场由千名大提琴手合奏的音乐会。

生于今天

1832年11月29日，美国作家路易莎·梅·奥尔科特出生，其著有小说《小妇人》。

1976年11月29日，美国非洲裔演员查德维克·博斯曼出生。他主演过电影《黑豹》，是第一位在漫威宇宙电影中担任主角的非洲裔演员。

1935 薛定谔的猫

1935年11月29日，奥地利物理学家埃尔温·薛定谔提出一个思想实验：将一只猫关在装有少量放射性物质的盒子里。他认为，如果不打开盒子，就不可能判断猫是死是活，或者既死又活。

视频游戏的诞生 — 1972

1972年11月29日，美国雅达利公司推出了第一款商业街机游戏——《乒乓》。该游戏灵感来源于乒乓球运动，游戏玩家用球拍（一条线）来回敲击球（一个点）进行比赛，如果对手没有接住球，玩家便赢得分数。

飞越南极洲 — 1929

1929年11月29日，美国海军上将理查德·E.伯德和3名机组人员成为首批飞越南极洲的人。他们从南极洲罗斯冰架基地出发，往返花费逾17个小时。

339

十一月 30

2017 持续时间最长的彩虹

2017年11月30日,台湾中国文化大学的校园中出现了有记录以来持续时间最长的彩虹。大学师生拍了10 000多张照片,证明该彩虹持续了整整8小时58分。

1872 国际足球比赛正式开启

1872年11月30日,世界上第一场正式的国际足球比赛,在苏格兰格拉斯哥市的板球场举行。这场英格兰队对阵苏格兰队的比赛,吸引了4 000多名观众观看,最终以平局结束。

其他发生于今天的历史事件

1803年11月30日,西班牙巴尔米斯医疗队开始为数百万人接种天花疫苗。

1954年11月30日,美国亚拉巴马州的安·霍奇斯在家中被一颗陨石击中,幸好伤势不重。

1991年11月30日,第一届世界女子足球锦标赛在中国广东省落幕。美国队夺得首届世界女足赛冠军。

生于今天

1874年11月30日,英国政治家温斯顿·丘吉尔出生。他曾在第二次世界大战期间担任英国首相。

1924年11月30日,美国非洲裔政治家雪莉·奇泽姆出生。她是第一位加入美国国会的非洲裔女性。

十二月 1

1955 大胆抵制
1955 年 12 月 1 日，美国非洲裔活动家罗莎·帕克斯拒绝将座位让给白人乘客，因此被捕。她的抗议引发了蒙哥马利公共汽车抵制运动，最终美国针对公共汽车上的种族隔离发布了禁令。

1988 世界艾滋病日
自 1988 年开始，12 月 1 日这一天被确立为"世界艾滋病日"，目的是号召人们关爱全世界数百万艾滋病毒感染者。每年世界艾滋病日，人们都会佩戴红丝带表示对艾滋病患者的支持。

1920 第一条汽车装配线
1920 年 12 月 1 日，美国企业家亨利·福特开发了世界上第一条汽车装配线。这一举措大大缩短了每款 T 型车的制造时间，降低了生产成本，让普通家庭也能买得起汽车。

生于今天
1761 年 12 月 1 日，法国艺术家杜莎夫人出生。她创作了栩栩如生的名人蜡像，并于 1835 年建立了自己的博物馆。

其他发生于今天的历史事件
1640 年 12 月 1 日，布拉干萨王族在葡萄牙建立王朝，结束了西班牙王室 60 年的统治。

1959 年 12 月 1 日，12 个国家签署了《南极条约》，禁止各国在南极地区进行军事活动等。

1990 年 12 月 1 日，工人在挖掘走接英国至法国的海底隧道时相遇。

十二月 2

1988 女性领导人

1988年12月2日，巴基斯坦人民党领导人贝娜齐尔·布托宣誓就任巴基斯坦总理。她是该国的第一位女性领导人，两届任期共任职5年。

生于今天

1898年12月2日，印度飞行员英德拉·拉勒·罗伊出生。他是一名优秀的飞行员，也是唯一一名在第一次世界大战中参加战斗的印度飞行员。

1946年12月2日，意大利时装设计师詹尼·范思哲出生。他创办的时装品牌范思哲，世界闻名。

2017 太空比萨派对！

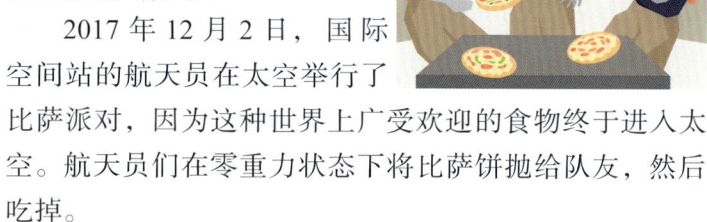

2017年12月2日，国际空间站的航天员在太空举行了比萨派对，因为这种世界上广受欢迎的食物终于进入太空。航天员们在零重力状态下将比萨饼抛给队友，然后吃掉。

其他发生于今天的历史事件

1766年12月2日，瑞典国会通过了一项保障言论自由的法律，开创世界先河。

1959年12月2日，电影《中国长城》首次在影院上映时，使用了气味装置，通过空调系统向影院内发散出各种气味。《中国长城》是第一部将气味作为观影体验之一的电影。

1805 奥斯特里茨战役

1805年12月2日，奥斯特里茨（位于今捷克境内）战役爆发，这是法国拿破仑一世取得过的最伟大胜利之一。他率领68 000名法国士兵，成功击败了俄奥联军90 000人。

十二月 3

1967
心脏移植

1967年12月3日，南非外科医生克里斯蒂安·巴纳德及其团队在南非开普敦大学成功完成了一例心脏移植手术，这是世界上第一例人对人的心脏移植手术。

生于今天

1795年12月3日，英国邮政之父罗兰·希尔出生。他实行邮政改革，推动世界上第一批邮票诞生。

1895年12月3日，奥地利儿童精神分析学家安娜·弗洛伊德出生。她开创了儿童心理分析领域：通过精神治疗研究儿童心理。

1926
神秘失踪

1926年12月3日，英国侦探小说家阿加莎·克里斯蒂神秘失踪。警方进行了大规模搜查，却一无所获。然而11天后，她神秘地在一家酒店里出现了。克里斯蒂说，她完全不记得发生了什么事，此事至今仍然是个谜。

2001
赛格威"踏板车"

2001年12月3日，美国发明家迪恩·卡门推出赛格威品牌的运输工具，常被称为赛格威"踏板车"。其最初款式时速可达13千米。

其他发生于今天的历史事件

1689年12月3日，在瑞士巴塞尔，人们首度成功完成了连体双胞胎分离手术，手术耗时9天。

1992年12月3日，联合国将这一天定为"国际残疾人日"。

1992年12月3日，英国软件天才尼尔·帕沃斯发出了世界上第一条短信。

十二月 4

2012 早期恐龙

20世纪30年代，人们在坦桑尼亚发现了尼亚萨龙化石。2012年12月4日，研究人员判定该物种的生活年代为2.45亿年前，比其他恐龙早了1 000万年，是迄今为止最古老的恐龙。目前，该化石保存在伦敦自然历史博物馆中。

其他发生于今天的历史事件

1676年12月4日，隆德战役爆发，这是瑞典和丹麦为争夺北方霸权而进行的一场大战。

1917年12月4日，英国精神病医生W.H.里弗斯发表了一篇报告，报告称在第一次世界大战期间，遭受炮弹冲击的士兵产生了后遗症。

2019年12月4日，一项研究发现，气候变化是导致北美鸟类数量减少的诱因。

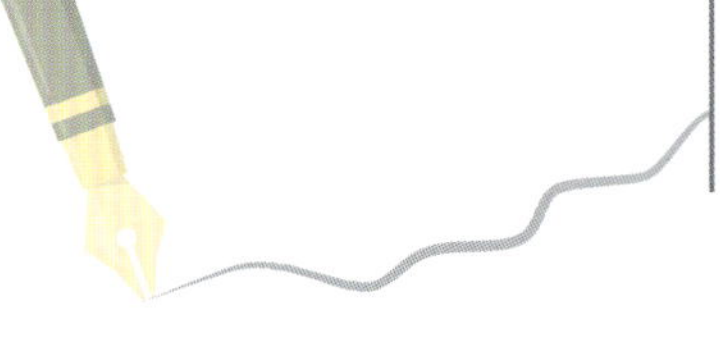

生于今天

1973年12月4日，美国非洲裔超模泰拉·班克斯出生。她是首位登上《绅士季刊》(GQ)封面的黑人女性，是许多时尚和化妆品活动的代言人，还是一位电视脱口秀主持人。

1872 幽灵船

1872年12月4日，一艘神秘消失的美国船"玛丽·塞莱斯特号"再次出现在大西洋海面，船上没有发现船员的迹象——有人推测，船员是被海中的巨型鱿鱼给抓走了！

1894 派克笔

1894年12月4日，美国发明家乔治·派克发明的"幸运曲线"墨水注入装置获得专利。该发明解决了钢笔漏墨问题，这也是派克笔公司取得的首次成功。

十二月 5

1935 赋予非洲裔女性权利

1935年12月5日，美国非洲裔活动家玛丽·麦克劳德·贝休恩创立了美国黑人妇女协会，旨在改善美国非洲裔妇女的生活。

生于今天

1901年12月5日，美国动画师、企业家华特·迪士尼出生。他与人共同创立了华特·迪士尼公司，并创造出许多深受人们喜爱的卡通角色，如米老鼠。

1916年12月5日，美国波兰裔科学家希拉里·科普罗夫斯基出生。他研发出了世界上第一种可以口服的脊髓灰质炎疫苗。

致命烟雾 1952

1952年12月5日，燃煤取暖排出的废气导致伦敦大雾，造成伦敦烟雾事件。烟雾持续了4天，导致数千人死亡。为了防止日后再出现烟雾天气，英国政府于1956年颁布了《清洁空气法案》。

洛伊滕会战 1757

1757年12月5日，在七年战争期间，普鲁士国王弗里德里希二世在洛伊滕向强大的奥地利军队发起会战。

其他发生于今天的历史事件

1945年12月5日，一支由5架军用飞机组成的美国海军第19飞行中队在百慕大三角失踪。百慕大三角位于大西洋，经常有飞机和船只在此神秘失踪。

1955年12月5日，美国蒙哥马利市的非洲裔发起了蒙哥马利公共汽车抵制运动，拒绝乘坐公共汽车，以抗议公共交通上的种族隔离政策。

十二月 6

343 圣尼古拉斯去世

据说儿童和水手的守护神圣尼古拉斯于343年12月6日去世。基督教将这一天定为"圣尼古拉斯节",每年庆祝一次。

1913 发现纳芙蒂蒂半身像

在埃及王后纳芙蒂蒂的半身像诞生3 000多年后,1913年12月6日,德国考古学家路德维希·博哈特在埃及阿马纳发现了这尊埋藏在古埃及皇室雕塑家图特摩斯古作坊遗址瓦砾下的半身像。

生于今天

1977年12月6日,英国板球运动员安德鲁·弗林托夫出生。因其在板球运动中的突出贡献,伊丽莎白女王二世授予他英国员佐勋章。退役后,他成为一名电视节目主持人。

其他发生于今天的历史事件

1884年12月6日,华盛顿纪念碑建成,这是为了纪念美国第一任总统乔治·华盛顿而建造的纪念碑。

1921年12月6日,英国政府和爱尔兰领导人签署了《英爱条约》。一年后,爱尔兰自由邦成立。

2017年12月6日,《自然》杂志称,科学家们发现了有记录以来最遥远的超大质量黑洞,其质量是太阳的8亿倍。

1892 《胡桃夹子》首次公演

1892年12月6日,俄国作曲家彼得·伊里奇·柴可夫斯基创作的芭蕾舞剧《胡桃夹子》在俄国圣彼得堡首次公演。该舞剧是根据德国作家霍夫曼的童话故事改编而成。

十二月 7

1972
蓝色弹珠

1972年12月7日，在飞往月球的途中，航天员从当时距离地球29 000千米的"阿波罗17号"宇宙飞船上拍摄了一张地球的照片。照片上的地球被称为"蓝色弹珠"，全世界争相分享。

其他发生于今天的历史事件

1835年12月7日，德国第一条铁路——位于巴伐利亚的路德维希铁路正式开通。

1909年12月7日，比利时化学家利奥·贝克兰获得史上第一种合成塑料——"贝克莱特"塑料的专利。据广告宣称，"这是一种有1 000种用途的材料"。

1998年12月7日，年仅17岁的杰西·马丁澳大利亚德商独自在11个月内完成了环球航行，创造了世界纪录，成为最年轻的环球航行者。

2019
女单四周跳

2019年12月7日，在意大利世界花样滑冰大奖赛决赛上，15岁的俄罗斯花样滑冰运动员亚历山德拉·特鲁索娃首次完成花样滑冰女单四周跳。

生于今天

1942年12月7日，美国非洲裔企业家雷金纳德·F.刘易斯出生。他创办了一家食品公司，该公司后来发展成为价值数十亿美元的企业，而刘易斯是第一个取得如此成就的非洲裔美国人。

1941
珍珠港事件

1941年12月7日，在未经宣战的情况下，日本军用飞机突然袭击轰炸位于夏威夷珍珠港的美国海军基地，造成至少2 000人死亡。第二天，美国对日本宣战，加入第二次世界大战。

十二月 8

南极音乐会 — 2013

2013年12月8日,美国"重金属"乐队在南极洲举办了一场名为"冻结一切"的演出,成为第一支在七大洲举办过音乐会的乐队。

测量珠穆朗玛峰 — 2020

2020年12月8日,中国和尼泊尔的研究人员对位于中尼接界处的珠穆朗玛峰重新进行了测量,正式宣布其新高度为8 848.86米。

电熨斗 — 1881

1881年12月8日,美国发明家亨利·W.西利为他所发明的第一只电熨斗申请了专利。电熨斗使用电力产生恒定热量,与以往使用火炉加热的熨斗相比有了很大改善。

其他发生于今天的历史事件

1987年12月8日,在美国华盛顿举行的一次首脑会议上,苏联领导人米哈伊尔·戈尔巴乔夫和美国总统罗纳德·里根签署《美苏中导条约》。

2010年12月8日,"龙飞船"成功发射后,美国太空探索技术公司成为全球首家将航天器送入地球轨道并顺利折返的私人企业。

2016年12月8日,美国加利福尼亚北部沿岸远海发生6.5级左右地震。

生于今天

1935年12月8日,印度演员兼电影制片人达尔门德拉出生。他是宝莱坞的著名演员,出演过300多部电影。

十二月 9

玛蒂尔达步兵坦克 —— 1940

1940年12月9日，第二次世界大战期间，同盟国军队在北非战场上使用了名为玛蒂尔达的英国步兵坦克。这种重型坦克虽然行动缓慢，但装备精良，起到了保护步兵的作用。

生于今天

1934年12月9日，英国演员朱迪·丹奇出生。她从1957年开始戏剧表演，出演过一系列电影，后因在"007"系列电影中扮演M角色而闻名。

阿亚库乔战役 —— 1824

1824年12月9日，秘鲁独立战争期间，安东尼奥·何塞·德·苏克雷将军率领一支起义军在阿亚库沂战胜了西班牙军队。秘鲁全境解放。

欧洲联盟盟旗 —— 1955

1955年12月9日，欧洲联盟盟旗确定。欧洲联盟盟旗以深蓝色为背景，中间是一个由12颗金星组成的圆圈，象征着欧洲国家联盟。

其他发生于今天的历史事件

1979年12月9日，世界卫生组织宣布，已彻底根除致命的天花病毒。

1992年12月9日，索马里内战期间，联合国组织了一项名为"恢复希望行动"的维持和平行动，旨在将索马里平民从饥饿和暴力中解救出来。

十二月 10

其他发生于今天的历史事件

1823 年 12 月 10 日，英国古生物学家玛丽·安宁在英国多塞特郡莱姆里吉斯的悬崖上，发现了第一具完整的蛇颈龙（一种史前海洋爬行动物）化石。

1996 年 12 月 10 日，南非总统纳尔逊·曼德拉签署的新宪法生效，由此确认了南非的民主国家地位。

1911 两获诺贝尔奖

1911 年 12 月 10 日，法国波兰裔物理学家玛丽·居里因发现镭和钋这两种天然放射性元素，第二次获得诺贝尔奖——第一次是 1903 年因其对辐射的研究而获奖。她是历史上第一个在不同领域获得诺贝尔奖的人。

1901 第一批诺贝尔奖

为了表彰人们在化学、文学、医学、和平和物理学方面的杰出成就，1901 年 12 月 10 日，第一批诺贝尔奖得以颁布——这是瑞典著名化学家阿尔弗雷德·诺贝尔的遗愿，在他去世五周年之际终于得以实现。

交通信号灯 1868

1868 年 12 月 10 日，世界上第一个红绿灯在英国伦敦的威斯敏斯特宫（也就是英国议会大厦）外竖立。红绿灯改装自铁路信号系统，配备了信号臂和红绿灯，为马车和行人指示交通。

生于今天

1815 年 12 月 10 日，英国数学家阿达·洛夫莱斯出生。她拟定了早期计算机的算法，被认为是世界上第一个计算机程序员。

十二月 11

1964 革命演讲

领导了古巴革命后，切·格瓦拉前往位于美国纽约的联合国总部，于 1964 年 12 月 11 日，在联合国大会上发表讲话。他呼吁美国停止干涉古巴内政，并归还其所侵占的土地。

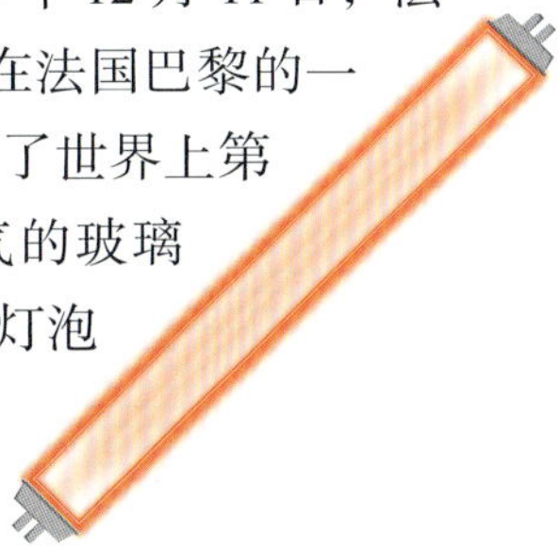

生于今天

1843 年 12 月 11 日，德国细菌学家罗伯特·科赫出生。他发现结核菌和结核菌素，并因此获得诺贝尔奖。

1911 年 12 月 11 日，中国科学家钱学森出生。他在空气动力学方面取得了巨大成就，推动了中国导弹和航天领域的发展。

其他发生于今天的历史事件

1941 年 12 月 11 日，第二次世界大战期间，德国、意大利和日本签署了《德日意联合作战协定》，标志着德、意、日法西斯军事同盟正式形成。

1946 年 12 月 11 日，第二次世界大战后，联合国成立了联合国儿童基金会，旨在向遭受第二次世界大战灾害的儿童提供紧急救援。

1997 年 12 月 11 日，《京都议定书》在日本京都通过，各国就减少温室气体排放问题达成一致。

1910 霓虹灯

1910 年 12 月 11 日，法国工程师乔治·克洛德在法国巴黎的一次展览会上向公众展示了世界上第一盏霓虹灯。充满氖气的玻璃管通电后会发出类似电灯泡那样的光辉。

2019 史前艺术

2019 年 12 月 11 日，据《自然》科学杂志报道，考古学家在印度尼西亚苏拉威西发现了一幅距今约 44 000 年的岩画。这是最早绘有动物和人类的岩画艺术作品。

十二月 12

新国家公园
2001

2001 年 12 月 12 日，位于越南北部的丰芽 – 格邦自然保护区被正式设立为国家公园，以便更好地保护生活在那里的各种珍稀动植物。这座巨大的公园中有 300 处洞穴，连世界上最大的洞穴也在其列。

生于今天

1915 年 12 月 12 日，美国歌手、演员弗兰克·辛纳屈出生。他的唱片销量多达 1.5 亿张，并出演过多部电影。

其他发生于今天的历史事件

1901 年 12 月 12 日，意大利工程师古列尔莫·马可尼首次将无线电信号成功传输至大西洋彼岸。

1913 年 12 月 12 日，列奥纳多·达·芬奇的名画《蒙娜丽莎》在法国卢浮宫博物馆失窃两年后，于意大利一家酒店中被发现。

2015 年 12 月 12 日，多国通过了《巴黎气候变化协定》，努力将全球平均气温较工业化前水平升幅控制在 2°C 以内。

妇女投票
2015

2015 年 12 月 12 日，沙特阿拉伯女性在获得地方选举投票权后，首次参加投票。她们不仅可以参与投票，还可以作为候选人参选。就女性选举权来说，沙特阿拉伯是起步较晚的一个国家。

十二月 13

2017 冰上马戏
2017 年 12 月 13 日，闻名世界的太阳马戏团首次在冰面上表演"水晶"秀。杂技演员和滑冰表演者在冰面上做出各种特技动作，令观众惊叹。

生于今天
1925 年 12 月 13 日，美国演员迪克·范·戴克出生。在其 70 年的职业生涯中，他出演过多部电影，如《欢乐满人间》。

1967 年 12 月 13 日，美国非洲裔演员、歌手杰米·福克斯出生。他参演过《超凡蜘蛛侠 2》等电影，还发布了 4 张音乐专辑，并且是格莱美奖获得者。

2000 植物基因
2000 年 12 月 13 日，科学家破译了拟南芥植物的基因，这是人类首次破译植物的基因序列（也就是遗传指令）。这一成果有助于我们研究在抗病或缺水情况下，影响植物存活的基因。

其他发生于今天的历史事件
1545 年 12 月 13 日，一群天主教主教在意大利首次会面，召开特兰托会议，称天主教礼仪和教义全部正确。此举是对新教（基督教的另一派别）兴起的回应。

1939 年 12 月 13 日，第二次世界大战期间，拉普拉塔河口海战爆发。这是德国在南大西洋与英国和新西兰之间的一场交战，最终，同盟国军队取得了决定性胜利。

2013 埃及下雪
2013 年 12 月 13 日，亚历山大风暴席卷中东国家，带来大雪和严寒——埃及首都开罗遭遇 112 年来的首次降雪。

十二月 14

1812
寒冬中撤退

拿破仑·波拿巴率法国军队入侵俄国六个月，节节败退，于1812年12月14日带着仅存的一支军队撤离俄国。法国人低估了俄国残酷的冬天，没有做好充分准备，这场战争以法国失败而告终。

生于今天

1918年12月14日，印度瑜伽教练B.K.S.艾扬格出生。他创造了一套瑜伽体系，强调动作的精确和姿势的协调。

1911
最先到达南极点

1911年12月14日，挪威探险家罗阿尔·阿蒙森及其队员——先于罗伯特·福尔肯·斯科特所率领的英国探险队33天——到达了南极点，成为首批到达南极点的人，并在那里插上了挪威的国旗。

1977
《周六夜狂热》

1977年12月14日，音乐电影《周六夜狂热》在美国洛杉矶举行全球首映式。该片由年轻演员约翰·特拉沃尔塔主演。

其他发生于今天的历史事件

1962年12月14日，美国国家航空航天局的星际探测器"水手2号"成为第一个到达金星附近的航天器。

1985年12月14日，威尔玛·曼基尔宣誓就任切罗基部落酋长，成为第一位领导美国土著部落的女性。

1994年12月14日，中国长江三峡水利枢纽工程正式开工。这是当今世界最大的水力发电工程。

十二月 15

2009
聪明的章鱼

2009年12月15日,印度尼西亚科学家称,他们看到一只章鱼从海底捡来一些椰子壳组装在一起,为自己建造"保护伞"。目前就人类所知,无脊椎动物在自然界中使用工具,这还是第一例。

其他发生于今天的历史事件

1612年12月15日,德国天文学家西蒙·马里乌斯首次用望远镜观测到仙女座星系(一个由数百万颗恒星组成的星系)。当时马里乌斯误以为自己观测到的,是我们银河系内的尘埃和气体云。

1929年12月15日,瑞士飞行员密特朗成为首位飞越非洲最高山——乞力马扎罗山的人。

2011年12月15日,美国正式宣布美军在伊拉克的任务结束,此举也标志着伊拉克战争结束。

生于今天

37年12月15日,古罗马皇帝尼禄出生。他是一名残暴无情的统治者,据传是他引发了罗马大火,使得罗马2/3的地区化为灰烬。

1832年12月15日,法国工程师古斯塔夫·埃菲尔出生。法国巴黎的埃菲尔铁塔便是他的设计杰作。

1903
冰激凌杯

1903年12月15日,意大利食品供应商伊塔洛·马尔基奥尼获得杯式冰激凌机的发明专利。这种设备可制造出带把手的甜美杯,用来盛放冰激凌。

1989
里道特火山爆发

1989年12月15日,美国阿拉斯加州里道特火山爆发,喷出的火山灰导致一架飞机发动机失灵,所幸飞机最终安全着陆。自此,阿拉斯加火山观测站开始密切监测该地区的火山活动。

十二月 16

755
安史之乱

755年12月16日，中国唐朝将领安禄山以讨伐杨国忠为由，发动叛乱。叛乱削弱了唐朝统治，唐朝从此走向衰败。

其他发生于今天的历史事件

1707年12月16日，日本富士山爆发，喷出的岩浆和火山灰甚至影响到了100千米外的江户城（在现在的东京）。

1850年12月16日，英国坎特伯雷协会决定在新西兰建立殖民地后，英国的船只和殖民者开始陆续抵达新西兰。

1944年12月16日，第二次世界大战期间，德国在西欧的阿登地区发动了一次重大进攻，阿登战役开始。

生于今天

1932年12月16日，英国艺术家昆廷·布莱克出生。他为300多本书创作了特色鲜明的插图，如儿童作家罗尔德·达尔的著作。

1773
波士顿倾茶事件

1773年12月16日，北美殖民地时期波士顿城居民因对英国殖民当局征收茶税感到不满，潜入停靠在波士顿港的商船，将大约300箱茶叶倒入海中，以示抗议。这一事件后被称为"波士顿倾茶事件"。

十二月 17

1903 莱特飞机

1903年12月17日，美国工程师奥维尔·莱特驾驶着第一架比空气重、有动力驱动的飞行器试飞，飞行器在空中持续飞行了12秒，飞行距离36米。奥维尔和兄弟威尔伯花了一整天时间测试飞机。

生于今天

1945年12月17日，英国作家杰奎琳·威尔逊出生。她创作过100多本童书，内容多是经历了重大事件或挑战的年轻人的故事。

1973年12月17日，英国长跑运动员保拉·拉德克利夫出生。她分别在纽约马拉松和伦敦马拉松比赛中获得3次冠军，连续16年成为世界上跑得最快的女性马拉松运动员。

其他发生于今天的历史事件

1892年12月17日，《时尚》（Vogue）杂志创刊出版，后来成为一本标志性的时尚杂志。

1989年12月17日，动画片《辛普森一家》第一季在美国电视上播出，将霍默、玛姬、巴特、丽莎和麦琪一家带入人们的生活中。

2019年12月17日，丹麦科学家从一块5700年前用桦树树脂制作的被咀嚼过的"口香糖"中，提取出一位年轻女性采猎者的DNA。

1790 太阳石

1790年12月17日，人们在翻修墨西哥城大教堂时，发现了15世纪由阿兹特克统治者阿克萨亚卡特尔下令雕刻的太阳石。当年西班牙征服阿兹特克帝国时，这块石头便失踪了。

1886 骑自行车环游地球

1886年12月17日，英国自行车手托马斯·史蒂文斯骑着大小轮自行车抵达日本横滨，完成了环球旅行，创造了第一个骑自行车环游世界的历史。

十二月 18

"飞虎队" — 1941

1941年12月18日，由前美国飞行员组成的"飞虎队"，首次驾驶独特的飞机参加战斗。在第二次世界大战期间，"飞虎队"单独或协同中国空军作战，为中国的抗日战争做出了贡献。

其他发生于今天的历史事件

1898年12月18日，法国赛车手加斯东·德·沙瑟卢－洛世伯爵以每小时63.159千米的速度，创下了第一个陆地速度纪录。

1974年12月18日，日本兵中村辉夫被发现藏匿在印度尼西亚莫罗泰岛上，而他竟然不知道第二次世界大战已于29年前结束。

2003年12月18日，日本索尼公司推出世界上首个能奔跑的机器人"Qrio"。它高50厘米，外形像人。

国际移徙者日 — 2000

为了增加人们对移民的认识，2000年12月18日，联合国大会确定了第一个"国际移徙者日"。全世界有数百万人是自愿选择移民的，而也有人是因为战争或迫害而被迫移民。

树居者 — 1999

1999年12月18日，美国活动家、昵称"蝴蝶"的茱莉亚·希尔结束了在加利福尼亚的一棵红杉树（她称其为"露娜"）上长达738天的生活，以此举抗议人们对树木的大肆砍伐。

生于今天

1946年12月18日，美国导演史蒂文·斯皮尔伯格出生。他执导了许多广受好评的电影，如《侏罗纪公园》《E.T. 外星人》。

1980年12月18日，美国歌手克里斯蒂娜·阿奎莱拉出生。她以跨越四个八度的嗓音而闻名，唱片全球销量有7 500多万张。

十二月 19

1974
微型计算机

1974年12月19日，全球第一台个人电脑发布上市。美国微仪系统家用电子公司（MITS）生产的阿尔泰8800具有256字节的内存，足以存储一句话。

其他发生于今天的历史事件

1843年12月19日，英国作家查尔斯·狄更斯创作的经典圣诞故事《圣诞颂歌》出版。

1958年12月19日，美国总统德怀特·D.艾森豪威尔向太空轨道发送了一条信息。他的声音是第一个被传送到太空里去的。

1983年12月19日，最初的国际足联世界杯足球奖杯"里梅杯"（也称雷米特杯）在巴西被盗，自此杳无音信。

生于今天

1875年12月19日，美国非洲裔历史学家卡特·G.伍德森出生。1926年，他发起了"黑人历史周"庆祝活动，此举后催生出"黑人历史月"。

2019
山火肆虐

2019年12月19日，澳大利亚宣布全国进入紧急状态，消防员与近100处山火搏斗。由于出现史无前例的热浪和极端大风，山火从澳大利亚南部地区一直蔓延到东部。

2018
无人机运送

2018年12月19日，瓦努阿图的一名婴儿接种疫苗，成为世界上第一个接种由无人机运送的疫苗的孩子。这是联合国儿童基金会的慈善项目之一，旨在为生活在偏远地区的人们接种疫苗。

十二月 20

王牌间谍 — 1573

1573年12月20日，外交官弗朗西斯·沃尔辛厄姆爵士成为英国女王伊丽莎白一世的首席秘书。为保护这位新教君主，他利用间谍和特务身份协助女王处决了其主要对手——苏格兰女王玛丽·斯图亚特，使伊丽莎白一世免于天主教迫害。

格林童话 — 1812

1812年12月20日，德国兄弟雅各·格林和威廉·格林的民间故事集《儿童与家庭童话集》第一卷（后更名为《格林童话》）出版。

生于今天

1978年12月20日，喀麦隆足球运动员格雷米·索雷勒·恩迪基塔普·福措出生。他可以在球场上胜任多个位置。

其他发生于今天的历史事件

1860年12月20日，美国南卡罗来纳州宣布退出联邦，引发美国南北战争。

1951年12月20日，位于美国爱达荷州的实验增殖反应堆1号成为世界上第一个用于发电的核反应堆，其产生的电力共点亮了4只灯泡。

1999年12月20日，中国对澳门恢复行使主权。澳门回归祖国怀抱。

横渡大西洋 — 2015

2015年12月20日，一支由四名残障军人组成的队伍完成了横渡大西洋的挑战，用时46天6小时49分，成为第一支横渡大洋的残障人士队伍。

十二月 21

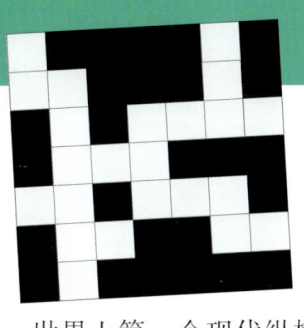

1913 第一个填字字谜游戏

1913 年 12 月 21 日，世界上第一个现代纵横填字游戏，由美国英裔记者阿瑟·温创作，发布在《纽约世界报》上。其实，填字游戏更早可以追溯到古罗马时代。

生于今天

1914 年 12 月 21 日，澳大利亚科学家弗兰克·芬纳出生。他消灭了天花病毒，还使澳大利亚野兔成灾问题得以控制。

1948 年 12 月 21 日，美国非洲裔演员、制片人塞缪尔·L. 杰克逊出生。他制作的电影，全球票房已超过 270 亿美元。

2012 玛雅历预言"世界末日"

根据玛雅历法周期，玛雅人预言 2012 年 12 月 21 日这一天将是"世界末日"。但学者们并未发现古代玛雅人相信"世界末日"一说的证据。

1968 发射"阿波罗 8 号"

1968 年 12 月 21 日，"阿波罗 8 号"从美国佛罗里达州的肯尼迪航天中心发射升空。这是第一个离开地球轨道并到达另一天体（月球）的载人航天器，它绕地球轨道运行了 10 圈。

其他发生于今天的历史事件

1848 年 12 月 21 日，美国的埃伦和威廉·克拉夫特夫妇大胆伪装成白人及其仆人逃走，从奴役中解脱出来。

1988 年 12 月 21 日，泛美航空公司 103 航班在苏格兰洛克比上空因炸弹爆炸解体，造成 270 人死亡。这是英国遭遇过的最严重的一场空难。

2020 年 12 月 21 日，土星和木星发生"土木大合"现象，这是自 1623 年以来两个星体离得最近的一次。

361

十二月 22

1891
打孔卫生纸
1891年12月22日，美国发明家赛斯·惠勒成为美国第一个销售打孔卫生纸的人。虽然卫生纸不是新发明，但由于这一独特设计，用户得以轻松撕下卫生纸。

1882
圣诞彩灯
1882年12月22日，美国发明家爱德华·约翰逊成为第一个用彩灯装饰圣诞树的人。在此之前，人们用蜡烛装饰圣诞树，极容易发生危险。

生于今天
1960年12月22日，美国非洲裔艺术家让·米歇尔·巴斯奎特出生。他将涂鸦艺术和绘画艺术结合起来，创作出了独特的艺术品。

1962年12月22日，英国演员拉尔夫·费恩斯出生。他在电影《哈利·波特》中扮演了"伏地魔"这一角色。

1989
勃兰登堡门重新开放
1989年12月22日，关闭了近30年的德国柏林勃兰登堡门重新开放。这座标志性建筑，是第二次世界大战后德国城市和国家分裂的象征。在它重新开放一年后德国统一。

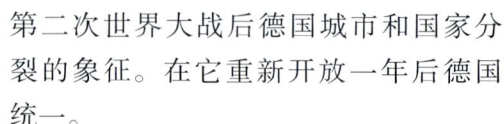

其他发生于今天的历史事件
1788年12月22日，越南西山起义领袖之一阮文惠（又名阮惠）称帝。

1938年12月22日，人们在南非发现了腔棘鱼，而这种鱼类一度被认为已于6600万年前灭绝。

1971年12月22日，"无国界医生"组织成立。该人道主义医疗组织为全球提供医疗服务——特别是战区和疾病肆虐的地区。

十二月 23

1897 萝卜之夜

1897年12月23日，墨西哥瓦哈卡州首次庆祝"萝卜之夜"，以吸引人们对圣诞市场的关注。如今，狂欢者们会将萝卜雕刻成形形色色的人物并将其放置在各个场景中，以庆祝这个节日。

583 玛雅女王

583年12月23日，约尔·伊纳尔加冕成为帕伦克的统治者，是玛雅历史上第一位也是唯一一位女性统治者。帕伦克是玛雅古国的一个城邦，位于现在的墨西哥恰帕斯州。

1997 光明节蜡烛

光明节是犹太人的重要节日。光明节蜡烛是这一节日的重要象征。1997年12月23日，从白宫到梵蒂冈，有30多位各国领导人为光明节点燃蜡烛或出席庆祝仪式。

其他发生于今天的历史事件

1952年12月23日，法国生物学家阿兰·邦巴尔在没有食物和饮水供应的情况下独自完成了穿越大西洋的航行。

1970年12月23日，美国纽约世贸中心双子塔北塔竣工。北塔高417米，是当时世界上最高的建筑。

生于今天

1867年12月23日，美国非洲裔企业家萨拉·布里德洛夫出生。人们称她为C.J.沃克夫人。她是美国第一位白手起家的女性百万富翁。

十二月 24

1818
《平安夜》
1818 年 12 月 24 日，约瑟夫·莫尔和弗朗茨·克萨韦尔·格鲁伯首次表演了歌曲《平安夜》。该曲自此成为世界各地广为传唱的圣诞颂歌。

其他发生于今天的历史事件
1801 年 12 月 24 日，英国工程师理查德·特里维西克展示了他的蒸汽机车，这是第一辆能够载客的汽车。

1893 年 12 月 24 日，福特汽车公司的创始人亨利·福特成功测试第一台发动机。

1968 年 12 月 24 日，乘坐"阿波罗 8 号"进入太空的美国航天员，成为第一批步上月球轨道的人类。

生于今天
1868 年 12 月 24 日，德国国际象棋选手埃马努埃尔·拉斯克出生。自 1894 年到 1921 年，他一直位居世界国际国际象棋冠军之位。

1956 年 12 月 24 日，印度演员阿尼尔·卡普尔出生。他主演过许多电视剧和电影，如《印度先生》《贫民窟的百万富翁》。

1943
最高指挥官
1943 年 12 月 24 日，第二次世界大战期间，美国将军德怀特·D. 艾森豪威尔开始负责指挥"霸王行动"——同盟国军队进攻被德国占领领土的计划。战后，艾森豪威尔于 1953 年就任美国总统。

1878
发明留声机
1878 年 12 月 24 日，美国发明家托马斯·爱迪生为其最新发明——留声机申请了专利。这种设备能够将声音录制在金属圆筒上并回放。

十二月 25

查理大帝加冕 — 800

800 年 12 月 25 日查理大帝加冕，成为"罗马人的皇帝"。他统一了西欧大部分地区，人称"欧洲之父"。

第一个"耶稣诞生"场景 — 1223

1223 年 12 月 25 日，为了庆祝耶稣的诞生，意大利宗教人物圣方济各构想出首个"耶稣诞生"场景。现在圣诞节时人们经常会看到这一场景。

生于今天

1642 年 12 月 25 日，英国数学家、物理学家艾萨克·牛顿出生。他是牛顿定律的建立者以及万有引力的发现者。

1971 年 12 月 25 日，加拿大总理贾斯廷·特鲁多出生。作为自由党领袖，他于 2015 年当选加拿大总理。

圣诞节休战 — 1914

1914 年 12 月 25 日，第一次世界大战期间，英国和德国士兵短暂休战，停止战斗，在无人地带会面。有些人甚至走出战壕，一起踢足球。

其他发生于今天的历史事件

336 年 12 月 25 日，欧洲有记录以来第一次庆祝圣诞节。

1776 年 12 月 25 日，乔治·华盛顿在美国独立战争期间横渡特拉华河，令其英国对手大吃一惊。

1831 年 12 月 25 日，在牙买加奴隶大起义中，数千名被奴役的牙买加人为了自由起身反抗，最后以失败而告终。

十二月 26

古代外卖

在意大利庞贝城因火山爆发被埋近2 000年后，考古学家于2020年12月26日透露，他们发现了一家古代街头食品店，店内有一个上了漆的柜台，专向路过的饥饿顾客出售快餐和饮料。

2020

其他发生于今天的历史事件

1898年12月26日，法国科学家玛丽·居里和皮埃尔·居里宣布发现了一种新元素——镭。

1991年12月26日，苏联最高国家权力机关和唯一的立法机关——最高苏维埃投票决定苏联解体。

2004年12月26日，印度尼西亚苏门答腊岛发生地震，引发巨大海啸，摧毁了海岸附近地区。

宽扎节庆典

1966

1966年12月26日，第一届宽扎节庆典在美国洛杉矶举办。宽扎节在斯瓦希里语中是"第一个果实"的意思。这是非洲裔美国人的假期，每年庆祝一次，连续庆祝7天。

生于今天

1791年12月26日，英国工程师查尔斯·巴比奇出生。他是早期计算领域的先驱，曾设计出第一台机械计算机，名为"差分机"。只是他还没来得及看到自己的发明成型，就去世了。

第一部剧情片

1906

1906年12月26日，时长60分钟的电影《凯利帮的故事》上映。电影讲述了19世纪侠盗内德·凯利的故事，是世界上第一部剧情长片。目前这部影片只有部分被保存了下来。

十二月 27

其他发生于今天的历史事件

1512 年 12 月 27 日，亚拉冈王国国王斐迪南二世通过了《布尔戈斯法》，以规定西班牙殖民者对待南美土著的方式。

1935 年 12 月 27 日，德国柏林的蕾珍娜·乔纳斯成为有史以来第一位犹太教女性拉比。

2013 年 12 月 27 日，英国探险家玛丽亚·雷杰斯塔姆成为第一个从南极大陆边缘骑行到达南极点的人。

1722
雍正帝即位

1722 年 12 月 27 日，清世宗爱新觉罗·胤禛即位，年号"雍正"。在他 13 年的统治期间，社会腐败现象有所改善。

发现燕子洞 1966

1966 年 12 月 27 日，人们在墨西哥阿奎斯蒙发现了世界上最大的竖井洞穴——燕子洞。该洞有 370 米深，能够轻松放下整个埃菲尔铁塔。

飞越梦幻岛！ 1904

1904 年 12 月 27 日，苏格兰作家 J.M. 巴利的剧作《彼得·潘》首次上演。该剧讲述了一个来自梦幻岛的会飞的小男孩彼得·潘的故事。

生于今天

1995 年 12 月 27 日，美国演员提莫西·查拉梅出生。他曾出演电影《漂亮男孩》，其作品广受赞扬。

十二月 28

1895 历史上第一部电影

1895年12月28日，法国企业主卢米埃尔兄弟首次公开放映电影。他们发明了一款便携式电影摄影机并获得专利，为观众放映了9部短片。

生于今天

1922年12月28日，美国漫画出版商斯坦·李出生。他与人共同创造出蜘蛛侠、X战警等超级英雄漫画角色。

1964年12月28日，美国非洲裔演员丹泽尔·华盛顿出生。他曾在多部好莱坞惊悚片和戏剧中担任主角。

1065 中世纪教堂

1065年12月28日，英国伦敦的威斯敏斯特教堂建成。该教堂几经翻修，是英国许多君王举行加冕礼的场所，也是名人（战士、诗人等）的遗体安放之处。

1912 有轨电车

1912年12月28日，美国旧金山第一批公共有轨电车"城市铁路1号线"通车。据估计，当时有5万人前来观看。这些有轨电车采用的是世界上最后一批手动缆车系统。

其他发生于今天的历史事件

1612年12月28日，意大利天文学家伽利略·伽利雷伊首次发现海王星，但他误认为海王星是一颗恒星。

1886年12月28日，美国发明家约瑟芬·科克伦获得第一台自动洗碗机的专利。

1973年12月28日，《美国濒危物种保护法》生效，以保护那些濒临灭绝的动物。

十二月 29

活力二人组 —— 1933

1933年12月29日，电影《飞到里约》上映，它是弗雷德·阿斯泰尔和金格尔·罗杰斯首度以歌舞出演的电影。这对搭档在那个时代出演过许多极具魅力的好莱坞音乐剧。

生于今天

1766年12月29日，苏格兰发明家查尔斯·麦金托什出生。他发明了防水织物，"麦金托什雨衣"就是以他的名字命名的。

1981年12月29日，日本花样滑冰运动员荒川静香出生。她是第一位赢得奥运会金牌的亚洲女子单人花滑运动员。

常胜冰球队 —— 2008

2008年12月29日，蒙特利尔加拿大人队击败了佛罗里达黑豹队，成为北美国家冰球联盟历史上第一支赢得3 000场常规赛冠军的冰球队。

其他发生于今天的历史事件

1860年12月29日，为英国皇家海军建造的皇家海军舰艇"勇士号"下水。这是世界上最早的铁甲战舰之一。

1922年12月29日，美国加拿大裔少女阿洛哈·万德威尔成为第一位驾驶福特1918 T型车环游全球的女性。

1937年12月29日，爱尔兰通过新宪法，爱尔兰自由邦更名为爱尔兰共和国。

艺术大师 —— 1653

1653年12月29日，荷兰画家约翰内斯·维米尔正式成为故乡荷兰小城德尔夫特的圣路加公会的画师。绘有名作《戴珍珠耳环的少女》。但他的绘画技法在很大程度上仍是个谜。

十二月 30

1986 气体探测器
1986 年 12 月 30 日，英国政府宣布使用电子气体探测器代替金丝雀探测矿井。与人类相比，金丝雀对有毒气体更为敏感，因此曾作为早期预警"报警器"被人们带入矿井。

其他发生于今天的历史事件

1922 年 12 月 30 日，俄罗斯、乌克兰、白俄罗斯和外高加索联邦（格鲁吉亚、亚美尼亚和阿塞拜疆）正式组成苏联。

1924 年 12 月 30 日，美国天文学家埃德温·哈勃向世人分享了银河系之外存在多个星系（由数百万或数十亿恒星组成的系统）的证据。

1927 东京地铁银座线
1927 年 12 月 30 日，亚洲第一条地铁线路在日本东京开通。该地铁开通后非常受欢迎，哪怕是短途旅行，人们也不惜为乘坐地铁排两个小时的队。

534 《查士丁尼法典》
534 年 12 月 30 日，东罗马帝国皇帝查士丁尼下令制定的法典开始在整个东罗马帝国生效。该法典成为当今欧洲许多国家法律体系的基础。

生于今天

1975 年 12 月 30 日，美国高尔夫球手泰格·伍兹出生。他是位居世界第一高尔夫球手时间最长的人。

1984 年 12 月 30 日，美国非洲裔篮球运动员勒布朗·詹姆斯出生。他的职业生涯漫长，曾获得过美国职业篮球联赛冠军和奥运会冠军。

十二月 31

其他发生于今天的历史事件

1935 年 12 月 31 日，棋盘游戏"大富翁"获得专利。之后，这款游戏的销量超过 2.5 亿。

1999 年 12 月 31 日，为了迎接新千年的到来，世界各地举行了重大庆祝活动。

2020 年 12 月 31 日，在英国公众就是否脱欧问题投票 4 年后，英国正式脱离欧盟。

1853
恐龙中的晚宴

1853 年 12 月 31 日，本杰明·沃特豪斯·霍金斯在一个恐龙雕塑半成品的肚子里，为朋友们举办了晚宴。这只恐龙后成为英国伦敦水晶宫公园的一处新景点。

1879
白炽灯泡

1879 年 12 月 31 日，美国发明家托马斯·爱迪生在美国门罗公园点亮了他的电灯。这是他首次公开展示白炽灯泡。

生于今天

1948 年 12 月 31 日，美国非洲裔歌手、歌曲作者唐娜·萨默出生。她于 1977 年发布的单曲《感受爱》成为迪斯科舞曲中的热门曲目，并为电子舞曲奠定了基础。

1995 年 12 月 31 日，美国非洲裔体操运动员嘉比·道格拉斯出生。2012 年，她成为第一个获得奥运会个人体操全能冠军的非洲裔美国人。

1907
时代广场"落球"传统

1907 年 12 月 31 日，美国纽约朗克广场（现在称为时代广场）的跨年庆祝活动中，举行了第一次"落球"仪式——一个巨大的时间球随着倒计时从旗杆上缓缓落下，以示迎接新年到来。这一传统一直延续至今。

索引

A

B.K.S. 艾扬格 354
C.S. 刘易斯 295
DNA 64, 212, 259, 357
E.B. 怀特 294
H.G. 威尔斯 309
iPad 32
J.K. 罗琳 183, 210
J.M. 巴利 367
J.R.R. 托尔金 8, 270, 338
KJ-52 17
P.T. 塞尔比invoked 22
S.A. 安德鲁 198
W.H. 里弗斯 344
X 射线 16, 318
Xbox 147, 325
阿拔斯王朝 217, 263
阿布辛贝神庙 271
阿布扎比卢浮宫 321
阿达·洛芙莱斯 5, 292
阿迪夫·达斯勒 313
阿道夫·希特勒 35, 60, 63, 128, 216, 227, 252, 318
阿登战役 356
阿杜瓦战役 66
阿尔贝托·桑托斯-杜蒙特 298
阿尔伯特·爱因斯坦 6, 85, 275, 335
阿尔弗雷德·哈约斯 37
阿尔弗雷德·诺贝尔 133, 300, 350
阿方索·贝蒂荣 80
阿夫戴夏克拦海大坝 154
阿加莎·克里斯蒂 264, 343
阿金库尔战役 304
阿尔巴大帝 50
阿空加瓜山 19
阿拉伯国家联盟 87
阿拉伯之春 30
阿拉莫之战 71
阿拉斯加·帕克德·戴维森 66
阿莱塔·亨利埃特·雅各布斯 45
阿兰·邦尼尔 363
阿雷西博信息 326
阿列克谢·列昂诺夫 83
阿隆·贡纳尔松 118
阿隆 105
阿莫莉·艾米·诺特 88
阿梅莉亚·埃尔哈特 147, 192, 365
阿丽塔·谢尔-吉尔 35
阿纳尔多·塔马约·门德斯 7
阿诺德·施瓦辛格 217, 327
阿皮亚纳·恩加蒂 91
阿散蒂人 27
阿瑟·阿什 281
阿瑟·温 361
阿什·戴克 244
阿斯特丽德·林格伦 324
阿斯旺大坝 14

阿亚库乔战役 349
阿兹特克帝国 78, 231, 318, 357
埃德·罗伯兹 28
埃德蒙·莱斯卡布 91
埃德蒙·希拉里 155, 207
埃德温·巴丁 144
埃德温·福尔摩斯 57
埃德温·哈勃 330, 370
埃德沃德·迈布里奇 172
埃迪·伊根 51
埃尔登·埃鲁奇 208
埃尔南·科尔特斯 318
埃尔热 15
埃尔温·薛定谔 339
埃尔文·约翰逊 226, 232
埃菲尔铁塔 96, 298, 355, 367
埃格林 294
埃加迪群岛海战 75
埃克森·瓦尔迪兹号 89
埃莱娜·德·梅歇 149
埃莱娜·德·普塔莱斯 148
埃里克·莫桑巴尼 268
埃利乌德·基普乔格 291
埃琳娜·阿尔兹利迪·梅贾 23
埃隆·马斯克 132, 185, 317
埃伦·约翰逊-瑟利夫 21
埃罗尔·巴罗 26
埃罗尔斯·拉斯克 364
埃米尔·科尔兹 3
埃米利亚诺·萨帕塔 226
埃米琳·潘克赫斯特 289
埃沃·莫拉莱斯 27
艾尔米塔什博物馆 41
艾尔诺·鲁比克 200
艾芙琳·贝瑞森 108
艾格妮斯·玛丽·克莱克 46
艾丽丝·格里菲诺·奥尔 82
艾莉克·哈格里夫斯 139
艾琳·布劳克维奇 179
艾琳·柯林斯 39
艾伦·图灵 154, 180
艾伦·尤斯塔斯 303
艾玛·斯通 316
艾玛·沃森 269
艾瑞·卡西 101
艾瑞·菲尔多尔 151
艾萨克·阿西莫夫 7
艾萨克·梅里特·辛格 230
艾萨克·牛顿 41, 192, 365
艾萨克·W. 麦加菲 165
艾因扎鲁特战役 252
艾滋病 115, 290, 341
爱德华·克雷文·沃克 101
爱德华七世 213
爱德华·劳伦茨 328
爱德华·蒙克 48
爱德华·约翰逊 362
爱德华·詹纳 140
爱德华·斯科特·德·马丁尼 105
爱德蒙·哈雷 318
爱尔兰独立 150, 346, 369

爱丽丝·保罗 16
爱丽丝·布朗·戴维斯 259
爱丽丝·盖伊-布拉齐 96
爱丽丝·惠勒·拉姆齐 166
爱丽丝·科奇曼 225
爱丽丝·斯宾塞·威尔斯 170
爱丽丝·伊文森 34
爱伦·坡 34
安·霍奇斯 340
安贝托·诺比尔 138
安德烈亚斯·莫根森 251
安德鲁·弗林托夫 346
安德鲁·杰克逊 154
安德鲁·莫瑞 260
安德鲁·沃森 77
安德斯·摄尔西乌斯 337
安迪·柯林 294
安迪·麦克唐纳 218
安迪·穆雷 141
安迪·瑟金斯 116
安东尼·范·列文虎克 266, 303
安东尼奥·高迪 84, 182
安哥拉内战 100
安格拉·默克尔 204, 332
安吉拉·戴维斯 31
安立奎·伊格莱西亚斯 134
安禄山 17
安娜·弗洛伊德 343
安娜·库尔尼科娃 164
安娜·温图尔 313
安妮·弗兰克 317
安妮·库克利 231
安妮·伯恩斯 333
安妮·伯尼 240
安妮·弗兰克 169, 193, 222
安妮·伊斯利 119
安尼塔·卢斯 122
安藤百福 243

B

奥地利一八四八年革命 78
奥尔米兹达甘战役 124
奥古斯都·吉布森 243
奥古斯都·皮卡尔 153
奥古斯都·斯特林堡 27
奥古斯托·皮诺切特 260
奥拉夫二世·哈拉尔松 216
奥兰二世·德古热 133
奥朗则布 56
奥利弗·坦博 306
奥普拉·温弗瑞 34, 262
奥伦·欣顿 213
奥斯卡·劳伦茨 93
奥斯卡·蒙克 48
奥斯卡·约翰逊 362
奥斯特里茨战役 342
奥斯威辛 32, 123, 171, 220, 268
奥托·冯·俾斯麦 86
奥托·李林塔尔 149
奥维尔和威尔伯（莱特兄弟）357

奥运会 37, 51, 52, 88, 89, 102, 122, 136, 147, 148, 158, 174, 180, 183, 185, 194, 205, 206, 207, 213, 214, 220, 223, 225, 226, 227, 231, 232, 236, 237, 239, 254, 259, 268, 272, 274, 289, 295, 299, 301, 308, 369, 370, 371
澳大利亚联邦议会 135
澳大利亚土著 49, 52, 83, 152, 160, 199, 274
巴巴罗萨·海雷丁 277
巴卯尔 117
巴勃罗·毕加索 239, 304
巴尔扎克 84
巴甫洛娃 48
巴格达之战 49
巴黎圣母院 111
巴黎协定 118
巴拿马运河 12, 233
巴尼·奥德菲尔德 177
巴沙洛缪·罗伯茨 46
巴托洛缪·德·古斯芒 226
巴兹·奥尔德林 207, 322
芭芭拉·玛丽·奎恩希 47
芭比娃娃 74
芭蕾 48, 56, 173, 298, 346
坝 14, 142, 154, 279, 283
白琅江之战 105
百慕大三角 345
柏林空运 183, 279
柏林墙 231, 319
柏林战役 128
邦克山战役 174
棒球 45, 98, 104, 156, 176, 183, 198, 229, 335
宝拉·弗雷德里克 49
保拉·拉德克利夫 357
保罗·艾伦 100
保罗·克留格尔 37
保罗·列罗尔 114
保罗·麦卡特尼 175
保罗·塞尚 24
鲍比·里格斯 269
鲍勃·马利 42
鲍里斯·叶利钦 169
贝比·鲁斯 98, 104, 198, 229
贝尔法斯特协议 106
贝尔塔·本茨 223
贝拉·卢戈希 299
贝拉克·奥巴马 22, 25, 330
贝利 178, 302, 329
贝娜齐尔·布托 342
贝尼托·墨索里尼 8, 167
贝西·科尔曼 172
贝娅特丽克丝 126, 283
贝蒂·迪德里克森·札哈里亚斯 183

C

残奥会 80, 267
草间弥生 87
查德维克·博斯曼 339
查尔斯·叶格森 293
查尔斯·M. 舒尔茨 336
查尔斯·P. 斯特里特 297
查尔斯·巴比奇 366
查尔斯·巴林顿 229
查尔斯·布隆丹 187
查尔斯·狄更斯 359
查尔斯·格兰·金 100
查尔斯·胡华里 330
查尔斯·康华里 289
查尔斯·林德伯格 146
查尔斯·麦金托什 369
查尔斯·朱特劳 31

本·恩旺武 201
本·卡林 139
本杰明·沃特豪斯·霍金斯 371
本田宗一郎 273
比尔·盖茨 100, 233, 307
比尔·罗宾森 58
比贡·安德鲁·基普兰加特 130
比利·简·金 269
比利小子 201
比萨斜塔 12
比约·博格 163
彼得·杰克逊 310
庇护五世 61
碧昂丝 119
碧雅翠丝·波特 215
冰球 68, 141, 294, 369
冰人奥茨 268
冰泳 43
兵马俑 94
波利卡帕·萨拉瓦烈塔 324
波士顿倾茶事件 356
波希米亚女王 138
伯恩哈特·霍伊斯特曼 298
伯纳德·范斯 80
伯纳德·哈里森 45
伯特兹·皮卡德 86
布莱登菲尔德会战 266
布莱思·琼斯 86
布莱尼·斯托克 152
布莱切利公园 248
布鲁克林大桥 150
布鲁斯·麦坎迪利斯 43
布·T. 华盛顿 181
布拉于萨王族 341
布拉格之春 239

D

达尔门德拉 348
达立普·辛格 94
达伦·本特 296
大坂直美 295
大本钟 323
大悲臭 202
大山倍达 214
大卫·爱登堡 134
大卫·鲍伊 13
大卫·贝克汉姆 128
大卫·福斯特 85
大卫·科波菲尔 104
大卫·默恩斯 134
大卫·斯科特 218
大卫·修蒙 312
大峡谷 12, 62, 93, 146, 大型强子对撞机 259
戴安·弗西 21
戴安娜·尼亚德 251
戴安娜王妃 178, 264
戴尔·弗雷 14
戴维·福斯特 202
戴维营协议 266
黛西·贝茨 321
丹·库珀 334
丹妮卡·帕特里克 116
丹尼·德维托 327
丹尼尔·笛福 121
丹尼尔·哈拉迪 247
丹尼尔·加西里埃尔·华仑海德 150
丹尼尔·雷德克里夫 210
丹尼尔·蒂利 124
丹下健三 253
丹增·诺尔盖 155
导弹 18, 30, 88, 170, 293, 306, 351
道恩·强森 14
道格拉斯·巴德 337
道格拉斯·恩格尔巴特 327

德川家康 89，300
德怀特·D. 艾森豪威尔 359，364
德克·维尔纳·诺梅茨基 176
德维卡·拉尼 95
德维希·凡·贝多芬 103
登陆日 163
登山 19，133，139，207，229
"堤坝终结者"行动 142
迪安·R. 坎贝尔 231
迪恩·卡门 343
迪克·范·戴克 353
迪克·福斯布里 299
迪帕·卡玛卡 227
迪士尼公司 29，40，130，141，204，345，
迪士尼乐园 108，130，204
地球首脑会议 160，165
地球一小时 96
地震 17，28，39，76，93，114，147，148，157，196，215，220，311，314，348，366
帝国疾风号 179
第二次阿拉曼战役 321
第二次世界大战 9，10，18，23，32，38，40，41，49，51，55，59，68，70，72，107，108，120，121，128，129，130，134，135，138，139，142，150，152，156，163，167，171，180，197，211，219，224，225，227，232，243，248，249，250，251，252，256，261，262，268，301，302，322，337，340，347，349，351，353，356，358，362，364
第谷·布拉赫 149
第一次世界大战 24，86，102，118，120，121，140，149，161，185，193，215，221，231，244，257，264，266，298，304，305，313，321，328，333，342，344，365
蒂卡尔 21
蒂鲁内什·迪巴巴 158
蒂姆·波顿 243
蒂姆·伯纳斯—李 126，224，241
蒂亚戈·阿尔坎塔拉 107
电脑 24，29，32，99，100，108，132，141，272，327，332，359
电视 31，45，69，91，92，102，104，115，120，125，127，134，145，146，150，159，162，172，182，183，184，189，190，207，209，212，219，224，228，229，249，257，266，273，274，283，286，303，312，320，333，344，346，363，364
迭戈·马拉多纳 179，309

东京晴空塔 65
东南亚国家联盟 226
独立宣言（美国）191
杜布瓦·D. 帕米利 46
杜莎夫人 341
杜伊奇·阿塞纳 115
对马海战 153
敦刻尔克撤退 152
多利（羊）58，192
多利·帕顿 24
多伦多电视塔 183
多萝特娅·克里斯蒂安·埃克斯莱本 323
多萝西·加罗德 131
多洛里斯·德尔米奥 221

E
恶魔岛 169，229，330
恩佐·法拉利 54

F
法国大革命 150，177，201，228，295
法瑞尔·威廉姆斯 101
帆船 148，162，184，319
凡·高 80
凡尔赛和约 72，185
泛美运动会 61
范妮·布兰斯—科恩 122
范遵 210
梵蒂冈 27，47，71，102，311，363
梵蒂冈西斯廷教堂 71，311
飞盘 28
菲尔多西 73
菲力浦·阿斯特 14
菲利比战役 282
菲尼克斯·鲍姆加特纳 218
菲尼亚斯·盖奇 262
斐迪南·冯·齐柏林 189
斐迪南二世 298，311，367
费迪南德·保时捷 252
费迪南德·麦哲伦 300
费尔南多·阿隆索 216
费拉·库蒂 294
费列西蒂·阿斯顿 335
丰臣秀吉 222
疯马 13
奉俊昊 45
佛莱迪·摩克瑞 254
佛罗伦萨大教堂 90
弗拉基米尔一世 168
弗拉维奥·贾迪诺 205
弗兰克·杜里埃 338
弗兰克·芬纳 361
弗兰克·惠特尔 108
弗兰克·萨缪尔斯 163
弗兰克·詹姆斯·马歇尔 86
弗朗兹·斐迪南 185
弗朗兹·舒伯特 36
弗朗索瓦·格里马尔迪 13
弗朗西斯·克里克 64
弗朗西斯·斯科特·基 263
弗朗西斯·沃尔辛厄姆爵士 360
弗朗西斯科·洛佩兹 74
弗朗西斯科·皮萨罗 325

弗雷德·W. 沃尔夫 103
弗雷德·洛兹 248
弗雷德·沃勒 306
弗雷德里克·班廷 214
弗雷茨·兹威基 52
弗里达·卡罗 193，311
弗里德里希·艾伯特 229
弗里德里希·恩格斯 57
弗里德里希二世 157，345
弗洛伦斯·南丁格尔 138，300
弗明索·贝肯鲍尔 260
福岛核电站事故 76
福克郡黑斯堡人类足迹 43
福田敬之 108
福田湾战役 297
富兰克林·D. 罗斯福 55，279，315
富士山 356
伽利略 62，243，368

G
橄榄球 20，92，143，261，282，316
冈瓦纳大陆 327
刚果盆地 213
高尔夫 36，109，175，183，325，370
哥伦比亚内战 334
歌舞伎 93
格雷戈尔·孟德尔 44，207
格蕾丝·奥马利 255
格林尼治皇家天文台 301
格鲁吉亚 110，370
格洛丽亚·斯泰纳姆 330
格鲁特德·埃德尔 224
葛底斯堡演说 329
葛底斯堡战役 190
工业革命 10，199，201
公历 4，294
公路 139，188，321
宫崎骏 10
篝火之夜 315
古埃及 28，52，92，157，202，242，324，336，346
古巴导弹危机 293，306
古巴革命 6，138，351
古朝鲜国 282
古兰经 209
古鲁·那纳克 111
古斯塔夫·埃菲尔 96，355
古斯塔夫·瓦萨 17，163，169
古斯塔夫二世·阿多夫 266，326
古老腊 120，128，143，154，251，323，333
谷歌 80，156，192，253
关原之战 300
光明节 363
广岛 81，131，224，232
轨道飞行器 75，86
国会纵火案 63
国际空间站·胡佛 103
国际象棋 46，86，107，252，331，364
国家公园 17，62，66，99，160，163，191，243，273，352
国家医疗服务体系 192
果尔达·梅厄 82

过山车 25，195

H
哈雷彗星 95，145，318
哈里·戴维斯 176
哈里·胡迪尼 89，270
哈里特·比彻·斯托 162
哈里王子 145，264
哈丽特·塔布曼 159
哈利·波特 152，183，210，242，314，362
哈利法塔 9，65，93
哈伦·拉希德 263
哈罗德·格拉汉姆 116
哈梅哈三世 72
哈萨丁斯战役 293
哈特曼·舍德尔 199
哈伊尔·戈尔巴乔夫 76，348
海地革命 240，328
海尔·塞拉西一世 98，117
海勒姆·宾海姆 211
海伦·凯勒 68
海湾战争 22，64，220，316
海王星 170，272，368
海啸 76，93，147，196，245，311，314，366
韩文 288
汉朝 64，74
汉弗里·戴维 14
汉高祖刘邦 64
汉尼拔·古诺温 262
"汉斯·赫德托夫号"轮船 35
汉斯·克里斯汀·安徒生 98，134
汉斯·利伯希 281
航班 26，73，79，174，290，361
航海王 209
航天飞机 33，37，39，43，186，244，248，251，261，290
航天港 297
航天器 7，55，230，348，354，361
航天员 33，37，39，43，44，45，83，87，108，144，173，187，207，210，212，217，218，220，245，248，251，254，261，267，268，276，290，297，312，322，342，347，354，361
霍比特人 8，270，310，338
霍伦·卡特 52，336
霍雷肖·纳尔逊 278

J
机器人 7，30，50，70，219，270，301，310，311，319，358
基督教青年会 25，290
激光唱片（也就是CD）280
吉达塔 97
吉迪昂·逊德巴克 245
吉迪恩·曼特尔 39
吉隆滩 113
吉米·卡特 138
吉姆·海因斯 293
吉尔伯特斯·阿道里安努斯·潘胡伊斯 290
计算机体层摄影（CT）206

亨利·W. 西利 348
亨利·埃弗里 256
亨利·贝可勒尔 66
亨利·博森堡 236
亨利·德格兰 137
亨利·福克斯·塔尔博特 44
亨利·福特 161，280，341，364
亨利·吉法尔 273
亨利·卡文迪许 155
亨利·摩尔 33
亨利·佩盖 54
亨利四世 63
洪水 20，142，191，234，237，247
忽必烈 131
胡安·卡特 332
胡安·庞塞·德莱昂 98
划船 163，167，208
华莱士·卡罗瑟斯 64
华沙条约 140
滑板 91，138，218
滑冰 31，194，285，347，353，369
滑铁卢战役 175
滑雪 47，109，153，335
化石 39，64，92，94，114，119，135，165，176，186，197，230，235，241，284，292，296，304，330，334，344，350
话题标签（#）241
怀唐伊条约 42
怀亚特·厄普 84
环境问题 160，162
荒川静香 369
彗星 7，81，95，139，145，198，318
火箭 27，30，33，42，81，95，109，116，119，177，234，240，285，293，302，331，354
火山 55，69，92，106，110，134，147，150，163，169，185，196，210，220，237，238，313，323，355，356，366
火星 30，55，75，88，132，159，160，191，207，210，212，217，218，220，245，248，251，254，261，267，268，276，290，297，312，322，342，347，355，356，366

J
机器人 7，30，50，70，219，270，301，310，311，319，358
基督教青年会 25，290
激光唱片（也就是CD）280
吉达塔 97
吉迪昂·逊德巴克 245
吉迪恩·曼特尔 39
吉隆滩 113
吉米·卡特 138
吉姆·海因斯 293
吉尔伯特斯·阿道里安努斯·潘胡伊斯 290
计算机体层摄影（CT）206

加布里埃尔·梅迪纳 140
加尔纳里安 301
加里·加贝利奇 302
加里波利之战 121
加利福尼亚淘金潮 29
加拿大太平洋铁路 317
嘉隆帝 209
贾斯廷·特鲁多 365
间谍 184，187，284，360
柬埔战争 302
简·亚当斯 255
杰夫·贝索斯 192
杰克逊·波洛克 33
杰茜·威尔逊 155
杰拉尔丁·杰里·莫克 113
杰里·西格尔 296
杰罗尼莫 173，253
杰纳·特鲁普斯 5，155
杰茜卡·沃德 297
杰西·欧文斯 227
金大中 170
金刚座 137
金门大桥 153
金星 326，349，354
金正恩 123，169
金正日 170
京都议定书 351
京剧 274
经济大萧条 303
井深大 133
居鲁士大帝 308
君士坦丁堡陷落 155
君士坦丁一世 72，137，267

K
喀拉喀托火山 245
卡尔·本茨 34，190
卡尔·冯·德莱斯 169
卡尔·加德纳 325
卡尔·马克思 57
卡尔·内赫勒 287
卡尔·纳尔之战 60
卡尔文·柯立芝 159
卡雷尔·恰佩克 9
卡罗琳·赫歇尔 81
卡洛·科洛迪 194
卡洛战役 112
卡玛拉·哈里斯 237
卡斯特罗 6，55，113，138
卡斯滕·博克格雷姆克 241
卡特·G. 伍德森 359
开普勒-452b 210
凯伦·乌伦贝克 84
凯瑟琳·米德尔顿 125
凯瑟琳·尼安布拉·恩德雷巴 208
凯瑟琳·沙利文 290
凯瑟琳·约翰逊 244
凯瑟琳娜·科尔纳罗 79
凯瑟琳·美第奇 109
凯西·弗里曼 52，274
凯旋门 216
堪培拉 56，77
康查塔·德福 138
康提基号 124
康熙 41
抗日战争 74，258，358
柯南道尔 301
科尔多瓦协定 242
科比松·阿基诺 61
科园塔·斯科特·金 123
科隆大教堂 232

可口可乐 34
克拉德·巴顿 221
克莱夫·辛克莱 15
克劳德·伯纳德 116
克劳狄乌斯皇帝 29
克里福德·朗 95
克雷西会战 244
克里米亚战争 138, 283, 333
克里斯蒂安·巴伦德 343
克里斯蒂安·惠更斯 90
克里斯蒂娜·科戈 297
克里斯塔·麦考利夫 251
克里斯汀·迪奥 48
克里斯托弗·哥伦布 13, 221, 291
克娄巴特拉七世 92
肯尼斯·C.布鲁格 7
肯尼斯·阿佩尔 178
孔子 277
恐怖伊凡 21
恐龙 135, 168, 197, 292, 344, 371
库尔斯克战役 192
昆廷·布莱克 356

L
拉尔夫·大卫·艾伯纳西 76
拉尔夫·普华斯德 115
拉菲尔·纳达尔 160
拉斐尔 102, 114
拉杰马加尔战役 199
拉克希米·拜依 329
拉玛四世 98
拉玛铁菩提一世（乌通王）69
拉玛一世 117
拉姆·费因斯 72
拉什莫尔山 283
拉斯科洞穴 261
拉特兰条约 47
莱昂纳尔多·托雷斯·克韦多 317
莱昂内尔·里奇 177
莱夫·埃里克松 288
莱曼·弗兰克·鲍姆 143
莱特湾海战 302
兰顿·休斯 37
蓝色弹珠 347
劳伦斯·哈格雷夫 322
乐高 33, 164, 251, 294
勒班陀海战 286
雷达 15, 62
雷蒙·克洛克 111
雷蒙德·德·拉罗什 73
蕾切尔·卡森 276
冷战 70, 231
礼炮1号 115
礼萨沙 86
李·福克 53
李·佩雷 58
李承晚 233
李洛伊·萨奇·佩吉 45
李美步 130
李素娜 254
李维·斯特劳斯 62
李小龙 337
李渊 175
里德·黑林廷斯 247
里克·汉森 148
里斯本大地震 311
理查德·E.伯德 339

理查德·布兰森 190
理查德·霍林斯赫德 163
理查德·尼克松 112
理查德·特里维西克 57, 364
利奥·贝克兰 347
利奥大火 205
利奥波德二世 41
利比亚巴迪亚战役 10
脸书 40, 140
列奥纳多·芬奇 111, 239, 352
列塞达碑 202
列宾 211
列宁 26, 32, 241, 304
硫黄岛战役 59
隆德战役 344
卢克·艾金斯 217
卢米埃尔兄弟 87, 368
卢西恩·B.史密斯 182
陆克文 49
路德维希·博哈特 346
路易·布莱尔 9
路易·布莱叶 212
路易·达盖尔 237
路易·迪科·迪奥龙 333
路易·菲利浦 60, 75, 216
路易莎·梅·奥尔科特 339
路易十六 26, 177, 270, 295
路易十四 164
路易斯·巴斯德 116, 161
路易丝·皮尔斯 70
路易斯安那州购地条约 129
露丝·巴德·金斯伯格 80, 228
露西尔·埃斯布·戈德博尔 89
伦勃朗 202
伦敦大雾 345
伦敦失火 251
轮滑 11, 118
罗伯特·阿蒙森 23, 354
罗阿诺克村 236
罗伯特·巴登·贝登堡 219
罗伯特·布鲁斯 90
罗伯特·蒂姆 43
罗伯特·福尔肯·斯科特 23, 354
罗伯特·富尔顿 235
罗伯特·哈灵顿 179
罗伯特·卡帕 301
罗伯特·科赫 89, 351
罗伯特·路易斯·史蒂文森 10
罗伯特·莫里斯 165, 312
罗伯特·穆加贝 69
罗伯特·彭罗斯 9
罗伯特·皮尔 278
罗伯特·皮尔瑞 102
罗伯特·史蒂芬森 285
罗伯特·舒曼 135
罗伯特·亚历山大·沃森飞 211

森-瓦特 62
罗伯特·约翰·泰尔斯 118
罗尔德·达尔 262, 356
罗杰·费德勒 203
罗杰·斯佩里 238
罗马大火 205
罗姆人 220
罗纳德·里根 88, 348
罗纳德·马尔特 149
罗塞达碑 202
罗莎琳德·富兰克林 64, 212
罗兴亚人 243
洛克比空难 361
洛伊滕会战 345
吕岑战役 326
绿穿珍宝馆 335
绿色进军 316

M
马岛战争 84, 98, 171
马丁·库珀 99
马丁·路德 151, 270, 310, 320
马丁·路德·金 20, 76, 90 100, 123, 246
马尔科姆·X 57
马尔文·坎贝尔 252
马尔文·斯通 8
马化腾 308
马可尼 214, 352
马克·安东尼 251
马克·扎克伯格 40, 140
马克西玛 143
马拉松战役 261
马来西亚联邦 265
马里奥（游戏）196
马里亚纳海沟 124
马伦戈战役 171
马丘比丘 211
马特尔基督教条约 43
马头星云 141
马戏 14, 322, 337, 353
马修·佩里 195
玛蒂尔·纳芙拉蒂洛娃 194
玛格丽特·佩律 12
玛格丽特·撒切尔 129, 292
玛丽·安德森·卡里 288
玛宁 261
玛丽·安托瓦内特 112, 295, 324
玛丽·居里 317, 350, 366
玛丽·麦克劳德·贝休恩 282, 345
玛丽·瑞德 240
玛丽·塞莱斯特号 11
玛丽图亚节 44, 360
玛丽·沃斯通克拉夫特 8
玛丽·雪莱 248
玛丽亚·格律特-梅耶 185
玛雅 21, 361, 363
玛雅·安吉罗 100
迈克尔·W.瓦尔尼 206
迈克飞 247
迈克尔·狄贝墨 249
迈克尔·法拉第 271
迈克尔·菲尔普斯 187, 231
迈克尔·乔丹 53, 171, 226
麦当劳 36, 111
曼谷 98, 117, 132

毛拉纳·卡伦加 201
毛泽东 68
梅·杰米森 261
梅尔·费雪 207
美国国会 52, 137, 267, 340
美国联邦调查局 66, 79, 253
美国太空探索技术公司 42, 95, 348
美国宪法 36, 39, 266
美墨战争 137
美式橄榄球 20, 316
门捷列夫 53, 237
蒙哥尔费兄弟 161
蒙哥马利巴士抵制运动 76, 323
蒙古 49, 131, 252
米开朗琪罗 71, 114, 234, 311
米洛高架桥 295
米歇尔·奥巴马 22
秘鲁独立战争 349
缅甸神行 226
民权运动 20, 31, 76, 90, 100, 123, 186, 189, 246
明朝 28, 307
明历大火 67
冥王星 54, 179, 242
冥卫一 179
缪尔·莫尔斯 150
摩尔教 211
摩天轮 178
摩托车竞速赛 154
莫·法拉赫 88
莫尔斯电码 150, 188, 214
莫里斯·加林 206
莫尼卡·罗德里格斯 214
墨本 248
墨西哥独立运动 265
墨西哥革命 72, 226
姆瓦蒂三世 115
木星 361
幕府 8, 32, 89, 96, 300
穆罕默德·阿里 11
穆罕默德·阿里王朝 210
穆罕默德·礼萨·巴列维 21
穆斯塔法·基马尔·阿塔图尔克 119

N
拿破仑 107, 129, 144, 166, 171, 175, 256, 342, 354
纳狄尔 73
纳迪亚·科马内奇 205
纳尔逊·曼德拉 47, 122, 136, 205, 306, 350
纳芙蒂蒂 346
纳瓦霍 45, 158, 225
娜丽·布莱 30, 275, 324
奈飞 247
南非非洲人国民大会 13 306
南极条约 180, 341
南苏丹共和国 201
南希·韦克 124
内马尔 221
内维尔·邦纳 168
尼尔·阿姆斯特朗 207

尼尔·盖曼 320
尼尔斯·博林 235
尼古拉·哥白尼 55, 70
尼古拉·特斯拉 142
尼古拉斯·马胡 181
尼伦达 69
尼禄 355
尼斯湖水怪 117
尼亚加拉瀑布 7, 187, 303
尼亚加拉瀑布战役 212
鸟羽-伏见之战 32
纽伦堡法案 264
纽约帝国大厦 107
纽约证券交易所 73
依沙莱战役 23
努纳武特 97
诺贝尔奖 350
女子世界运动会 238

O
欧盟 6, 36, 43, 94, 135, 180, 371
欧伦伦道夫 265
欧元 6, 83, 221, 335
欧洲电视歌曲大赛 102
欧洲胜利日 134

P
帕梅拉·艾伦 99
帕尼帕特战役 19, 117
帕斯卡尔·克雷蒂安 222
佩德罗·阿尔瓦雷斯·卡布拉 118
佩德罗·穆里略 203
佩尔·林德斯特兰 190
彭德尔女巫审判案 235
皮尔·马丁 366
皮埃尔-奥古斯特·雷诺阿 61
皮划艇 113, 208, 285
皮克斯动画工作室 29, 332
皮钦查之战 150
皮亚齐 6
苹果手机 14, 186
普京 156
珀西·L.斯宾塞 287
葡萄牙共和国 284
朴载相 157
普拉西战役 180
普密蓬·阿杜德 166
溥仪 48

Q
七年战争 46, 345
乞力马扎罗山 181, 355
汽车拉力赛 26, 167, 168
器官移植 249, 343
钱学森 351
乾隆 274, 297
潜水器 28, 55, 124
潜艇 102, 121, 135, 221, 255, 261, 305
乔·舒斯特 114, 296
乔林斯·贝尔·伯内尔 338
乔莫·肯雅塔 153
乔纳·斯大特 307
乔纳森·特拉普 107
乔纳斯·索尔克 59
乔瓦尼·涅利 198
乔伊·亚当森 25

乔治·艾塞尔 308
乔治·贝尔 19
乔治·布朗 18
乔治·华盛顿 126, 267, 283, 298, 312, 336, 346, 365
乔治·居维叶 241
乔治·克洛德 351
乔治·派克 344
乔治·斯蒂比 258
乔治·伊士曼 120
切尔诺贝利核电站事故 76, 122
亲王乔治斯 216
秦始皇 94, 259
氢弹 66
酋长岩 160

R
让-路易·庞斯 198
任天堂 68, 272
日本古墓群 193
日本幕府 8
日俄战争 44, 153
日全食 204, 209, 224
儒勒·凡尔纳 44
阮文惠 362
瑞达利亚战役 27
瑞士卫队 27
若田光一 217

S
撒拉丁 91
萨达姆·侯赛因 222
萨尔瓦多·达利 137
萨克斯 86, 316
萨拉热窝围城战 65
萨米拉·穆萨 68
萨姆特要塞战役 108
萨特延德拉·纳特·玻色 6
塞拉利昂内战 23
塞勒姆女巫 65, 159
赛斯·惠勒 362
赛艇 245, 272, 289
三浦知良 77
三峡水利枢纽 354
三宅精一 83
瑟古德·马歇尔 281
沙·贾汗 87
沙滩排球 214
莎拉·弗格森 81
山内房治 272
珊瑚海海战 130
珊农·露茜德 19
闪击战 170, 216
深水地平线 116
神秘博士 286, 333
神奇小狗帕比仕 58
神武天皇 47
圣彼得大教堂 114
圣诞老人 221, 326
圣方济各 365
圣家族大教堂 84
圣马丁 215
圣尼古拉斯 346
圣帕特里克 82
圣索菲亚大教堂 59
"圣雄"甘地 35, 77, 164, 227
盛田昭夫 133
十月革命 304
十字军 75, 104, 109, 144,

164，191，202
石油15，24，89，94，116，122
史蒂夫·乔布斯14，32，97
史蒂夫·沃兹尼亚克97
史蒂文·斯皮尔伯格177，358
世界卫生组织（WHO）76，77，88，119，323，349
世界自然基金会125
视障52，83，151
手机14，99，186，193，234
水星313
斯宾塞·高尔196
斯大林38，40，99
斯蒂芬·霍金185
斯伏尔德岛之战258
斯里尼瓦瑟·拉马努金21
斯普特尼克1号283
斯廷·李368
斯特凡·杜尚112
斯托诺叛乱258
宋太祖赵匡胤40
苏丹穆罕默德二世155
苏菲·姬曼97
苏格兰独立战争260
苏格兰飞人号60
苏里曼一世27，279
苏妮塔·威廉姆斯268
苏珊·B.安东尼51，141
苏珊·柯林斯228
苏珊·沃西基192
苏斯博士67
苏伊士运河327
塑料124，197，232，246，261，262，275，284
所罗门·诺瑟普9，67
索菲·布兰查德236
索马里内战349
索姆河战役264
索姆河战役264，328

T
"他为她"运动269
太空船178
太空行走43，45，83，268，276，290，297，322
太平天国运动16
太阳石4，357
泰格斯109，175，370
泰姬陵174
泰勒斯154
泰坦尼克号111，168，250
檀君282
坦克120，192，251，264，349
坦能堡战役244
探测车30
探测器7，8，12，19，29，30，48，55，56，67，159，170，192，202，230，239，243，273，278，280，286，311，313，315，322，326，334，354，370
汤姆·格雷334
唐·佩德罗256
唐·韦策尔210
唐纳德·约翰逊334
淘金热234
特拉法尔加战役278，300

特朗普26，169，318
特蕾莎·梅94
特蕾莎修女11，259
特里亚农条约161
特洛伊之战120
藤球142
提·阿泰210
天王星29，78
挑战者深渊28
跳伞97，218，293，301，303，334
铁 路55，60，76，124，136，145，147，187，208，210，246，258，264，276，317，318，325，347，350，368
听障52，95，228，272
同盟国约42，276
投票权法案224
图坦卡蒙52
土星19，90，322，361
兔八哥214
推特66，241
托德西利亚斯条约164
托尔·海尔达尔124，143
托芙·扬松227
托马斯·爱迪生226，249，300，364，371
托马斯·德·贝兰加75
托马斯·弗朗索瓦·达利巴264
托马斯·汉考克331
托马斯·杰斐逊283
托马斯·卡莱尔71
托马斯·曼163
托马斯·史蒂文357

W
瓦拉巴伊·帕特尔310
瓦莲京娜·捷列什科娃173
瓦列里·波利亚科夫87
瓦萨号228
瓦斯科·达·伽马146，195
外层空间条约32，289
万维网126，241
亡灵节311
王子贝拿邦斯202
旺加里·马塔伊97，287
望远镜90，106，146，243，272，274，281，296，320，326，355
威利·波斯特209
威廉·E.林肯119
威廉·S.布鲁斯特勒239
威廉·奥伯队94
威廉·哈维·卡尔205
威廉·赫歇尔78，81
威廉·华莱士260
威廉·基德133
威廉·克鲁克斯95
威廉·伦迪夫·赫斯特125
威廉·莎士比亚116，119
威廉·汤姆森162
威廉·扬松62
威廉·杨156
威廉明娜·弗莱明141
威廉明娜女王333
威廉王子（英国）125，178
威廉一世（尼德兰）81
威斯敏斯特教堂20，125，

159，185，368
微软100，147，167，304，307，325
韦恩·格雷茨基294
韦纳斯·鲍尔斯254
韦特兰娜·萨维茨卡娅212
维多利亚女王127，185
维纳·冯·西门子157
维贾奥加加合王国213
维京165，258，288
维克多·亨森46
维托尔德·皮莱茨基123，268
维卡南达17
维也纳体系166
温斯顿·丘吉尔40，70，136，268，340
文在寅123
我的世界328
沃德玛·哈夫金205
沃夫冈·阿马多伊斯·莫扎特32
沃夫冈·哈肯178
沃尔特·阿诺德33
沃尔特·亨特106
屋大维251
无国界医生362
无人机289，359
无线电18，214，352
吴建雄157
五四运动130
五月花号255，319
伍德罗·威尔逊62
伍德斯托克音乐节233
武则天296

X
西奥多·罗斯福273，283，306
西班牙流感69，148
西班牙内战93，204
西班牙无敌舰队215
西航海145
西伯利亚大铁路208
西格蒙德·弗洛伊德132
西丽马沃·班达拉奈克207
西蒙·拜尔斯227
西蒙·马里乌斯355
西蒙娜·德·波伏瓦14
西撒哈拉地区316
希拉里·科普罗夫斯基345
悉尼歌剧院299
夏尔·戴高乐139，175
夏琨塔拉·戴维175
夏洛蒂·勃朗特117
夏培肃215
夏威夷女王22
仙女座星系355
先知穆罕默德203
小圭恩·S.布鲁德248
小行星6，48，91，94，187，270，278
小巨角河战役182
小罗伯特·亨利·劳伦斯187
小石城事件273
小田原围攻战222
谢尔盖·克里卡列夫245
谢尔·穆吉布·拉赫曼72
新春攻势35
新干线117，280

星际飞船147
星际迷航91，159，173，184，257
星球大战39，74，88，96，106，130，144，184，257，309
星系11，191，330，355，370
熊谷之战14
旭烈兀49

Y
牙买加奴隶大起义365
崖山之战84
雅德维加295
雅各布·戴维斯227
雅克·卡蒂埃166
雅克·库斯托168
雅克·马约尔333
雅大维251
雅克·皮卡德25
亚伯拉罕·奥特柳斯146
亚伯拉罕·林肯110，283，329
亚里士多德19
亚历克·杰弗里斯259
亚历克斯·霍诺尔德160
亚历山大·弗莱明50，277
亚历山大·格雷厄姆·贝尔75
亚历山大·麦昆82
亚历山大·赛尔柯克38
亚历山大·沃尔兹森14
亚历山大大帝280
亚历山德鲁·约安·库扎29
亚历山德罗·伏打85
亚马逊192
亚洲运动会69
岩画351
燕子洞367
杨利伟294
摇摆石65
耶尔穆克战役238
野生动物25，66，76，89，150，194，238，284
叶卡捷琳娜二世41，102，271
一八四八年革命58，60，78
伊丽斯·昆比197
伊恩·弗莱明109
伊戈尔·西科斯基111，263
伊拉克战争355
伊莱·惠特尼307
伊莱沙·奥的斯88
伊丽莎白·凯迪·斯坦顿141
伊丽莎白·维热·勒布伦112
伊丽莎白二世113，117，134，159，
伊丽莎白一世20，44，61，255，327，360
伊梅尔达·马科斯189
伊妮德·布莱顿260
伊萨伯拉298，371
伊泰普水电站131
伊瓦尔德·乔治·冯·克莱斯特290
以色列90，50，82，91，126，

140，166，192，254，262，266，309，339
疫苗59，119，140，205，325，340，345，359
印加帝国211，325
英爱战争346
英布战争72
英迪拉·甘地24
英法百年战争125，175，244
英法协约104
英国火车大劫案226
英国内战240
英葡联盟条约173
英王约翰172
英祖战争27
雍正帝367
勇士号369
尤里·加加林108
犹太人大屠杀25，136，169，193，222，250，264，319
游戏28，32，52，68，129，141，147，148，178，193，196，200，219，223，228，272，291，321，339，361，371
游泳37，54，81，117，147，187，196，224，225，231，251，268
元朝84，105，180，329
原子弹81，131，157，224，227，232，247
约尔·伊纳360
约翰·J.利文古法40
约翰·P.哈里斯176
约翰·波斯托尔81
约翰·费拉比144
约翰·冯·舍伦伯格218
约翰·富兰克林爵士145
约翰·格布里恩·伽勒272
约翰·哈维森328
约翰·哈维·凯洛格157
约翰·霍尔-爱德华兹16
约翰·肯尼迪332
约翰·库克43
约翰·洛吉·贝尔德31，190
约翰·特巴特139
约翰·沃克103
约翰·慈林顿20
约翰·亚历山大·布罗闻337
约翰·伊斯内尔181
约翰·威斯默勒369
约翰·韦斯默勒196
约翰镇战役298
约瑟夫·布莱克168
约瑟夫·利斯特230
约瑟夫·普里斯特利78
约瑟夫-伊尼亚斯·吉约坦289
约瑟夫·布罗兹·铁托57
约书亚·斯洛克姆184
月球4，8，10，15，39，56，207，218，220，239，241，278，280，286，305，361，364
月球轨道器241

越南战争7，32
陨石18，26，51，122，206，225，317，340

Z
早期汽车161
泽尔·华盛顿368
泽拉战役220
翟志刚276
詹姆斯·K.波尔克137
詹姆斯·L.黑文330
詹姆斯·艾尔文218
詹姆斯·邦德109，284
詹姆斯·贝德福德17
詹姆斯·哈格里夫斯199
詹姆斯·克拉克·罗斯158
詹姆斯·克里斯蒂179
詹姆斯·库克50，125，199，200
詹姆斯·麦昆·史密斯114
詹姆斯·斯坦利·海伊63
詹姆斯·汤姆森316
詹姆斯·瓦特10
詹森64
詹姆斯·雅各布·里斯特314
詹姆斯·扬·辛普森314
詹姆斯敦130，337
詹尼·范思哲342
长崎81，227，232
照片墙（ins）285
贞德125，156，175
侦察65，87，183，187，275
珍·古道尔99，314
珍妮特·格思里72
真爱喷泉148
蒸汽机10，15，57，190，201，246，285，364
蒸汽轮船111，235
郑和198
郑氏326
芝麻街266，320
直升机39，52，111，121，170，222，263
植物湾25，125
指环王116，234，261，310
种族隔离制度37，47，82，105，164
朱迪斯·克尔171
朱莉佩·唐纳森265
朱塞佩·加里波第131
珠穆朗玛峰72，139，151，155，207，348
自然保护区37，163，352
自由女神像38，104，174，307
自由塔123
宗教改革310
钻石31，49，52，320，334
最高时速26，33，65，94，117，168，190，195，210，230，252，294

375

致谢

出版商在此诚挚感谢为本书辛勤付出的每一个人：设计：维卡斯·乔汉和拜巴夫·帕里德；插图：班达纳·保罗；编辑：阿瓦尼卡、爱德华·艾弗斯、卡塔卡利·班纳吉、什雷斯塔·巴塔查里亚、塞拉·布朗、史蒂文·卡顿、本·弗兰肯·戴维斯、亚历山德拉·迪·法尔科、伊恩·菲茨杰拉德、本·摩根、鲁帕·拉奥、内哈·塞缪尔、阿努鲁普·桑瓦利亚、波林·萨维奇、瓦特萨尔·维尔马；配色：尼拉杰·巴蒂亚、莫赫德·里兹万、维克拉姆·辛格；桌面出版系统（DTP）：维沙尔·巴蒂亚；图片研究：瓦吉沙·普什普；封面设计：苏希达·达拉姆吉特、普里扬卡·夏尔马、萨洛尼·辛格；校对：维多利亚·派克；索引：海伦·彼得斯

图片资源

感谢为本书提供图片资源的所有人：
（关键词：a- 上；b- 下 / 底；c- 中间；f-far；l- 左；r- 右；t- 顶部）。

123RF.com: Maria Averburg 331tc, Corey A Ford 284cla, Godruma 343ca, kaowenhua 330tc, kchung 47bl, OLEKSII Kovtun 77cla, Krisztian Miklosy 12c, Frederic Prochasson 187br, tang90246 303tr, Marguerite Voisey 86br; **akg-images:** Africa Media Online 13cr; **Alamy Stock Photo:** 504 collection 172tc, Abaca Press 101br, 293cr, 366cla, Abaca Press / Hamilton / Pool 21ca, Abaca Press / Julien Poupart 221cra, Abaca Press / Laurent Zabulon 47tl, AF archive 117tl, agefotostock / Damian Davies 267ca, agefotostock / Historical Views 150br, Akademie / © ® The Nobel Foundation 350cr, Jerónimo Alba 311br, Album 30tr, 209ca, 317cla, Album / British Library 14c, Allstar Picture Library Ltd 127tl, Allstar Picture Library Ltd. 354tr, 369tl, Alpha Historica 22tc, 225cl, 351tl, Evan El-Amin 213cla, Sally Anderson 242cra, Antiqua Print Gallery 200b, Dzianis Apolka 193bc, Archive Images 108br, Art World 317cr, Arterra Picture Library / van der Meer Marica 21b, Artokoloro 124cla, 360cla, Aviation History Collection 277tc, Greg Balfour Evans 144br, 260bl, Holly Bickerton 359tl, BNA Photographic 52tr, Kevin Britland 147bl, Paul Brown 182tr, Bygone Collection 178b, Kristin Callahan / Everett Collection 306br, Chronicle 63br, 65cra, 98cla, 313tl, 341br, Amy Cicconi 267b, Classic Image 201bl, classicpaintings 48c, Cola Images 29tl, David Cole 300crb, Collection Christophel 249tl, Wendy Connett 321br, Dennis Cox 198ca, CPA Media Pte Ltd 297br, CPA Media Pte Ltd / Pictures From History 23cra, 74cra, 141ca, 155cra, 199bl, 213, 356tr, Ian Dagnall 103tl, 215cr, 239crb, Darling Archive 188t, REUTERS / David Gray 296cra, DE ROCKER 112tr, Design Pics Inc / Carrie McLain Museum / Alaska Stock 38bl, DOD Photo 316cla, dpa picture alliance 327cra, 335tl, Oscar Elias 346tr, Everett Collection Historical 35tl, 48br, 98br, 121br, 124b, 270cra, 273tl, Everett Collection Inc 169cr, Everett Collection Inc / © 20thCentFox 58tr, Everett Collection Inc / © Abramorama 151cra, Everett Collection Inc / © Warner Bros 214tr, Everett Collection Inc / CSU Archives 314tr, Everett Collection Inc / Ron Harvey 96tc, 368cr, Falkensteinfoto 326b, 354cla, Nicolas Fernandez 275br, FLHC 1 345cra, FLHC 40 298tr, FLHC1112 169clb, GL Archive 28br, 89tl, 95b, 119crb, 193cr, 248tr, 262tr, Glasshouse Images 197clb, graficart.net 227cr, Granger Historical Picture Archive 307cr, Granger Historical Picture Archive, NYC 23b, 31r, 37b, 42cl, 48cl, 79tl, 155br, 156br, 159tl, 175ca, 176tr, 189cr, 246b, 271tc, 278tl, 279bl, 320tr, 324br, 328tr, 339crb, 341tl, Granger Historical Picture Archive, NYC 240br, The Granger Collection 332clb, Tom Grundy 348bl, Derek Harris 236tc, harry 314b, Hemis.fr / Jean-Marc Barrere 111tl, Paul Hennessy 258cla, Heritage Image Partnership Ltd / © Fine Art Images 166cla, 261cra, Heritage Image Partnership Ltd / Historic England 265tc, Heritage Image Partnership Ltd / Image / Index 91tl, Heritage Image Partnership Ltd / National Motor Museum 94b, Hi-Story 166bc, 223bl, Historic Collection 89cra, 295crb, 308br, Historic Images 221cla, History and Art Collection 77cr, 270bc, Horizon International Images Limited 190bl, Hum Images 81cr, IanDagnall Computing 126tc, 142cla, 144c, 164ca, 185tl, 266br, 296cl, 325cla, 326ca, imageBROKER / BAO 18tc, imageBROKER / Frank Sommariva 17cra, imageBROKER / Jochen Tack 249br, imageBROKER / Oleksiy Maksymenko 331br, Horizon Images / Motion 307b, incamerastock 298cla, incamerastock / ICP 51bc, 333bc, INTERFOTO / History 99cb, 102tc, 118br, 153bl, 283ca, INTERFOTO / Personalities 318ca, Ivy Close Images 162tc, Jimlop collection 206tc, Robert Kawka 137cra, Keystone Pictures USA 82tc, 2d Alan King 46b, Art Kowalsky 271cr, Lebrecht Music & Arts 10ca, 198tr, 240tr, 277br, Frans Lemmens 320b, Steve Lindridge 107tl, LOC Photo 357tl, Suzanne Long 223ca, Lordprice Collection 264tr, Malcolm Park editorial 310br, MARKA / Gustavo Tomsich 138bl, mauritius images GmbH / Jose Fuste Raga 247cra, mauritius images GmbH / Skaya 206b, MediaPunch Inc 233crb, MediaPunch Inc / John Palmer 334b, MediaPunch Inc / Mpi04 353tl, Mikołaj Michalak 352clb, David Morgan 143tl, movies 177tc, MPVHistory 90b, Mr.Black&White 166tc, MusicLive 212bl, Melinda Nagy 315tl, NASA Archive 56bl, National Geographic Image Collection / Tom Lovell 105tl, Nature Photographers Ltd / Paul R. Sterry 33tc, Sergey Nezhinkiy / © Canada Post Corporation 97cla, Niday Picture Library 60cla, 63tc, 255b, 300tr, 342b, NPS Photo 174tr, Old Paper Studios 235cl, Matteo Omied 328b, PA Images 139cra, PA Images / Anthony Devlin 310tr, PA Images / F. Stimpson 267tl, PA Images / Joe Giddens 112clb, PA Images / Lauren Hurley 360bl, PA Images / Neil Munns 87tl, Sean Pavone 65b, Photo 12 / Regency Enterprises 67tl, The Photo Access / Steven Bullock 318br, Photo12 / Archives Snark 26clb, Photo12 / Elk-Opid 295bc, Pictorial Press Ltd 5crb, 5bl, 8br, 59tr, 69cl, 84cla, 114tr, 138tr, 141br, 147br, 155cla, 157ca, 186tr, 196tr, 224cla, 292ca, 307tl, 324ca, 332br, 354b, PictureLux / The Hollywood Archive 228tr, Ian Pilbeam 32tc, PJF Military Collection 50cla, Norman Pogson 146cla, PRiME Media Images / Andrew Rowland 154tr, Purepix 164b, Yao Qilin / Xinhua / Alamy Live News 80cla, Stefano Ravera 104cla, Realy Easy Star 370tc, Realy Easy Star / Toni Spagone 132cl, Reuters / Brendan Mcdermid 20bl, Reuters / Dondi Tawatao 60b, Reuters / Eddie Keogh 192tr, Reuters / Kieran Doherty 195br, Reuters / Leonhard Foeger 291bc, Reuters / Paul Darrow 219br, Reuters / Shamil Zhumatov 254bc, RGB Ventures / SuperStock / Natalie Fobes 89br, Riccardo Mancioli Archive & Historical 24t, Colin Rich 14bc, Peter Righteous 310cla, William Robinson 305b, Sam Rollinson 39tc, Sabena Jane Blackbird 334c, Tom Salyer 337cra, SBS Eclectic Images 108cla, Scherl / Süddeutsche Zeitung Photo 72br, 192b, Science History Images 106tr, 172tr, 201tl, Science History Images / Photo Researchers 8cla, 66clb, 181cla, 243cl, 326cr, 361cr, Separisa 168bl, Shawshots 128tr, Enrique Shore 27bl, Ian Skelton 145tl, Mark Smith 97br, Paul Souders 140b, SPUTNIK 32b, 173cb, State Archives of Florida / Florida Memory 345cla, Steve Davey Photography 255tl, Stock Imagery 240ca, Laurie Strachan 105bc, Todd Strand 239bc, Süddeutsche Zeitung Photo 34bl, Süddeutsche Zeitung Photo / Jose Giribas 319br, Phil Talbot 53bl, TCD / Prod.DB / © BBC Studios 286cla, The History Collection 41cra, 85tl, 93cr, 205bc, 282br, The History Emporium 115cl, The Keasbury-Gordon Photograph Archive 364crb, The NASA Library 44tr, The Picture Art Collection 64bl, 117tr, 194bl, 251bl, 256tr, 281crb, 308tr, 346cl, 367cr, The Print Collector / Keystone Archives / Heritage Images 24bl, The Sports Dude 229clb, Trinity Mirror / Mirrorpix 15br, 45bc, 159cr, 177bl, 238br, U.S. Department of Defense Archive 187cb, Universal Art Archive 191br, UPI / Matthew Healey 231crb, UtCon Collection 125bl, V&A Images 87br, Marco Valentini 150cla, Lucas Vallecillos 4bl, 224b, 357cra, Ivan Vdovin 99br, Mike Veitch 355tc, Nikolay Vinokurov 274bl, Vintage_Space 152cla, WENN Rights Ltd 305cr, White House Photo 25tc, Milo Winter 121tl, World History Archive 57crb, 80tr, 163br, 183cla, 195cra, 214cla, 245cr, 259c, 286bl, 291tl, 304tr, 316bl, 366crb, YAY Media AS 148tl, ZUMA Press / © Joe Scarnici 91cr, ZUMA Press / © Scott A. Miller 36tc, ZUMA Press, Inc. / © Nancy Kaszerman 106bl, ZUMA Press, Inc. / © Richard Ellis 290b; **Archives Automobile Club de Monaco:** 26cr; **Avalon:** Zha Chunming 276tr, DPA Picture Alliance / DB Microsoft HO 100clb; **Bridgeman Images:** © Archives Charmet 195tl, © British Library Board. All Rights Reserved 137br, © Look and Learn 21cra, Look and Learn 297cra, Look and Learn / Peter Jackson Collection 98tr, National Trust Photographic Library 266cl, Peter Newark American Pictures 136bl, Peter Newark Military Pictures 130cra, © O. Vaering 288b; **© The Trustees of the British Museum. All rights reserved:** 43crb; **Eddie Clark:** 210br; **Courtesy of Smithsonian. ©2020 Smithsonian:** 66ca; **© Tim Davenport/WCS:** 146tr; **Dorling Kindersley:** Geoff Dann / Imperial War Museum, London 135c, Frank Greenaway / National Birds of Prey Centre, Gloucestershire 238tc, James Kuether 292br; **Dreamstime.com:** Albertoloyo 7tl, Alessandrozocc 22bl, Aleutie 149tl, Steve Allen 180cb, Altezza 368bl, Evgeny Babaylov 337cl, Pierre-yves Babelon 92b, Bargotiphotography 216crb, BiancoBlue 114b, Bouncy390 35b, Carolina K. Smith M.d. 127tc, Chiradech Chotchuang 50bl, Delstudio 36b, Destina156 349cra, Torian Dixon / Mrincredible 272tc, Viorel Dudau 19bc, Eastmanphoto 133clb, EPhotocorp 311tl, Artem Evdokimov 90tr, Alena Fayankova 186cla, Sheila Fitzgerald 237br, Svetlana Foote 336tr, Ed Francissen 153cr, Fredweiss 29bc, Benjamin Albiach Galan 6ca, Roberto Galan 291cra (man illo), Christos Georghiou 365cra, Godruma 85bc (Border Collie), 369br, Golasza 171b, Roxana Gonzalez 183r, Gordzam 43t, Igor Groshev 327b, Jon Helgason 276cla, Hobbitfoot 46cla, Hutchinsphoto 306cl, Vlad Ivantcov 282c, Jemastock 76cla, Jorisvo 293br, Jossdim 52cla, Raymond Kasprzak / Rkasprzak 283br, Wendy Kaveney 51br, Alexander Kirch 29crb, Alexander Kovalenko 370cla, Jesse Kraft 211b, Lexigel 35crb, Liskonogaleksey 45cla, Macrovector 357b, Martin Malchev 82cla, Markwaters 332cra, Dzianis Martynenka 86bc, Mast3r 311bl, Mcwilli1 62b, Anton Medvedev 71tc, Melica 42crb, Meowudesign 86bl, Microvone 170br, Krisztian Miklosy 158br, Minnystock 362b, Jaroslav Moravcik 52br, Mspoint 274cla, Pavel Naumov 83tl, Niky 002 369tc, Mykola Nisolovskyi 306tr, Stepanenko Oksana 15ca, Olgacov 148bl, Sean Pavone 71b, 132tr, Martin Pelanek 233bl, PixMarket 300cla, Olha Pohorielova 321clb, Pzaxe 69tc, Radevica 41b, Md. Mizanur Rahaman 85bc, Sabelskaya 22ca, Sborisov 323b, Ljubisa Sujica 359crb, Tartilastock 196bl, TasFoto 27c, Dmytro Tolda 225t, Tomas1111 84b, 232cla, 288tr, Travelling-light 134b, Typhoonski 104b, Vally 320cla, Vectomart 366tr, Hannu Viitanen 287cl, Wernerimages 291cra (girl illo), Xpdream 37tc, Yakub88 94tc, Yekaterinalimanova 319tl, Vladimir Yudin 13b, Andhi Yulianto 348cl, Yupiramos Group 362cla; ESA: Mars500 crew 160cr, NASA 251cr; **Getty Images:** © ABC / Contributor / Oscar Duarte 69b, AFP 122tr, AFP / - 137cla, 352br, AFP / Agence France Presse / Central Press 246tr, AFP / Alexander Blotnitsky 335bl, AFP / Brian Bahr 171cra, AFP / Carl Court 234cra, AFP / Denis Balibouse 218tr, AFP / Fabrice Coffrini 275tl, AFP / John D Mchugh 74bl, AFP / Kim Jae-Hwan 312br, AFP / Manjunath Kiran 329clb, AFP / Mike Fiala 175clb, AFP / Olle Lindeborg 102tr, AFP / Patricia Castellanos 363ca, AFP / Philippe Lopez 157tl, AFP / Prakash Singh 142br, AFP / Richard Juilliart 259tl, AFP / Rodrigo Buendia 16b, AFP / Tang Chhin Sothy 262br, AFP / Ted Aljibe 126bl, AFP / Trevor Samson 47cr, Allsport / Mike Powell 226br, Archive Photos 88cr, Archive Photos / Fotosearch 315cb, 358clb, Archive Photos / Graphic House 19cla, Archive Photos / Handout / Library of Congress 329tl, Archive Photos / Hulton Archive 253bc, Archive Photos / Library of Congress 161t, Archive Photos / MPI 130br, Archive Photos / New York Times Co. 45tc, Archive Photos / Robert Alexander 20tr, Archive Photos / Space Frontiers 322crb, Archive Photos / Stock Montage 365cl, Terje Bendiksby / AFP 309b, Bettmann 6br, 28bl, 57br, 61br, 73cra, 111cra, 115b, 129ca, 131bc, 156tr, 188bl, 199cla, 225br, 227b, 230br, 233cla, 253tl, 289cr, 302t, 324bl, 343bl, 350bl, Hamish Blair 181bl, Bloomberg 272br, Bloomberg / Mike Kane 167tl, Bongarts / Lutz Bongarts 214br, Andrew Burton 123br, Larry Busacca 119tc, Michael Campanella 238cra, CBS Photo Archive 257tl, Corbis / Ken Glaser 206cra, Corbis Historical 256b, Corbis Historical / adoc-photos 281bl, Corbis Historical / David Pollack 61tl, Corbis Historical / George Rinhart 31bl, Corbis Historical / Hulton Deutsch 209br, Corbis Historical / Leemage 279ca, Corbis Historical / Library of Congress / Eadweard Muybridge 172b, Corbis Historical / Micheline Pelletier 287tl, Corbis Historical / Stefano Bianchetti 136cla, Corbis Historical / VCG / David Turnley 122b, Corbis News / Ira L. Black 151b, Corbis Premium Historical / Ira Wyman 190cla, Corbis Sport / Tim Clayton 257cra, David Cannon Collection 179ca, De Agostini / DEA / A. DAGLI ORTI 163tr, 241tl, De Agostini / DEA / Biblioteca Ambrosiana 167bl, 226cla, De Agostini / DEA / G. Nimatallah 78bl, De Agostini Picture Library 92tr, 344br, 349clb, DigitalVision Vectors / ZU_09 50crb, Fairfax Media Archives / Miller 162bl, Fairfax Media Archives / Scott Whitehair 168br, Jonathan Ferrey 116c, Focus On Sport 294cra, Stu Forster 274cr, Future Publishing / James Sheppard 68tr, Gamma-Keystone / Keystone-France 107bl, Gamma-Rapho / Chip HIRES 342cl, David Gray 359cra, Jeff Gross 222tc, Handout / Predrag Vuckovic 184t, Handout / SpaceX 42tr, Matthias Hangst 229cra, Frazer Harrison 72cla, Hagen Hopkins 207br, Hulton Archive 189b, 196ca, 220cla, 285cr, 313br, Hulton Archive / Apic 325cb, Hulton Archive / Central Press 210cra, Hulton Archive / Culture Club 336br, Hulton Archive / Evening Standard 168tr, Hulton Archive / Fox Photos 250cra, Hulton Archive / Heritage Images 244br, 252bl, Hulton Archive / Keystone 239tl, Hulton Archive / Klemantaski Collection 152tr, Hulton Archive / Miller 287br, Hulton Archive / Print Collector 201tc, 202c, 284b, Hulton Archive / R. Knight 219tl, Hulton Archive / Sam Shere 132br, Hulton Archive / Tim Graham 259bl, Hulton Archive / Topical Press Agency 70tr, Hulton Royals Collection / London Stereoscopic Company 86tc, Hulton Royals Collection / Princess Diana Archive 216cla, Icon Sportswire / Cynthia Lum 203br, The Image Bank / Tuul & Bruno Morandi 208cra, Imperial War Museums / Fg. Off. S A Devon 337bl, IWM / Sgt. Chetwyn 321tl, Yunaidi Joepoet 351crb, Liu Kaiyou / Moment 302b, Kyodo News 170clb, 193tl, Mark Leech 301tc, Morris MacMatzen 128clb, Fred W. McDarrah 185br, David McNew 93tl, Michael Ochs Archives 162br, Manny Millan 49b, Mirrorpix 200cla, Mirrorpix / Monte Fresco 194tr, Jack Mitchell / Archive Photos 173cr, Moment / Geoff Livingston 169b, David Paul Morris 14tr, National Hockey League / Jeff Vinnick 135tl, New York Daily News Archive / Harry Warnecke 364bl, NordicPhotos / Lilja Kristjansdo 110b, NurPhoto / Mauro Ujetto 347tc, Paris Match Archive / Gamblin Yann 358br, Popperfoto 178cl, 263tl, 305clb, 340bl, Popperfoto / Bob Thomas 173cla, Rolls Press / Popperfoto 129br, Ross Land 18b, Science & Society Picture Library 66bc, 75tl, 120tc, 143cra, 144cra, 149crb, 228br, 230tr, 264bl, 301br, 322bl, 348tr, Cameron Spencer 282t, Sports Illustrated / George Long 313cra, Sports Illustrated / Jerry Cooke 205br, Sports Illustrated / Tony Triolo 269cra, Jamie Squire 227tl, SSPL / Daily Herald Archive 179bl, 338tr, Stocktrek Images 347bl, Sygma / Thierry Orban 268b, Sygma / William Nation 294b, Karwai Tang / WireImage 330bl, The Asahi Shimbun 76br, 208bl, 289bl, The Image Bank Unreleased / Ignacio Palacios 70cla, The Chronicle Collection / Sahm Doherty 61cra, Toronto Star / Mike Slaughter 148tr, Toronto Star / Toronto Star 297clb, U.S. Coast Guard / Handout 116b, ullstein bild / Rudolf Dietrich 231tl, ullstein bild Dtl. 39cr, Photo12 / Universal Images 303br, Universal Images Group / Leemage 4tr, 220bc, Universal Images Group / Marka 198bl, Universal Images Group / PHAS 149bl, Universal Images Group / Photo 12 265cra, 277cl, Universal Images Group / Universal History Archive 15cl, 110cla, 365b, Ian Walton 232bl, WireImage / JAB Promotions 210cl; **Getty Images / iStock:** AlexPro9500 300bl, artisticco 211tl, Simon Dux 371bl, E+ / guenterguni 213b, E+ / JMichl 290tr, Givaga 353b, Srinivasan J 272cla, manpuku7 83c, Maurice Northrup 273b, pawel.gaul 96b, pictafolio 6crb, pseudodaemon 146b, Nicolas Tolstoï 292tr, ZU_09 75br; **Jorge Antonio Gonzalez:** 197ca; **Heritage Auctions, HA.com:** 184cb; **Library of Congress, Washington, D.C.:** LC-DIG-cwpbh-05089 252cla, LC-DIG-ds-00894 215bl, LC-DIG-ggbain-12476 / Bain News Service, publisher 68br, LC-DIG-ggbain-35680 130cl, LC-DIG-hec-16116 181cra, LC-DIG-npcc-17934 136tr, LC-DIG-ppmsca-02180 236cla, LC-DIG-ppmsca-03478 12tr, LC-DIG-ppmsca-54230 / Powelson, Benjamin F., 1823-1885 159bc, LC-USZ62-21222 280cla, LC-USZC4-1285 245tl; **Mary Evans Picture Library:** © The Royal Aeronautical Society (National Aerospace Library) 11t; **David L. Mearns / Blue Water Recoveries Ltd:** 134cla; **© The Metropolitan Museum of Art:** Bequest of Charles Allen Munn, 1924 312tr; **Marin Minamiya:** 109cr; **NASA:** 207tl, 248cla, 261tc, 312cla, DIGITAL 347tl, Brian Dunbar 108cr, ESA, NRAO / AUI / NSF and G. Dubner (University of Buenos Aires) 191tl, Aubrey Gemignani 154cla, JPL 55tc, JPL / Cornell University 30b, JPL-Caltech 223cr, NASAexplores 39bl, NSSDCA / Dr. David R. Williams 218b, Scientific Visualization Studio 286tr; **NAVY.mil:** 302cla; **Paul Cyr Photography:** 107cra; **Prosport International:** 81b; **Science Photo Library:** New Zealand American Submarine Ring Of Fire 2007 Exploration, Noaa Vents Program, The Institute Of Geological & Nuclear Sciences And Noaa-Oe 55br, Roman Uchytel 114cl, UIG / Dorling Kindersley 92cr; **Shutterstock.com:** 40tr, agencies 352tc, AlexAnton 59b, AP / Christian Palma 131cra, AP / Gene Smith 113bl, AP / Olivia Zhang 10b, AWI via ZUMA Wire / Stefan Hendricks 269br, Andrea Boohers 260cra, Samantha Crimmin 67b, Joshua Davenport 222bl, EPA / Kimimasa Mayama 117bl, EPA-EFE / Christian Bruna 291crb, James Fraser 58cl, Lukas Gojda 9, Kev Gregory 349tl, Dinesh Hukmani 158tr, J J Osuna Caballero 150crb, Kobal / National Geographic / J Chin 160l, Lukas Kovarik 299tl, The LIFE Picture Collection 203tl, The LIFE Picture Collection / Henry Groskinsky 17br, The LIFE Picture Collection / J R Eyerman 336cla, The LIFE Picture Collection / Loomis Dean 204tr, melissamn 77b, myphotobank.com.au 299b, Paragon Space Dev Corp 303tl, S-F 258tr, spatuletail 99cra, Stacia020 250bl, Studio77 FX vector 273clb, Simon Tang 339tc, The Art Archive 49tl, Un Photo / Sipa 269cla, vectorOK 177r, Nickolas warner 367cl, Perla Berant Wilder 281cra, Kev Williams 82b; **SkyDrive:** 246cla; **Alexander Turnbull Library, Wellington, New Zealand:** Photograph of protesters on the Maori Land March, College Hill, Auckland. Heinegg, Christian F, 1940- :Photographs of the Maori Land March. Ref: PA7-15-17. Alexander Turnbull Library, Wellington, New Zealand. / records / 22898633 / photographer, Christian Heinegg 263bl; **V&A Images / Victoria and Albert Museum, London:** 83crb; **vanburenlegacy.com:** Dan Ruderman 257b; **Wellcome Collection:** Great War image from the Shahnameh. Attribution 4.0 International (CC BY 4.0) 73tl, Edward Jenner vaccinating a boy. Oil painting by E.-E. Hillemacher, 1884 140cla

All other images © Dorling Kindersley
For further information see: www.dkimages.com

26 11
2 8 10
13
31 17 5
24
23 16
28 25 22